아인슈타인의 우주적 종교와 불교

양자역학이 묻고 불교가 답하다

아인슈타인의 우주적 종교와 불교

양자역학이 묻고 불교가 답하다

김성구 지음

불광출판사

미래의 고등 종교는 우주적 종교(cosmic religion)일 것이다.
우주적 종교는 우주 종교적 감정(cosmic religious feeling)에
바탕을 두고 있는 종교라는 뜻인데, 우주 종교적 감정이란
인간이 갖는 그릇된 욕망의 허망함을 깨닫고
정신과 물질 양쪽 측면에서 나타나는 질서의 신비와 장엄을
느끼는 것이다. 다윗을 비롯한 이스라엘 예언자들은
이 감정을 느끼고 있었고 특별히 불교는 이 요소를
강하게 갖고 있다.

__ 아인슈타인(Max Jammer, *Einstein and Religion* 에서 요약정리)

머리말

첨단기업들이 모여 있는 실리콘밸리에는 불교의 명상이 하나의 문화로 자리 잡고 있다. 실리콘밸리에 몸담고 있는 사람들 중에는 곧 명상의 시대가 도래한다고 말하는 사람도 있는데, 아마도 이 말은 사실일 것이다. 그만큼 불교의 명상은 실생활을 살아가는 데 도움을 주고 있다. 사실 알고 보면 불교의 가르침 전체가 사람으로 하여금 행복하게 사는 길로 이끄는 실천적인 방법에 대한 설명이라고 할 수 있다. 그런데 이 방법을 이해하려면 우주의 운행원리와 사람의 생사 문제를 비롯한 불교의 세계관을 알 필요가 있다.

이 책은 '불교와 현대물리학'이라는 제목으로 동국대학교에서 2011년부터 9학기 동안 강의한 내용을 정리한 것이다. 이 책의 목적은 불교교리의 핵심인 연기법(緣起法), 중도(中道), 공(空), 일심(一心, 한마음)의 개념을 현대 과학적 용어와 개념으로 풀이하여 현대인이 불교의 세계관을 쉽게 이해하도록 돕는 것이다. 현재의 불교 경전과 논서는 석가모니 붓다가 깨달은 내용을 2,600년 전 인도 사람들의 지적 수준에 맞게 설명하고 해설한 것에서 크게 달라진 바가 없다고 해도 과언이 아니다. 사람의 지적 수준은 변하기 때문에 아무리 훌륭한 사상이라고 할지라도 시대가 변함에 따라 그 시대의 지배적인 지식과 조화를 이루도록 이 사상을 항상 새롭게 해석하여야 할 것이다. 21세기에 이른 지금 현대의 지배적인 지식은 과학이다. 과학과의 조화를 통하여 불교 교리를 현대적 용어와 개념으로 해석하는 것은 불교를 바르게 이해하기 위해서 꼭 필요한 일이다. 이 책의 목적에 대해 종교적 문제와 개념을 과학적으로 해석하는 것이 가능한 일인가, 또 의미 있는 일인가 하고 목적의 타당성에 대해 의문을 가질 수 있다.

과학자들은 대체로 종교와 과학은 그 영역과 목적이 다르고 사용하는 용어와 개념이 다르기 때문에, 불교적 진리를 비롯하여 다른 종교적 교리가 과학적 진리와 유사한 것처럼 보이더라도 종교적 진리를 과학적으로 해석하는 것은 아무런 의미가 없다는 생각을 하고 있다. 불교인 중에는 과학자들과는 또 다른 이유로 불교를 지나치게 과학적으로 접근하는 것에 대해 반대를 하고 있다. 이 사람들은 종교의 모든 면에 과학이 접근할 수 있다면 그것은 과학이지 더 이상 종교일 수 없다고 본다. 불교를 포함하여 모든 종교에는 과학이 접근할 수 없는 신비한 측면이 있게 마련이라는 뜻이다. 또 어떤 불교인은 과학적 진리는 인지가 발달함에 따라 바뀌게 마련인데 불교 교리를 현대의 과학이 뒷받침한다고 하더라도 미래의 과학이 현대의 과학이론을 뒤집어엎으면 지금 불교를 과학적으로 해설한 것이 무슨 의미를 갖느냐고 반문한다.

종교 교리의 과학적 해설을 의미 없다고 생각하는 사람들의 주장이 모두 옳지는 않지만 귀기울일만한 가치가 있는 것도 사실이다. 본론에 들어가기 전에 여기서 먼저 이런 주장을 하는 사람들에게 이 책의 목적이 왜 타당하고 필요한지를 짧게 설명하겠다. 그 답은 석가모니 붓다가 이미 마련했다고 볼 수 있다. 붓다는 가르침을 베풀 때 듣는 사람이 쉽게 이해할 수 있도록 그 사람의 지적 수준에 맞게 설법을 하였다. 불교에서는 듣는 사람의 지적 수준에 맞게 설법하는 이러한 방식을 방편시설(方便施設)이라고 하는데 설명을 간단하게 하기 위해 아인슈타인의 일반상대성이론을 이야기의 출발점으로 삼겠다.

아인슈타인의 일반상대성이론에 의하면 중력장(重力場, gravitational

field)에서 일어나는 물체의 운동은 시공간(時空間, space-time)의 기하학적 모양에 의해 결정된다. 구슬이 평면 위를 구를 때는 직선운동을 하지만 곡면 위를 구를 때는 곡면의 기하학적 모양에 따라 곡선운동을 한다. 이것과 마찬가지로 지구나 태양 같은 천체는 물론 빛도 시공간의 모양에 따라 여러 가지 곡선을 그리며 운동한다. 시공간의 기하학적 모양은 물질의 분포에 의해 결정되고 물질의 분포는 시공간의 기하학적 모양에 의해 결정된다. 시공간의 모양과 물질의 분포 중 어느 쪽이 먼저 결정되고 그에 따라 다른 한쪽이 결정되는 것이 아니다. 시공간의 모양과 물질의 분포는 함께 서로를 결정한다. 둘은 상호의존적 관계에 있다. 이것을 불교적으로 해석하면 바로 연기법(緣起法)이 된다. 불교 교리의 핵심 개념인 연기법은, 모든 사물은 상호의존적이어서 어떠한 사물도 다른 것과의 관계를 떠나서 독립적으로는 존재할 수 없으며 반드시 다른 사물과의 관계를 통해서만 그 의미를 갖는다는 내용이다. 사물의 상호의존적 관계를 말하는 데 있어서 불교의 연기법과 일반상대성이론 사이에 차이가 있다면 불교의 연기법은 일체의 사물 사이에, 일반상대성이론은 시공간의 모양과 물질의 분포 사이에 상호의존적 관계가 있다고 말한다. 그렇다면 아인슈타인에게 불교의 핵심교리인 연기법을 쉽게 설명하려면 어떻게 해야 할까?

　다른 어떤 방법보다도 연기법을 아인슈타인에게 설명하려면 상대성이론을 들어 사물의 상호의존성을 설명하는 것이 가장 좋은 방법일 것이다. 상대성이론뿐만 아니다. 과학자들에게 연기법을 설명한다고 하면, 상대성이론과 더불어 현대물리학의 두 축을 이루고 있는 양자론(量子論, quantum theory), 제3의 과학이라고 할 수 있는 복잡계이론(複雜系理論, theory of complexity), 생물의 종이 어떻게 출현하게 되었는지 종의 기원을 훌륭하게 설명하는 진화론, 자연과 인문사회 현상을 막론하고 모든 시스템(系, system)을 일관된 이론으로 설명하려고 시도하는 일반 시스템이론(general system theory) 및 모든 과학적 이론의 궁극적 바탕을 이룬다고 주장하는 정보이론(information theory)에 대해서도 상대성이론에 대해서 한 말과 똑같은 말을 할 수 있다. 과학자에게 연기법을 설명하려면 그 과학자가 연구하는 분야에서 적합한 예를 택하여 설명하는 것이 가장 좋다.

아인슈타인에게 연기법을 설명할 때 상대성이론을 들어 설명하는 것과 같이, 불교 교리의 다른 핵심적 개념인 공(空), 중도(中道), 일심(一心)에 대해서도 마찬가지로 말할 수 있다. 이것이 21세기에 맞는 불교의 방편시설이다. 지금까지 설명한 내용이 이 책의 목적에 대해 의문을 가진 사람들의 물음에 대한 답이 되기를 바란다.

이 책을 출판하도록 도움을 주신 불광출판사 류지호 대표님과 양동민 출판부장께 감사를 드린다. 그리고 책을 집필할 때부터 완성될 때까지 여러모로 도움을 준 밝은사람들연구소 박찬욱 소장에게 특별히 감사의 마음을 전한다.

2018년 3월
함양 약천사에서
김성구

차례

1

불교는 미래의 종교인가

불교는 미래의 종교라고 말하는 사람이 있을 정도로 그 교리가 과학적이고 합리적이다. 그러나 아무리 교리가 훌륭할지라도 가르침을 실생활에 활용하지 못하면 그 가르침은 빛을 발하지 못한다. 이 점에서 우리 불자들은 자신의 수행을 점검해 볼 필요가 있다. 초기경전을 보면 붓다는 곳곳에서 팔정도를 설하고 그 가르침을 실생활에서 실천할 것을 강조하였다. 불법(佛法)의 실천을 단적으로 표현한 것이 "평상심이 도"라는 말이다. 평상심이 도라는 말은 일상생활에서 바른말과 바른 행동을 하고 바르게 사는 것이 수행의 기본이라는 뜻이다. 선정에 들지 못하면 지혜〔=慧〕가 열리지 않고, 윤리 도덕〔=戒〕의 실천 없이는 우리의 마음은 결코 깊은 선정〔=定〕에 들지 못한다. 이것이 계·정·혜(戒定慧) 삼학(三學)의 이치이다. 계·정·혜는 연결된 하나의 개념이다. 불자들은 진리를 깨닫고 절대적인 자유를 얻겠다고 서원을 세우지만, 실생활에서 '계'의 실천 없이는 아무리 열심히 경전공부를 하고, 염불, 좌선, 기도를 해도 그것은 모래로 밥을 짓는 것과 마찬가지라는 것이 모든 성인들의 가르침이자 과학자들의 연구결과이기도 하다.

바르게 실천하기 위해서는 가르침에 대한 올바른 이해가 필요하다. 이 책의 목적은 불교의 가르침을 현대인의 지적 수준에 맞게 해설하는 것이지만 특별히 사람들이 오해하는 것에 대해서는 미리 그 오해를 풀어주고 제2장부터 본론에 들어가겠다. 개념에 대한 오해가 있는 사람은 무슨 설명을 해도 그 뜻을 자기식으로 굴절시켜서 이해하기 때문이다. 불교사상이 과학적으로 볼 때도 깊이가 있다고 무릎을 치며 감탄하던 사람들 중에서도 많은 사람들이 불교의 두 가지 가르침에 대해서는 거부감을 느끼고 있다. 그 두 가지 가르침이란 '삶이 괴로움'이라는 고성제 (苦聖諦)와 윤회의 개념이다. 고성제를 얘기할 때면 많은 이들이 "나는 전혀 괴롭지 않은데 왜 삶이 괴롭다고 하는가?"하고 묻거나, "인생에 즐거움과 괴로움이 있는 것은 당연한 일인데 석가모니 붓다가 유별나게 민감한 사람이라 사소한 일에서도 괴로움을 느꼈던 것이 아닌가?"하고 붓다를 염세주의자로 보기도 한다. 윤회에 관한 얘기가 나올 때도 사정은 비슷하다.[1] 어떤 이는 붓다는 윤회를 말하지 않았는데 힌두교의 사상이 불교에 흘러들어온 것이라고 말하기도 하고, 또 어떤 이는 불교가 무아 (無我, anātman)를 말하면서 윤회를 말하는 것은 논리적으로 모순이 아닌가 하고 묻기도 한다. 그러나 이러한 물음은 모두 불교적 개념들을 제대로 이해하지 못한 데서 왔다고 할 수 있다.

---

1 데미엔 키언 지음, 고길환 옮김, 《불교란 무엇인가》, 동문선, 1998, p.180. 서양 사람들이 불교를 좋아하는 이유는 불교 교리가 합리적이며 과학적 진리와 충돌하지 않는다는 데 있지만, 서양인이 불교 교리를 받아들이기 어려운 것은 윤회사상 때문이라고 한다. 불교학자로서 널리 알려진 영국 옥스퍼드대학의 리처드 곰브리치(Richard Gombrich) 교수는 윤회를 믿을 수 없어 불교 신자가 될 수 없다고 한다.

1) 매트릭스와 유위

사람들이 "삶이 고다"라고 선언하는 '고성제'의 참뜻을 오해하는 것은 이 말이 인생에 대한 석가모니 붓다의 주관적인 느낌을 나타냈다고 생각하기 때문이다. 그래서 "나는 전혀 괴롭지 않은데 왜 삶이 괴롭다고 하지?" 하고 되묻는 것이다. 그러나 고성제는 석가모니가 삶을 괴롭다고 느끼고 자신의 주관적 느낌을 표현한 것이 아니다. 붓다는 괴로움도 즐거움도 괴롭지도 않고 즐겁지도 않은 느낌이 모두 '고'라고 설하였다. 모든 느낌이 고라면 '고'는 삶에 대한 어떤 주관적 느낌을 가리키는 말일 수가 없다. '고'란 삶의 실상을 가리키는 말이다. 사물의 참모습을 모르고 진리를 깨닫지 못한 사람들은 '삶'이 '고'임을 알 수가 없다. 붓다의 제자들도 고성제의 뜻을 몰랐다. 그래서 경전은 "의식이 고차원의 단계에 이를 때만 비로소 중생의 삶이 '고'인 줄 알게 된다"[2]고 전한다. '인생이 고'임을 말하려면 사물이 돌아가는 이치를 이해해야 하는데, 그것은 쉬운 일이 아니다. 그러나 어려운 것도 우화나 비유를 통해 설명하면 쉽게 이해할 수 있다. 본문에 본격적으로 들어가기 전에 먼저 붓다가 사람들에게 말하고자 하는 바를 비유와 우화를 통해 이해해 보도록 하자.

인생의 실상을 비유로 나타낸 '매트릭스(Matrix)'[3]라는 제목의 영화가 있다. 그 내용을 간단히 소개하겠다. 매트릭스는 인공지능이 만든 가상세계의 이름이다. 인공지능을 가진 기계들이 인간을 사육하여 인간의 생체에너지를 뽑아 쓰려고 이 매트릭스를 만들었다. 매트릭스의 세계

2　《디가니까야》, D2 〈사문과경〉

3　영화 제목 매트릭스(matrix)의 뜻은 일정한 모양의 물건을 계속해서 찍어낼 수 있도록 만든 주형(鑄型)이나 금형(金型)을 뜻하는 말로, 여기서는 '잘 짜여진 틀' 정도로 이해하면 된다.

에서는 사람이 경험하고 느끼는 모두가 컴퓨터 프로그램에 의해 조작된다. 사람들이 오관(五官)을 통해 보고 듣고 맛보는 것과 같은 감각적 느낌도 사실은 컴퓨터가 사람의 두뇌를 통제하여 그렇게 느끼도록 조작한 것이다. 어차피 인간이 경험하는 모든 것은 뇌에서 느끼는 전기 신호로 이루어지는 것이기 때문에 기계는 현실과 똑같은 상황의 가상공간을 만들어 이것에 접속한 상태로 살아가도록 만든 것이다. 이 사람들은 결국에는 로봇에 생체에너지를 빼앗기고 죽어가지만 그 사실을 모르고 살아간다. 매트릭스 안에서 사는 사람들은 '매트릭스'가 실재하는 현실인 줄 착각하고 희로애락을 느끼면서 살아간다.

매트릭스 밖에서 사는 사람이 볼 때, 매트릭스 안에서 그것이 현실인 줄 알고 살아가는 사람들의 삶이란 딱하기 그지없는 삶이다. 매트릭스 안의 사람들이 기쁨을 느낀들 그것을 기쁨이라 할 수 없고, 슬픔과 고통을 느낀다고 해도 그것은 하나의 꿈일 뿐이다. 그들이 그 속에서 즐거움, 또는 슬픔이나 고통을 느낀다고 해도 그것은 사람이 고기를 얻기 위해 기르는 소나 돼지가 우리 안에서 느끼는 느낌과 다를 바 없다. 매트릭스 안의 사람들에게는 물론 그런 느낌이 소중하겠지만 매트릭스 밖에서 사는 사람이 볼 때 그런 느낌이 무슨 의미를 갖겠는가? 매트릭스 밖에 사는 사람이 매트릭스에 들어가서 사람을 만나 그 사람에게 매트릭스 안의 삶에 관해 얘기한다면, 매트릭스 안의 삶을 가리켜 '고(苦)'라고 하지 않을 수 없다. 그리고 방법이 있다면 매트릭스에서 벗어나라고 권하고, 벗어나는 방법을 가르치는 것이 매트릭스 밖에서 사는 사람이 할 수 있는 최고의 자비로운 행동일 것이다.

사람들은 자신이 자유의지에 따라 무엇을 선택하고 자유롭게 살아가는 것으로 생각하지만 이 문제는 생각하는 것처럼 그렇게 간단하지 않다. 사람은 대체로 물질적 부와 명예를 추구하면서 살아가고 있다. 그런데 알고 보면 사람이 부귀영화를 추구하는 마음에는 감각적 쾌락을 만족시키려는 욕망이 강하게 깔려 있다. 한마디로 말해 사람들은 불타는 욕망에 매달려 살고 있다. 이런 것들에서 벗어나려고 해도 사람의 마음은 자기의 뜻과는 달리 제멋대로 움직인다. 헛된 욕망에서 벗어나고 싶어도 쉽게 벗어날 수 없고, 어떤 일을 잊고 싶어도 뜻대로 잊을 수도 없다. 긴장하지 않으려고 마음먹어도 긴장에서 벗어나지 못한다. 범부들은 이렇게 보이지 않는 무엇인가에 매여 있다. 불경 전체를 간단히 요약하자면 우리 보통 사람들이 사는 세상이 매트릭스이고 우리 자신이 매트릭스에 갇힌 사람들이며, 궁극적 진리를 깨달은 자 붓다가 보는 세상이 바로 매트릭스 밖의 세상이라는 것이다. 그리고 붓다가 일러주는 수행법은 매트릭스에서 벗어나는 방법에 관한 것이다.

현대의 과학자들 중에서도 인간의 삶이 매트릭스에 갇힌 것과 다름없다고 말한 사람들이 많이 있다. 그런 사람 중의 하나가 미국의 정신과 의사인 칼 메닝거(Karl Menninger, 1893~1990)이다. 칼 메닝거는 수천 명이 넘는 사람들과 정신적인 문제로 상담을 하고 나서, 사람이 스스로는 자유의지에 따라 의식적으로 행동했다고 생각하는 것도 사실은 무의식이 시켰을 가능성이 크다는 결론을 얻었다. 이 사실을 상징적으로 나타내기 위해 칼 메닝거는 자신이 쓴 책의 첫머리에 다음의 우화를 소개하였다.

바그다드의 교외에 사는 한 장자(長者)가 노예에게 시내에 심부름을 보냈다. 그런데 이 노예가 시내에 발을 들여놓자마자 죽음의 신을 만났다. 놀란 나머지 이 노예는 하던 일을 다 팽개치고 주인한테 되돌아와서 자초지종을 말한 후 한 마디 덧붙였다.
"저는 지금 죽음의 신을 피해 사가랴로 떠날 생각입니다. 지금 출발하면 오늘 저녁 해 질 무렵엔 도착할 수 있을 겁니다."

노예의 말을 들은 주인은 크게 노했다.

"신이라는 자가 약속을 어기다니! 내 집안사람들을 적어도 바그다드에서는 잡아가지 않기로 약속했는데 거기서 너를 잡으려고 하다니! 너는 지금 바로 사가랴로 떠나거라. 네 말대로 오늘 저녁 해 질 무렵까지는 거기에 도착할 수 있을 거야."

말을 마치자 주인은 즉시 천상으로 올라가 죽음의 신을 만났다. 주인이 따지자 이번엔 신이 외쳤다.

"무슨 소리야 놀란 건 내 쪽이야. 나는 오늘 해가 지면 그를 사가랴에서 잡기로 되어 있었는데 낮에 바그다드에서 그를 만났으니 얼마나 놀랐겠어. 비켜 바빠."[4]

노예는 자신의 자유의지에 따라 살길을 찾아 떠난 것으로 알지만, 사실 노예는 무의식이 시키는 대로 자동인형처럼 그렇게 행동했을 뿐이다. 말하자면 노예자신이 통째로 컴퓨터이고 하나의 로봇에 불과한 존재인 것이다. 이 우화는 불교가 중생들의 삶에 관해 얘기하는 내용과 너무나 흡사하다. 불교에서는 붓다가 설법하던 시절부터 사람에게는 자신이 의식하지 못하는 가운데 작용하는 심층의식이 있음을 알고 있었고, 사람이 행한 말과 행동이나 마음먹었던 것이 업(業, karma)이 되어 심층의식 가운데 저장되어 있다고 보아 왔다. 불교 심리학이라고 할 수 있는 유식학(唯識學)에서는 이미 1,500년 전부터 이 심층의식을 아뢰야식(阿賴耶識, ālaya-vijñāna)이라고 불렀고, 이 세상은 아뢰야식이 조작한 것이라

---

4 Karl Menninger, *Man against Himself*, Harvest Books, 1938 이 우화는 내용을 조금씩 달리하여 다른 여러 작가들의 책에도 나오고 있다.

고 본다.

 불교의 업설(業說)에 의하면, 컴퓨터 소프트웨어가 컴퓨터를 작동시키는 것처럼, 사람의 깊은 마음속, 아뢰야식에 자리 잡고 있는 업이 사람의 마음과 삶을 조종한다고 한다. 불교에서는 중생들이 사는 이 세상을 유위(有爲, saṃskṛta)라고 부르고, 진리를 깨달은 자가 보는 세상을 무위(無爲, asaṃskṛta)라고 하는데, '유위'란 진리를 모르는 마음이 업의 힘에 끌려 조작해낸 세계라는 뜻이고, '무위'란 조작하지 않은 '있는 그대로의 세계'란 뜻이다. 범부와 붓다가 보는 세상을 이렇게 다르게 부른다고 해서 유위와 무위가 다른 세상이라는 뜻은 아니다. 범부와 붓다는 같은 세상을 다르게 본다. 예를 들면 범부는 새끼줄을 보고 그것이 뱀인 줄 알고 놀라는데, 붓다는 그것이 새끼줄임을 알고 놀라지 않는 것과 같은 이치다. 범부는 자신이 보는 사물의 모습이 자신의 마음[두뇌]이 조작해 낸 것인 줄 모르고 '없는 것'을 있다고 보고 '있는 것'을 없다고 본다. 《반야심경》에서 "뒤바뀐 생각에서 벗어나[遠離顚倒夢想] 열반에 이른다"라는 말은 바로 이 사실을 가리킨다. 붓다와 범부의 차이는 붓다는 사물을 있는 그대로 보고 범부는 사물을 조작해서 본다는 데 있다.

 불교에서 범부가 보는 이 세상을 가리켜 유위라고 하는 것은, 이 세상이 업이 짜 만든 매트릭스와 다름없고, 업의 힘에 끌려다니는 중생들의 삶이란 프로그램이 시키는 대로 행동하는 로봇과 다름없다는 것을 뜻한다. 붓다가 지혜로운 눈으로 보았을 때, 사람들은 자신이 만든 업에 의해 조종되는 꼭두각시이면서도 그 사실을 모르고 꼭두각시놀음 속에서 행복과 진리를 찾느라고 헛고생을 하고 있었다. 이 사실을 딱하게 여겨 선종의 선사 현사사비(玄沙師備, 835~908)는 "이 도리를 깨쳤느냐? 이 도리를 판단하지 못하였다면 너희들이 보고 듣고 경험하는 산하대지 모든 것이 다 광로화상(狂勞華相)이다"[5]라고 했는데 이는 우리가 업이 만든 매트릭스에 갇혀 헛것을 보고 있다는 말과 같은 말이다. 꼭두각시놀음을 하는 사람은 자신의 삶이 즐겁다고 느낄 수 있겠지만, 그 사람도 자신이 살고 있는 세상의 실상을 안다면 그런 삶에서 벗어나려고 할 것이다. 이 사실을 사람들에게 일깨워주고, 업의 조종에서 벗어나 절대적인 자유를 찾는 방법을 알려주고, 그 방법에 따라 자유를 찾으라는 외침이 바로 불교이다. 여기서 우리는 업의 힘에서 벗어난 삶이란 어떤 것인가 하고 묻지 않을 수 없게 된다. 그렇다면 경허성우(鏡虛惺牛, 1849~1912) 선사와 만공월면(滿空月面, 1871~1946) 선사 사이에 있었다고 전해오는 다음의 일화를 생각해보자.

경허 선사와 만공 선사는 사제 간이다. 평소에 스승은 제자에게 여인을 가까이하지 말라고 가르쳤다. 비가 많이 내리다 그친 어느 날 이 둘은 개울을 건너게 되었는데, 개울가에는 한 아름다운 여인이 불어난 물 때문에 개울을 건너지 못하고 쩔쩔매고 있었다. 이를 보자 경허 선사가 등을 내밀어 여인을 등에 업었다. 이를 본 만공 스님은 내심 못마땅하게 여겼다. 개울을 건넌 후 줄곧 못마땅한 표정을 짓던 만공 스님이 얼마쯤 가다가 마침내 입을 열었다. "스님. 아까 그 개울가에서 젊은 여인을 업었던 것은 계율을 깨뜨리는 일이 아니던가요?" 그러자 경허 선사가 대답했다. "허허 그놈! 나는 아까 그 처녀를 그 개울가에 이미 내려놓고 왔는데 너는 아직도 업고 있었더란 말이냐?"

---

5 광화(狂華)는 공화(空華)와 같은 뜻으로 공중의 꽃이라는 뜻이다. 허공에 꽃이 있을 리 없다. 눈병이 있는 사람이 착각하여 공중에 꽃이 있다고 보는 것이다.

만공의 마음가짐이 업에 매인 마음이고 경허의 마음이 자유로운 마음이다. 자신의 깊은 마음속까지 속속들이 알고 마음의 주인이 되지 못하는 한, 사람은 업으로 짜인 프로그램의 영향에서 벗어날 수 없다. 업의 프로그램이 계속 작동하는 것이 윤회다. 업과 윤회는 마음을 완전히 알고 마음의 주인이 된 붓다가 인식하고 검증한 삶의 실상이다. 윤회는 세상사 모두를 합리적으로만 설명하고 싶은 사람들이 말하는 것처럼 누가 지어낸 얘기가 아니다.

2) 무아론과 윤회

미국의 천체물리학자로서 과학의 대중화에 힘을 쏟고 5억 명 이상의 사람이 시청한 TV 다큐멘터리 '코스모스(Cosmos)'의 해설자로 유명한 칼 세이건(Carl E. Sagan, 1934~1996)은 그의 마지막 저서 《악령이 출몰하는 세상》에서 이런 말을 하였다. "윤회는 비록 여전히 의문스럽지만, 최소한 약간의 실험을 통해 지지되고 있다. 물론 내가 잘못 알고 있을 수도 있다."[6] 세이건은 왜 이렇게 어정쩡한 태도로 말했을까? 그 이유는 뇌/신경과학적 관점 때문이다. 사람의 두뇌가 기억할 수 있는 것은 두뇌가 만들어진 이후의 일일 것이다. 그렇다면 사람이 두뇌가 만들어지기 이전인 전생의 일을 기억한다는 것은 있을 수 없는 일이다. 그런데 뇌/신경과학적 견해에 맞서는, 윤회를 부정하기 어려운 과학적 증거도 충분히 있다. 뿐만 아니라 유물론이 옳다는 것을 전제로 할 때라야만 뇌/신

---

6   칼 세이건 지음, 이상헌 옮김, 《악령이 출몰하는 세상》, 김영사, 2001, p.345.

경과학이 옳다고 할 수 있는데, 유물론은 그 나름대로 문제점이 있다.[7] 사이비과학과 미신에 대한 강력한 비판자였던 칼 세이건이 환생을 지지하는 실험적 증거가 있음을 강력하게 부정하지는 못 할 정도로 환생이 허황된 개념인 것만은 아니다. 그렇다고 하더라도 사람들은 윤회라고 하면 영혼(ātman)이 윤회한다는 힌두교의 윤회를 생각하지 불교의 무아 윤회를 생각하지는 않는다. '나'라는 것이 없는데 무엇이 윤회를 한다는 말인가? 불교를 좋아하는 사람들마저도, 불교의 윤회에 대해서만큼은 곤혹스러워 한다. 불교를 과학적이고 합리적인 종교라고 생각하는 사람일수록 더 그렇다. 우리나라의 불교학자나 스님들 중에도 윤회를 부정하는 사람들이 많이 있다. 이 사람들이 이렇게 생각하는 이유는 세상에 무엇인가가 존재하고 이 존재들이 사건을 일으킨다고 생각하기 때문이다. 이렇게 세상을 존재 중심으로 본다면 윤회를 할 주체, 동일성을 가진 주체가 없는데 무엇이 윤회를 한다는 것은 말이 안 되는 소리다. 그런데 이 존재 중심의 사고가 세상을 보는 유일한 방식인지에 대해서는 검토해 볼 필요가 있다. 뇌/신경과학은 훌륭한 과학이지만 존재 중심의 사고에 문제가 있다면 물질[두뇌]이라는 존재가 정신[마음] 현상을 일으킨다는 뇌/신경과학적 관점은 수정되어야 할 것이다. 따라서 윤회에 관해 뇌/신경과학이 가진 현재의 견해도 어떤 방식으로든지 수정되어야 할 것이다.

(1) 사건 중심의 세계관

사람들은 보통 돌멩이나 깡통 같은 '어떤 것'이 존재하고 이 존재들

---

7 존 R. 설 지음, 정승현 옮김, 《마인드》, 까치, 2007. 유물론을 비롯해 관념론 정신-물질 이원론 등 실체론이 갖는 문제점에 관해 설명하는 문헌들은 많이 있으나, 버클리 대학의 철학자 존 R. 설이 이 책에서 이 문제점들을 쉽고 명료하게 잘 설명하고 있다.

이 부딪치고 운동을 하면서 사건을 일으킨다고 생각한다. 이런 생각은 돌멩이나 깡통 같은 '어떤 것'이 몸이고, 사건은 이 존재들이 만들어내는 몸짓이라고 말하는 것과 같다. 이 생각대로라면 몸짓이 없어도 몸은 존재하듯이, 사건이 없어도 '어떤 것'들은 존재하기 마련이다. 이것이 보통 사람들이 생각하는 존재 중심의 세계관이다.

그런데 달리 생각할 수도 있다. 사건이 이 세상의 기본이고 '어떤 존재'라는 것은 사람들이 세상을 이해하고 설명하기 위해 만들어낸 하나의 조작된 개념이라고 볼 수도 있다. 스몰린(Lee Smolin, 1955~)이라는 물리학자가 쓴 다음 글을 살펴보자.

> "세상에는 두 가지 종류의 사물(things)이 있는 것 같다. 돌멩이나 깡통처럼 그 성질만 나열해도 완전히 설명할 수 있는 것(objects)들이다. 다른 하나는 과정(processes)으로서만 이해할 수 있는 것들이다. 사람이나 문화 같은 존재(entities)는 단순한 사물이 아니라 시간에 따라 전개되는 과정들이다. 세상에는 무엇이 존재하는 것처럼 보인다. 그러나 그것은 착각이다. '어떤 것(things)'이란 존재하지 않으며 단지 서서히 변하는 것과 빨리 변하는 것의 차이가 있을 뿐이다. … 따라서 우주에는 물체(object)와 과정(process)이 존재하는 것이 아니다. 빠른 과정과 느린 과정이 있을 뿐이다. 우주가 물체로 구성되어 있다는 환상은 고전역학을 구성하는 바탕이 되었다. … 현대물리학의 양대 기둥이라고 할 수 있는 상대론(相對論, theory of relativity)과 양자론(量子論, quantum theory)은 우리 우주가 과정들의 역사라고 말하고 있다. 운동과 변화(motion and change)가 주된 것이다. 근사적이고 임시적인 뜻으로 말하지 않는다면 세상에 존재하는 것은 아무것도 없다. 무엇인가가 어떤 고정된 상태에 있다면 그것은 환상이다.

우주는 많은 사건으로 구성되어 있다. 한 사건은 과정의 가장 작은 부분 또는 변화의 가장 작은 단위로 구성될 수 있다. … 사건들의 우주는 관계론적인 우주(relational universe)다. 모든 성질은 사건들 사이의 관련성을 통해서 기술된다. 두 사건이 가질 수 있는 가장 중요한 것은 인과관계다."[8]

이 인용문에서 말한 대로 현대물리학의 입장에서 보면 세상을 사건 중심으로 보는 것이 더 자연스럽다. 사건은 일회성으로 끝나는 것 같지만 그렇지 않다. 이는 바다에서 출렁이는 물결이 끝나지 않는 것과 같은 이치다. 바다에서 한 물결이 이는 것은 순간적인 사건이지만 이 사건은 일회성으로 끝나지 않는다. 한순간 물결이 인 것은 앞 순간의 물결이 그 원인이었고 이 순간의 물결은 다음 순간 일어날 물결의 원인이 된다. 바다의 물결은 바다가 없어질 때까지 끝나는 법이 없다. 마찬가지로 세상에서 일어나는 사건도 원인 없이 일어나는 법이 없고 일어난 사건이 원인이 되어 다음에 새로운 사건이 일어난다. 사건이 인과관계를 맺고 일정한 시간 동안 진행될 때 이 사건들은 하나의 흐름을 형성한다. 이 사건의 흐름이 어떤 특성을 갖고 일정한 시간 동안 지속하면 사람들은 이 '사건의 흐름'을 무엇인가가 존재하는 것처럼 보게 된다. 이 '사건의 흐름'이 바로 스몰린이 말한 과정(process)이다.

위의 글에서 물리학적 용어만 아니라면 이 글의 출처가 불교 경전이나 논서라고 해도 이상한 데가 없을 것이다. 위의 글에 있는 말은《잡아함경》에 "업은 있되 행위자는 없다"[9]라는 말과 똑같다.《잡아함경》에

---

8 리 스몰린 지음, 김낙우 옮김,《양자 중력의 세 가지 길》, 사이언스북스, 2007, pp.107~121.

9 《잡아함경》권13,〈335경〉"有業報而無作者"

서 하는 이 말이 불교의 세계관을 잘 나타내고 있는데, 이 말은 사건[業] 도 있고 '사건의 결과'도 있지만 사건을 일으킨 자도 없고, 그 사건의 결과를 받는 자도 없다는 뜻이다. 즉, 세상에는 사건만 있고 존재는 없다는 뜻이다. 이런 관점을 사건 중심의 세계관이라고 하는데,[10] 사건 중심의 세계관은 불교 철학의 핵심이라고 할 수 있는 연기법의 논리적 귀결이다. 사건의 흐름이 어떤 특성을 갖고 일정한 시간 동안 지속하면 사람들은 '이 사건의 흐름'을 무엇인가가 존재하는 것으로 인식하게 된다는 사실만 이해한다면 불교의 무아론과 윤회를 이해하는 것이 절대 어렵지는 않다.

(2) 과정으로서의 자아: 무아론

무상(無常, anitya)이나 무아(無我, anātman) 또는 공(空, śūnya)이라는 말 때문에 많은 사람들이 불교를 허무주의나 염세주의라고 오해하는 사람들이 있다. 그러나 불교에서 무아와 공을 말하는 것은 세상 어느 것에도 실체(實體)[11]가 없다는 사실을 가리키는 말일 뿐 세상에 아무것도 없다는 뜻이 아니다. 실체란 다른 것과의 관계를 떠나 독립적으로 존재하는 어떤 것을 가리키는 말이기도 하고 동일성을 유지하는 개체적 성질을 뜻하기도 한다. 불교의 연기법에 의하면 세상 모든 것은 다른 것과의 관계

---

10 소광섭 지음, 《물리학과 대승기신론》, 서울대학교출판부, 1999 '존재 중심의 세계관'과 '사건 중심의 세계관'이라는 말은 소광섭 교수가 이 책에서 처음 쓴 말인데, 불교의 세계관을 설명하는 데 아주 적합한 말이다.

11 영어에서는 다른 사물과 독립된 '독자적인 존재'를 entity(=something that exists as particular and discrete unit)라 하고, '다른 사물과 구분되는 성질' 또는 '동일성을 유지하는 개체적 성질'을 substance라고 하여 둘을 구분하나 우리말에서는 '독립된 존재'와 다른 사물과 구분되는 '사물의 고유한 성질'을 따로 구분하지 않고 둘 다를 실체(實體)라고 한다.

를 맺으면서 존재한다. 그렇기 때문에 그것이 정신이든 물질이든 이 세상 어느 것에도 실체란 있을 수 없다. 세상 일체의 것에 실체가 없다면 우리가 일상적으로 경험하는 '나'라는 존재는 무엇일까? 붓다도 법구경에서 "나의 주인은 나"라고 하며, 붓다가 열반한 지 얼마 되지 않아 승단의 장로 찬나(闡陀)도 "일체에 실체가 없고 공적(空寂)하다면 그중에 어떤 내가 있어서 이렇게 알고 이렇게 본다고 말하고 있는가?"하고 묻는다.[12] 이 물음에 대한 적절한 답이 바로 앞 절에서 인용한 스몰린의 말이다. 이 세상은 사건과 과정으로 이루어졌을 뿐 거기에 '어떤 것'이란 없다. 세상에서 말하는 자아 또는 '나'라는 존재는 하나의 과정을 가리키는 말이다.

사건 중심으로 인간을 기술하면 무아론이 된다. 불교의 무아론을 이해하기 위해서 10년 전의 '나'와 오늘의 '나'를 비교해보자. 둘 사이에 어떤 공통점이 있어 둘 다 '나'라고 부르는 것일까? 둘 사이에 불변의 요소는 없다. 우리의 몸을 구성하는 세포들은 수명이 있다. 매일 일정한 양의 세포가 죽고 새로운 세포가 생겨난다. 몸을 구성하는 물질이 매일 조금씩 교체되는 것이다. 뇌세포처럼 수명이 긴 것도 있지만 우리 몸을 구성하는 원자들 중 90%는 매년 새것으로 교체되고 10년쯤 지나면 우리 몸을 구성하는 물질이 거의 전부 새것으로 바뀐다. 게다가 유전자도 일부에서는 변이가 일어나고 유전자의 작동과 발현도 자주 변한다. 물질 뿐만 아니라 정신도 바뀐다. 사람의 정신적 특질을 결정하는 데 중요한 역할을 하는 뇌 신경세포들 간의 시냅스 연결은 수시로 바뀐다. 10년이면 인지능력이나 성격과 사고방식도 바뀐다. 10년 사이에 정신도 물질도 다 바뀌었는데 무슨 이유로 사람들은 10년 전이나 지금이나 '나'를 '나'라고 부르며 '나'는 10년 전에 내가 한 일에 대해 책임을 져야 하는 것일

---

12 《잡아함경》 권 10 〈262경(천타경)〉

까? 그것은 10년 전의 '나'가 원인이 되어 오늘의 '나'가 있기 때문이다.

불교에서는 사물의 구성요소를 오온(五蘊)이라고 부르는데 오온이란 색(色, 물질), 수(受, 느낌), 상(想, 표상작용), 행(行, 의지작용), 식(識, 의식)의 다섯 가지 요소들의 모임을 가리킨다. 붓다가 사물의 구성요소를 이렇게 다섯 가지로 나눈 것은 이것들이 독립적인 요소라고 보아서 그런 게 아니다. 붓다는 당시 인도사람들의 지적 수준에 맞추어 편의상 오온을 사물의 구성요소로 지칭했을 뿐이다. 오온에서 말하는 다섯 가지 요소들도 다른 것과의 관계를 떠나서 존재하는 '독립적인 존재(entity)'가 아니다. 이들도 실체가 없으며 다른 것과의 관계를 통해서만 드러나는 어떤 과정일 뿐이다. 오온 중 네 가지, 즉 느낌, 지각작용, 의지작용과 의식을 뇌신경 과학으로 설명한다면, 이들은 두뇌 신경의 활동에서 일어나는 어떤 사건들과 과정을 지칭하는 이름일 뿐이다. 그리고 오온 중 나머지 하나인 물질도 스몰린이 말한 바와 같이 어떤 종류의 사건이 진행되는 하나의 과정이다. 색·수·상·행·식의 오온이 다 사건의 흐름이기 때문에 이들 중 어느 것에서도 불변의 동일성을 찾을 수는 없다. 앞서 사건 중심의 세계관을 설명하기 위해 물리학자 스몰린의 설명을 소개한 바가 있지만, 이번에는 또 다른 물리학자 로벨리(Carlo Rovelli, 1956 ~)의 설명을 들어보자.

"세상이 사물로 이루어졌다면 이 사물들은 어떤 것일까? 장의 일시적인 요동에 지나지 않는 기본 입자들일까? ··· 세상은 그렇게 작동하지 않는다. ··· 세상이 사건들의 네트워크라고 생각하면 작동한다. 아주 간단한 사건이든 복잡한 사건이든 더 단순한 사건들의 조합으로 분해될 수 있다. 전쟁이나 폭풍우도 사건들의 집합이다. 가족도 사물이 아니라 관계와 사건, 느낌의 총체다. 인간은 어떨까? 산 위에 걸린 구름처럼 음식, 정보, 빛, 언어를 비롯한 수많은 것들이 드나드는 복잡한 프로세스다."[13]

생명체란 오온이 결합하여 만든 사건의 흐름이다. 불교에서는 이를 등불에 비유한다. 등불이 계속 타고 있으면 거기에 등불이라는 존재가 있는 것처럼 보인다. 이 등불은 타는 동안에 연속성을 가지지만 한순간도 동일했던 적은 없다. 매 순간 새로운 기름이 새로운 공기를 만나 타고 있다. 그렇다고 해서 처음에 타던 '등'의 불꽃과 나중의 불꽃이 아무런 관련이 없지는 않다. 한순간의 등불은 그 이전 순간의 등불을 원인으로 생겨난 것이고 이 순간의 불꽃은 사라지면서 다음 순간의 불꽃이 생겨난다. 전체의 불꽃은 '탄다'는 사건들이 인과관계를 맺고 진행되는 하나의 과정이다. 생명체도 마찬가지다. 생명체란 오온이 유기적인 인과관계를 맺고 진행되는 삶이라는 과정일 뿐 거기에 어떤 동일성은 없다.

작은 파도도 여럿이 유기적으로 결합하여 하나의 큰 파도를 이루듯이 어느 한순간의 '나'라고 하는 것도 크고 작은 사건들이 유기적으로 결합하여 이루어진 하나의 사건에 불과하다. 이 사건은 금방 생겼다가 사라지고 이 사건을 원인으로 하여 새로운 사건이 생겨난다. 이 새로운 사건도 물론 금방 사라지면서 다음에 일어날 새로운 사건의 원인이 된다. 10년간 이렇게 사건이 생겼다가 없어지는 일이 계속되지만 10년 전 '나'라고 불렀던 사건의 집합과 오늘날 '나'라고 부르는 사건의 집합 사이에는 명백히 인과관계가 있다. 즉, '나'라는 존재는 사건들이 일정한 인과관계를 맺고 흘러온 하나의 과정이다. 이 과정이 바로 세상에서 말하는 자아이다. 이 '과정으로서의 자아'에 동일성은 없지만 분명히 연속성은

---

13 카를로 로벨리 지음, 이중원 옮김, 《시간은 흐르지 않는다》, 쌤앤파커스, 2019, p.106.

있다. 정신과 물질이라는 것도 '과정으로서의 자아'를 이해하고 설명하기 위해 붙인 잠정적인 이름에 불과하다. 정신과 물질이라는 것도 사건의 흐름일 뿐 칼로 자르듯이 둘로 나눌 수 없다.

　무아는 '나'라는 존재의 동일성을 부정하는 말이지 '과정으로서의 자아'를 뜻하는 '나'의 연속성을 부정하는 말이 아니다. 무아는 영원불멸의 영혼이 있다는 상주론과 죽으면 끝이라는 단멸론을 버리고 '나'라는 존재의 연속성을 긍정하는 중도설이다. 10년 전의 '나'와 오늘의 '나'는 동일성이 없지만 그 둘은 인과관계로 이어진 연속성을 가진 존재다. '나'의 연속성을 말해주는 붓다의 설법은 많이 있다. 참고로 몇 개만 나열하겠다.

　　　"아라한은 '나'가 있고 '내 것'이라 하여도 허물이 없다."[14]

　　　"나의 주인은 나이며, 나를 제어하는 것은 곧 나다."[15]

　　　"젊은이들이여, 잃어버린 자기 진심을 찾는 일과 도망친 유녀를 찾는 일 중에서 어떤 것을 더 시급하게 찾아야 한다고 보는가?"[16]

　윤회 역시 동일성과 연속성에 관한 문제이다. 연속성이란 죽음 이후에도 마음의 작용이 계속되어 새로운 삶으로 이어진다는 것이고, 동일성이란 사람이 윤회를 한다면 금생의 삶을 사는 사람과 새로운 삶을 사

---

14 《잡아함경》 권22 〈581경(나한경)〉

15 《법구경》

16 《사분율》 권32

는 사람이 같은 사람이어야 한다는 뜻이다. 그런데 동일성을 찾는 것이 의미 있는 일인지 따져볼 필요가 있다. 앞에서 스몰린이 말한 바와 같이 세상에 시간이 지나도 변하지 않는 것은 없다. 연기법이 옳다면 사람도 사물도 모두 진행되고 있는 하나의 과정이기 때문에 '사건의 흐름'에서 동일성을 찾을 수는 없다. 사물이나 사람에게서나 동일성이 있는 것처럼 보인다면 그것은 그것들이 천천히 변하기 때문이다.

불교에서 윤회가 문제가 되는 부분은 불변의 자아나 영혼이 없는데 무엇이 윤회하는가이다.[17] 얼핏 생각하면 등불이 꺼지면 그뿐이듯이 죽음과 함께 모든 것이 끝나는 것처럼 보인다. 달리 생각하면 오온 중에 정신적인 요소인 수·상·행·식은 모두 두뇌 신경들의 활동에서 일어난 사건들의 진행 과정이기 때문에 이것들은 두뇌 활동이 멈추면 함께 사라지고, 몸을 구성하는 원자들만 남아서 다시 다른 생물의 몸으로 들어가니 물질만은 윤회하는 것처럼 보인다. 그러나 위에서 설명한 바와 같이 색·수·상·행·식 사이에는 존재론적으로 아무런 차이가 없다. 물질이든 정신이든 그것은 사람이 잠정적으로 붙인 이름일 뿐 모두가 사건의 흐름에 불과하다. 오온의 각각이 다 사건의 흐름이다. 불교와는 관점이 다르지만, 신경과학에서도 마음을 하나의 과정으로 본다. 주류 신경과학계에서는 마음도 두뇌 신경에서 일어나는 전기화학적 반응의 과정에서 나타나는 하나의 현상이라고 본다. 이것은 주류 신경과학자들이 마음을 하나의 과정으로 본다는 것을 뜻한다. 신경과학자들의 견해와 물리학자 스몰린의 설명을 결합해서 생각하면, 물리학은 물질을 하나의 과정,

---

17 장세근, 《윤회와 반윤회》, 도서출판개신, 2008 ; T. 페넬름 지음, 이순성 옮김, 《사후세계의 철학적 분석》, 서광사, 1991 이 두 책 모두 무아 윤회는 개념적으로 틀린 것이라고 주장한다. 다만 페넬름 교수는 동일성의 문제만 해결된다면 논리적으로 윤회에 아무런 문제가 없다고 한다. 그러나 이런 주장은 그들이 존재 중심으로 세상을 보기 때문이다.

신경과학은 마음[정신]을 또 다른 하나의 과정으로 보는 셈이라고 해석할 수 있게 된다. 그렇다면, 비록 불교와는 다른 관점에서 한 말이긴 하지만, 현대의 과학은 물질과 정신을 모두 '하나의 과정'이라고 본다고 말해도 좋을 것이다. 이 말을 달리 표현하면 이렇게 된다. 오직 사건의 흐름만 있을 뿐인데 이 흐름을 밖에서 볼 때 이것은 물질로 나타나고, 같은 흐름인데도 안에서 볼 때 이것은 마음으로 나타난다. 다만 스몰린이 말한 바와 같이 사람들은 물질만은 실체를 갖고 존재하는 것으로 착각하고 있을 뿐이다. 그렇다면 윤회의 의미는 무엇인가? 여기에 답하는 것이 불교의 업설(業說)이다.

(3) 업과 윤회

'업'의 원래 뜻은 일체의 행위를 뜻하는 말로 사람이 마음먹은 것, 말로 표현한 것, 몸의 행동으로 나타낸 것 등을 뜻한다. 이들 업을 몸·입·마음으로 짓는다고 해서 신·구·의(身口意)의 삼업(三業)이라고 한다. 그러나 불교에서는 업의 뜻을 제한적으로 사용해서 사람이 마음먹고 지은 행위만을 업이라고 한다.[18] 업에 관한 붓다의 설법을 들어보자.

"신구의 삼업, 이것이야말로 자신의 것,

---

18 《중아함경》 권3, 〈15경(思經)〉, 붓다는 이렇게 설한다. "만일 일부러 짓는 업이 있으면 나는 반드시 그 갚음을 받되 현세에서 받거나 후세에서 받는다고 말한다. 만일 일부러 지은 업이 아니면 이것은 반드시 갚음을 받는다고 나는 말하지 않는다." 여기에 인용한 〈사경〉에서는 "반드시 갚음을 받는다고 나는 말하지 않는다[不必受報]"라고 하여 부분부정을 하고 있지만, 다른 경전, 예컨대 《앙굿따라니까야》(A6:63) 〈꿰뚫음 경〉에서는, "비구들이여, 의도가 업이라고 나는 말하노니 의도한 뒤 몸과 말과 마음으로 업을 짓는다"고 하여 업이 바로 의도라고 말하고 있다.

그는 그것을 가지고 가네.

그림자가 몸에 붙어 다니듯 그것이 그를 따라다닌다네.

공덕이야말로 저세상에서 뭇 삶들의 의지처가 되리."[19]

신구의 삼업을 보다 구체적으로 실천윤리로서 세분하여 설명하면, 자신에게 해로운 결과를 가져오는 부정적인 행동을 십악업(十惡業), 이로운 결과를 가져오는 것을 십선업(十善業)이라고 한다. 십악업은 몸으로 짓는 살생, 도둑질, 삿된 음행의 세 가지와, 입으로 짓는 거짓말, 이간질, 욕설, 꾸미는 말의 네 가지와 마음으로 짓는 욕심, 성냄, 어리석음(貪瞋癡)의 세 가지를 말한다. 이들 행동 중 마음으로 짓는 탐진치의 세 가지를 특별히 삼독(三毒)이라고 하여 계정혜의 삼학과 대비시킨다. 십선업이란 지금 말한 열 가지 악업을 행하지 않는 것으로 이해하면 되겠지만, 적극적으로 해석하면 단순히 살생을 하지 않는 것이 아니라 죽을 목숨을 살려주고 도와주며, 부지런히 일하고, 바른 행동을 하며, 입으로는 착하고 실다운 말, 올바른 말, 남을 격려하는 말을 하고, 마음으로는 베풀어주고, 자비로 대하고, 슬기롭게 행하는 것이다.

저지른 행동은 하나의 사건이다. 사건은 일회성으로 끝나는 것 같지만 붓다가 설한 바와 같이 그 사건은 어딘가에 저장되고, 그 사건의 인과는 끝나지 않고 작용은 계속된다. 사건이 저장된다는 말은 저지른 행동이 그대로 저장된다는 뜻이 아니고 행동이라는 사건에 대한 정보가 저장된다는 뜻이다. 그 저장된 정보가 업이다. 유식 불교의 용어를 빌리자면 업은 장차 결과를 나타내는 종자(種子, bīja)로 아뢰야식에 저장된다. 종자라고 부르는 이유는 식물의 종자가 싹이 트는 것처럼 언젠가 업

---

19 《쌍윳따니까야》, 3:20

의 인과적 결과가 싹이 튼다는 뜻이 있기 때문이다. 아뢰야식에는 업의 종자 말고도 우주에 관한 모든 정보가 다 들어 있다. 업의 종자를 비롯해 아뢰야식에 저장된 정보들은 인과적으로 영향을 주고받으면서 하나의 흐름을 형성한다. 유식 불교에서는 이 흐름을 가리켜 '식의 흐름'이라고 부른다. 이 '식의 흐름'은 끊임없이 현세에서 내세로 이어지는데, 업은 이 흐름을 조직하여 유기체를 만들었다가 흩어지면 다시 만드는 일을 반복한다. 이것이 불교에서 말하는 윤회다.[20] 여기서 추상적인 개념에 불과한 정보가 어떻게 존재라는 실체로 변할 수 있는가 하고 의문을 갖는 사람도 있다. 그러나 정보는 그렇게 추상적이지 않다.

정보는 측정할 수 있는 물리적인 양이다. 물리적인 양이면서도 정보는 부분적으로 정신 속에 있다. 물리학자 폰 베이어(Hans Christian Von Baeyer, 1938~)는 "정보는 어떤 사람에게는 낙서일 수 있지만 그 의미를 아는 자에게는 값진 정보이다. 1415926은 무작위 배열일 수가 있고 π의 소수점 이하 부분일 수도 있다"[21]라고 말했는데, 그의 말을 빌리자면 정보는 물질적인 것과 정신적인 것을 연결하는 묘한 개념이자 물리량이다. 앞으로 설명하겠지만 양자역학에 의하면 정보에 불과한 확률파가 입자라는 실체로 나타나기도 한다. 컴퓨터가 주어진 정보를 변환하

---

20 한자경 지음, 《불교의 무아론》, 이화여자대학교출판부, 2006 ; 일묵 지음, 《초기 불교 윤회 이야기》, 불광출판사, 2019 ; 칼루파하나 지음·조용길 편역, 《원시근본불교철학의 현대적 이해》, 불광출판사, 2002 : 세 책 모두 불교의 무아 윤회에 대해 바르게 설명하고 있다. 그러나 윤회와 무아 윤회에 관한 논쟁은 아직까지 끊이지 않고 있다. 그만큼 사람들은 두뇌 없이는 의식 활동이 있을 수 없다는 뇌/신경과학의 견해에 고착되어 있는 것이다. 이 세 책에 덧붙여 소개할 책이 하나 더 있다. 호진 지음, 《무아·윤회 문제의 연구》, 불광출판사, 2015. 이 책은 초기불교인들이 무아와 윤회를 조화시키려고 어떻게 노력했는지를 잘 조사하였지만 무아 윤회는 아직 해결되지 않은 것으로 보고 있다. 그러나 이 문제는 사건 중심의 세계관에서 보면 해결되지 않은 것이 아니다. 단지 사람들이 사건 중심의 세계관을 받아들이지 못하기 때문에 해결되지 않았다고 보는 것이다. 그만큼 사람들은 존재 중심의 사고에 매여 있다고 볼 수 있다.

21 한스 크리스천 폰 베이어 지음, 전대호 옮김, 《과학의 새로운 언어 정보》, 숭산, 2007, p.29.

여 어떤 결과를 초래하는 것에 유추하여, 아뢰야식에 저장된 정보의 변환 중 하나를 윤회로 본다면, 무아이기에 동일성은 없지만 모든 존재는 인과관계를 가진 '사건의 흐름'으로서 단멸하지 않고 연속성을 가진다고 말할 수 있다. 붓다는 영원불멸을 말하는 상주론도 하나의 극단이요, 죽으면 그것으로 끝이라는 단멸론도 하나의 극단으로서 여래는 두 극단을 버리고 중도를 취한다고 말했는데 윤회가 있기에 그런 말이 성립하는 것이다. 그러나 불교의 무아 윤회가 논리적으로 동일성의 문제에서 벗어난다고 하더라도 실제로 사람이 나고 죽는 일을 반복하는가 하는 것은 별개의 문제다. 여기에는 검증된 실험적 결과가 있어야 한다. 그러나 현재 과학계의 분위기로는 검증된 결과가 있어도 믿지 않을 것이다.

사람들이 과학적 증거나 믿을 만한 증언이 있어도 윤회를 믿지 않는 이유를 프랑스의 철학자 장 프랑수아 르벨(Jean-Francois Revel, 1924~2006)이 잘 설명하고 있다. 장 프랑수아는 과학자로서 활동하다가 티베트 승려가 된 마티유 리카르(Matthieu Ricard, 1946~)의 아버지인데, 그는 아들과 불교 및 서양의 사상에 관하여 대화를 나누던 중 아들이 자신이 경험한 윤회의 증거를 설명하자 다음과 같이 말한다.

> "좋다. 그것이 불교의 형이상학적 일부를 이룬다고 치자. … 합리주의적 사고를 특징짓는 것은, 직접 그 실험의 실행을 지켜보지 않고 심지어 스스로 그 실험을 이끌 수도 없으면서 언제나 가능한 그 재현을 수락할 수밖에 달리 도리가 없는 사람들을 포함한 모든 사람들에게 증명이 전달되고 받아들여질 수 있다는 사실이다. 사실 이런 의미에서 네가 말하는 체험은 그것을 직접 체험한 사람 외에는 설득력 있게 받아들여질 수 없다."[22]

---

22 장 프랑수와 르벨·마티유 르카르 공저, 이용철 옮김, 《승려와 철학자》, 창작시대, 1999, p.89.

장 프랑수아가 하는 말은 윤회를 부정할 수 없는 증거를 보여준다고 하더라도 보통 사람들은 직접 체험하기 이전에는 그러한 증거를 받아들일 수 없다는 뜻이다. 장 프랑수아가 지적한 대로 윤회를 입증할 만한 증거를 제시하더라도 현재로서는 사람들이 그것을 인정하지 않을 것이다. 이러한 생각이 과학자나 일반 사람들의 머리에 뿌리 박혀 있음에도 불구하고 윤회나 임사체험에 대하여 과학적인 방법으로 접근하는 과학자들이 의외로 많이 있다.

윤회를 과학적으로 연구한 대표적인 과학자로서는 이안 스티븐슨(Ian Stevenson, 1918~2007)을 꼽을 수 있다. 이안 스티븐슨은 버지니아 대학 의과대학의 석좌교수로 있던 유능한 과학자인데 3,000여 명의 사례를 분석하여 윤회를 부정하기 어려운 과학적 증거를 제시하였다.[23] 칼 세이건이 "윤회는 비록 여전히 의문스럽지만, 최소한 약간의 실험을 통해 지지받고 있다. 물론 내가 잘못 알고 있을 수도 있다"고 하면서 윤회를 적극적으로 부정하지 못한 데는 이런 이유가 있다. 비록 현재의 분위기로서는 과학자들이 윤회와 같은 신비스러운 현상을 받아들이기 쉽지 않지만 이안 스티븐슨 교수가 제시한 것과 같은 증거가 조금씩 쌓이면 언제가 과학자들이 본격적으로 윤회를 연구하고 검증할 때가 올 것이다. 그때까지 윤회는 믿음의 문제로 남아 있을 수밖에 없다. 참고로 말하자면 무아 윤회가 아니라면 기독교에서도 초기에는 윤회를 믿고 있었고[24] 신약성서에도 윤회를 뜻한다고 해석할 수밖에 없는 구절이 여러 곳에 나온다.[25]

---

23 윤회 관련 많은 저서가 있으나 우리말로 번역된 것으로는 《전생을 기억하는 아이들》이 있다.

24 Geddes MacGregor, *Reincarnation in Christianity*, Quest Books 1978

25 예수께서 물으셨다."무리가 나에 대해 뭐라고 말하더냐? 나를 누구라고 하더냐?" 제자들이 말했다. "세례자 요한이라고 합니다. 엘리야라고 하는 사람들도 있고, 옛 예언자 가운데 한 사람이 돌아왔다고 하는 사람들도 있습니다." 마태복음 11:14, 16:14, 누가복음 9:19, 요한복음 1:21

3) 신해행증과 계정혜

인도불교에서는 계를 철저히 잘 지키고 오랜 시간 동안 꾸준히 수행해야 깨달음에 이를 수 있다고 한다. 이와 비교해 중국의 선불교에서는 단박에 깨칠 수가 있다고 한다. 예를 들면 중국 선불교의 육조혜능(六祖慧能, 638~713)은 가난한 나무꾼에 문맹이었고, 특별히 수행한 적도 없었는데, 어느 날 한 손님이 읽어준 '금강경'의 한 구절을 듣고 단박에 마음이 밝아져 출가하고 바로 깨쳤다고 한다. 선종에 속하지는 않았지만, 신라의 원효(元曉, 617~686)도 길을 가다 밤이 되어 토굴인 줄 알고 오래된 무덤 속에서 자다가 목이 말라 손길 닿는 대로 물을 마셨다가, 아침에 깨어보니 간밤에 달게 마신 물이 해골바가지에 담긴 물인 걸 보고서 토한 후, 모든 것이 마음에 달렸다는 사실을 크게 깨달은 뒤, 경주로 돌아와 요석공주와의 사이에 아들을 두었다고 한다. 이런 얘기를 들으면 선승들은 특별히 계를 지키는 데 힘을 쓰지 않았던 것처럼 보인다. 그러나 그렇지 않다. 선불교는 인도불교의 복잡하고 난해한 이론체계에 반발하여, 번잡한 이론에 매달리기보다는 붓다의 가르침을 실천하는 것이 중요하다고 보고, 마음의 다스림이 수행의 요체임을 강조한 것이지 계를 가볍게 본 것이 아니다. 선승들은 계를 철저히 지킨 사람들이다.

(1) 계정혜

당나라의 백낙천(白樂天, 772~846)은 유명한 시인이자 뛰어난 경륜을 지닌 정치가이기도 하였다. 그는 본래 학식과 견문이 두루 뛰어난데다 벼슬이 자사에까지 오르니 우월감과 성취감에 충만해 있어 뛰어난 학자나 승려들을 만나 자신의 학식을 들어내고 자랑하는 데 재미를 붙였다. 그가 항주의 자사로 부임하였을 때, 그곳에 마침 당대에 덕망이 높은 고승 도림(道林, 741~824) 선사가 있었다. 백낙천은 그를 시험해볼 요량으로 찾아가니 도림 선사는 높은 나무 위에 자리를 깔고 좌선을 하고 있었다. 이를 보고 백낙천은 아슬아슬한 생각이 들어 "위험하다"라고 소리쳤더니 선사가 "자네가 더 위험하네"라고 되받아쳤다. 이 말에 백낙천이 "나는 벼슬이 높아 이 강산을 다스리고 또 이렇게 땅 위에 안전하게 서 있는데 무엇이 위험하단 말이오?"하고 되물었다. 그러자 선승은 다시 "티끌 같은 세상의 지식으로 교만한 마음만 늘어, 번뇌가 끝이 없고 탐욕의 불길이 그치지 않으니, 어찌 위험하지 않겠는가!"하고 백낙천의 마음을 찔렀다. 백낙천은 이 말이 명리와 이해가 엇갈리는 속세가 더 위험하다는 것을 지적하는 줄 깨닫고 공손한 자세로 가르침을 청하였다. 이에 도림 선사는 다음과 같이 옛날부터 불가에 전해오는 칠불통계게(七佛通戒偈)라는 게송을 일러주었다.

"나쁜 짓을 하지 말고 착한 일을 받들어 행하라. 자기의 마음을 맑게 하면 이것이 곧 부처님의 가르침이다."

대단한 가르침을 기대했던 백낙천은 이 말에 실망하여 말했다. "그거야 삼척동자라도 다 아는 사실 아닙니까?" 백낙천이 신통치 않다는 듯이 말하자, 선사는 침착한 어조로 다시 말하였다. "알기야 삼척동자도 다 아는 사실이지만 팔십 노인도 행하기는 어려운 일이라오." 이 말을 들은 백낙천은 비로소 깨달은 바가 있었다. 알고 있는 것을 즐기는 것만으로는 아무런 쓸모가 없는 일이다. 그 가르침을 실천하여 인격화하지 않으면 교만과 번뇌만 더 늘 뿐, 진리의 길에는 아무런 도움도 되지 못한다. 이것을 깨달은 백낙천은 그 뒤로 도림 선사에게 귀의하여 불법의 수행에 매진하였다고 한다. 도림 선사가 백낙천에게 말해준 '칠불통계게'가 바로 불법 수행의 기본이다. 그런데 여기서 짚고 넘어갈 일이 있다. 모든 것이 지은 업대로 되는 것이라면 사람의 노력이 무슨 의미가 있는가 하는 문제이다.

붓다는 업과 수행의 문제에 대해 여러 곳에서 답을 했지만 《밀린다 왕문경》에서 고승 나가세나(Nāgasena)가 아주 쉽게 설명한다. 기원전 2세기 후반 서북 인도를 지배하던, 그리스 철학에 조예가 깊었던 그리스 출신의 지혜로운 왕 메난드로스 1세(Menandros, BCE 155~BCE 130)[26]는 불교에 관심이 많아 당시 불교의 고승 나가세나를 궁중에 불러서 지혜의 토론을 제안하였다. 왕은 사람의 운명이 업에 의해 결정되고, 인과응보의 법칙에 따라 움직인다면 수행이 무슨 소용이 있는가 하고 묻자 나가세나는 다음과 같이 대답한다.

> "대왕이시여, 돌을 바다에 던지면 그 돌멩이가 아무리 작더라도 바다에 빠집니다. 그러나 큰 돌이라고 할지라도 배에 실으면 그 돌은 물에 빠지지 않습니다. 작은 돌멩이 일지라도 물에 빠지게 되어 있는 것이 인과의 법칙으로서 업은 아무리 작더라도 거기에는 반드시 과보가 따릅니다. 그러나 큰 바위라도 큰 배 위에 있으면 바다에 빠지지 않는 것처럼 과거에 저지른 업이 크더라도 현재 선행을 하고 열심히 수행을 하여 그 공덕이 크면 악업의 과보가 나타나지 않을 수도 있습니다. 돌멩이가 업이고 수행이 배에 해당합니다."

나가세나의 대답은 붓다의 가르침을 쉽게 풀이한 것이다. 붓다는 업의 효과가 인연조건에 따라 달라진다고 가르쳤다. 붓다의 가르침에 따

---

26 BC와 AD로 표시하는 서기 기원은 예수의 탄생 전과 후를 나타낸다. 그러나 종교학에서는 어느 한쪽 종교에 편향되는 것을 피하기 위해 공통기원(Common Era)을 써서, BC 대신 BCE를, AD 대신 CE를 쓴다.

르면 원인 없는 결과는 없지만 미래가 결정된 것은 아니다. 따라서 현재의 수행이 중요하다. 업의 힘이 강력하여도 미래가 결정된 것은 아니기에 사람은 수행을 통해 업의 굴레에서 벗어날 수 있다. 붓다가 직접 일러준 선행이 십선업이요, 수행방법이 팔정도이다. 팔정도는 정견(正見, 바른 견해), 정사유(正思惟, 바른 생각), 정어(正語, 바른말), 정업(正業, 바른 행위), 정명(正命, 바른 생계수단과 바른 삶), 정정진(正精進, 바른 노력), 정념(正念, 바르게 마음을 일깨우기), 정정(正定, 바른 선정)을 말한다. 팔정도 중에 정념을 제외하고는 나머지 7개의 뜻을 이해하는 일은 그다지 어렵지 않다. 정념은 빨리어(Pāli)로 'sati'인데, 'sati'는 우리말로 번역하기 어려운 개념이다. 우리말로는 보통 '마음챙김(mindfulness)'이나 '알아차림(awareness)'이라고 번역하는데, 사실 'sati'는 정지(正知, saṃpajāna)와 함께 이해하여야 하는 개념이다. 정념과 정지에 대한 자세한 뜻은 제8장에서 자세히 설명하기로 하고 여기서는 일단 'sati'는 마음을 잘 챙겨 생생한 의식으로 자신이 현재 처하고 있는 몸과 마음의 상태를 완전히 깨어 있는 상태에서 지켜보는 정도로 설명해두겠다.

불교적 수행 방법을 압축하여 표현하기를 계정혜라고 한다. '계'란 윤리 도덕을 실천하는 것을 뜻하고 '정'은 선정의 줄임말로서 산란한 마음을 가라앉혀 진리를 관(觀)하는 것을 말하며, '혜'란 맑은 마음에서 진리를 직관하는 지혜를 말한다. 그러니 팔정도를 계정혜에 대응시킬 수 있다. 정어, 정업, 정명은 바른 생활태도를 뜻하니 '계'에 해당하고 정정진, 정념, 정정은 마음공부를 뜻하니 '정'에 해당하고, 정견과 정사유는 지혜를 뜻하니 '혜'에 해당한다. 대승불교에서는 팔정도 대신 보시, 지계, 인욕, 정진, 선정, 지혜의 육바라밀을 강조하는데, 팔정도나 육바라밀은 강조하는 것이 다를 뿐 수행이 깊으면 둘은 같은 내용이다. 그러나 보통 사람이 접하기는 팔정도 쪽이 더 친숙하므로 이 책에서는 앞으로 불교 수행에 관해서는 팔정도에 집중하겠다. 팔정도 가운데 정념을 제외한 나머지는 큰 틀에서 볼 때 다른 종교나 성자들도 가르치는 내용이다.

종교는 다르지만 예수와 마호메트를 비롯해 공자와 같은 다른 성인들도 훌륭한 가르침을 베풀었다. 이들의 공통된 가르침은 윤리 도덕의 실천이다. 불교는 깨달음을 말하고, 기독교는 신의 구원을 말하는 점에서 두 종교 사이에는 차이가 있지만 그 길을 가기 위해서는 공통적으로 윤리 도덕의 실천을 강조한다. 공자는 현세에서의 바른 삶을 위해 인의예지에 대해서 주로 가르침을 베풀었지만, 그것은 인의예지가 바로 천도(天道)를 실천하는 기본이기 때문이다. 공자의 가르침인 유교에서 강조하는 인의예지는 팔정도의 정견, 정어, 정업, 정명에 해당할 것이다. 물론 유교의 '지'와 팔정도의 '정견'은 수행의 깊이에 따라 그 의미하는 바가 크게 다를 수 있지만 사람이 옳고 그름을 제대로 알아야 한다는 뜻에서는 둘 사이의 의미가 크게 다르지 않다. 따라서 팔정도의 가르침도 인의예지가 기본이고 그 바탕 위에서 정념과 선정의 수행이 있다고 할 수 있다. 신에 대한 믿음을 강조하는 기독교도 행함이 없는 믿음은 죽은 믿음이라고 하여 윤리 도덕의 실천을 강조한다. 윤리 도덕의 구체적인 내용은 나라마다 시대마다 다를 수 있으나 불교에서 말하는 지혜와 자비, 바른말, 바른 행동, 바른 생활은 표현만 다를 뿐 기독교와 이슬람교 윤리의 바탕이기도 하고 유교의 가르침이기도 하다. 이렇게 모든 성인이 공통된 가르침을 베푸는 것은 행복한 삶을 살기 위해서, 또 진리를 알기 위해서는 윤리 도덕의 실천이 우선 무엇보다 중요하기 때문이다.

무엇이 선이고 악인지에 대한 판단과 윤리 도덕의 구체적인 내용은 철학이나 종교마다 다를 수 있다. 또 같은 종교나 철학이라도 선악과 윤리 도덕에 대한 기준이 나라마다 시대마다 다를 수 있다. 그러나 불교에서는 이 기준이 바뀌지 않는다. 그리고 선과 악이라는 말 대신에 선(善,

kuśala)과 불선(不善, akuśala)이라는 말을 쓴다. 불교는 철저히 인본주의적인 종교로서 인간에게 이익이 되는 것이 선이요, 인간에게 해가 되는 것을 불선이라고 보는데, 인간에게 이익이 되는 것은 탐진치가 줄어드는 것이요, 해가 되는 것은 탐진치가 증장되는 것이다. 따라서 불교에서는 탐진치를 증장시키는 행위나 말과 생각이라면 그것을 불선이라고 하고 탐진치를 줄이거나 소멸시켜 나가는 행위나 말과 생각을 선이라고 한다.

(2) 신해행증

불교에서는 바른 수행을 위해 신해행증(信解行證)을 말한다. '신'이란 붓다의 가르침이 옳다고 일단 믿는 것이다. 진리를 증득하기 전에는 아직 바른 지혜가 없으므로 붓다의 가르침이 옳다고 믿는 것이다. 이러한 믿음이 없으면 불교의 수행은 첫발도 내디딜 수 없다. 그래서 붓다는 "믿음이 좋은 의지처이며…"[27]라고 설하기도 하고, "믿음이 세상에서 으뜸가는 재산이고…"[28]라고도 설했다. 믿음이 수행의 바탕이고 기본이지만 맹목적인 믿음은 미신에 이를 수도 있고 독선과 독단에 빠져 광신자가 될 수도 있다. 그래서 불교에서는 성인의 가르침이라도 그것이 이치에 맞는지 확인하라고 한다. 이 확인 작업이 '해'이다. 붓다는 이렇게 설했다.

> "소문으로 들어서, 대대로 전승되어 와서, 그렇다더라 해서, 성전에 쓰여 있다고 해서, 논리적이어서, 추론이 그렇다고 해서, 이유가 적절하다고 해서, 우리가 사색하여 얻은 견해와 일치한다고 해서, 유

---

27 《쌍윳따니까야》 1:51

28 《쌍윳따니까야》 1:73

력한 사람이 한 말이라 해서, 혹은 '이 사문은 우리의 스승이다' 라는 생각 때문에 그대로 따르지는 말라."[29]

붓다가 설한 것을 일단 믿어야 그 가르침을 배우고 실천할 수 있겠지만 붓다가 설법한 대로 붓다의 설법이라고 해서 무조건 믿을 수는 없다. 붓다가 가르친 것이라고 해도 정말 옳은지 잘 따져볼 필요가 있다. 붓다가 가르친 수행법이 왜 훌륭한지를 이해하여야 정말로 그 가르침으로부터 도움을 받을 수 있기 때문이다. 붓다가 말한 수행법대로 수행하고 그 결과를 확인하는 것이 제일 좋겠지만 그렇게 하지 않더라도 과학의 힘을 빌려 불교적 가르침의 가치를 확인할 수 있다. 예를 들면 이렇다. 신경심리학자 릭 핸슨(Rick Hanson)과 신경과학자 리처드 멘디우스(Richard Mendius)는 그들이 공동으로 저술한 책《붓다브레인》에서 이런 말을 한다.

"사소한 말과 행동이 쌓여 뇌를 내부에서 변화시키는 것이다. 빗방울 하나는 그다지 큰 힘을 갖지 않으나 그랜드 캐니언을 조각할 수 있다. 우리에게는 그만한 시간이 있다…."[30]

이 말은 이 책에서 지금까지 계속 말해온 붓다의 가르침, 일상생활 속에서 바르게 사는 것이 얼마나 중요한 것인지를 과학적으로 뒷받침해 주고 있다. 그리고 일상생활 속에서 성실히 살고, 성실함을 바탕으로 한 선정수행이 어떤 임계치를 넘어설 때, 그때 "왁"하고 한 소리치고 의식이 한 차원 높은 수준으로 올라간다는 것을 이 말이 뜻하고 있다. 릭 핸슨과

---

29 《앙굿따라니까야》3:65, 〈깔라마경〉

30 릭 핸슨, 리처드 멘디우스 지음, 장현갑, 장주영 옮김, 《붓다브레인》, 불광출판사, 2010, p.38.

리처드 멘디우스는 단지 그들이 신경과학적으로 연구한 바를 얘기한 것이지만, 다른 각도에서 그들보다 더 체계적으로 더 깊이 있게 윤리 도덕의 실천이 얼마나 중요한지를 과학적으로 설명해주는 것은 후성유전학(Epigenetics)일 것이다.

후성유전학은 DNA 염기서열의 변화 없이 유전자의 기능에 변화가 일어나는 과정을 알아내는 새로운 학문이다. 후성유전학은 19세기에 탄생했지만 21세기에 이르러서 인간게놈 프로젝트가 끝난 후에 유전학자들이 특별히 주목하는 학문이다. 후성유전학에 의하면 우리가 하는 거의 모든 행동이 우리의 세포에 영향을 끼친다.[31] 이 말은 우리가 하는 생각, 하는 말, 하는 행동이 우리의 몸의 분자생물학적 토대에 흔적을 남기며 이 흔적들이 충분한 강도로 지속될 경우, 세포 안에 놓여 있는 유전형질에 영향을 끼칠 수 있다는 뜻이다. 이 말을 윤리적으로 해석하면, 우리가 건강하고 행복한 삶을 살기 원한다면, 바른 생각, 바른말, 바른 행동을 하는 것이 좋다는 뜻이다. 이것들은 붓다를 비롯해 세상의 모든 성인들이 다 공통으로 가르치는 내용이다. 따라서 후성유전학은 성인들의 가르침이 왜 훌륭한지를 분자생물학적 기반위에서 확인해 준다고 볼 수 있다.

붓다의 가르침이 왜 옳은지 확인을 하고 나면 그다음 '해'의 단계를 넘어 가르침대로 수행을 하여야 한다. 이 수행이 '행(行)'이다. 물론 '행'은 계정혜의 삼학을 지키고 팔정도를 닦는 것이다. 불교는 "바르게 수행하면 그는 번뇌에서 해방될 수 있다"[32]고 하고, "부처님의 가르침은 현세에서 효

---

31 패터 슈퍼르크 지음, 유영미 옮김, 《우리는 유전자를 어떻게 조종할 수 있을까》, 갈매나무, 2013

32 《쌍윳따니까야》 22:101

과가 있다"³³고 하며, "슬기로운 자는 현세와 내세의 이익을 아는 자. …
지혜로운 이는 그 이익을 알아 현자라고 일컬어진다네"³⁴고 말한다. 이런
말들은 업의 굴레에서 벗어나기 위해서는 건강하고 행복한 삶이 그 바탕
이 되어야 한다는 것을 뜻한다. 뇌/신경 과학과 후성유전학은 적어도 사
람이 행복한 삶을 살기 위해서 팔정도의 수행이 필요한 이유를 과학적으
로 뒷받침하고 있다고 볼 수 있다. 앞으로 이 책은 팔정도의 수행법 하나
하나에 대해서 과학적으로 어떤 검증이 있는지 그 결과를 소개할 것이다.

 '행'을 성실히 이행하는 것은 불자들 각자의 몫이다. 붓다가 가르침
을 베푼 지 2,600년 가까이 내려오면서 그동안 불교의 각 종파에서 개발
한 많은 수행법이 있지만 그중 어느 쪽이 더 우수한가 하는 것은 이 책에
서 따져볼 수 있는 것이 아니다. 이 책에서 자신 있게 말할 수 있는 것은
일상생활 속에서 윤리 도덕의 실천이 모든 수행의 기본이고, 마음을 안
정시켜 깊은 선정에 들지 않고서는 진리를 알 수 없다는 것이다. 붓다의
설법을 들어보자.

 "말하고 듣는 것만으로는 부족하고 선정을 닦으라."³⁵

 "방일하지 않고 선정을 닦으면 최상의 행복을 성취하리."³⁶
 "삼매에 들지 못하면 진리를 알 수 없다."³⁷

---

33 《쌍윳따니까야》 22:2

34 《쌍윳따니까야》 3:17

35 《쌍윳따니까야》 1:35

36 《쌍윳따니까야》 1:36

37 《쌍윳따니까야》 35:97

"세상에 망상을 좋아하면 제어가 없고, 삼매에 들지 못하면 지혜가 없고, 숲에 홀로 살면서 방일하다면, 그는 죽음의 세계에서 피안으로 건너가지 못하리."[38]

바르게 수행하여 진리를 깨닫는 것, 그것이 신·해·행·증의 마지막인 '증'의 뜻이다. 앞에서 말한 대로 계·정·혜는 하나씩 분리될 수 있는 개념이 아니고 계·정·혜 세 글자로 연결된 그대로가 하나의 개념이기에 윤리 도덕의 실천과 더불어 좌선이나 염불과 같은 방법을 통해 꾸준히 마음공부를 하면 때가 되었을 때, 새로운 정신세계에 들어갈 수 있을 것이다. 붓다는 7년 수행이면 충분하다고 하였다. 다음 절(節)에서는 붓다의 가르침에 대한 이해가 시대에 따라 어떻게 변해왔는지를 간단히 살펴보겠다. 불교에서 사용하는 기본적 용어를 잘 아는 사람은 다음 절을 생략하고 바로 제3장으로 넘어가도 좋다.

4) 불교사상과 용어의 시대적 변천

종교 창시자의 가르침이 아무리 신성시되더라도 그 가르침에 대한 이해는 시대가 변하고 인지가 발전함에 따라 달라지게 마련이다. 그래서 많은 종파와 교파가 생기는 것이다. 불교에도 수많은 교파와 종단이 있었다. 학자에 따라 의견이 다르긴 하지만 인도의 불교는 교리해석의 차이

---

38 《쌍윳따니까야》 1:38

나 특징에 따라 대체로 초기불교, 아비달마(阿毘達磨, abhidharma) 불교,[39] 초기 대승불교, 후기 대승불교, 밀교의 다섯으로 구분한다.

각 종파가 제각기 붓다의 교설을 다르게 해석하지만 모든 종파는 그 해석의 뿌리를 붓다의 가르침에 두고 있다. 각 종파의 해석이 다르더라도 그 뜻이 붓다의 근본 가르침에서 벗어나지 않았다면 이들 종파는 모두 붓다의 뜻을 계승한다고 볼 수 있다. 문제는 어느 쪽이 붓다의 가르침을 보다 깊이 있게 이해하고 바르게 해석하였느냐 하는 것이겠지만, 이것은 사람마다 그 견해가 다르다. 필자는, 붓다의 가르침을 현대 과학적으로 조명해볼 때, 대승불교의 경전과 논서가 특별히 붓다의 교설을 보다 과학적으로 접근하기가 쉽게 정리하였다고 본다. 특히 대승불교가 매력적인 것은 공과 중도의 원리를 바탕으로 이를 적극적으로 실현하는 보살사상을 정립한 것이다. 보살사상은 수행자 자신이 천국이나 극락에 가는 것만으로는 만족하지 않고 지옥중생부터 구하겠다는 훌륭한 사상이다. 그러나 이것만으로 대승불교의 교학 체계가 불교의 다른 종파의 교학 체계보다 우수하다는 뜻은 아니다. 대승불교도 초기불교에 비해 부족한 점이 있다. 예를 들면 팔정도의 정념 수행[sati]과 같은 것이다. 불교가 다른 종교의 수행체계와 특별히 다른 점은 바로 'sati' 때문이라고 할 수 있는데 대승불교에서 강조하는 육바라밀에는 정념 수행이 빠져 있다. 이것은 간단한 예 중 하나이지만 초기불교의 수행법과 개념에도 주목할 점이 많이 있다. 과학적으로 접근하기 편하기 때문에, 또 보살사상을 성립하게 하는 공과 중도사상을 깔끔하게 정립한 점 때문에 이 책은 주로 대승불교의 사상을 바탕으로 불교 교리를 해석하고 대승의 용

---

39 abhidharma는 산스크리트어이고, 남방불교에서는 빨리어를 써서 아비담마(abhidhamma)라고 한다.

어를 사용하겠지만, 붓다의 설법에 관한 것이라면 초기 경전에 나오는 용어와 개념을 그대로 인용했다.

(1) 불교의 시대적 구분

붓다가 입멸하기 전은 물론 붓다가 입멸한 후에도 그 직전 제자가 살아 있을 동안에는 불교 교리의 해석에 아무런 문제가 없었다. 그러나 붓다의 입멸 후 100년쯤 되는 해에 불교 교단의 장로들과 젊은 비구들 사이에 붓다의 가르침에 대한 이해와 해석에 차이가 생겨 교단은 둘로 갈라졌다. 교리해석에 보수적인 장로를 중심으로 이루어진 교단을 상좌부(上座部, Theravada)라 하고 교리를 진보적으로 해석하는 젊은 비구들로 이루어진 교단을 대중부(大衆部, Mahasamghika)라고 한다. 시간이 흐름에 따라 대략 기원전 100년까지 상좌부는 다시 10개, 대중부는 8개의 부파로 나누어졌다. 이렇게 교단이 상좌부와 대중부로 분열한 이후의 불교를 부파로 나뉘었다는 뜻에서 부파불교라 부르기도 하고, '법(法, dharma)에 대한 연구'에 몰두하였다는 뜻에서 아비달마(abhidharma) 불교라고도 한다. '아비(abhi)'는 '무엇에 대하여'란 뜻이고 '법'은 산스크리트어의 '달마(dharma, 法)'를 가리키는 말로 아비달마라고 하면 '법에 관한 [연구]'라는 뜻이다. 여기서는 '법[달마]'이 붓다가 가르친 진리를 뜻하지만, 일반적으로 '법'은 무척 넓은 뜻을 담고 있다. 경우에 따라서는 사물 전체를 가리키기도 하고 사물을 움직이는 법칙을 뜻할 때도 있고 사물의 본질이나 구성요소를 가리킬 경우도 있다. 교단이 분열되기 이전의 불교, 즉 붓다 입멸 후 100년까지의 불교를 초기불교라고 한다. 사람에 따라서는 초기불교 대신 근본불교나 원시불교라고 부르기도 한다.

아비달마불교 시대에는 각 부파들이 붓다의 가르침을 이론적으로 체계화하는 데 온 힘을 쏟았다. 특히 '법'의 연구에 온힘을 쏟아 사물의 구성요소와 구성 원리를 나름대로 밝히고 정교한 교학 체계를 이루는 데 성공하였다. 각 부파에서는 그 연구 성과를 결집하여 삼장(三藏, tri-piṭaka)을 완성하였다. 장(藏, piṭaka)은 바구니 또는 '모음'을 뜻하는 말로서 삼장이라고 하면 경(經, sūtra), 율(律, vinaya), 논(論, śāstra)의 세 가지 모음을 뜻한다. '경'은 400년 이상 합송(合誦)으로 전해진 붓다의 설법을 문자로 기록한 것이고, '율'은 붓다 시대부터 정해진 승단의 규칙과 생활 규범에 대한 설명을 말하고 '논'은 부파마다 독자적으로 붓다의 가르침을 해석한 것이다. 각 부파가 소장하던 문헌은 대부분 없어지고, 오늘날까지 제대로 보존되어 남아 있는 것은 빨리(Pāli)어로 기록된 남방 상좌부[40]의 빨리삼장(巴利三藏)뿐이다.

북인도에서 크게 융성했던 설일체유부(說一切有部)의 삼장은 산스크리트어로 기록되어 있었는데 산스크리트어로 기록된 원본은 없어지고 한역(漢譯)만 남아 있다. 빨리삼장에 속하는 5부의 《니까야(Nikāya)》와 한역삼장에 속하는 《4아함(四阿含)》은 붓다와 제자들의 언행록으로서 초기 불교연구의 귀중한 자료이다. 일반적으로 이 두 경전의 내용을 가리켜 아함의 교설이라고 부른다. 아함이란 산스크리트어 아가마(āgama)의 음역으로 '전승된 가르침'이라는 뜻이며, 《니까야》는 '모음(集)'이나 그와 유사한 뜻을 갖는다. 《니까야》와 《아함》도 모두 그동안 400년 이상 구전으로 전해져 오다가 문자로 기록한 것은 대승 경전의 출현시기와 비슷

---

40 인도 본토에 있던 상좌부는 없어졌지만 상좌부의 문헌들이 남방으로 전해져 스리랑카, 태국, 미얀마, 라오스, 캄보디아의 불교가 이 상좌부의 전통을 이어받았으므로 이들 나라의 불교를 남방 상좌부 불교라고 한다. 그러나 이것은 현재 남방불교의 주장일 뿐 실제로 남방불교가 인도 본토 상좌부의 전통을 제대로 계승했는지는 의문이다. 이 문제에 대해서는 학자들 간에 논란이 있다.

하게 기원전 1세기경이다. 그리고 이 경전들이 현재의 모습을 갖춘 것은 붓다의 입멸 후 1,000년이 지난 5세기경이다. 그러니 이 경전들이라고 해서 붓다가 원래 설법한 내용을 그대로 전한다고 보기는 어렵지만 5부의 《니까야》 중 4부의 《니까야》와 《4아함》은 그 내용이 80% 정도가 일치하는 것으로 보아 많은 학자들이 이 두 경전을 비교하면 붓다가 원래 설한 내용을 상당 부분 짐작할 수 있다고 여기고 있다.

아비달마불교는 법의 연구에서 성과를 거두어 훌륭한 교학 체계를 이룩하는 데 성공하였지만 그 내용이 워낙 방대하고 난해하였기 때문에 일반 대중이 접근하기는 어려웠다. 아비달마불교에서는 불교의 목표를 열반(涅槃, nirvāṇa)을 증득하여 아무런 번뇌가 없는 아라한(阿羅漢, arhat)이 되는 것으로 보았기 때문에 이때의 불교는 자연히 출가자 중심의 교단이 되었고 대중의 교화에는 소홀하였다. 이 때 교계의 한 편에서 붓다가 원래 뜻했던, 대중과 함께하고 대중에게 진리를 전하는 불교의 참된 정신을 회복하려는 운동이 일어났다. 이 운동에서 탄생한 불교를 대승 불교라고 한다. 대승 불교를 일으킨 사람들은 붓다의 가르침을 아비달마불교와는 다르게 해석하고 기원전 1세기경부터 새로운 경전을 편찬하였으니 이 경전들이 바로 《반야경》, 《법화경》, 《십지경》, 《화엄경》, 《유마경》 등 대승 경전들이다.

대승불교 운동을 일으킨 사람들은 불교의 정신에 맞는 이상적인 인간상을 붓다의 전생(前生)인 보살(菩薩, bodhisattva)에서 찾았다. 보살의 정신은 상구보리 하화중생(上求菩提 下化衆生)이다. 보살의 목표는 아라한이 되는 것이 아니라 자신과 모든 중생이 다 함께 붓다를 이루는 것이다. 모든 사람이 다 함께 깨달음을 구한다는 뜻에서 불교에 새로운 운동을 일으킨 사람들은 자신들을 큰 수레에 비유하여 대승(大乘, Mahāyāna)이라 불렀고, 열반을 증득하여 아라한을 추구하는 아비달마불교를 작은 수레라는 뜻으로 소승(小乘, Hīnayāna)이라고 불러 부파의 불교를 폄하하였다.
대승불교는 수행법에 있어서도 개인적 인격 수행에 중점을 둔 팔정도보
다는 대중과 고통을 함께하고 대중에게 아낌없이 베푸는 가운데 인격
수행을 할 것을 강조하는 육바라밀의 수행을 강조하였다. 대승 불교인
들의 이러한 태도에 대해 아비달마불교에서는 대승 경전은 붓다가 설한
게 아니라고 맞섰다.[41] 사실 대승불교가 출현할 무렵에는 부파불교도들
이 오직 법의 연구에만 매달리고 대중의 교화에는 소홀한 점이 있었다.
그렇기 때문에 아비달마/아비담마불교를 가리켜 소승이라고 부르는 데
에는 그럴만한 이유가 있었다고 볼 수 있지만, 아비담마불교의 전통을
이은 남방 상좌부불교를 가리켜 지금도 소승이라고 부르는 것은 분명히
잘못이다. 지금 동남아시아의 남방 상좌부불교가 북방 대승불교보다 대
중 교화에 소홀한 것은 아니기 때문이다. 오늘날 많은 한국 사람들이 미
얀마를 비롯해 남방 상좌부불교 국가에 가서 수행을 하는 것이 이 사실
을 말해준다고 보아도 좋을 것이다.

　　보살사상에는 자연히 다불(多佛)사상이 따라 오기 마련이다. 그전에
는 붓다라고 하면 석가모니 붓다 하나만을 뜻했지만 대승 경전에는 여
러 명의 붓다가 출현한다. 대승불교는 모든 사람들이 붓다를 이룰 수 있
다고 보았으니 붓다도 여럿이라는 다불 사상이 오히려 자연스러울 것이
다. 보살사상과 다불 사상은 불교인에게 출가하여 20~30년 수도하여
아라한을 이루는 것과는 다른 삶을 살 것을 요구한다. 보통 사람이라면
3아승기겁(阿僧祇劫)이라는 셀 수 없이 오랜 시간에 걸친 수행 끝에 붓다
를 이룰 수 있다고 하니, 이것은 일상생활 속에서 불법을 닦아야 하다는

---

41 대승불교의 성립과정과 대승 경전의 편찬과정은 수수께끼이다. 여기에 대해서는 여러 가지
　　설이 있지만, 이 학설들을 살펴보는 것은 이 책의 목적과는 상관이 없으므로 이 책에서는 이
　　학설들을 살펴보지 않겠다.

뜻이다. 그래서 대승불교는 생활 속의 불법수행을 강조한다.

　　보살사상과 다불 사상 외에도 대승불교의 특징으로서 빠트릴 수 없는 것이 하나 있으니 바로 공(空, śūnya)사상의 확립이다. 붓다의 설법에는 "모든 것이 무상하고, 무상한 것은 괴로움이고, 괴로운 것은 무아이다"라고 하는 말이 자주 나온다. 아비달마불교에서는 무아를 인간에게 영혼과 같은 영원불멸의 존재가 없다는 것으로만 해석하여 인간이 물질과 정신의 일시적인 결합으로 이루어진 존재라고 이해하는 것으로 그치고, 인간을 이루는 물질과 정신의 기본적인 요소인 '법'은 항상 존재한다고 생각했다. 물론 붓다의 설법에 의하면 일체가 무상하므로 '기본요소로서의 법'들은 항구불변의 모습으로 존재할 수는 없다. 그래서 아비달마 시대의 부파 중 가장 융성하였던 설일체유부에서는 인간을 비롯하여 세상 사물을 이루는 '기본 요소로서의 법'은 한순간 없어졌다가〔刹那滅〕다음 순간 다시 생겨나는〔刹那生〕방식으로 과거·현재·미래에 걸쳐 항상 존재한다고 보았다.[42] 여기에 대해 대승불교에서는 '법' 역시 실체가 없다고 보고 '없음'을 강조하는 뜻에서 '공'이라는 말을 사용하였다. 대승불교도 붓다의 설법 당시부터 사용하던 무아라는 말을 사용하기는 하지만 '무아'라는 말보다 '공'이라는 말을 더 즐겨 사용하였다. 대승 불교인들은 '공'이라는 말이 일체 사물에 실체가 없다는 연기의 이치를 더 잘 드러낸다고 보았기 때문이다. 보통 '공'이라는 한 글자로 사물의 실체 없음을 말하지만, 때로는 사물을 인식주체와 인식대상으로 나누어 일체의 인식대상에 실체가 없음을 가리켜 법공(法空)이라 하고 인식주체인 '나'라는 것에 실체가 없는 것을 가리켜 아공(我空)이라고 한다. 법공 대신

42　찰나생과 찰나멸은 억지로 지어낸 개념같이 느껴지겠지만 신기한 것은 현대물리학에서 말하는 소립자들은 실제로 찰나생과 찰나멸을 반복하면서 존재한다. 빨리어를 사용하는 아비담마불교의 전통을 계승한 남방 상좌부불교에서도 법이 찰나생, 찰나멸한다고 본다.

법무아(法無我), 아공 대신 인무아(人無我)라고도 한다.

초기의 대승불교 운동은 불법수행을 대중과 함께 생활 속에서 하겠다는 뜻에서 출발하였으나 시간이 흐름에 따라 그 교리를 정교하게 다듬지 않을 수 없었다. 불교의 다른 종파나 힌두교와의 사이에 교리논쟁이 있었기 때문이다. 기원 후 2세기경에 제2의 석가모니라고 부르는 용수(龍樹, Nāgārjuna, 150?~250?)가 나와 공과 중도사상에 입각하여 대승불교의 교리를 정교하게 다듬어 대승불교의 기본철학을 확립하였으니 이때부터 대승불교가 크게 흥하였다. 용수가 세운 이 불교 철학을 중관학(中觀學) 또는 중관사상(中觀思想)이라고 한다. 중관사상은 공과 중도의 이치로써 사람이 어떻게 해서 '없는 것'을 있다고 보는지를 잘 지적하고 그릇된 견해를 논파하는 데는 성공하였으나 이 세계가 왜 현재 사람들이 보는 바와 같은 방식으로 존재하는지를 설명하지는 못했다. 여기서 요가(yoga, 瑜伽)를 통해 불법을 수행하던 수행승들이 '나'와 이 세상 삼라만상은 사람의 마음에 의해 전개된 것이라고 주장하였다. 요가의 수행이란 다름 아니라 호흡을 가다듬고 감정을 조절하여 마음을 안정시키고 마음을 관(觀)하는 수행법이다. 붓다의 가르침을 받들고 요가수행을 하는 사람들을 유가사라 하고 이들이 구성한 학파를 유가행파라고 한다. 유가사는 우리가 흔히 말하는 선승에 해당한다.[43] 4세기경에 무착(無着, Asaṅga, 300?~390?)[44]과 세친(世親, Vasubandhu, 320?~400?)의 두 형제가 유가사의 견해를 잘 정리하여 불교 심리학이라고 할 수 있는 유식학의 기

---

43 '선(禪)'이라는 말 자체가 요가수행에서 마음의 안정과 통일을 뜻하는 산스크리트어 'dhyāna'에서 온 것이다. 'dhyāna'를 한자로 음역하여 선나(禪那)라고 하였다가 줄여서 '선(禪)'이라고 한 것이다.

44 도솔천(兜率天)에 올라가서 미륵보살의 법문을 듣고 유식사상을 배웠다고 전해진다. 미륵의 이름으로 유식사상에 관한 책을 저술하기도 하고 자신의 이름으로도 많은 저술을 하였다.

초를 확립하였으니 유식학은 중관학과 더불어 대승불교 철학의 양대 기둥이라고 할 수 있다. 용수 이후의 대승불교를 후기 대승불교라고 하는데 후기 대승 불교인들이 그 교리를 정교하게 다듬다 보니 후기 대승불교는 부파불교 이상으로 이론적으로 흐르고 그 철학은 더욱 복잡하고 난해하게 되었다. 여기서 다시 대승불교를 대중이 가까이할 수 있도록 7세기경에 실천적인 불교가 탄생하였으니 그것이 바로 밀교다. 밀교는 인간 속에 내재하는 절대적으로 진실하며 파괴되지 않는 어떤 것을 추구한다는 뜻에서 금강승(金剛乘, Vajrayāna)이라고도 하며 경전을 탄트라(tantra)라고 칭한다.

밀교는 현실을 있는 그대로 긍정하고 불교 교리를 대중이 즉각적으로 이해할 수 있도록 이론보다는 다라니, 진언, 만달라, 수인(手印) 등 상징체계로써 그 교리를 나타내었다. 밀교는 불교와 대중이 서로 가깝게 다가가게 하여 불교를 더욱 종교답게 만듦으로써 대승불교의 꽃이라고 할 수 있지만 이 책은 밀교에 관해서는 특별히 설명하지 않을 것이다. 밀교는 교리상으로 볼 때 대승불교라는 큰 테두리 안에 들어 있다고 볼 수 있기 때문이다.

(2) 기초 개념 및 용어

마음의 개념과 세상의 모습이 왜 현재와 같은지에 대한 설명에 있어서 아비달마시대 상좌부의 전통을 계승한 남방불교와 대승불교 사이에는 차이가 있다. 대승불교는 마음이 이 세상을 만들었다고 보는 반면 아비달마불교에서는 '물질'과 '마음의 작용' 등 75가지의 '달마(dharma,

法)'⁴⁵를 이 세상의 구성요소로 보았기 때문에 특별히 마음을 이 세상을 만드는 근원으로 보지는 않았다. 이들은 마음의 기능이란 단지 인식하고(識), 생각하고(意), 뜻을 결정하고 행동을 일으키는 것(心)이 전부라고 보았다. 이 기능에 따라 마음을 심(心, citta), 의(意, manas), 식(識, vijñāna)이라고 다른 명칭으로 부르기는 했지만, 그것은 어디까지나 하나의 마음에 붙인 다른 이름일 뿐이었다. 그러나 이들은 마음은 비록 하나이지만 그 작용방식에는 여섯 가지가 있다고 보고 육식(六識)이라고 불렀다. '육식'이란 눈·귀·코·혀·몸(眼耳鼻舌身)이라는 다섯 가지 감각기관(五官)과 마음(意)이 그 대상에 대하여 정보를 얻고 그것을 지각하고 식별하는 정신작용을 말한다. 눈으로 본 것을 식별하는 마음작용을 안식(眼識)이라고 하는 것처럼 안·이·비·설·신·의(眼耳鼻舌身意)에 대응하는 정신작용을 각각 안식·이식·비식·설식·신식·의식이라 부른다. 이들 육식 중 다섯 가지 감각기관에 대응하는 정신작용인 안식·이식·비식·설식·신식의 다섯을 전오식(前五識)이라 부르고 의식을 제6식이라고 부른다. 육식 중 '제6식'이 마음의 활동을 대표한다. 안식에서부터 신식까지 나머지 5식도 제6식인 의식의 활동이 있기에 가능하기 때문이다. 아비달마 불교인들도 사람이 의식하지 못하는 가운데 진행되는 마음의 작용이 있다는 것을 알고는 있었다. 그러나 이들은 무의식의 개념을 별도로 도입하지 않고서 육식 중 제6식인 '의식'의 활동만으로 윤회와 열반을 포함하여 세계를 지각하는 마음의 작용을 설명하였다.

　　보통 감각기관이라고 하면 눈·귀·코·혀·몸의 다섯 가지를 가리켜 이를 오관이라 하지만 불교에서는 석가모니 붓다의 시대부터 마음도 감

45　여기서는 부파불교 시대 가장 세력이 강했던 설일체유부의 학설을 따라 75가지의 달마
　　(dharma, 法)라고 하였지만, 남방 상좌부 불교에서는 82가지의 담마(dhamma, 法)가 있다고 한
　　다.

각기관의 하나로 보아 안·이·비·설·신·의를 육근(六根)이라 부르고, 사람은 육근, 즉 여섯 개의 감각기관을 갖고 사물을 감지하고 인식한다고 보았다. 그리고 여섯 개의 감각기관이 정보를 취하는 대상인, 눈으로 보는 '색깔과 모양[色]', 귀로 듣는 '소리[聲]', 코로 맡는 '냄새[香]', 혀로 느끼는 '맛[味]', 신체의 접촉으로 느끼는 '촉감[觸]', '사유의 작용대상[法]' 일체를 육경(六境)이라고 부른다. 보통 육경을 한자로 표기하여 색성향미촉법(色聲香味觸法)이라고 한다. 육근과 육경을 합하여 십이처(十二處)라 하는데, 여기서 처(處, āyatana)란 인식을 낳게 하는 문(門)이라는 뜻이다. 육근과 육경이 접촉하여 여섯 가지 인식 작용을 일으킴으로써 비로소 사람이 세상을 인식하게 된다는 뜻에서 육근과 육경 및 육식을 합하여 십팔계(十八界)라고도 한다. 불교에서는 물질이든 정신이든 이 세상 삼라만상이 모두 십이처에 포섭된다고 한다.[46] 십이처설은 불교의 기본적인 세계관이다. 때로는 12처 대신 오온(五蘊)과 십팔계로 이 세상을 설명한다. 5온, 12처, 18계를 줄여서 온(蘊)·처(處)·계(界)라고도 하는데 온·처·계의 각각은 사실상 같은 것을 듣는 사람이 이해하는 정도에 맞추어 달리 표현한 것이다. 다만 오온이라고 할 때는 열반과 같은 깨달음의 경지는 오온의 정신 현상에 포함시키지 않는다.[47]

붓다의 가르침을 이론적으로 연구하던 아비달마불교인들과 달리 마

---

46 십이처라고 할 때는 육근과 육경의 각 글자에 처(處)를 붙여 안처, 이처, … 의처, 색처, 성처 … 법처와 같이 부른다.

47 여기서 설명한 오온·십이처·십팔계는 불교사전을 비롯하여 불교학개론 등 불교계에서 일반적으로 사용하는 통설이다. 그러나 12처에 대한 전혀 다른 해석도 있다. 이 다른 해석에서 지적한 것은 진지하게 고려해야 할 문제인 것은 분명하지만 이 책의 목적을 위해서는 통설로써 충분하기 때문에 여기서는 온(蘊)·처(處)·계(界)에 대한 새로운 해석에 대한 자료만 밝혀두겠다. 이중표 지음,《아함의 중도체계》, 불광출판사, 2012 ; 이중표, 六入處와 六根은 동일한가,《범한철학》17, pp.291~311.

음을 다스리고 마음을 관하는 일에 힘쓰는 것으로써 불법을 수행하던 대승불교의 유식학파[48]에서는 일찍부터 마음의 움직임 가운데는 아비달마 불교인들이 말하는 육식을 넘어 제7식이 있고, 그 너머에 다시 제8식이 있음을 체득하고 있었다. 제7식과 제8식은 모두 무의식적으로 일어나는 정신 작용으로서 제7식을 말나식(末那識, manas), 제8식을 아뢰야식(阿賴耶識, ālaya vijñāna)이라고 부른다. 앞서 말한 바와 같이 생명체가 행한 모든 말과 행동과 생각 등 일체의 경험은 하나의 정보로서 아뢰야식에 저장되는데, 저장된 업과 환경이 만드는 조건에 의해 아뢰야식은 무의식적인 충동이나 의욕을 비롯하여 일체의 마음활동을 불러일으키는 근원적인 역할을 하고 말나식은 아뢰야식과 육식 사이에서 매개 역할을 하며 끊임없이 생각이 일어나게 하는 작용을 한다. 수행승들의 체험을 바탕으로 유식학파에서는 아비달마불교와는 달리 제6식인 의식의 역할을 오로지 의식적인 정신활동만 하는 것으로 제한하고, 이들은 심·의·식을 그 기능과 역할에 따라 분류하여 심(心, citta)이 아뢰야식, 말나식이 의(意, manas), 의식(意識)이 식(識, vijñāna)이라고 보았다.

　모든 불경은 하나같이 거울이 얼룩져 있거나 일그러져 있으면 사물의 모습을 제대로 비출 수 없듯이 탐욕과 분노와 무지〔貪瞋痴〕의 때로 얼룩진 마음으로는 사물을 있는 그대로의 모습으로 볼 수가 없다고 한다. 오직 열반에 이른 마음으로 볼 때만 세상은 제 모습을 나타낸다고 한다. 열반은 번뇌의 불길이 완전히 꺼져 불에 탄 재와 같이 된 상태를 말한다. 앞서 범부가 보는 세상을 유위, 붓다가 보는 세상을 무위라고 말한 바 있는데, 이를 탐진치와 관련시켜 다시 한번 설명하겠다. 번뇌로 가득 찬 마음으로 보는 세상을 유위(有爲, saṃskṛta), 유위의 온갖 존재를 유위법(有

___FOOTNOTE___

48　유가행파를 유식학파라고도 한다.

___PAGE___

爲法)이라고 하며, 열반의 상태에 이른 마음으로 보는 세상을 무위(無爲, asaṃskṛta), 무위의 존재를 무위법(無爲法)이라고 부른다. 유위란 '조작된 것', '만들어진 것'이라는 뜻인데 마음이 모든 것의 근원이라는 관점에서 이 말을 새겨보면, 번뇌의 때가 묻은 마음은 사물을 있는 그대로 비추지 못하고 마음이 생긴 대로 조작하게 마련이니 '유위'란 범부가 보는 세상을 가리키는 데 아주 적합한 이름이다. 마찬가지로 무위 역시 있는 그대로의 세계라는 뜻이니 맑은 마음으로 본 세계라는 뜻을 잘 나타낸다. 무위는 대승불교에서 말하는 진여(眞如, tathatā)나 여여(如如, tathatā)와 같은 뜻이다.

이제 불교와 힌두교의 관계를 잠시 살펴보자. 붓다의 깨달음과 가르침은 힌두교와 직접적인 관계가 없지만 불교가 인도에서 탄생하였기 때문에 불교에 등장하는 신(神, deva)들과 용어들은 힌두교와 전혀 관계가 없을 수 없다. 불교에서 말하는 무아(無我, anātman)는 힌두교에서 말하는 아트만(ātman, 眞我)을 부정하는 말이며, 불교 경전에 자주 등장하는 범천(梵天)은 힌두교의 주요 세 신 중 하나인 브라흐마(Brahma)이다. 그리고 우빠니샤드(Upaniṣad)의 범아일여(梵我一如) 사상은 불교사상으로 오해를 하는 사람들이 많이 있기 때문에 범아일여 사상을 중심으로 간단하게나마 힌두교의 사상에 대해 알아둘 필요가 있다.

(3) 범아일여 사상과 힌두교의 신들

힌두교 최고 지혜의 책이라고 할 수 있는 우빠니샤드에서 말하는 내용은 불교 철학과 대립적인데도 불구하고 겉으로 보면 불교에서 말하는 것과 무척 유사하게 보인다. 주와 객이 무엇인지 정확하게 말하지 않고 그냥 주와 객이 하나가 된 상태라거나 '괴로움이 끝인 상태'라고 말한다면, 우빠니샤드에서 말하는 '범아일여'와 초기불교에서 말하는 선정의 최고단계인 상수멸(想受滅)은 구별이 되지 않을 것이다. 상수멸은 깊은 선정 가운데서는 일체의 표상작용과 느낌이 사라진다고 하여 그런 이름이 붙었다. 아래에 우파니샤드 철학을 간단히 요약해서 설명하겠다.

불교는 모든 것의 근원이 되는 제일원인을 부정하고 모든 것은 서로가 서로의 원인이자 결과라고 하는 연기설을 주장하고, 고정불변의 자아란 없다는 뜻에서 무아설을 주장하는 데 반하여 우빠니샤드가 대변하는 인도철학은 우주와 자아의 궁극적 실재를 인정한다. 우빠니샤드 철학에서는 우주의 궁극적 실재를 브라흐만(Brahman, 梵)이라고 부르고 자아의 궁극적 실재를 아트만이라고 부르는데 궁극적으로 이 둘은 같다고 본다.

우빠니샤드의 철학자들도 생멸을 반복하는 현실세계를 진실한 세계로 보지 않는다. 그들이 볼 때 현실세계는 단지 겉모습이고 환영(幻影, māyā)일뿐 진정한 실재는 브라흐만 뿐이다. 브라흐만은 모든 존재의 근원이 되는 제일 원인으로 비인격적이다. 브라흐만은 비인격적이지만 브라흐만에서 인격신들이 탄생한다. 힌두교의 주요 세 신인 브라흐마(brahmā), 비슈누(viṣṇu), 쉬바(śiva)를 비롯하여 수많은 신들이 탄생하는데 이들은 모두 인격신이다. 힌두교의 신들은 불교에 수용되어 중국을 거쳐 한국으로 전래되었고 천신의 의미로서 천(天, deva)으로 한역(漢譯)되었다. 예를 들면 브라흐마는 범천(梵天)으로 알려져 있다.[49] 브라흐마는 힌두교에서 이 우주를 창조한 창조신으로 모시고 있다.

브라흐만은 모든 존재의 근원일 뿐만 아니라 각 개체의 본질을 구성하고 있다. 모든 생명체, 모든 신, 모든 세계는 우주적 자아인 브라흐만 속에 포함되어 있다. 브라흐만은 모든 존재 하나하나 속에 들어 있는

---

49 비인격적이며 궁극적 실재인 브라흐만과 인격신인 브라흐마를 혼동하지 않길 바란다.

데, 이렇게 개체 속에 들어 있는 브라흐만이 바로 아트만이다. 브라흐만은 대우주이고 아트만은 소우주이다. 브라흐만이 전체인 숲이라면 아트만은 개체인 나무다. 전체와 부분이라는 차이는 있지만, 한 방울의 물과 바닷물 전체가 본질적으로 동일하듯이 브라흐만과 아트만도 본질적으로 동일하다. 즉, 브라흐만은 우주 전체의 아트만이고, 아트만은 개체의 브라흐만이다. 우빠니샤드에서 궁극적으로 추구하는 것은 해탈(解脫, mokṣa)이다. 궁극적 실재를 찾음으로써 인간은 해탈에 이를 수 있는데 브라흐만이나 아트만이나 어느 쪽을 찾든 어느 한쪽만 찾으면 인간은 궁극적 실재를 찾을 수 있다. 아트만은 궁극적 실재의 주체적 측면이고 브라흐만은 객체적 측면일 뿐 둘은 동일한 것이기 때문이다.

　　궁극적인 실재를 주체적인 측면에서 정의할 때 그것을 아트만이라고 부른다. 아트만에 대한 설명은 네 가지로 나누어 살펴볼 수 있다. 각성위(覺醒位, 잠깬 상태), 몽면위(夢眠位, 꿈꾸는 상태)[50], 숙면위(熟眠位, 깊이 잠든 상태)[51], 그리고 뚜리야(Turīya)라고 부르는 순수의식이다. 각성위는 보통 우리가 깨어서 활동하는 상태를 말하며 이때 우리가 자아라고 부르는 것은 아직 아트만이 그 본질을 드러내지 않은 상태다. 아트만은 각성위와 몽면위에서도 그 본질을 드러내지 않고, 의식의 네 번째 단계인 뚜리야 상태에서 비로소 그 본질을 드러낸다. 아트만이 본질을 드러낸 순수의식은 모든 생멸현상의 중지를 뜻하며 평화와 축복, 상대적 개념을 초월한 절대적 경지를 뜻한다.

　　궁극적인 실재를 객체적인 측면으로부터 정의할 때 그것을 브라흐

50　꿈의 상태에서 자아는 각성 상태의 경험들을 토대로 새로운 것들을 만들어내며 영혼은 육신의 구속에서 벗어나 자유를 누린다.

51　숙면 상태에서는 꿈도 의욕도 지니지 않으며 영혼은 일시적으로 브라흐만과 하나가 되어 모든 번뇌에서 벗어난다. 이 상태에서는 비록 일시적이지만 모든 대립이 사라진다.

만이라고 부른다. 브라흐만은 물질, 생명(prāṇa), 의식(manas, 意), 지성(vijñāna, 識), 아난다(ānanda, 환희)의 다섯 가지 모습으로 나타나는데, 아난다만이 브라흐만의 본질적인 모습이다. 우리가 아트만을 뚜리야 상태로 볼 때 브라흐만은 아난다에 대응하고 이 상태에서는 주관과 객관의 구별이 없어진다. 이 상태를 희열로 된 아트만이라고 부른다. 아난다는 모든 것의 끝이며 시작이다. 브라만과 아트만이 하나가 된 것이 범아일여이며, 이 상태가 바로 해탈(解脫, mokṣa)이다. 해탈이란 우빠니샤드 철학이 추구하는 최고의 행복한 상태로서 아트만이 윤회의 굴레에서 벗어나 브라흐만과 하나가 되는 상태이다. 궁극적으로 주와 객이 하나이기 때문에 아트만을 깨닫는 것이 브라흐만을 깨닫는 것이고, 브라흐만을 깨닫는 것이 아트만을 깨닫는 것이다. 그것[브라만]과 '나' 자신[아트만]이 하나가 아니라 별개라고 느낀다면 그때 주객의 대립과 갈등이 시작된다. 인간 세상의 갈등과 모순은 그렇게 해서 생긴 것이다.

중국의 사상가 장자(莊子, BCE 369?~BCE 286?)도 일체 대상과 그것을 마주하는 주체 사이에는 아무런 구별도 없다는 뜻에서 물아일체(物我一體)를 말했는데, 물아일체는 불교에서도 가끔 사용하는 개념이다. 그렇지만 힌두교의 범아일여 사상은 불교사상과는 완전히 다른 사상이다. 어떻게 다른지는 앞으로 불교의 연기법과 양자 물리학을 비교하고 이해하면 자연히 알게 될 것이다. 이제 다음 장에서는 불교와 과학의 특징을 비교하여 불교의 특징이 무엇인지 알아보도록 하자.

2

아인슈타인의 우주적 종교

물리학자 아인슈타인(Albert Einstein, 1879~1955)은 종교와 과학을 수레의 두 바퀴에 비유하였다. 그는 진리를 찾는 것은 이성적 사유에 의해서가 아니라 종교적 감정(religious feeling)이며 인간의 이성은 이렇게 찾은 진리를 인간이 이해할 수 있는 방식으로 정리하는 것이라고 보았다.[52] 아인슈타인은 미래의 종교는 그 교리가 과학적으로 뒷받침되고 과학자와 예술가에게 영감을 줄 수 있어야 한다고 보았고, 이러한 조건을 만족시키는 미래의 종교를 우주적 종교(cosmic religion)라고 불렀다. 그는 "우주 종교적 감정(cosmic religious feeling)이란 인간이 갖는 그릇된 욕망의 허망함을 깨닫고 정신과 물질 양쪽 측면에서 나타나는 질서의 신비와 장엄을 느끼는 것이다. 이 느낌은 느껴보지 않은 사람은 이해할 수 없다"[53]라고 말한 적이 있는데 이는 아인슈타인 자신의 내적 체험으로서 그러한 종교적 감정을 느꼈다는 뜻일 것이다. 아인슈타인은 구약시대의 다윗을

---

52 Max Jammer, *Einstein and Religion,* Prinston University Press 1999, p.32.

53 Max Jammer, 위의 책, p.115와 p.134의 문장을 요약 정리한 것.

비롯한 이스라엘 예언자들은 이 감정을 느끼고 있었고 특별히 불교는 이 요소를 강하게 갖고 있다고 보았다. 종교적 진리를 진리로 인정하지 않는 과학자들은 종교에 대한 아인슈타인의 생각을 우연히 일어난 일을 과장해서 표현한 것이라고 비웃을지 모르겠다. 그러나 현대과학의 탄생 시점에서 과학계에서 일어난 일을 살펴보면 우리는 아인슈타인의 생각이 옳다는 것을 깨닫게 된다. 그리고 괴델(Kurt Gödel, 1906~1978)의 불완전성정리(Incompleteness Theorem)를 생각해보면 말로 표현할 수 없는 진리가 있을 수 있다는 것을 알게 된다.

종교와 과학이 진리를 찾는 데 있어서 상호보완적일 때 그 종교를 가리켜 우주적 종교라고 말할 수 있다. 아인슈타인이 말한 대로 불교가 우주적 종교의 후보 중 하나인지에 관해서는 앞으로 천천히 검토하겠다. 이 장(章)에서는 직관과 이성적 사유의 의미에 대해 보다 깊이 있게 살펴보기로 하자.

1) 불립문자 교외별전

"불립문자(不立文字) 교외별전(敎外別傳), 직지인심(直指人心) 견성성불(見性成佛)"

위의 네 구절은 불교에 관심이 없는 사람들도 한 번쯤은 들어보았을 정도로 유명한 구절이다. 이 네 구절은, 선종(禪宗)에서 이론에 매달리는 교종(敎宗)에 맞서 선(禪)을 옹립하기 위해 내세운 말이지만, 진정 불교적 진리의 특성을 잘 나타낸다고 할 수 있다.

영어의 'religion'을 종교(宗敎)라고 번역하여 '종교'와 'religion'을 같은 뜻으로 사용하면서 불교가 종교냐 윤리강령이냐 하고 물음을 던지는 사람들이 있지만. 일찍부터 불교에서는 근본진리를 '종(宗)', 이를 말로 표현하여 가르치는 것을 '교(敎)'라고 하여 종교와 불교를 같은 뜻으로 써 왔다. 불교적 진리를 깨달은 이들은 말하기를 '종'이라고 표현한 '근본적 진리'는 오직 반야(般若, prajñā)라고 부르는 '직관적 지혜'를 통해 직관할 수 있을 뿐 인간의 이성적 사유, 즉 분별지(分別智)로는 접근할 수도 없고 이해할 수도 없다고 말한다. 이 내용을 경전은 붓다의 독백을 통해 다음과 같이 전한다.

> "내가 깨달은 이 진리는 심오하고 보기 어렵고, 깨닫기 어렵고, … 이성적 사유의 영역을 초월하고, 극히 미묘하기 때문에 지혜로운 사람이나 알 수 있다. 그러나 감각적 쾌락[ālaya]을 기뻐하고 감각적 쾌락을 즐기고 감각적 쾌락에 춤추는 중생은 이 연기의 이치를 보기 어렵고 열반의 이치를 볼 수 없다. … 내가 이 진리를 가르친다고 하더라도 사람들이 알아듣지 못한다면 내 몸만 피로하고 괴로운 일이다."[54]

말로 표현할 수 없는 진리를 말로 표현하려니 불경에는 "세상은 영원한 것도 아니요, 영원하지 않은 것도 아니다"라거나 "여래는 사후에 존재하는 것도 아니요, 존재하지 않는 것도 아니다"[55]라는 것과 같이 형식 논리로써는 이해할 수 없는 표현들이 많이 나온다. 그런데 양자역학의 철학적 기반을 마련한 덴마크의 물리학자 보어(Niels Bohr, 1885~1962)도

---

54 《쌍윳따니까야》 6 : 1

55 《중아함경》 권60 〈전유경〉 ; 《잡아함경》 권10, 〈262(천타경)〉

"얕은 진리는 그 반대가 틀렸다는 것을 가리킨다. 하지만 더 깊은 진리가 있다면 그 반대 역시 더 깊은 진리가 된다"[56]라고 하여 형식논리로써는 이해할 수 없는 말을 하였다.

불경에 나오는 말이 형식논리에 맞지 않을 때는 그 말이 무엇을 뜻하는지 이해하기 어렵지만, 과학자가 불경에 나옴 직한 말을 할 때는 그 말을 이해하는 것이 그다지 어렵지 않다. 과학자가 한 말은 실험적으로 재현하고 검증할 수 있는 현상을 가리키기 때문이다. 이런 이유로 불교와 과학이 사물의 참모습을 묘사하기 위해 유사한 표현을 사용한다면 과학을 통해 불교적 진리가 무엇을 말하고자 하는지 이해하는 데 큰 도움을 줄 수 있을 것이다. 이는 마치 지도가 실제의 땅일 수는 없지만 지도를 보면 땅 모양을 짐작할 수 있는 것과 마찬가지다. 진리를 찾는 것은 직관이라는 말을 한 것은 아인슈타인 혼자만이 아니다. 20세기를 대표하는 수학자 중의 한 사람인 프랑스의 수학자 푸앵카레(Jules-Henri Poincaré, 1854~1912)도 "논리를 통해 증명하고 직관(intuition)으로 창조한다"라고 하였는데, 이 말을 새겨보면 '종교적 감정'이 '직관'으로 바뀌었을 뿐 아인슈타인이 한 말과 유사하다고 볼 수 있을 것이다. 위대한 물리학자와 위대한 수학자가 비슷한 뜻의 말을 했다면 아인슈타인이 한 말을 곰곰이 새겨들을 필요가 있을 것이다.

사실 사물의 실상은 하나인데 사람의 사물 인식 방식에 따라 그것을 두 가지나 그 이상으로 본다. 아인슈타인이 한 말을 이해하기 위해, 즉 직관과 분별지의 차이가 무엇인지를 이해하기 위해 사물을 보는 두 가지 관점에 대해 생각해 보자.

---

56 블래트코 베드럴 지음, 손원민 옮김, 《물리법칙의 발견》, 모티브북, 2011. p.254. 여기에 자세한 설명이 있다.

(1) 인간의 사물 인식 방식과 사물의 모습

인간의 지혜는 사물을 '이것'과 '이것 아닌 것'으로 나누어 보는 데서 시작한다. 옳고 그름을 판단하는 논리의 법칙도 이분법적 사고에 바탕을 두고 있다. 이분법적 사고에서 온 분별지가 옳다면 세상사는 논리의 법칙에 맞게 전개되어야 한다. 전기 스위치는 켜져 있거나(on) 꺼져 있는(off) 것이지 꺼져 있기도 하고 켜져 있기도 하다는 일은 없을 것이다. 사람의 삶과 죽음도 마찬가지다. 논리적으로 생각하면 영원한 삶이 없다면 죽으면 그뿐이다. 불교에서는 영원한 삶이 있다는 것을 상견(常見), 죽으면 그뿐이고 모든 것이 끝난다는 견해를 단견(斷見)이라고 하는데, 붓다는 상견과 단견은 모두 사물의 한쪽 면만을 보고 말한 견해라는 뜻에서 그것을 변(邊)이라 부르고, "여래는 변을 떠나 중도를 취한다"고 하였다. 사람이란 영생불멸의 존재도 아니지만 죽는 것으로 끝나는 존재도 아니라는 뜻이다. 이것은 논리적으로 볼 때 전기 스위치가 꺼진 것도 아니고 켜져 있는 것도 아니라고 말하는 것과 마찬가지다. 또 스위치가 꺼진 것도 아니고 켜진 것도 아니라는 것은 스위치가 켜져 있기도 하고 꺼져 있기도 하다는 것과 같은 뜻이다. 즉, 스위치의 상태가 on-off로 중첩(重疊, superposition)되어 있다고 말하는 것과 같다. 그렇다면 삶과 죽음의 중첩이란 무엇을 뜻하는가? 일단 붓다의 말이 옳다고 치자. 그러나 인간의 사유방식으로 중도를 어떻게 이해할 것인가? 이것은 앞으로 불교와 물리학을 통해 이해해나가기로 하고, 여기서는 중도를 보통 사람들의 사유방식으로 이해하는 데 도움이 되도록 비유를 들어 설명하겠다.

일상적 경험 세계에서 인간은 논리적으로 양립할 수 없는 개념을 초월한 상태를 경험하지 못한다. 즉, '변'을 떠나서는 어떤 현상도 경험하지 못한다. 그러나 비록 중첩과 같은 현상을 직접 경험하지는 못하지만 왜 인간이 하나의 현상에서 논리적으로 대립하는 두 가지 현상을 보게 되는지를 이해하는 것은 어렵지 않다. 게슈탈트 심리학(Gestalt psychology)에서 설명하는 것처럼 인간은 눈으로 사물을 보는 것이 아니라 마음으로 보기 때문이다. 그 결과 사람은 한 가지 사물을 상황에 따라 여러 가지 형태로 보게 된다.

나의 아내와 장모님

이 그림은 "나의 아내와 장모님"이라는 유명한 그림이다. 그림만 놓고 본다면 그림이 바로 일체(一切, everything)로서 우리가 보는 세상을 뜻한다. 그림이 현실이고 사물의 참모습이다. 그림에서 사람들은 젊은 여인을 볼 수도 있고 늙은 여인을 볼 수도 있다. 하나의 그림 속에 분명히 '젊음'과 '늙음'의 두 상태가 공존하고 있다. 이것은 상태의 중첩을 뜻한다. '젊음'도 아니고 그렇다고 해서 '늙음'도 아니다. 또 역으로 해석하면 '젊음'이기도 하고 '늙음'이기도 하다. 이렇게 해석하면 중첩은 상주–단멸의 중도와 그 의미가 같다. 또 달리 볼 수도 있다. 사람이 볼 때는 '젊음'을 보거나 '늙음' 중 하나의 상태만 보게 된다. 두 상태를 동시에 볼 수는 없다. 그런데 젊은 아내가 그대로 늙은 장모님이다. 이것은 젊음-늙음의 이중성(二重性, duality)[57]을 뜻한다. 이중성이란 하나의 사물이 논리적으로 양립할 수 없는 성질을 가진다는 뜻이다. '젊음-늙음'의 짝은 논리적으로 '삶-죽음'의 짝과도 같고 전기 스위치의 on-off의 짝과 다를 바가 없다.

'삶'과 '죽음'이나 '있음'과 '없음'도 이 그림과 같이 '분리할 수 없는 하나'인데 사람의 사물 인식방식 때문에 진리를 깨닫지 못한 사람은 사물을 이분법적으로 나누어 '삶'을 보기도 하고 '죽음'을 보기도 하며, 혹은 '있다'고 하거나 '없다'고 말하기도 한다는 것이 불교의 선지식들이 하나같이 말하는 내용이다. 무위와 유위에 대해서도 마찬가지 말을 할 수 있다. 젊은 여인, 혹은 노파 둘 중 하나를 보는 것은 변으로서 유위에 해당한다. 젊은 여인에게도 끌리지 않고 노파에게도 끌리지 않으며 그림을 있는 그대로의 모습으로 보는 것이 무위에 해당한다. 업이 짠 매트릭스의 그물에서 벗어나는 길은 사물을 있는 그대로 보는 것이다. 사물을 있는 그대로 보려면 마음이 맑아야 한다는 것이 불교의 가르침이다. 이제 하나의 사물을 보는 관점에 따라 두 가지 모습으로 나타날 수 있다는 것을 또 다른 각도에서 살펴보기로 하자.

---

57 사전적(辭典的)인 의미에서 이중성(二重性)은 양면성(兩面性)과 같다. 그렇지만 두 단어의 쓰임새는 다르다. 과학 기술이 갖는 긍정적인 측면과 부정적인 측면을 말할 때는 과학 기술이 갖는 양면성이라고 하지 이중성이라고 하지 않는다. 그리고 이중성(duality)은 이원론(dualism)과도 다르다. 정신-물질의 이원론이라고 하면 별개의 성질을 가진 정신과 물질이 존재한다는 뜻이지만, 빛이 입자-파동의 이중성을 갖는다고 할 때 이중성은 빛이 때로는 입자의 성질을, 때로는 파동의 성질을 갖는다는 뜻이다.

(2) 전일주의적 관점과 환원주의적 관점

과학에서 사물을 이해하고 기술하는 방법에는 크게 두 가지 관점이 있다. 하나는 사물을 자세히 분석하여 구성요소를 알아내고 구성요소의 작용과 성질을 조사함으로써 사물 전체의 성질을 이해할 수 있다는 관점이다. 다른 하나는 사물과 현상을 구성요소의 합계가 아니라, 하나의 통합된 전체로 이해해야 한다는 관점이다. 앞의 관점을 환원주의(還元主義, reductionism)라 하고 뒤의 관점을 전일주의(全一主義, holism)라고 한다. 사물의 실상을 과학적으로 이해하는 데 있어서 이 둘은 상호보완적이다. 신경과학자들이 두뇌 상태를 조사함으로써 마음 상태를 알 수 있다는 생각은 환원주의적 관점의 한 예다. 그리고 제3의 과학이라고 부르는 복잡계이론(複雜系理論, complex systems theory)에서 '계' 전체를 '분리할 수 없는 하나'로서 보아야 한다는 것은 전일주의적 관점의 좋은 예다. 불교에서 변을 떠나 중도를 보라고 하는 것도 부분만 보지 말고 전체를 보라는 것으로서 중도를 취하라고 하는 것은 전일주의적 관점에서 세상을 보라는 뜻이다. 사물을 환원주의와 전일주의라는 두 가지 관점으로 보는 것의 차이에 대해서는 영국의 신경생물학자 맥케이(Donald MacCrimmon MacKay, 1922~1987)가 아주 멋진 설명을 하였는데, 그의 설명을 들어보기로 하자.[58] 백남준의 비디오 아트를 예로 들어 설명하겠다.

비디오시스템과 오디오시스템의 작동으로 이루어진 비디오 아트를 보는 방법에는 크게 두 가지가 있다. 하나는 예술적 측면에서 비디오 모니터에 나타나는 영상과 음향 기기에서 나오는 소리가 만드는 예술성을 감상하는 것이다. 다른 하나는 순전히 과학 기술적인 측면에서 영상과

---

[58] Donald M. MacKay, *The Clockwork Image*, (Christian Classics) 1997

소리가 나타나는 원리를 분석하고 설명하는 관점에서 비디오 아트의 기기를 보는 것이다. 둘 다 백남준의 비디오 아트에 대해 무엇인가를 보고 비디오 아트에 대해 어떤 말을 하겠지만 둘은 완전히 다른 대상을 보고 다른 말을 하게 된다.

기기에서 어떻게 저런 영상과 소리가 나올 수 있는가 하고 기기의 작동원리에 관심을 둔 사람이 하는 일은, 과학 기술적 측면에서 기기의 구성요소 하나하나를 분석하는 것이다. 이것은 전형적인 환원주의적 태도인데, 과학과 분별지의 바탕에는 대체로 환원주의가 짙게 깔려 있다. 기기를 분석하는 사람은 과학 기술자이다. 이 사람은 전기회로의 이론과 색채학(chromatics) 및 음향학(acoustics) 이론으로 모니터에 나타나는 모든 영상과 음향 기기에서 나오는 모든 소리를 분석하고, 어떻게 해서 그런 영상과 소리가 나오는지 완벽하게 설명할 수 있을 것이다. 기기의 작동과 빛과 소리는 정확하게 일대일의 대응 관계를 갖기 때문에 이 사람은 백남준의 비디오 아트를 기기의 작동과정으로 완벽하게 설명할 수 있다. 이 사람은 비디오 아트에 대해 환원주의의 입장에서 설명할 수 있는 모든 것을 다했다고 할 수 있다. 그런데 이런 과학 기술만으로는 비디오 아트의 예술성에 대해서는 아무것도 말할 수 없다. 예술성은 사물을 하나의 통합된 전체로 볼 때 가질 수 있는 것이기 때문이다. 사람이 예술을 감상하고 느끼는 감각이 없다면, 시각장애인이 금강산에 가서 물소리를 듣고 바위와 나무를 만지고서 금강산을 나름대로 느낀 후 금강산을 안다고 주장하겠지만 빛과 모양이 만드는 경치에 대해서는 아무것도 모르는 것처럼, 이 사람은 백남준의 예술에 관해서는 아무것도 모를 것이다. 비디오와 오디오기기에서 나오는 영상과 소리가 만드는 예술성은 과학 기술과는 다른 차원의 문제이기 때문이다. 이 기술자가 예술이라는 것에 대해 깜깜하다면 누가 예술성에 대해 얘기하면 꾸며낸 얘기라고 생각할 것이다. 이 사람은 예술성을 말하는 사람에게 당신이 말하는 예술성이라는 것에 대하여 객관적 증거를 대라고 말할 것이다.

과학자가 환원주의적 관점에서 사물을 보는 것과는 달리 예술가가 전일주의의 관점에서 사물을 볼 수 있다는 것을 인정한다면, 분별지와는 다른 관점에서 사물을 볼 수 있다는 것을 부정해야 할 이유는 없다. 그렇다면 붓다가 경험한 다음과 같은 차원의 의식을 과학적으로 거부해야 할 이유도 없다.

> "비구들이여, 흙도 없고, 물도 없고, 불도 없고, 바람도 없는 그런 영역(sphere)이 있다. 그 속에는 이 세간도 없고 출세간도 없고 … 그것은 만들어진 것이 아니며 … 이것은 괴로움의 끝이다."[59]

이것은 붓다의 내적 체험으로서 우리가 알고 있는 의식과는 본질적으로 다른 차원의 정신적 경지를 말한 것이다. 위의 시구에서 흙도, 물도, 불도, 바람도 없다는 말은 지수화풍으로 이루어진 이 세상이 더 이상 인식대상으로서 존재하지 않는다는 뜻이다. 인식대상이 사라졌기에 인식과 지각도 사라질 수밖에 없다. 지각이 사라졌다는 것은 아무것도 없다는 것이 아니라 주와 객이 하나로 합일되어 있다는 뜻이다.

붓다가 경험했다는 이 새로운 차원의 의식세계에서는 인식주관과 인식대상이 하나로 통합되어 있다. 누가 이러한 의식세계를 체험했다고 말한다면, 도킨스(Clinton Richard Dawkins, 1941~)나 호킹(Stephen William Hawking, 1942~2018)과 같은 유물론을 지지하는 과학자들은 하나의 착

---

59 《우다나》 8-1 〈열반의 경(Paṭhamannibbānasutta)〉. 《우다나(자설경)》에 나오는 이 내용은 앞으로 이 책의 제6장과 제8장을 비롯하여 다른 곳에서도 계속 인용되고 검토한다. 이 설법의 대략적인 뜻을 기억해두면 이 책을 읽는 데 도움이 된다.

각이나 환상이라고 말할 것이다. 그러나 유물론이 세상사 모든 것을 합리적으로 설득력 있게 설명하는 것은 아니다. 이 사람들은 정신-물질의 이원론에 문제가 많다고 하여 유물론을 지지하지만 유물론에도 문제점이 많이 있다. 그리고 뇌신경 과학자들 중에는 선정 중에 "우주와 자아가 하나"로 된 체험을 한 사람들의 뇌를 조사하여 그들의 체험을 뇌신경 과학의 바탕 위에서 설명하려는 사람들도 상당수 있다. 그렇다면 종교인들의 내적 체험을, 우리의 일상적 경험과는 다르다는 이유만으로 부정하는 것이 반드시 옳은 일은 아니다. 오히려 인간의 의식에는 새로운 경지가 있을 수 있고 종교인들 중에는 그런 차원의 의식을 경험한 사람들이 있다고 보는 것이 보다 바람직한 태도이다.

백남준의 비디오 아트가 갖는 예술성을 과학 기술자가 기기의 작동 원리를 분석하는 것으로는 도무지 알 수 없듯이, 세상 사물을 모두 기호나 문자로 표시하고 이들 기호나 문자를 논리적으로 연결하여 설명하는 것만으로 참모습을 제대로 나타낼 수 없다. 이 사실을 인정한다면 선종에서 "불립문자 교외별전, 직지인심 견성성불"을 말하는 이유를 어느 정도까지는 짐작할 수 있을 것이다. 그리고 또 아인슈타인이 왜 진리를 찾는 데 있어서 종교와 과학을 수레의 두 바퀴에 해당한다고 말했는지를 이해하는 데도 도움을 줄 것이다.

이제 비유가 아니라 수학적 증명을 통해 아인슈타인의 생각을 살펴보기로 하자. 괴델의 불완전성정리를 살펴보면 우리는 아인슈타인의 생각이 옳을 수도 있다는 사실을 알게 된다.

2) 괴델의 불완전성정리

논리란 인간의 사유법칙을 뜻하는 말이다. 사람이 생각할 때 인간의 사유의 법칙으로 옳고 그름을 판단할 수 없는 사물이란 있을 것 같지 않고 논리적 판단에 따라 얻은 결론이라면 틀릴 리가 없을 것처럼 보인다. 그러나 철학자 칸트(Immanuel Kant, 1724~1804)가 일찍이 지적한 바가 있지만, 인간의 이성에는 분명히 이율배반적인 성질이 있다. 그리고 실제로 인간의 이성적 사유〔분별지〕에는 어떤 한계가 있다는 엄밀한 수학적 증명이 있다. 이 증명을 괴델의 불완전성정리(不完全性定理, Incompleteness Theorem)라고 하는데 이 정리를 증명하기는 쉽지 않지만, 정리의 내용을 이해하는 것은 의외로 쉽다. 이를테면 '마을 이발사의 역설'과 같다.

> 어느 마을에 이발사가 오직 한 사람만 있다. 그런데 이 마을의 규칙은 이발사는 반드시 마을 사람 중 자신의 수염을 깎지 않는 사람의 수염만 깎게 되어 있다. 그러면 이 이발사는 자신의 수염을 깎을 것인가? 깎지 않을 것인가? 만일 이 이발사가 자신의 수염을 깎는다고 하면 규정에 따라 수염을 깎지 않아야 한다. 만일 깎지 않는다면 규정에 따라 깎아야 한다.

이 마을의 이발 규정에 무슨 문제가 있는 것일까? 마을의 규정이 이발사 자신에게 적용되지 않으면 아무런 문제가 일어나지 않는다. 그러나 규정을 이발사 자신에게 적용시키면 문제가 일어난다. 이렇게 규정을 자신에게 적용하는 것을 자기언급(Self-Reference)이라고 하는데, 자기언급이 있으면 논리적 모순이 일어난다. 논리의 법칙은 객관적인 대상에 대해서만 성립하는 것이기 때문이다. 사물을 기술하는 주체가 그 기술을 자기 자신에게 적용하면, 즉 자기언급이 있으면, 주체가 객체이기도 하여 논리에 혼란이 일어난다. 주체와 객체가 분리되지 않으면 주체 =객체가 되어 주체가 주체(A)이기도 하고 객체, 즉 주체 아닌 것(A_)이기도 하여 논리적 모순이 일어나게 되는 것이다.

인간의 이성적 사유의 결정체가 수학이고 수학에는 모순이 없어야 한다고 사람들은 믿어왔다. 따라서 오래전부터 수학계에서는 수학의 체계에는 모순이 없음을 증명하려는 시도가 있었는데 바라던 것과는 다른 결과가 나오고 말았다. 이 엉뚱한 결과를 괴델의 불완전성정리라고 하는데 그 내용을 쉽게 정리하면 다음과 같다.

괴델의 제1 불완전성정리: 수학의 공리체계가 완전하다면, 즉 모순이 없다면, 이 공리 체계 안에는 옳고 그름을 증명할 수 없는 명제가 적어도 하나는 이 공리체계 안에 존재한다.

괴델의 제2 불완전성정리: 수학의 공리체계가 완전하다면, 즉 모순이 없다면, 이 공리 체계에 아무런 모순이 없다는 사실을 이 공리체계만으로 증명하는 것은 불가능하다.

제1 불완전성정리는, 수학에는 기존의 공리체계 안에는 풀 수 없는 문제가 항상 존재하기 마련이라는 것이고, 제2 불완전성정리는 하나의 공리체계가 완벽하다면, 이 체계가 완벽하다는 것을 증명하기 위해 이 공리체계보다 더 큰 공리체계가 필요하다는 뜻이다. 이 정리가 말하는 것은 수학에 어떤 모순이 있다는 뜻이 아니다. 불완전성정리가 말하는 것은 인간의 이성에는 근원적으로 어떤 한계가 있다는 뜻이다.

괴델의 불완전성정리를 보다 간단히 설명하면 이렇다. 인간이 모순

없는 지식체계를 가지고 있다고 치자. 그리고 사람들이 모호한 데가 없이 잘 정의된 단어와 문법을 사용한다고 가정하자. 사람이 이런 지식체계와 언어를 사용한다고 하더라도, 괴델의 제1 불완전성정리가 말하는 것은, 이 지식체계 안에는 인간의 이성적 사유〔분별지〕만으로는 옳고 그름을 판단할 수 없는 문제가 반드시 존재하게 마련이라는 뜻이다. 그리고 제2 불완전성정리가 말하는 것은 분별지로 판단한 것이 옳다는 것을 확인하려면 더 큰 지혜가 필요하며 이 큰 지혜가 판단한 것도 또 더 큰 지혜가 있어야 한다는 뜻이다. 그러나 이렇게 한없이 나아갈 수는 없으니 인간이 갖고 있는 지식체계가 완벽한지 아닌지는 결코 알 수 없다는 것이다.

불완전성정리는 과학에도 적용되어야 한다. 그렇다면 물리학의 기본방정식이 완벽해 보이더라도 그 방정식으로는 설명할 수 없는 물리현상이 있을 것이다. 물론 물리현상 말고도 과학적 지식체계만으로는 설명할 수 없는 정신 현상도 있을 것이다. 무엇보다도 과학이 갖는 문제점 중 큰 것은 자기언급과 관련된 것이다. 인간이 궁극적으로 알고 싶은 것은 우주와 자아가 무엇인가 하는 것이다. 이것은 종교, 철학, 과학의 공통적 관심사인데, 21세기에 이른 지금 이 관심사에 대해 물리학과 인지과학(cognitive science)은 각각의 영역에서 주목할 만한 성과를 얻었다. 물리학은 양자역학(量子力學, quantum mechanics)과 상대성이론(theory of relativity)을 통하여 물질과 우주에 대해, 인지과학은 마음〔또는 정신 현상〕[60]과 생명현상에 대해 우리로 하여금 깊은 이해를 하게 만들었다. 그러나 과학이 얻은 이 지식체계에는 근원적인 한계가 있을 수밖에 없다. 이를테면, 자아가 무엇인가 하는 것은 자기가 자기 자신에 대해 묻는 것

---

[60] 이 책에서는 마음과 정신이라는 말을 혼용해서 사용할 것이다.

이다. 이 물음에 답하려면 자기언급을 피할 수 없다. 그런데 자기언급은 이성적 사유에 필연적으로 패러독스를 가져온다. 그렇다면 우리는 사물을 객관적으로 관찰하고 논리적으로 기술하는 과학적 방법으로는 결코 자아가 무엇인지 답할 수 없다는 결론을 내리지 않을 수 없다. 우주에 대한 기술도 마찬가지다. 제2 불완전성정리를 과학에 적용하면 과학이 찾고 증명한 진리 외에 기존의 이론으로는 설명할 수 없는 또 다른 진리가 있다는 것을 뜻한다. 그뿐만이 아니다. 과학적 연구결과를 살펴보면 물질을 떠나서 마음을 이해할 수 없고 마음을 떠나서 물질을 이해할 수 없다는 것을 알게 된다. 마음과 물질이 서로 떼려야 뗄 수 없는 관계에 있다면 마음을 떠나서 물질세계만을 따로 정확하게 알 수는 없을 것이다. 과학에는 그동안의 이론으로는 완전히 설명하지 못하는 문제가 항상 생기게 마련이다.

불완전성정리를 통해서 보면, 붓다가 자신과 우주에 대해 깨달은 것을 말로 설명할 수 없다고 말한 이유를 이해할 수 있다. 아인슈타인에 의하면 이 설명할 수 없는 진리를 깨닫는 것은 종교적 감정이다. 이런 의미에서 종교와 과학은 진리를 찾고 설명하는 데 있어서 상보적이라고 할 수 있다. 직관적 깨달음을 통해 얻은 불교적 진리를 과학이 무시해서는 안 되는 이유가 여기에 있다. 물론 아인슈타인이 그렇게 말했다고 해서, 또 괴델의 불완전성정리가 기존의 지식체계로써 설명할 수 없는 진리가 존재할 가능성이 있음을 말한다고 해서 불교적 진리가 옳다는 말을 할 수는 없다. 그러나 괴델의 불완전성정리에 의해 불교가 아인슈타인이 말한 우주적 종교의 후보에 한 걸음 더 가까이 다가갔다고 볼 수는 있을 것이다.

불교는 붓다의 깨달음과 그 가르침만을 뜻하지 않고 경전의 편찬과 경전에 대한 해석 및 불교 승려와 신자들의 실천도 포함하는 것이다. 그렇기 때문에 현재의 불교에 어떤 부족한 점이 있을 수 있다. 아니 분명히 현재의 불교에는 부족한 점이 많이 있다. 그러나 비록 현재의 불교에 부족한 점이 있다고 하더라도 교리적 측면에서 볼 때 불교가 우주적 종교가 갖추어야 할 조건들을 갖추고 있다면 현대인은 불교를 살려 현실적인 삶에 도움을 주는 종교로 만들어야 할 것이다. 불교가 아인슈타인이 말한 우주적 종교에 부합한다고 말하려면 불교 교리가 과학적으로 뒷받침되어야 하고 불교 교리가 과학자와 예술가에게 영감을 줄 수 있음을 보여야 할 것이다. 또 현실적인 삶에 도움을 줄 수 있음도 보여야 한다. 불교 교리의 핵심인 연기법이 어떻게 과학적으로 뒷받침되는지는, 제4장에서 자세히 설명하겠지만, 공과 중도사상은 앞으로 이 책 전체를 통해 설명해야 할 내용이다. 이제 불교가 과거에 과학자들에게 어떤 영감을 줄 수 있었는지 살펴보자.

종교가 과학자와 예술가에게 영감을 줄 수 있는 예를 우리는 심리학에서 볼 수 있다. 심리학에서 인간의 마음에 무의식(unconsciousness)의 개념을 도입한 것은 20세기에 들어와서 프로이트(Sigmund Freud, 1856~1939)가 처음으로 주창한 데서 비롯하였다. 그런데 불교 심리학이라고 할 수 있는 유식학에서는 이미 1,500여 년 전에 인간의 마음속에는 자기도 모르게 일어나는 무의식적 작용이 있음을 알고서 이 무의식적 마음을 아뢰야식이라고 불렀다. 불교의 아뢰야식과 현대 심리학에서 말하는 무의식은 다른 개념이지만 만약 심리학자들이 불교의 유식학을 알았더라면 심리학자들은 무의식의 개념을 보다 일찍 심리학에 도입하였을 것이다. 심리학뿐 아니다. 물리학자들도 불교 철학을 알고 있었더라면 불교 철학을 통하여 자연현상을 이해하는 데 큰 도움을 받았을 것이다. 20세기 초에 물리학에서 입자-파동의 이중성과 관련된 몇 가지 현상을 발견했을 때 물리학자들은 처음에 이 현상이 의미하는 바를 제대로 이해하지 못하였다. 당시 사람들의 사유방식으로는 하나의 사물이 논리적으로 양립할 수 없는 두 가지 성질을 가지리라고는 생각조차 할 수 없었기 때문이다. 만약 당시의 물리학자들이 불교의 중도(中道)사상이나 불이(不二)사상을 알았더라면 그들 중에는 오히려 입자-파동의 이중성을 실험적으로 발견하기 전에 이론적으로 그것을 예견하는 이가 있었을지도 모른다. 그랬더라면 현대물리학이 보다 일찍 탄생하였을 것이다. 이 사실들은 불교사상이 과학자들에게 영감을 불러일으킬 수 있다는 것을 보여주는 좋은 예라고 할 수 있다. 지금도 불교 철학은 과학자들에게 영감을 줄 수 있다. 예를 들자면, 그것은 양자역학의 철학적 해석에 대한 것이고, 다른 하나는 인지과학에서 마음 개념을 정의하는 것과 관련된 일이다. 이 두 가지 문제에 있어서 불교는 분명히 학자들에게 어떤 영감을 줄 수 있을 것이다. 이런 뜻에서 불교는 우주적 종교의 강력한 후보 중 하나라고 말할 수 있다. 이제 다음 절에서는 불교와 과학의 특징을 그 공통점과 차이점을 통해서 살펴보겠다. 불교와 과학이 상호보완적이라면 둘 사이에는 반드시 어떤 공통점이 있을 것이다.

3) 불교와 과학의 특징

이 장(章)에서는 이 책의 내용을 이해하는 데 도움이 되도록 불교와 과학 사이의 공통성과 차이점을 통해 불교의 특징을 살펴보겠다. 불교와 과학 사이에 어떤 공통성이 없다면 불교를 과학적으로 조명하는 것이 불가능하거나 무의미할 것이다. 또, 둘 사이에 공통성만 있고 차이가 없다면 둘 중 하나는 필요가 없을 것이다.

(1) 불교와 과학의 영역

과학에서 말하는 세상이란 물질과 마음으로 이루어진 세상, 즉 현상
계가 전부다. 물질세계는 다섯 가지 감각기관으로 정보를 받아들일 수
있는 대상을 말하고 정신세계는 마음속에서 일어나는 여러 가지 정신
현상의 총합을 뜻한다. 과학의 세계에 현상계와 무관한 초월적인 세계
는 포함되지 않는다. 과학은 그런 세계의 존재를 인정하지 않는다. 불교
의 세계관이라고 할 수 있는 십이처설(十二處說)도 사람이 인식하는 세계
만을 존재하는 것이라 보며 인간의 여섯 가지 감각기관인 '육근'(오관+마
음)으로 인식할 수 없는 세계의 존재를 인정하지 않는다. 이런 뜻에서 불
교와 과학이 탐구하는 영역은 같다고 볼 수 있다. 탐구라는 말이 과학에
만 적용되는 말처럼 들리지만 불교도 과학처럼 정신계 물질계의 실상을
탐구한다. 붓다의 설법을 들어보자. 사람들이 일체(一切, everything)가 무
엇이냐고 물었을 때 붓다는 이렇게 설하였다.

> "일체란 십이처(十二處)에 포섭되는 것이니 십이처란 곧 눈과 '색깔
> 과 모양', 귀와 소리, 코와 냄새, 혀와 맛, 몸과 접촉, 마음과 그 작용
> 대상인 정신적 사물이다. 십이처를 떠나 다른 일체를 말하고자 한
> 다면 그것은 다만 말일 뿐, 물어봐야 모르고 의혹만 더할 뿐이다."[61]

이 설법에 12처설의 핵심적인 내용이 다 들어 있다. 이 설법에서 12
처에는 해와 달을 비롯한 천체에서부터 작은 미물에 이르기까지 이 세
상 모든 물질적 존재와 사람이 경험할 수 있는 모든 정신 현상이 포함되

---

[61] 《잡아함경》 권13 〈319경〉

지만 인간의 인식능력으로는 미치지 못하는 어떤 초월적인 존재나 초월적인 세계를 인정하지 않고 있음을 알 수 있다. 따라서 12처설이 말하는 일체는 과학이 말하는 세상, 즉 과학의 탐구영역과 거의 일치한다고 말해도 좋다.

이 세상이 간단히 정신과 물질로 이루어졌다는 뜻으로 설명할 때는 불경에서는 주로 오온이라는 말을 사용한다. 단순히 물질과 정신이라고 하지 않고 '오온'이라고 한 것은 마음의 작용을 강조하여 이 세상이 색[色, 물질], 수[受, 느낌], 상[想, 표상작용], 행[行, 의지와 충동], 식[識, 의식]의 다섯 가지 요소로 이루어졌다는 뜻에서 그렇게 말하는 것이다. 오온 역시 이 세상 모든 것을 뜻하지만 십이처나 십팔계와는 그 뜻이 약간 다르다. 깨달음의 세계, 또는 깨달음을 이룬 마음은 십이처나 십팔계에는 포함되지만 오온에는 포함되지 않는다. 오온은 사람을 비롯하여 하나의 개별적인 생명체를 가리키는 뜻으로도 사용하지만 개체로서의 생명체를 가리킬 때는 보통 오취온(五取蘊)이라고 한다.[62] 즉, 오온이라 하지 않고 특별히 오취온이라고 하면 오온이 하나의 개체로 나타난 것을 뜻한다. 불교가 일체를 온·처·계로 설명하고 온·처·계가 과학의 연구영역과 같다는 말에 대해 불경을 읽어본 사람들은 쉽게 동의하지 않을지 모르겠다.

불경에는 데바(deva)라고 하여 여러 가지 천신이나 천인들의 얘기는 물론 아수라와 같은 존재들에 관한 얘기가 많이 나온다. 그렇다면 이들의 존재를 말하는 불교와 이들의 존재를 부정하는 과학의 영역이 어떻게 같다고 할 수 있겠는가? 하고 물을 수 있을 것이다. 그러나 천인의 존재를 인정한다고 해서 불교가 초월적 세계를 상정하는 것은 아니다. 불

---

62 《잡아함경》권3, 〈분별경3〉 "사문이나 바라문이 다 '나'가 있다고 한다면 그것은 다 오취온을 '나'라고 하는 것이다."

교는 이들 역시 동물이나 인간과 같은 생명체의 연장선에 있다고 본다. 이들이 사는 세상은 다 12처에 속하는 것이고 이들의 존재는 인간의 감각기관으로 인식할 수 있다는 것이 붓다를 비롯해 많은 불교 선지식들이 말한 내용이다. 이들을 인식하는 감각기관은 마음이다. 마음이 맑으면 신통력이 생겨 이들을 인식할 수 있다고 한다. 신통력이라 부른다고 해서 무슨 마법의 힘을 뜻하는 것이 아니다. 마음이 맑아진 상태에서 저절로 갖게 되는 능력을 신통력이라 부를 뿐이다. 육안으로는 박테리아 같은 미생물을 볼 수 없지만 현미경을 사용하면 미생물을 볼 수 있는 것처럼 수행을 통해 마음이 맑아지면 천신이나 천인과 같은 존재를 인식할 수 있다는 것이 불경에서 하는 얘기다. 이런 종류의 얘기는 다른 종교에도 많이 나온다. 기독교의 사도 바울이 다마스쿠스로 가는 도중 예수를 만난 것. 가톨릭교의 수녀나 신도들이 성모를 만난 여러 가지 얘기, 이슬람의 교주 모하메드가 '히라(Hira)산의 동굴'에서 천사 가브리엘을 만난 얘기 등 이런 종류의 얘기는 다 불교 경전에 나오는 천인들의 얘기와 함께 일종의 종교체험으로 볼 수 있을 것이다. 종교 체험이라면 그것 역시 신경과학에서 연구하는 현상이다. 그것이 일종의 환각인지 아니면 진실성이 있는 경험인지는 별개의 문제다.

신경과학자들이 종교적 체험을 연구대상으로 삼는 이상 과학이 탐구하는 영역도 12처와 다를 바 없다고 해도 무리는 아닐 것이다. 이 공통의 영역에서 과학도 종교도 둘 다 진리를 찾고 있다. 과학이야 처음부터 우주와 자아가 무엇인가를 알고자 하는 마음에서 생겨난 학문이지만 불교 역시 "나는 무엇인가?" 그리고 "우주가 무엇인가?"를 바로 알아야 인간이 진정한 행복을 얻을 수 있다고 가르치는 종교다. 이렇게 불교와 과학은 그 영역과 목적이 같은 이상 진리를 찾는 정신도 비슷할 것이라고 생각할 수 있다.

(2) 비판 정신과 통일성

불교와 과학이 지닌 중요한 공통점을 말할 때 뺄 수 없는 것은 비판 정신과 통일성이다. 과학이 진리를 찾는 기본정신은 기존의 지식과 권위를 그대로 받아들이지 않고 실험을 통해 사실을 확인하고 검증을 하는 것이다. 불교도 이 점에서 과학과 같은 정신을 갖고 있다. 불교신행의 기본정신은 '신해행증'이다. 진리에 대한 확고한 믿음이 있어야 종교생활이 가능한 법이지만, 불교는 믿음으로 끝나지 않고, 그 믿음에 대한 바른 이해와 깨달음을 바탕으로 가르침을 실천하고 마침내 진리를 증득해야 한다는 것이 신해행증의 뜻이다. 붓다는 범천(梵天, Brahma)이 세상을 창조했다고 믿는 바라문교도에게 다음과 같이 묻는다.

> "삼명(三明)[63]을 갖춘 바라문으로서 일찍이 한 사람이라도 범천(梵天, Brahma)을 본 적이 있는가? 만일 본 일도 없고 볼 수도 없는 범천을 믿고 받든다면, 마치 어떤 사람이 한 여인을 사랑한다고 하면서 그의 얼굴을 본 일도 없고, 이름도 거처도 모른다는 것과 무엇이 다르겠는가?"[64]

이런 붓다의 정신을 계승하여 임제종(臨濟宗)의 개조인 당나라의 선승 임제(臨濟, ?~867) 선사는 《임제록(臨濟錄)》에서 다음과 같이 격렬한 말투로 비판 정신을 표현했다.

---

63 부처나 아라한이 갖고 있는 세 가지 지혜, 나와 남의 전생을 아는 지혜[宿命智證明], 중생이 미래에 받게 되는 과보를 아는 지혜[生死智證明], 번뇌를 완전히 끊어 내세에 미혹한 생사에 끌리지 않음을 아는 지혜[漏盡智證明].

64 《장아함경》 권15, 〈삼명경〉

"진정으로 도를 배우는 이들아! 참다운 법을 터득하려면 안에서나 밖에서나 마주치는 대로 죽여라. 부처를 만나면 부처를 죽이고, 조사를 만나면 조사를 죽일 것이며, 나한을 만나면 나한을 죽이고, 부모를 만나면 부모를 죽여야만 비로소 해탈하여 자유자재할 것이다."

임제 선사가 '죽이라'고 말하는 것은 강력한 비판 정신을 갖고 일체의 권위에 끌리지 말고 자신의 이해와 수행의 힘을 바탕으로 진리를 깨닫고 절대적 자유를 누리라는 뜻이다. 한마디로 일체의 편견과 선입견에서 벗어나 주체적인 삶을 살라는 뜻이다.

불교와 과학이 갖는 또 하나의 공통점은 둘 다 현상계의 다양한 차별상 속에서 만유에 공통이 되는 보편성 내지는 통일성을 찾는다는 점이다. 불교와 과학의 기본정신은 모두 겉으로는 복잡하게 보이지만 삼라만상에는 어떤 보편성이 있어 이를 통해 사물을, 또는 자연현상을 간단하게 설명할 수 있다고 보는 것이다. 불교에서는 일체 만물에 공통된 통일성을 보고서 그것을 연기(緣起), 또는 공(空)이라고 부른다. 과학 역시 다양한 모습으로 나타나는 자연현상 가운데서 어떤 보편성을 찾는 학문이다. 물리학의 발전은 다양한 자연현상을 얼마나 통일적으로 기술할 수 있느냐에 따라 발전해 왔다.[65] 진화론 역시 행동도 다르고 크기도 다르고 모양도 다른 셀 수 없이 많은 생물의 종(種)이 하나의 공통조상에서 출발한 원리를 밝힌 것이다. 더군다나 물리학의 마지막 목표, 물

---

[65] 뉴턴의 만유인력(萬有引力)의 법칙이 과학 사상에서 특별히 중요한 발견으로 꼽히는 것은 천체의 운동과 지상으로 낙하하는 낙체(落體)의 운동이 만유인력이라는 하나의 법칙으로 통일적으로 기술되기 때문이다. 고전 전기역학이 성공인 것도 겉으로 보기에는 다르게 보이는 전기와 자기현상이 사실은 같은 현상인데 관측자의 운동 상태에 따라 다르게 보인다는 것을 이론이 내포하고 있기 때문이다. 나중에 아인슈타인의 특수상대성이론에 의해 물리학은 명시적으로 전기와 자기현상을 통일적으로 기술할 수 있게 되었다.

리학자들의 꿈은 단 하나의 방정식으로 모든 자연현상을 보편 통일적으로 기술하는 것이다.[66] 따라서 불교와 과학은 그 영역과 목표 및 진리를 찾는 정신에 있어서 또 사물을 보는 태도에 있어서 모두 일치한다고 말해도 큰 무리는 아닐 것이다. 적어도 아주 유사하다고는 할 수 있을 것이다. 그렇지만 사물의 참모습을 관찰하는 방법에 있어서는 과학과 불교 사이에 커다란 차이가 있다. 커다란 차이라는 말도 모자란다. 아주 근본적인 차이가 있다.

(3) 측정 도구와 과학

인간의 감각기관은 외부에서 오는 정보를 받아들이고 처리하는 데 있어서 여러 가지 오류를 범할 수 있고 감지할 수 있는 대상의 범위도 제한되어 있다. 자로 재면 언제나 정확히 100cm를 가리키는 물체의 길이라 할지라도 눈대중으로 짐작하면 어떤 사람은 95cm로, 어떤 사람은 105cm로 본다. 눈대중으로 물체의 길이를 재면 사람마다 다 다르게 보고 같은 사람일지라도 재는 시간과 장소에 따라 길이를 다 다르게 본다. 물체의 무게에 대해서도 마찬가지로 감각적으로는 정확하게 그 무게를 알아낼 수가 없다. 또 감각기관이 감지할 수 있는 세계의 범위도 크게 제한되어 있다. 사람의 눈으로는 박테리아가 활발하게 살아가는 마이크로 미터[일백만 분의 일 미터] 크기의 세계를 볼 수가 없지만, 현미경으로는 이 작은 세계를 볼 수 있다. 원자핵의 크기는 박테리아가 사는 세상의 10억 분의 일보다도 더 작지만, 측정 기구로는 이 작은 원자핵의 세계는 물론

---

66 이것을 통일장이론(統一場理論)이라고 하는데 아직 완성되지는 않았지만, 아인슈타인이 그러한 이론을 추구한 이래로 물리학자들은 통일장이론을 찾고 있다.

그보다 만 분의 일 이하로 작은 미시의 세계도 탐구할 수 있다. 또 눈을 들어 하늘을 보면 육안으로 볼 수 있는 별들의 크기와 종류는 제한되어 있지만 망원경으로는 100억 광년 이상 멀리 떨어진 별도 볼 수가 있다. 인간의 감각기관이 저지를 수 있는 오류를 바로잡고 감각기관이 감지할 수 있는 범위 너머의 세계까지 탐구하기 위해 과학은 수많은 종류의 측정 도구를 개발하고 사용한다. 심지어는 컴퓨터를 사용하여 두뇌가 하는 일을 확대시키기도 한다. 두뇌와 컴퓨터 칩을 연결하면 두뇌는 인간의 신체라는 제한된 공간적 영역을 넘어 지구라는 전 공간을 통해 정보를 주고받고 처리하는 일을 할 수도 있다.

과학자들은 여러 가지 실험도구를 사용하여 시시각각으로 변화하는 자연현상을 실험실 내에서 재현하여 반복 측정을 함으로써 자신이 측정한 결과를 여러 차례에 걸쳐 확인하기도 하고 남이 측정한 것을 확인하고 검증하기도 한다. 측정 도구를 사용하면 누가 언제 어디서 측정을 하더라도 같은 대상에 대해 언제나 같은 결과를 얻을 수 있다. 그래서 사람들은 과학적으로 확인하고 검증한 결과를 옳은 것이라고 믿는다.

과학자들은 반복적인 검증의 과정을 거쳐 자신들이 연구하고 관찰한 결과를 최종적으로 확인한다. 그것으로 끝나는 것이 아니라 과학자들은 관찰 결과를 바탕으로 하나의 가정을 세우고 이 가정에 따라 이론을 세운다. 이 이론은 기존의 실험 관찰 결과를 모두 설명하고 나아가 아직 밝혀지지 않은 새로운 현상을 예견하여야 한다. 그리고 다시 실험을 통해 이론이 예견한 내용을 검증하여 이론이 옳다는 것이 판명되면 이 이론에서 말하는 법칙이 자연을 지배하는 법칙으로 인정받게 된다. 사물의 참모습을 바르게 알기 위하여 과학은 이처럼 측정 대상에 초점을 맞추고 측정 도구와 실험 장치를 사용하여 외부 세계를 정밀하게 측정하는 방법을 발전시켜왔고, 검증의 단계를 거쳐 최종적으로 자연현상이 따르는 법칙을 발견해 왔다. 그 결과 과학적 지식의 특성은 객관적이며 재현 가능하고 검증이 가능한 것으로 인정받게 되었다. 과학이 21세기의 지식을 주도하고 있는 이유는 바로 측정 도구의 사용에 있다고 말해도 결코 지나친 말은 아니다.

과학의 힘은 반복적인 검증의 과정을 거쳐 자신들이 연구한 결과를 최종적으로 확인하는 데서 오는데, 이 점은 불교도 마찬가지다. 불교에서도 수행방법과 수행의 결과를 검증한다. 수행의 결과란 수행을 통해 얻은 체험과 체득한 진리를 뜻하는데 불교인들도 이 체험과 진리를 검증한다. 불교에는 신앙하고 공경할 대상이 따로 없다. 오직 진리[正法]만이 있을 뿐이다. 불교는 깨달음의 종교로서 스스로의 수행을 통해 진리를 깨달아야 하는 종교다. 불교적 진리를 검증할 수 없다면 불교는 종교로서 설 자리가 없을 것이다. 깨달음의 종교라면 마땅히 깨달은 내용을 검증할 수 있어야만 한다. 만일 수행자가 수행을 통해 자신이 도달한 경지를 비교할 데가 없다면 자신의 깨달음이 옳은지 그른지 알 길이 없다. 자신이 도달한 경지를 대조해 볼 수 있는 기준이 있어야 하는데 붓다의 가르침이 바로 이 기준이 된다. 초기경전을 보면 곳곳에 "태어남은 부서졌고, 청정한 삶은 이루어졌고, 해야 할 일은 다 마쳤으니, 더 이상 윤회하지 않는다"는 말이 나온다. 이는 자신이 이룬 경지가 붓다의 가르침을 통해 들은 것과 같다는 자증(自證)의 말이다. 물론 사람의 근기나 수행의 깊이에 따라 그 경험에 깊이의 차이가 있긴 하지만 바르게 수행한 사람들은 붓다가 말한 바와 같은 체험을 한다. 모든 과학은 실험과 관찰 결과를 토대로 하나의 가정을 세우고 이론을 정립하는데, 불교에서 과학 이론의 가정에 해당하는 것은 붓다의 체험과 교설이다. 진리를 발견하고 확인하기 위해 과학자들이 취하는 모든 단계는 바로 불교에서 말하는 신해행증에 해당한다고 볼 수 있다. 지금 세계 곳곳에 있는 수많은 선

(禪) 센터에는 불교의 수행법을 배우려고 하는 일반인들로 붐비고 있고, 많은 한국 사람들이 위빠사나(vipassanā) 수행을 위해 미얀마로 가는 것은 다 불교적 수행법과 진리가 검증가능하기 때문이다. 붓다 당시부터 지금까지 이 사실에는 변함이 없다. 이는 마치 과학자가 실험실에서 똑같은 조건과 방법으로 실험을 하면 같은 결과를 얻는 것과 비슷하다고 할 수 있다. 이런 뜻에서 불교적 진리도 과학적 진리와 비교할 만큼 보편적 진리라고 말할 수 있다. 그러나 불교적 진리가 보편적이며 검증 가능하다고 해서 아무나 불교적 진리를 검증할 수 있는 것은 물론 아니다. 불교적 진리와 '선'의 체험은 바르고 깊게 수행한 수행자들끼리만 검증할 수 있다. 이 점에서는 불교와 과학 사이에 차이가 있는 것 같지만 알고 보면 과학도 마찬가지다. 불교와 마찬가지로 과학적 진리도 훈련을 받은 전문가만이 이해할 수 있고 검증할 수 있다. 불교나 과학이나 전문가들끼리만 서로 검증할 수 있다는 면에서 둘은 검증의 문제에서도 별다른 차이가 없는 것 같다. 그렇지만 진리를 찾는 방법과 검증의 방법 및 그 내용 면에서 불교와 과학 사이에는 큰 차이가 있다. 먼저 진리를 찾는 방법을 생각해보자. 진리를 찾는 방법에 있어서 과학과 불교 사이에는 여러 가지 차이가 있지만 결정적인 것은 도덕성과 사물을 관찰하는 방법이다. 과학적 진리를 얻는 데 있어서 그 사람의 도덕성은 문제가 되지 않는다. 뛰어난 과학자들 중에는 남을 속이는 사람도 있고 탐욕이 많은 사람도 있다. 적어도 과학적 천재성과 과학자의 인격적 완성은 별로 관계가 없다. 반면에 불교적 진리를 체득하는 데에는 바른 생활과 마음의 안정이 무엇보다 중요하다. 그래서 불교 수행자들은 측정 도구를 만드는 대신 먼저 인식주체인 자신의 마음에 초점을 맞추고 바깥 세계에서 일어나는 일이나 자신의 마음속에서 일어나는 어지러운 생각에 흔들리지 않도록 마음을 다스리는 일에 힘을 쏟는다. 흔들리지 않는 마음을 갖고 사

물의 참모습을 보려면 불교인은 계·정·혜(戒定慧) 삼학(三學)을 닦아야 한다. 그리고 불교와 과학의 또 다른 큰 차이는 진리를 검증하는 방법과 내용인데, 과학적 진리는 객관적으로 검증할 수 있지만 불교적 진리는 그럴 수 없다. 불교적 진리는 주관적 체험이기 때문이다. 이 문제는 불교인이 진리를 찾는 방법을 자세히 설명한 후 다시 검토하기로 하자.

(4) 불교의 지관(止觀)

불교인도 사물의 참모습을 보는 데 있어서 사람의 감각기관에 문제가 있다고 생각한다. 그러나 과학자들과 달리 불교에서는 측정 도구를 사용한다고 해서 감각기관이 갖는 문제점을 근본적으로 해결할 수 있다고 보지 않는다. 특히 불교에서 집중적으로 관심을 두고 관찰하는 것은 마음인데 이 마음을 관찰하는 데 있어서, 감각기관이 갖는 문제점은 감각기관 자체의 문제라기보다는 산란한 마음이나 어떤 선입견에서 비롯한다는 것이 불교적 관점이다. 선입견을 품은 마음이 일그러진 거울과 같다면 산란한 마음은 출렁이는 물결과 같다고 할 수 있다. 일그러진 거울이 사물의 모습을 일그러지게 비추는 것처럼 선입견을 품은 마음은 사물의 참모습을 제대로 비추지 못하고 왜곡된 모양으로 조작해낸다. 선입견이 강한 사람에게는 옳은 말도 옳게 들리지 않는다. 이들은 자신이 가진 선입견에 따라 사물을 관찰하고 자기에게 유리한 정보만 모아서 자기 선입관을 보강한다. 산란한 마음도 마찬가지다. 출렁이는 호수에 비친 그림자의 모습이 일렁거리듯이 산란한 마음에 비친 사물의 모습 역시 출렁거리게 마련이다. 모든 사람이 쉽게 경험하듯이 사람의 감정이나 기분에 따라 옳고 그름과 좋고 나쁨의 기준이 달라지고, 이에 따라 사물을 판단한 내용도 달라진다. 수행을 하지 않은 보통 사람의 마음에 대해 붓다는 이렇게 묘사하였다.

"사람들은 성장하고 늙어 죽어가는 몸을 보고 몸을 싫어한다. … 그렇지만 의식(意識)은 싫어하지 않고 이것은 '나다', '영혼이다' 하고 매달린다. … 그러나 마음은 끊임없이 변한다. 차라리 이 몸을 자아로 생각하는 편이 낫다. 어리석은 범부들이 마음을 '자아'라 보고 매달리는 것보다 차라리 물질로 이루어진 육신을 '자아'라고 생각하는 것이 나을 것이다. 육신은 1~2년, 또는 10~20년, 때로는 100년까지도 존속할 수 있기 때문이다. 그렇지만 우리가 마음(心)이라 부르거나 의지(意)라고 부르거나 의식(識)이라 부르는 것은 한순간에 일어났다가 다른 순간에 사라지며, 밤낮으로 바뀌고 변하느니라. 마치 원숭이가 숲에서 놀 때 나무들을 오가면서 이 나뭇가지를 놓자마자 바로 다른 나뭇가지를 잡는 것과 같이 그 마음이라는 것은 한순간에 일어났다가 다른 순간에 사라지고 밤낮으로 바뀌느니라."[67]

조금만 집중해서 마음의 움직임을 살피면 우리의 마음이 변덕스러운 것은 붓다가 지적한 바와 같음을 알 수 있다. 우리의 마음은 한순간도 무엇에 집중하지 못하고 불안하게 움직인다. 이 마음은 불안하게 움직이는 것으로 그치지 않고 때로는 사람의 의지와는 상관없이 격류처럼 걷잡을 수 없이 어딘가로 향할 때도 있다. 한마디로 말해 사람의 마음은 정말 제멋대로 움직인다. 온갖 망상과 잡념으로 가득 차 있어 이리저리 떠도는, 산란한 마음으로는 사물을 있는 그대로 보지 못할 것이 분명하

---

67 《쌍윳따니까야》 12:61 ; 《잡아함경》 권12, 〈290(무문경)〉

다. 이런 마음을 가진 사람은 사물의 한쪽 면만을 보게 되고 그 결과 종합적이고 바른 판단을 내리지 못할 것이다. 또 '있는 것'을 없다고 보거나 '없는 것'을 있다고 보게 될 수도 있을 것이다. 새끼줄을 뱀이라고 잘못 볼 수가 있을 것이다. 제멋대로 움직이는 마음으로는 결코 사물의 참모습을 보지 못한다.

　불교에서는 사물을 있는 그대로 보는 것을 여실지견(如實知見)이라고 한다. 사람은 필연적으로 편견이나 선입견으로 인하여 보고 싶은 것만 보고, 듣고 싶은 것만 듣고, 자기의 뜻에 거슬리는 것은 보지도 듣지도 않게 마련이다. 이런 사람에게 여실지견이 있을 리 없다. 갈릴레오의 반대론자들은 망원경을 통해서 달을 보라고 해도 완강히 거부하였다고 한다. 그리고 망원경을 통해서 달의 분화구가 보이더라도 그것은 렌즈의 일그러짐에 불과하다고 주장하였다는 얘기가 있다. 또 현대물리학이 옳다고 인정받는 것도 현대 물리학적 관점에 비판적이던 학자들이 관련된 문제의 연구결과에 승복하였기 때문이 아니라 그들이 다 세상을 떠났기 때문이라는 우스갯소리도 있다. 사람이 갖는 편견과 아집은 이 정도다. 좋고 나쁨을 가리거나, 성내고 원망하고 증오하는 마음과 같은 주관적 태도가 감각기관을 통해 받아들인 인식을 왜곡시키므로, 이러한 마음에서 벗어나지 못한 사람에게는 여실지견이 있을 수 없다. 마음이 청정하지 못하면 여실지견이 있을 수 없다는 것이 불교적 견해다. 관찰자의 마음과 외부 세계가 이렇게 연결되어 있다는 불교적 견해는 외부 세계[관찰대상]와 마음[관찰자]을 별개의 존재로 분리시켜 생각할 수 없다는 것을 뜻한다. 사실 외부 세계와 마음을 분리시켜 생각할 수 없다는 것은 과학적으로 볼 때도 옳은 말이다. 현대물리학 역시 관찰자[마음]를 떠나 독립적으로 존재하는 관찰대상[외부 세계]을 생각할 수 없다고 본다.

과학자들의 주된 관심이 외부 세계에 있다면 불교인의 주된 관심은 자신의 내면에 있다. 쉽게 말해 불교인이 관심을 두는 것은 "나는 무엇인가?" 하는 것이다. 물론 불교도 외부 세계에 대해 말하고 "우주와 물질이 무엇인가?"에 대해 관심을 갖는다. 그러나 불교는 산란한 마음을 그대로 두고서는 외부 세계를 직접 관찰하는 것만으로는 결코 우주의 운행원리를 제대로 알 수 없다고 본다. 우주의 운행원리도 사람이 산란한 마음을 진정시킬 때 비로소 바르게 알 수 있다. 불교에서는 마음과 물질이 둘이 아니라고 말한다. 앞장에서 말한 대로 불교는 세계를 사건 중심으로 보고, 정신이든 물질이든 아무런 실체가 없다고 보기 때문에 실체 없는 것을 상대로 다시 정신과 물질로 나누지 않는다. 오직 사건의 흐름만 있을 뿐이지만 사람이 사물을 이해하고 설명하기 위해 거기에 잠정적으로 어떤 이름을 붙인 것이 정신이요, 물질이다. 그렇다면 측정 도구가 여실지 견을 대신할 수는 없을 것이다. 그래서 불교 수행자들은 측정 도구를 만드는 대신 먼저 인식주체인 자신의 마음에 초점을 맞추고 바깥 세계에서 일어나는 일이나 자신의 마음속에서 일어나는 어지러운 생각에 흔들리지 않도록 마음을 다스리는 일에 힘을 쏟았다.

이렇게 마음이 흔들리지 않도록 다스리는 것을 불교에서는 지〔止, samatha〕라고 한다. 불교인들은 흔들리지 않는 마음에서 참다운 지혜가 나온다고 보고 지혜로 마음과 대상을 관(觀, vipassanā)하는 방법을 발전시켜왔다.[68] 불교에서 말하는 '관'이란 빨리어의 위빠사나(vipassanā)를 번역한 것으로서 단순히 '보는 것〔見〕'과는 뜻이 다르다. '관'은 사물을 '있는 그대로의 모습'으로 보는 여실지견, 즉 반야를 뜻한다. 참고로 말하자면

68　samatha와 vipassanā는 빨리어의 표기법이고 산스크리트어에서는 śamatha와 vipaśyanā로 표기한다.

'사마타[止. samatha]'는 선[禪, dhyāna]과 사실상 같은 뜻인데 '위빠사나[觀, vipassanā]'와 함께 말할 때는 '선'이라 하지 않고 꼭 사마타라고 한다. 따라서 '지'는 '정(定=선정)'에 해당하고 '관'은 '혜(慧=반야)'에 해당한다고 할 수 있다. '지'와 '관'은 서로 다른 개념이지만 사마타와 위빠사나는 서로 상대를 성립시키는 수행법으로써 둘은 떼려야 뗄 수 없는 관계에 있다.[69] 사마타의 바탕 없이는 위빠사나를 제대로 수행할 수가 없고, 제대로 된 위빠사나의 수행 없이 사마타의 수행이 잘 될 리가 없다. 경전에는 사마타 없이도 위빠사나를 닦을 수 있다는 말이 있긴 하지만(《맛지마니까야》 M70), 마음이 한 곳에 집중하여 산란함에서 벗어날 때 위빠사나가 더 잘 될 것임은 분명하다. 그래서 붓다도 곳곳에서 "삼매에 들지 못하면 진리를 알 수 없다"고도 하고 "방일하지 않고 선정을 닦으면 최상의 행복을 성취하리"라고 설했던 것이다. 그래서 지와 관을 따로 떼어내서 생각할 수 없다는 뜻에서 북방불교에서는 지관불이(止觀不二)라고 한다.

불교에서는 사람이 일체의 편견과 선입관에서 벗어나 거울같이 맑은 마음을 갖지 않으면 결코 사물의 참모습을 볼 수 없다는 것을 기회 있을 때마다 강조한다. 물질과 마음이 둘이 아니기에 불교에서는 마음을 바르게 '관'함으로써 마음과 물질의 실상을 알고 삶의 원리와 우주가 운행하는 이치를 알 수 있다고 말하는 것이다. 석가모니 붓다를 비롯하여 많은 수의 불교의 수행승들은 선정 속에서 마음이 모든 것의 근원이라는 것을 깨달았다고 한다.[70] 불교 교설이란 이렇게 마음을 '관'하여 얻은 진리를 설한 것이라고 할 수 있다.

---

69 《잡아함경》 제17권 〈464(동법경)〉. 고려의 보조국사 지눌(知訥, 1158~110)이 정혜쌍수(定慧雙修)를 말한 것도 지와 관을 뗄 수 없다는 뜻이다.

70 《법구경》과 《화엄경》을 비롯하여 많은 불교 경전에 '마음이 모든 것의 근원'이라는 말이 나온다. 마음이 곧 부처라는 말도 같은 말이다.

서양철학이나 과학에는 지관이라는 개념이 없다. 여기서 지관의 개념에 따라오게 마련인 불교 특징 중 하나를 정리해 두겠다. 뇌 과학자로서 활동하다가 은퇴 후에 명상 센터를 세운 쿨라다사(Culadasa / John Yates, Ph.D)는 명상(meditation)을 가리켜 일인칭 과학(first person science)의 범주에 속한다고 말했는데,[71] 쿨라다사가 말하는 '명상'은 여기서 설명한 '지관'이나 '선'을 뜻한다. 참고로 말하자면 '선'은 좁은 의미에서는 '지(사마타)'에 해당하지만 '지관'과 '선'을 같은 뜻으로 쓸 정도로 '선'은 때로 넓은 의미를 가진다. 검증 가능하다는 뜻에서 '선'은 과학이라고 할 수 있지만, 그 체험과 검증이 주관적이라는 뜻에서 그냥 과학이라고 하지 않고 일인칭 과학이라고 하는 것이다. 물론 불교적 진리를 검증하는 것은 과학적 진리를 검증하는 것처럼 객관적일 수는 없다. 그러나 과학과는 다르지만 불교 수행자 역시 붓다가 가르친 방법에 따라 수행을 하면 누구나 붓다가 경험한 것을 경험할 수 있다. 그렇기 때문에 체험을 공유할 수 있다는 의미에서 '선'의 체험을 통해 얻은 불교적 진리도 검증 가능하다고 말 할 수 있는 것이다. 그렇다. 쿨라다사가 말한 대로 '선'은 일인칭 과학이다. 이제 '선'을 왜 과학이라고 하지 않고 일인칭 과학이라고 하는지를 이해하기 위해 불교적 진리의 검증과 그 표현에 대해 좀 더 자세히 살펴보자.

---

71 Culadasa, Matthew Immergut, Jeremy Graves 지음, 김용환 옮김, 《비추는 마음 비추인 마음》, 학지사, 2017.

(5) 검증과 표현의 문제

과학은 모든 것을 객관적으로 살피고 객관적으로 검증한다. 객관적으로 검증하려면 모든 것을 주체와 객체로 나누어야 한다.[72] 사물을 관찰자인 '주(主)'와 관찰대상인 '객(客)'으로 나누어야 주체는 객체에 아무런 영향을 주지 않고 객체를 논리정연하게 기술할 수 있기 때문이다. 이런 이유로, 물질과 마음이 무엇인가 하는 것은 불교와 과학의 공통된 관심사지만, 과학의 연구대상으로는 물질이 적합하다. 물론 과학도 마음을 연구한다. 그러나 과학에서 마음을 연구한다고 할 때 그 마음은 관찰자의 앞에 놓인 객관적 대상이 된다. 객관적 대상이 되는 순간 그것은 관찰자와는 분리된 존재가 되기 마련이다. 따라서 과학에서는 결코 자신의 마음을 연구대상으로 삼을 수는 없다. 과학과는 달리 관찰자가 자신의 마음을 관하는 것이 불교의 '관'이다. 불교의 '관'은 남의 마음을 지켜보는 것이 아니다. '마음[主, 관찰자]'으로 '마음[客, 관찰대상]'을 '관'하면 관찰자도 마음이고 관찰대상도 관찰자 자신의 마음이니 관찰자인 '주(主)'와 관찰대상인 '객(客)'이 분리되지 않고 하나가 된다. 여기서 불교가 그 관찰내용을 검증하고 표현하는 데 어려움이 생긴다. 관찰자가 자기 자신을 관찰하는 것이 얼마나 곤혹스러운 일인지는 양자(量子, quantum)의 개념을 처음으로 제안하여 훗날 양자역학을 탄생케 한 독일의 물리학자 막스 플랑크(Max Planck, 858~1947)의 말을 들어보면 짐작할 수 있을 것이다. 플랑크는 이런 말을 한 적이 있다.

---

72 고전역학에서는 사물을 주체와 객체로 칼같이 나눌 수 있다고 보지만 현대물리학의 바탕이 되는 양자역학에서는 그렇게 칼같이 나누는 것이 불가능하다고 본다. 칼같이 나누는 것이 불가능하다는 것을 알지만 양자역학에서도 사물을 일단 주체와 객체로 나누어 기술한다.

"과학은 자연의 궁극적인 신비를 결코 풀지 못할 것이다. 자연을 탐구하다 보면 자연의 일부인 자기 자신을 탐구해야 할 때가 반드시 찾아오기 때문이다."

　객관적이고 논리적으로 설명할 수 있는 진리를 찾는 서양 사람들에게는 자신의 마음을 관한다는 일이 무척 어리석은 짓으로 보이는 모양이다. 어떤 서양 철학자는 이런 말을 하였다.

"인간의 무지란 정말로 그 끝을 알 수 없다. 나는 결코 어떤 힌두교도들처럼 배꼽에 정신을 집중하고 인생을 보낼 수는 없다."

　아마도 이 철학자가 말하는 배꼽은 단전(丹田)을 의미할 것이다. 단전을 해부해봤자 거기에는 아무것도 없다. 이 철학자는 백남준의 비디오 아트를 분석하고 과학적으로 설명한 과학 기술자처럼 진리를 찾는 수단은 이성적 사유와 과학적 관찰뿐이라고 생각했을 것이다. 그러나 그렇지 않다는 것을 우리는 안다. 지금은 단전호흡과 명상 수련이 몸과 정신에 미치는 영향이 엄청나다는 것을 과학이 밝히고 있다.
　붓다는 깨달음을 얻고 세상 사람들에게 진리를 전하기로 결심할 때까지 무척 고민하였다고 하는데, 그 이유는 깨달음의 내용을 이성적 사유로 이해할 수 있도록 표현할 길이 없었기 때문이다. 주와 객이 하나가 된 상태에서 자신이 본 것을 묘사한다는 것은 인식의 주체가 자신을 인식대상으로 보고 자신에 대해 언급한다는 뜻이다. 앞서 설명한 바와 같이 자기언급이 있으면 논리적으로 문제가 생긴다. 따라서 주와 객이 하나가 된 상태에서 본 것을 형식논리로는 묘사할 수 없게 된다. 그래서 불교에서는 근본적 진리를 직관적으로 체득하는 지혜를 특별히 '반야'라고 하여 분별지와 구별을 한다. 이성적 사유[분별지]만으로 사물의 옳고 그름을 판단하는 사람은 결코 불교적 진리를 판단할 수 없게 되고 불교적 진리를 받아들이는 데 어려움을 겪게 마련이다. 주와 객이 하나가 되는 경지가 있다는 것을 과학이 부정하지는 않는다. 그러나 대부분의 신경 과학자들은 이 경지를 신비스럽다거나 인간이 도달해야 할 가치가 있는 특별한 경지로 생각하지 않는다. 이 사람들은 '나'와 '외부 세계'를 구별하는 두뇌 영역의 기능이 정지된 상태라고 본다.

근본진리, '종(宗)'을 말로 설명하는 것은 불가능하므로 '근본적 진리'는 직접 깨달아 체득하는 수밖에 없지만 '깨달은 자[붓다]'가 이 진리를 '깨닫지 못한 보통 사람'에게 가르치려면 어떻게든 이 '종'을 말로 표현하는 수밖에 없다. '종(宗)'을 말로 표현한 것이 '교(敎)'로서 바로 불교 경전이다. 불교 경전에는 '색즉시공(色卽是空)'이나 '번뇌 즉 보리'와 같이 형식논리를 벗어나는 표현을 하는 것은 말로 표현할 수 없는 진리를 말로 표현하자니 어쩔 수 없이 그렇게 된 것이다. 이 표현의 문제에서 불교와 과학 사이에 큰 차이가 생긴다. 과학자가 쓴 논문을 일반인이 읽기는 어렵지만 읽을 수는 있다. 그리고 과학적 지식을 대중에게 전달할 때 일반 대중이 이해하지 못할 말을 쓸 필요는 없다. 그러나 불교에는, 특히 대승불교에는 논리적으로 이해할 수 없는 표현이 많이 나온다. '범부 즉 부처'라고 하면 '깨닫지 못한 자[범부]'가 '깨달은 자[부처]'라니 이 말을 어떻게 이해할 것인가? 이런 말은 머리로 이해하려고 아무리 애써봤자 소용이 없고 깨닫고 체험해야 받아들일 수 있는 말이다.

말로 표현할 수 없는 진리를 말로 표현했으니 붓다가 가리키는 참뜻을 오해하는 이가 많을 수밖에 없다. 그래서 이 사실을 지적하기 위해 붓다는 '종'을 달에, '교'를 손가락에 비유하여, "손가락을 보지 말고 달을 보라"고 하였고, 선종에서는 진리는 말로 표현한 경전에 있지 않고 '교'

를 떠나 별도로 마음으로 전해진다고 하여 마음을 똑바로 보고 사물의 본성을 직관하여야 한다고 주장하였다. 선종의 견해는 선(禪)과 교(敎)는 다르다는 것이다.[73]

많은 논란이 있지만 주관적인 내적 체험을 말로 표현하거나 과학적으로 검증하는 것은 불가능하다. 사람이 국을 먹고 "맛있다"고 한다고 해서 '국 맛'이 어떤지 그 '맛'을 남에게 전할 수 있을까? 사람이 느끼는 맛을 과학적으로 측정하고 '맛있음'의 정도를 등급으로 매길 수 있을까? 뇌과학의 발달과 측정 장비의 발달로 인해 신경과학자들은 사람의 마음을 읽는 데 어느 정도 성공을 거두었다. 기능성 자기공명영상(fMRI) 방법으로 신경세포가 활성화되는 것을 촬영할 수 있다. 뇌의 상태를 조사하고 판독하는 기술이 발달하면 사람이 국을 먹을 때 뇌신경의 어느 부위가 어느 정도 활성화되느냐를 조사하여 사람이 먹은 음식에 든 성분이 무엇인지 그 비율이 어떤지를 아는 것은 가능할 것이다. 그러나 그 사람이 그 음식을 먹고 어떤 맛을 느끼는지는 알 길이 없을 것이다. '맛'의 느낌은 '맛'을 보는 현재의 행위에서 오는 것이기 때문이다. 느낌은 느낀 사람만이 안다. 예술성은 또 어떨까? 몽유도원도(夢遊桃源圖)는 조선의 화가 안견(安堅, ?~?)이 안평대군(安平大君, 1418~1453)의 꿈 얘기를 듣고 그린 그림이라고 하는데 꿈을 꾼 안평대군과 그림을 그린 안견이 이 그림을 보고 느낀 느낌을 공유할 수 있을까? 그 그림을 보는 다른 사람들의 느낌은 또 어떨까? 이들의 느낌은 자신만이 느낄 뿐 남에게 설명하거나 전할 방법은 없다. 깊은 선정 가운데서 깨달은 것에 대해서는 더 말할 것도 없다. 붓다가 체험한 것을 체험하지 못한 사람이 붓다가 체험한 것이 진리인지 과학적으로 검증할 방법은 없

---

73 '선(禪)'이 '종(宗)'을 직관하는 것이므로 여기서는 '선'과 '종'을 같은 뜻으로 썼다.

다. 그래서 사람들은 종교적 진리를 주관적 체험이라고 하는 것이다.

붓다가 깨달은 진리가 과학적으로는 검증 불가능한 내적 체험에 바탕을 두고 있다면 붓다와 체험을 공유하지 못한 일반인은 붓다의 가르침을 그대로 받아들이기 어려울 것이다. 그런데 고려의 보조국사(普照國師) 지눌(知訥, 1158~1210)을 비롯하여[74] 많은 선지식들이 선교일치(禪敎一致)를 주장하였다. 선교일치를 주장하는 이들이 '종'과 '교'의 의미를 누구보다도 더 잘 알 텐데도 '달을 가리키는 손가락'의 비유와 상반되는 주장을 한 것은 무슨 뜻일까?

보조국사를 비롯하여 선교일치를 말하는 많은 선지식들은 근본적 진리는 직관할 수 있을 뿐 말로 표현할 수 없다는 사실을 잘 알고 있었다. 그런데도 이 사람들이 "선은 부처님의 마음이고 경전은 부처님의 말씀으로서 부처님의 마음과 말씀은 같다"고 말하면서 선교일치를 주장하는 것은 자신들이 깨닫고 본 진리를 경전에서 잘 설명했다는 뜻이다. 실물[宗]과 지도[敎]는 다른 것이지만 지도를 보고 가고 싶은 곳을 잘 찾아갈 수 있을 정도로 지도가 정교하다는 것을 뜻하는 것이 선교일치의 뜻이다.

과학적 지식의 특징이 검증과 객관성인 데 반해, 불교적 진리는 주관적인 내적 체험의 극치라고 할 수 있다. 그러니 불교적 진리를 과학적으로 검증하거나 해설하는 것은 불가능할 것처럼 보인다. 그러나 앞서 말한 대로 붓다의 가르침에 따라 수행을 한 사람들은 붓다가 체험한 것을 자신들도 체험하고 자기들끼리는 다른 사람이 체험한 바를 이해하고 검증할 수 있다고 한다. 그리고 붓다가 가르친 내용 중에는 일반 사

---

74 보조국사는 《화엄경》을 읽다 크게 깨닫고 "부처의 말씀[敎]과 조사(祖師)가 마음으로 전한 것 [禪]이 서로 어긋나지 않는구나." 하면서 눈물을 흘렸다고 한다.

람들도 이해하고 수긍할 수 있는 진리도 많이 있다. 바로 연기법이 그렇고 팔정도의 내용이 그렇다. 연기법은 현대의 모든 과학이 지지하고 있다. 연기법은 과학적으로도 진리다. 그리고 팔정도나 선과 같은 수행법의 효과 역시 전통적 과학자들 사이에서 점점 그 정당성을 인정받고 있다. 그렇다면 그 표현이 형식논리에 맞지 않더라도 불교적 진리를 과학적으로 설명하고 사람의 머리〔분별지〕로 이해하여야 할 것이다. 또 다른 한편으로 과학자들이 자연현상에서 불교적 표현과 유사하게 표현할 수밖에 없는 현상을 발견한다면 이 새로운 현상에 대한 과학적 설명을 통해 불교적 진리를 설명할 수 있어야 할 것이다. 예를 들면 '사물의 이중성'이나 '공'과 같은 것이다. 하나의 사물이 논리적으로 양립할 수 없는 성질을 갖는다고 하는 것은 그 말 자체로 논리에 맞지 않지만 과학자들은 자연현상에서 입자-파동의 이중성을 발견하였다. 이중성을 발견한 이상 과학자들은 이중성과 관련된 모든 자연현상을 과학적으로 설명해야 할 것이다. 그렇다면 이중성과 똑같은 형식으로 표현된 불교적 진리가 있다면, 그 표현이 형식논리에 맞지 않는다는 단순한 이유만으로 이것을 진리가 아니라고 배척해야 할 이유가 없을 것이다. 오히려 불교적 표현에 상응하는 현상이 자연현상 가운데 있는지 찾아보는 것이 더 현명한 일일 것이다. 그리고 그런 현상을 찾는다면 이는 간접적으로나마 불교적 진리를 과학적으로 확인한 것이라고 보아도 지나친 말은 아닐 것이다.

　20세기 초에 물리학자들이 색심불이(色心不二)나 '생사 즉 열반'과 같은 이중성의 개념을 알았더라면 입자-파동의 이중성을 발견했을 때 곤혹스러워하지 않았을 것이다. 대승불교에서 말하는 '공(空)'도 마찬가지다. 불교에서 '공'이라고 할 때 '공'은 물질계든 정신계든 일체의 존재가 모두 상호의존적으로 얽혀 있어 잠정적으로만 그렇게 존재하는 것처럼 보일 뿐 일체의 존재에 아무런 실체가[75] 없다는 것을 뜻한다. 한 걸음 더 나아가 '공'은 우리가 존재한다고 생각하는 '그런 존재'는 실재하지도 않는다는 것을 의미한다. 그렇다면 물질계를 다루는 물리학이 과연 일체의 물리적 실재에 대해 어떤 견해를 가졌는지 알아보고 과학적 견해를 불교 교설과 비교 검토하는 것은 결코 의미 없는 일이 아닐 것이다. 더욱이 불교가 궁극적 진리를 말한다고 주장하는 이상, 불교적 '깨달음'과 과학적 '측정결과'를 비교 검토한 결과 상호 간에 서로를 이해하는 데 도움이 된다면 과학과 불교가 서로를 조명하고 해설하는 것은 필요한 일일 것이다. 또한 불교 경전에서 말하는 '일체'와 과학이 연구대상으로 삼는 세계는 같다. 같은 세계를 말로 표현한 이상 불교 경전에서 말하는 세계를 과학적으로 검증을 시도하고 어떤 것이 과학적으로 검증이 가능한지 또 어떤 것이 검증할 수 없는지를 아는 것은 사람이 궁극적 진리에 접근하는 데 큰 도움이 될 것이다.

　　과학은 궁극적 진리를 찾았다고 주장하지는 않지만 21세기에 이른 지금 현대과학은 물질과 마음에 관해서 주목할 만한 성과를 거두었다. 그리고 과학적 진실은 검증 가능하고 언제든지 재현할 수 있기 때문에 시대를 주도하는 지식이 된다. 따라서 한쪽에서 궁극적 진리를 안다고 말하는 이상, 물론 이것은 불교의 입장에서 하는 말이지만, 이 주장을 검증 가능한 과학적 연구내용과 비교해 보는 것은 바람직하고 의미 있는 일일 것이다.

　　불교적 진리 중 말로 표현한 것은 과학적으로 뒷받침될 만큼 합리적이고, 말로 표현하지 못한 것은 과학적으로 검증할 수 없을 만큼 심오한 진리를 담고 있다고 가정하자. 그리고 붓다가 말한 대로 우리 범부들이

75　각주 11번 참조.

모두 업이 만든 매트릭스에 갇혀 있고, 붓다가 그 매트릭스에서 벗어나는 방법을 일러주었다고 치자. 그러나 가정이 옳다고 하더라도 사람이 중요하게 여기는 것은 현재의 삶이다. 불교가 사람에게 현재의 삶에서 과학이 줄 수 없는 것을 주지 못한다면 과학을 연구하면 되지 불교를 공부하거나 그 수행법을 따를 필요가 없을 것이다. 다음 장(章)에는 과학이 사람에게 줄 수 없는 것이 무엇이고 불교가 사람에게 줄 수 있는 이익이 무엇인지 살펴보자.

3

마음과 삶

빅터 프랭클(Viktor Frankl, 1905~1997) 박사는 오스트리아 빈 대학교 (University of Vienna)의 신경정신과 교수로 제2차 세계대전 당시 아우슈비츠의 유대인 수용소에서 극한의 고통을 체험하고 살아남은 사람이다. 그는 강제수용소에서 자신이 보고 겪은 체험을 수기로 엮어 《죽음의 수용소》[76]라는 책을 썼다. 프랭클 박사의 표현에 의하면 그가 겪은 고통은 "세상에는 정말로 할 수 없는 일이 있다고 믿은 것이 잘못이다"라고 할 정도로 심한 것이었다. 의학 서적에는 사람이 몇 날 동안 잠을 자지 못하면 죽는다고 쓰여 있지만 수용소 안에서는 그보다 훨씬 더 긴 시간 동안 잠을 자지 못해도 살 수 있었다. 쌀쌀한 날씨에 샤워를 하고 몸의 물기를 닦지 않은 채 밖에 서 있어도 감기에 걸리는 사람이 없었고, 보통 때라면 먹지 못해 영양실조로 심각한 비타민 결핍증에 걸리고, 이를 닦지 못하면 잇몸이 성치 않았겠지만, 수용소에서는 영양실조에 걸리는 일도 없었고 잇몸이 어느 때보다도 건강했다. 일을 하다 찰과상을 입어도 상처

76　빅터 프랭클 지음, 이시형 옮김, 《죽음의 수용소》, 청아출판사, 2012

가 곪는 일이 없었고, 절망이 오히려 자살을 보류하게 만든다고 하였다. 책에 의하면 이러한 극한의 고통에서 살아남은 사람들은 체력이 튼튼하고 눈치가 빨라 민첩하게 행동하는 사람들이 아니고 몸은 약해 보여도 삶과 고통의 의미를 생각하며 믿음과 희망을 잃지 않고 인간의 존엄성을 유지한 사람들이었다.

살아남는 것이 무엇보다 중요하다고 생각하는 사람들은 수단과 방법을 가리지 않고 살아남기 위해서 노력을 하는 것이 중요하지, 극한상태의 수용소에서 교양 있게 행동하는 것이 무슨 의미가 있을까 하고 생각할 수도 있다. 그러나 빅터 프랭클이 경험한 바에 의하면 삶의 의미를 찾고 인간의 존엄성을 유지하고 교양 있게 행동하는 것은, 삶에 여유 있는 사람들이 품위를 유지하고 멋을 부리기 위해 필요한 것만은 아니다. 그것들은 극한 상황에서 생존하기 위해서도 필요한 덕목이다. 마찬가지로 붓다의 가르침에 따라 불법을 수행하고 착하게 사는 것은, 삶과 죽음의 문제를 해결하고 우주와 자아가 무엇인가를 깨닫는 것만을 위해서가 아니라, 즉 업이 만든 매트릭스에서 벗어나기 위해서만 필요한 것이 아니라, 현세에서 행복하고 보람 있는 삶을 살기 위해서도 필요한 것이다. 사람이 일상적으로 살아가는 현 세상이라는 것이 업이 만든 매트릭스로서 사람이 노력해서 벗어나야 할 곳인데 여기서 잘 사는 것이 무슨 의미가 있을까 하고 생각하는 사람도 있을 것이다. 그러나 여기서 벗어나려면 계정혜의 삼학공부를 잘 해야 하고 삼학공부를 잘하면 이 세상에서의 삶도 즐겁다는 것이 붓다의 가르침이다. 빅터 프랭클의 경험이 그것을 말해준다.

1) 붓다의 인격

불교가 사람에게 주는 이익이 무엇인지 알려면 먼저 붓다가 무엇인지에 대해 아는 것이 중요할 것이다. 불교는 사람들에게 '붓다를 이루는 길'을 가리키는 종교이기 때문이다. 그런데 불교 경전을 읽더라도 붓다가 무엇인지 알기가 쉽지 않다. 석가모니 붓다가 활동할 당시에 붓다를 따라다니던 제자들도 붓다가 무엇인지 몰랐다. 붓다 자신도 붓다가 무엇인지 직접 설명하지 않았다. 주와 객이 하나가 된 경지를 인간이 이해할 수 있는 방식으로, 즉 논리적으로 설명하는 것이 불가능하기 때문이다. 불경을 읽는 사람은 붓다의 설법을 통하여 붓다가 무엇인지 짐작할 수밖에 없다. 붓다가 무엇인지 알기 어렵지만 석가모니 붓다의 인격을 알면 불교가 주는 이익이 무엇인지 짐작은 할 수 있다.

붓다의 인격을 짐작하기 위해서는 불경보다 오히려 불교학자가 해설한 것을 참고하는 것이 보통 사람들에게는 더 큰 도움이 될 것이다. 붓다의 인격에 관해 설명하는 많은 책이 있으나 엄격한 자세로 붓다의 인격을 알아보려면 불교문화권의 동양학자보다는 서구의 불교학자가 석가모니 붓다의 인격을 어떻게 보는지를 알아보는 것이 좋을 것이다. 아무래도 서구의 학자가 붓다의 인격을 보다 냉정하게 평가할 것이기 때문이다. 석가모니 붓다의 인격, 즉 사물의 참모습이 무엇인지를 깨닫는 데서 오는 지혜와 자비에 대해 독일의 불교학자 헤르만 베크(Hermann Beckh, 1875~1937)는 이렇게 설명하고 있다.

> "붓다의 체험을 외면적인 이해나 연구에 의해 알 수는 없으나 한 가지 분명한 사실은 그 같은 체험을 한 후 붓다는 다른 사람의 마음을 움직이는 힘찬 감화력을 가졌다는 것이다. 붓다는 알렉산더

(Alexander the Great, BCE 356~BCE 323)와 같이 속세 간의 일을 위해 이 위력을 사용하지 않았다. 다른 이로 하여금 지혜를 갖도록 하였으며, 지혜에 의해 축복과 평안을 얻도록 했으며, 심령을 저열한 곳으로 끌어내리는 것으로부터 해탈하도록 이끌었으며, 개인적 관심을 뛰어넘은 정신적인 목표가 있음을 가르쳤으며, 생명을 가진 것에 대한 자비와 동정으로 가득 차 있었다. … 붓다의 교의와 같은 세계관에 비하면 어떤 교설도 편협하고 고루하다고 여기지 않을 수 없을 것이다"[77]

또 20세기 최고의 신학자라는 평을 듣는 스위스 출신의 신학자 칼 바르트(Karl Barth, 1886~1968)도 헤르만 베크와 비슷한 말을 하였다고 한다.

"그분이야말로 고요하고 부드러운 위엄을 지녔고, 살아 숨 쉬는 그모두에 대해 인자하고 고통 받는 모두에 대해 한없는 연민을 지녔다. 그리고 모든 편견에서 벗어나 완전한 도덕적 자유를 성취한 분으로, 더할 나위 없이 완벽한 귀감이다"[78]

보통 사람은 붓다가 무엇인지 짐작할 수 없지만 붓다의 인격이 베크나 바르트가 묘사한 바와 같다면 붓다에게는 분명히 고통이 없었고 그 마음은 평화롭고 행복했을 것이다. 그리고 지혜롭고 평화로운 마음으로 사물을 바로 보았을 것이다. 붓다의 지혜로 사물을 보는 것을 불지견(佛知見)이라 한다. 불지견은 사물을 있는 그대로 보는 것이니 여실지견과

---

77 헤르만 베크 지음, 장경룡 옮김, 《佛敎》, 범조사, 1982, p.10.

78 삐야닷시 지음, 정원 김재성 옮김, 《부처님, 그분》, 고요한소리, 2008, p.7.

같은 뜻이다. 붓다는 그런 지혜로 인간의 마음을 살폈고, 그 살핌을 바탕으로 헤르만 베크가 말한 바와 같이 인간의 행복을 위한 원리와 방법을 제시하였다.

불교는 철저히 인본주의적인 종교로 인간을 행복의 길로 이끄는 것이 불교의 목적이다. 이 목적에 이를 수 있도록 붓다가 가르친 내용을 한마디로 말하기는 어려운 일이지만 그래도 꼭 한마디로 표현한다면 불교는 사람이 새로운 땅을 개척하듯이 마음을 개척하라고 권하는 종교라고 말할 수 있다. 누구나 붓다와 같은 인격을 가질 수 있으니 마음을 잘 닦아 행복한 삶을 살고 붓다가 되자는 것이다. 붓다는 수행이 되지 않은 인간의 마음을 이리저리 날뛰는 원숭이에 비유하였고, 목우십도송(牧牛十圖頌)에서는[79] 마음을 미친 황소에 비유하기도 하지만 잘 수행하면 더없이 큰 복덕이 따른다는 뜻에서 불교에서는 인간의 마음을 보물을 감추고 있는 창고에 비유하기도 한다. 누구의 마음속에나 다 엄청난 가치의 보물이 있지만 다만 대부분의 사람들이 마음속에 감추어진 보물을 모를 뿐이라는 것이 붓다의 가르침이다. 불교는 보물이 묻힌 마음을 개척하는 방법을 가르치고 마음을 개척하는 데서 오는 이득에 관해 자세한 설명을 하고 있다.

사람의 일생에는 반드시 좋은 일과 나쁜 일이 파도처럼 밀려왔다 밀려가는 일이 반복해서 일어나기 마련이다. 사람이 역경에 처했을 때, 마음의 중심을 잡지 못하고 외부환경과 조건에 끌려 자신의 마음을 살펴보지 못하면, 환경과 조건이 '나'를 지배하게 된다. 이렇게 되면 삶의 의미를 알지 못하게 되고 인간의 존엄성을 잃기에 십상이다. 그러나 어려

---

79 목우십도송은 중국 명나라의 보명화상(普明和尙)이 불법으로 사람의 마음을 수행하는 것을 소를 길들이는 것에 비유하여 읊은 게송이다.

움에 처하더라도 그 어려움이 외부에서 오는 것이 아니라 외부환경의 변화를 대하는 내 마음가짐에서 온다는 것을 깨닫고 마음을 잘 다스리면 결국엔 어려움을 이겨내고 내가 내 삶의 주인이 될 수 있다. 붓다는 사람이 어떻게 해서 고통을 증폭시키기도 하고 완화시키기도 하는지에 대해 구체적인 예를 들어 설명한다. 불교가 말하고자 하는 것은 간단하다. 행복은 밖에 있는 것이 아니라 내가 '나'의 주인일 때 행복하다는 것이다. 그리고 불교는 마음의 주인이 되는 방법을 말해준다. 불교에서는 마음의 주인이 되어 마음을 잘 다스리지 않고서는 결코 누구도 참다운 행복을 얻을 수 없다고 가르친다. 사실 미친 황소같이 날뛰는 마음을 가지고서는 사람이 무슨 일을 해도 행복하지 못할 것이다. 인간이 행복해지려면 마음을 다스리는 것이 무엇보다 중요한 일임은 분명하다. 대부분의 사람들이 이 말에 동의를 하면서도 사람의 마음이란 묘해서 마음을 다스리는 일에 크게 힘을 쓰지는 않는다. 오늘날 대부분의 사람들이 자신의 행복을 위해서 먼저 바라는 것은 마음의 주인이 되는 것보다는 물질적 풍요와 사회적 성공이다. 먼저 우리가 어떤 사람들인지 우리의 삶의 모습을 한 번 살펴보자.

2) 현대인의 삶

매트릭스 안에 갇혀 사는 사람들이 자신의 삶의 모습을 보지 못하듯이, 세속의 삶을 살아가기 바쁜 우리들은 우리 자신이 살아가는 삶의 모습을 제대로 보지 못한다. 우리가 우리 자신의 삶의 모습을 제대로 바라보기 위해서는 삶의 현장에서 한발 물러서서 우리가 살아가는 모습을 관찰할 필요가 있다. 그렇게 물러서서 우리의 모습을 있는 그대로 볼 수 있는 사람을 한 명 꼽으라고 한다면 천주교의 수녀 마더 테레사(Mother Teresa, 1910~1997)를 꼽을 수 있을 것이다. 그녀는 인도에서 오랫동안 활동한 사람으로서 서구와 인도 사회의 여러 계층에 속하는 많은 사람들을 만나보고 그들이 사는 모습을 지켜본 사람이다. 그녀는 자신이 만나본 사람들에 대해서 느낀 바를 다음과 같이 표현하였다.

"서방 세계의 정신적 빈곤은 인도 국민의 물질적 빈곤보다 더 심합니다. 서방 세계에서는 지독한 고립감과 자신의 무가치를 느끼는 사람들이 수백만 명에 달하고 있습니다. 그들은 자신들이 아무도 사랑해줄 사람이 없는 쓸모없는 존재라고 느끼고 있습니다. ⋯ 그들은 돈보다 더 중요한 것이 있음을 느끼면서도 그것이 무엇인지 모릅니다. 실제로 그들이 잃어버린 것은 하나님과의 살아있는 관계입니다."[80]

마더 테레사가 말한 "하나님과의 관계"는 불교적 의미로는 "궁극적 진리를 찾는 마음" 또는 "깨달음을 향해 가는 삶" 정도로 이해하면 될 것이다.

마더 테레사가 우리들의 삶의 모습에서 본 것은 우리들이 물질과 명성 등 세속적인 가치만을 숭상하고 삶의 의미를 찾거나 마음공부와 같은 정신적인 가치에 대해서는 그다지 신경을 쓰지 않는다는 사실이다. 부와 명성을 얻는 것은 많은 사람이 바라는 것이긴 하지만 이것을 얻는다고 해서 사람이 행복해지는 것은 결코 아니다. 그 사실을 알려주는 좋은 예로서 이브 생로랑(Yves saint Laurent, 1936~2008)의 삶을 들 수 있다.

---

80 도로시 헌트 엮음, 문학숙 옮김, 《마더 테레사 일일묵상집》, 민음사, 1997, p.258.

물론 이브 생로랑뿐만 아니라 우리 주위에서도 그런 예를 많이 찾을 수 있다.

이브 생로랑은 17살 때 당시 유명한 패션 디자이너 크리스티앙 디오르(Christian Dior, 1905~1957)의 조수가 된 후, 재능을 인정받아 21살 때 디오르가 죽자, 바로 디오르의 후계자가 된다. 그 후 이브 생로랑은 패션 디자이너로서 크게 성공하여 그가 얻은 명성은 세상 그 누구에게도 뒤지지 않았고, 그가 얻은 부(富)의 액수는 천문학적인 숫자에 이르렀다. 그러나 50년 이상 계속해서 세계적인 명성을 얻었음에도 이브 생로랑이 행복을 느낀 것은 일 년에 꼭 두 번뿐이었다고 한다. 그 두 번이라는 것이 패션쇼에서 사람들의 칭송과 갈채를 받을 때를 말하는 것이니 시간으로 따지면 이브 생로랑이 행복을 느낀 시간은 1년 365일 중 길어야 하루 정도 길이의 시간이었을 것이다. 갈채를 받고 나면 바로 다음 패션쇼를 위한 작품구상과 그 작품의 성공 여부에 대한 걱정 때문에 이브 생로랑은 마약과 알코올로 스트레스를 다스렸다고 한다. 한 마디로 말해 이브 생로랑은 명성의 굴레에 갇혀 주체적인 삶을 살지 못하고 명성이라는 끈에 묶여 끌려다니는 삶을 산 것이다.[81]

이브 생로랑의 삶을 보면 마더 테레사가 세상과 삶의 본질을 바로 보았다고 할 수 있을 것이다. 이브 생로랑의 삶에서 부족한 것은 무엇이었을까? 마더 테레사는 그것이 "하나님과의 살아 있는 관계"라고 하였는데, 그 말이 추상적이라고 생각하는 사람들은 촉망받던 분자생물학자로 활동하다가 불교 승려가 된 마티유 리카르(Matthieu Ricard, 1946~)가 한 말을 들어볼 필요가 있을 것이다. 마티유는 출가를 한 후 20년쯤 지나서

---

81 이브 생로랑의 사업파트너이자 삶의 파트너였던 피에르 베르제(Pierre Bergé, 1930~)가 전한 얘기다.

철학교수인 그의 아버지를 만나 자신의 출가 동기를 설명하면서, 자기가 학문에 열중하던 시절 무엇인가 부족함을 느끼고 그 부족함을 채워줄 수 있는 무언가를 찾아 인도의 북부 지방 다람살라를 방문했을 때의 얘기를 한다. 그는 거기서 티베트의 승려들을 만나게 되었는데, 그 만남의 순간 가졌던 느낌을 다음과 같이 표현한다.

> "갑자기 살아있는 지혜의 본보기처럼 보이는 존재들이 불쑥 나타났습니다. 저는 '인간의 차원에서 완벽함에 도달하는 것이 가능하다면 저들이 그런 것임이 틀림없다'라고 생각했습니다. … 저는 그분이 하는 말을 몇 마디 못 알아들었지만 제게 깊은 인상을 준 것은 그분의 인격, 그분의 존재 자체였습니다. 그분에게서 나오는 깊이, 힘, 고요함이 제정신을 열었던 것입니다."[82]

이 말을 듣고 그의 아버지는 승려가 되지 않더라도 서양에서 학문적으로 얼마든지 좋은 일을 할 수 있지 않겠느냐고 아들에게 다시 한번 묻는다. 그러자 마티유는 이렇게 대답한다.

> "어려서부터 저는 아버지 덕분에 철학자와 사상가와 연극인들을 만났고, 화가인 어머니 덕분에 예술가와 시인들을 보았습니다. … 파스퇴르 연구소에 강연하러 오는 위대한 학자들을 만났습니다. 그리하여 저는 여러 가지 면에서 매력적인 인물들과 교류할 수 있었습니다. 하지만 그들이 자신의 분야에서 발휘하는 천재성에 반드시 인간적인 완성이 수반되지 않는다는 사실을 깨달았습니다. 그들이

---

82 장 프랑수아 르벨·마티유 리카르 공저, 이용철 옮김, 앞의 책, pp.21~23.

탁월한 능력이나 재능을 가졌다고 해서 그것들이 그들을 훌륭한 존재로 만들지는 않았습니다. 그들은 사기꾼일 수도 있고 … 위대한 학자도 자신의 삶에 불만을 가질 수도 있으며, 예술가도 자만에 가득 찰 수도 있습니다."

마티유가 한 말은 사실이다. 학문적 성취나 천재성은 그 사람의 인격이나 마음의 평화와는 전혀 상관없다. 그 좋은 예로 우리는 물리학이라는 학문을 만들었다고 해도 지나치다고 할 수 없는, 위대한 물리학자 뉴턴(Issac Newton, 1642~1727)을 들 수 있다. 아마 역사상 과학자로서 뉴턴보다 더 큰 칭송과 명성을 얻은 이는 없을 것이다. 뉴턴과 동시대 사람으로 뉴턴과는 독립적으로 미적분학을 발견한 철학자이자 수학자인 독일의 라이프니츠(Gottfried Wilhelm Leibniz, 1646~1716)는 "역사를 뉴턴의 시대로 한정시켜 놓고 본다면 수학의 역사 가운데 그 업적의 절반은 뉴턴이 이룬 것이다"라고 하면서 뉴턴의 업적을 찬양하였고, 뉴턴보다는 어리지만 뉴턴과 같은 시대를 살았던 영국의 시인 알렉산더 포프(Alexander Pope, 1688~1744)는 "자연, 그리고 자연을 지배하는 법칙은 어둠 속에 숨어 있었다. 그러나 신이 '뉴턴이 있으라'고 선언하자 모든 것은 백일하에 드러났다"고 뉴턴의 업적을 칭송하였으며, 물리학자 아인슈타인은 "우리에게 영감을 주는 별들을 바라보라. 절대자의 생각이 느껴지는가? 모든 것은 뉴턴의 수학을 따라 그들의 길을 말없이 가고 있구나"라고 찬탄하였다. 포프도 아인슈타인도 그냥 찬탄하는 것이 아니라 뉴턴의 업적을 절대자의 창조에 비교하였다. 그 정도로 뉴턴은 살아 있을 때나 21세기에 이른 지금이나 수백 년 동안 존경을 받아온 사람이다.

뉴턴은 물리학뿐만 아니라 과학의 역사에서 가장 뛰어난 업적을 남긴 위대한 학자이지만 탐심(貪心)과 진심(瞋心)에서 자유롭지 못했다. 물론 업적도 뛰어나고 인품도 훌륭한 과학자도 많이 있고, 뉴턴도 어떤 면에서는 어린이처럼 순진하고 착한 면도 있었고, 때로는 사람들이 찬탄할 정도로 겸손한 면도 있었다. 그렇지만 학문적 업적이나 명성과 관련된 일일 경우 뉴턴은 치졸하다고 말하는 것 말고는 달리 표현할 길이 없는 짓을 저질렀다. 그는 일찍부터 그의 업적을 인정받아 높은 지위와 명성을 누렸는데, 그 지위와 명성을 바탕으로 자기와 학문적으로 대립하였던 사람들을 탄압하였다. 그는 자기의 연구에 많은 도움을 주었던, 초대 그리니치 천문대장인 플램스티드(John Flamsteed, 1646~1719)가 그의 연구결과를 뉴턴이 원하는 때 맞춰 빨리 주지 않는다는 이유로 그를 천문대장의 자리에서 물러나게 하고, 왕립학회 회원의 지위마저 박탈하였다. 그리고 플램스티드의 연구물을 저자의 동의 없이 마음대로 출판하기도 하였다. 이에 화가 난 플램스티드가 소송을 하여 출판물을 되찾은 후 그 물건들을 모두 불태운 사건까지 일어났다. 뿐만 아니라 미적분학을 누가 먼저 발명했는지에 대한 공로 다툼으로, 상대방인 라이프니츠가 자기와는 독립적으로 미적분학을 발명했음을 알면서도 라이프니츠가 자신의 아이디어를 도용했다고 비난하고 매도하였다. 이런 뉴턴에게서 마음의 평화를 찾을 수는 없을 것이다.[83]

종교의 창시자를 제외한다면 업적과 명성이라는 측면에서 인류 역사상 뉴턴을 능가하는 사람은 없을 것이다. 그리고 뉴턴은 학자로서 오를 수 있는 최고의 지위에 올랐고, 학자로서 누릴 수 있는 최고의 권력까지 누린 사람이다. 그런 뉴턴이 무엇이 부족해서 자기와 학문적으로 다투던 사람들을 탄압하고 못살게 굴었을까? 이 물음에 대한 대답은 일찍이 붓다가 마련해 두었다. 붓다가 사람들이 행복하게 살 수 있는 방법이

---

83 데이비드 클라크, 스티븐 클라크 지음, 이면우 옮김, 《독재자 뉴턴》, 몸과 마음 2002

무엇일까 하고 생각에 잠겼을 때 악마 빠삐만이 나타나 말했다. "세존이여, 그대가 히말라야산맥이 황금이 되길 원하면 그 산은 황금이 될 것이다." 그러자 붓다가 대답했다.

"황금으로 이루어진 산이 있어 그 모든 황금이 두 배가 되어도 한 사람에게도 충분하지 않네. 이렇게 알고 올바로 살아야 하리."[84]

권력자에게는 권력이, 돈을 벌고자 하는 상인에게는 재물이 황금이고, 뉴턴에게는 "내가 제일"이라는 명성이 붓다가 말한 황금이었다. 학문이냐 디자인이냐의 차이가 있지만 세속적 성공이 마음의 평화와 삶의 행복과는 무관하다는 것을 보여준다는 면에서 이브 생로랑과 뉴턴 사이에는 별반 차이가 없다고 할 수 있다.

뉴턴이나 이브 생로랑과 같은 사람은 그 업적이 뛰어나고 자기 분야에서 크게 성공했다는 면에서 보통 사람들의 삶과는 다르다고 생각하는 사람도 있겠지만, 그들은 마더 테레사가 말한 정신적으로 빈곤한 사람들이다. 그들의 재능 때문에 그들이 우리들 보통 사람들과는 다른 것같이 보일 뿐, 그들의 삶은 바로 우리들의 평균적인 삶의 모습과 다르지 않다. 그들에게서 빅터 플랭클이 말한, "삶과 고통의 의미를 생각하며 … 인간의 존엄성을 유지한 사람"의 모습을 찾는 것은 불가능하다. 빅터 프랭클이 말한 그런 고귀한 모습은 오히려 마티유가 만났던 티베트의 승려에게서 볼 수 있을 것이다. 뇌를 검사한 바로는 마티유가 세계에서 제일 행복한 사람이라고 한다.[85] 이는 뇌의 정밀 사진을 통하여 사람의 행

---

84 《쌍윳따니까야》 4:20, 〈통치의 경〉

85 차드 멍 탄 지음, 권오열 옮김, 이시형 감수, 《너의 내면을 검색하라》, 알키 2012

복감을 측정하였을 때 행복감을 느낄 때 활성화되는 뇌의 부위가 마티유의 경우 크게 활성화되었다는 뜻이다. 이것은 참 이상한 일이다. 왜냐하면 뉴턴은 물리학보다는 오히려 신학연구에 더 많은 시간을 바친 사람이기 때문이다. 신학 연구에 일생을 바친 뉴턴이 인격적으로 보통 사람을 넘어서지 못했다는 것은, '신(神)'이라는 것은 그것이 기독교의 '인격신'이든 불교에서 말하는 '진리'이든 마음으로 체득하는 것이지 학문을 하듯이 머리로 연구하는 것이 아니라는 것을 우리에게 일러준다. 이제 보통 사람들 중에서 빅터 프랭클이 말한, 인간의 존엄성을 유지하고 살아간 사람과 그렇지 않은 사람을 찾아보고 그들의 삶의 질을 비교해 보자.

3) 삶의 의미와 삶의 질

부를 얻고 명성이 높아진다고 해서 사람이 행복해지는 것은 아니지만, 사람들은 자신이 원하는 것을 성취하였을 때 만족감을 느낀다. 사업을 하는 사람이라면 계획하던 사업이 잘 될 때, 직장인이라면 맡은 일이 잘 되어서 윗사람으로부터 능력을 인정받을 때, 학자라면 연구 결과가 좋을 때, 고시생이라면 고시에 합격하면 틀림없이 행복할 것이다. 그러나 그러한 행복감은 그리 오래가는 것도 아니고 바라던 것이 자주 이루어지는 것도 아니다. 우리의 뇌는 아무리 기쁜 일이 생겨도 시간이 지나면 본능적으로 거기에 적응하게 되어 더 이상 기쁨을 느낄 수 없게 된다. 심리학자들은 이를 쾌락 적응(hedonic adaption)이라고 부르는데, 쾌락 적응이 일어나는 것은 마치 병원균이 침입하면 면역체계가 작동하여 몸을 방어하듯, 사람이 새로운 환경을 만나거나 특별한 심리 상태에 처하게 되면 곧 거기에 적응하게끔 되어 있기 때문이다. 시간이 약이라는 말이 뜻하는 것처럼, 슬픈 일이나 기분 나쁜 일이 생겨도 그것을 경험하는 순간, 그것들로 인한 고통이나 충격을 완화하는 심리적 면역체계가 우리 마음속에서 작동한다. 이 심리적 면역체계는 기쁨이나 행복감에도 똑같이 작용하기 때문에 사람은 원하는 것이 이루어져도 그로 인한 기쁨이 오래가지 않는다. 뿐만이 아니다. 성공한 요인이 나중에는 실패의 요인이 된다. 과거의 성공 경험은 자만심을 부르게 마련이다. 환경과 조건이 변하는데 자만심 때문에 새로운 방법을 찾지 못하고 현실에 안주하게 된다. 안주하면 발전이 없고 발전이 없으면 남보다 뒤처지게 되어 스트레스가 된다.

원하는 것을 얻는 것으로 느끼는 행복감이라는 것도 알고 보면 게임에서 이겼을 때 느끼는 짜릿한 쾌감과 본질적으로 다르지 않다. 그렇다면 사람은 무엇에서 행복감을 느낄 수 있는 것일까? 이 물음에 대해서 옳고 그름은 별개의 문제이지만 모든 종교는 명쾌한 답을 준다. 불교에서는 대승불교의 이상적인 인간상인 보살의 정신으로 살아가는 것이 행복한 삶이라고 한다. 보살정신으로 살기란 보통 사람은 실천하기 어려운 것처럼 느껴진다. 그러나 '평상심이 도'라는 말에서 알 수 있듯이 보살정신은 멀고 높은 곳에서 실천하는 것이 아니다. 보살정신은 보통 사람들이 일상생활을 하는 가운데 실천하는 것이다. 먼저 자신이 하는 일과 삶에서 의미를 찾는 데서부터 보살행은 시작된다. 삶의 의미를 알게 되면 매트릭스에서 벗어나 진실 된 삶을 살겠다는 목표를 세우게 되고, 가까운 내 주변 사람부터 사랑하고 도우면서 살아가게 된다. 그러면 자연스럽게 "위로는 진리를 구하고 현실에서는 남에게 이익이 되는 일을 한다"는 보살의 기본정신을 생활 속에서 구현하게 마련이다. 이제 삶에서 의미를 찾는 일이 무엇인지 빅터 프랭클의 설명을 들어보자.

"한번은 나이 지긋한 개업의 한 사람이 우울증 때문에 상담을 받으러 왔다. 그는 2년 전에 세상을 떠난 아내에 대한 상실감을 극복하지 못하고 있었다. 그는 아내를 이 세상 누구보다 사랑했다. 내가 그를 어떻게 도울 수 있을까? 그에게 어떤 말을 해주어야 할까? 나는 그에게 다음과 같은 질문을 던진 것을 제외하고는 될 수 있는 한 말을 자제했다. "선생님, 만약 선생께서 먼저 죽고 아내가 살아남았다면 어떻게 되었을까요?"

그가 말했다.

"오 세상에! 아내에게는 아주 끔찍한 일이었을 겁니다. 그걸 어떻게 견디겠어요?"

내가 말했다.

"그것 보세요. 선생님, 부인께서는 그런 고통을 면하신 겁니다. 부인에게 그런 고통을 면하게 해주신 분이 바로 선생님입니다. 그 대가로 선생께서 살아남아 부인을 애도하는 것이 틀림없습니다."

그는 조용히 일어나서 내게 악수를 청한 후 진료실을 나갔다. 어떤 의미에서 시련은 그것의 의미를 알게 되는 순간 시련이기를 멈춘다고 할 수 있다.[86]

삶에서 의미를 찾는다는 것이 무슨 뜻인지를 알기 쉽게 말해주는 좋은 우화도 있다. 예를 들면 널리 알려진 세 사람의 목수 이야기와 같은 것이다. 절을 짓기 위해 세 사람의 목수가 목재를 다듬고 있었다. 어떤 사람이 그들에게 무슨 일을 하느냐고 물었을 때, 한 사람은 "나무를 다듬고 있다"고 대답했고, 다른 한 사람은 "집을 짓고 있다"고 대답했고, 나

---

86 빅터 프랭클, 앞의 책 p.186.

머지 한 사람은 "부처님을 모실 성스러운 법당을 짓고 있다"라고 대답했다. 첫 번째 목수는 돈을 벌기 위해 나무를 다듬는 것이니, 돈을 벌면 그뿐 자기가 지금 하고 있는 일에 보람을 느낄 리 없다. 이 사람은 하는 일에 무슨 문제가 있거나 일이 잘 안 되면 짜증을 낼 것이다. 그러면 하는 일도 잘 될 리가 없고 삶에서 무슨 기쁨을 느끼는 일도 없을 것이다. 두 번째 사람은 집을 짓는다는 목표를 갖고 있으니 하는 일에 충실하겠지만 그렇다고 삶에서 무슨 큰 의미를 발견하지는 못 할 것이다. 그러나 세 번째 목수는 자신이 하는 일에 보람을 느끼고 정성을 다할 것이다. 그리고 이 사람은 누가 알아주든 말든 자존감을 느끼고 자신의 삶에서 큰 의미를 찾고 행복감을 느끼며 살아갈 것이다.

삶의 의미를 찾고 성실히 살아가는 사람과 그렇지 않은 사람의 삶은 질적으로 큰 차이가 있게 마련이다. 어떤 차이가 있는지 미국의 개척사에 등장하는 두 젊은이, 조나단 에드워즈(Jonathan Edwards, 1703~1758)와 막스 죽스(Max Jukes, 가명)에 관한 얘기를 들어보자.

조나단 에드워즈와 막스 죽스는 모두 18세기 초에 미국에서 활동했던 사람이다. 막스 죽스는 1720년 네덜란드 계의 이민자의 아들로 태어났는데, 공부를 싫어하여 학교에 다니지는 않았고, 설교 듣는 것을 싫어하여 교회에도 다니지 않았다. 그는 유쾌하고 사교적이고, 사람들한테 인기가 있었고, 누구나 웃게 만들 만큼 재미있는 이야기를 잘했다. 그러나 상스럽고 품위는 없었다. 그는 어느 때는 팔을 걷어붙이고 열심히 일하기도 했으나 금방 게으름을 부리고, 저녁에는 밖에 나가 사람들과 잡담을 하고 놀았다. 일정한 직업이 없이 사냥이나 낚시질을 하며 지내다가 30살쯤 될 무렵에는 호숫가에 집을 짓고 건달들과 어울리며 지냈다. 한마디로 그는 그리 나쁜 사람은 아니었으나 목표 없는 삶을 산 건달이었다. 한편 막스 죽스와 거의 같은 시기에 살던 조나단 에드워즈는 바른 신앙생활을 하겠다는 결심 하에 신학교에 들어가 공부를 하고 교회의 목사가 되었다. 그는 기독교 성경에서 이르는 대로 바른 신앙생활을 하였고 당대는 물론 지금까지 미국에서 가장 영향력이 있는 신학자가 되었다. 조나단 에드워즈나 막스 죽스는 어렸을 때 품었던 꿈을 이루었거나 자신이 살고 싶은 대로 살았다는 면에서 둘 다 원하는 것을 얻었다고 할 수 있다. 그런데 두 사람 자손들의 삶은 질적으로 크게 달랐다. 그 자손들의 행동이 사람들의 입에 자주 오르내리자 두 사람이 살다 간 후 150년쯤 지난 어느 해 뉴욕시 교육위원회에서 두 사람의 자손들의 행적을 추적 조사하였는데 그 결과는 놀라운 것이었다.

막스 죽스의 자손은 5대를 내려가면서 모두 1,200명 정도였는데, 그들 중 정부의 보조를 받는 극빈자가 310명이었고, 300명 정도의 아이들이 제대로 보살핌을 받지 못해 일찍 죽었고, 50명 정도의 여자들이 난잡한 생활로 악명이 높았고, 남녀 합해 400명 정도가 부도덕한 생활로 폐인이 되었으며, 7명은 살인자였고, 60명이 상습적인 도둑질로 세월을 보냈다. 130명은 재판정에서 범죄자로 선고를 받았다. 이 후손들이 범죄나 생활보호 대상자로 정부 돈을 축낸 것이 1,250,000달러였다고 한다. 20세기 초 미국 노동자들의 연수입이 대략 150달러 정도였으니 백만 달러 이상의 돈이 얼마나 큰 액수인지 짐작할 수 있을 것이다. 한편 조나단 에드워즈의 자손들은 5대를 내려가면서 모두 1,394명이었는데, 그중 목사가 된 사람이 100명, 교수가 65명, 변호사가 100명, 판사가 30명, 국가의 고위 관리가 80명, 대학 총장이 13명, 시장이 3명, 주지사가 3명, 상원의원이 3명, 부통령이 1명이었다. 놀라운 것은 이 조나단 에드워즈의 자손들은 국가에 낸 세금과 지도자로서 미국발전에 지대한 공헌을 했지만, 정부의 보조를 받고 산 사람이나 범법행위를 하여 정부 재산

을 축낸 사람이 하나도 없었다는 사실이다.[87]

조나단 에드워즈의 후손들과 막스 죽스의 후손들의 삶에서 그런 차이를 가져온 것은 유전일 가능성도 있고, 가문의 교육적 환경의 차이일 수도 있는데, 지금에 와서 그런 차이를 가져온 것이 유전인지 아니면 가문의 교육적 환경인지 알아내는 것은 불가능하다. 그렇지만 한 가지 분명한 것은 조나단 에드워즈와 막스 죽스가 크게 다른 방식으로 살았다는 사실이다. 조나단 에드워즈는 기독교 성경에서 이르는 대로 바르게 살았고 아내와의 금슬이 무척 좋았던 사람이었다. 그가 존경받는 목사였던 만큼 그에게는 교양과 품위가 있었고, 그는 성경에서 말하는 이상적인 삶을 살려고 노력했다. 한마디로 그는 빅터 프랭크가 말한 인간의 존엄성을 지키려고 죽을 때까지 노력하면서 산 사람이다. 반면에 막스 죽스는 무신론자였고 그의 아내도 무신론자였다. 기독교 국가에서, 그것도 18세기에, 신을 믿지 않은 사람이었다면 인생을 되는대로 산 사람이라고 보아도 그다지 지나치지는 않을 것이다. 두 사람의 인품이 그들의 후손에게 그대로 전해지고, 그 결과가 위에서 말한 내용이라고 보아도 좋을 것이다. 한 사람의 바른 마음가짐과 행동은 이렇게 엄청난 결과를 가져온다.

삶의 의미를 찾고 정신적 가치를 존중하는 삶과 세속적 가치만을 존중하는 삶이 개인의 삶에서만 질적으로 다른 결과를 가져오는 것이 아니다. 정신적 가치를 존중하고 이상을 추구하는 국민과 경제발전과 같은 세속적인 가치만을 존중하는 국민은 국가발전과 문명의 건설에서

---

87 Albert E. 1845~1933 Winship, Jukes‒Edwards : a study in education and heredity ‒ Primary Source Edition. 이러한 대조적인 두 가문에 관한 얘기는 우리 주변에서도 흔히 들을 수 있다. 그러나 우리나라에는 사람들의 정서상 삶을 막산 사람의 집안에 관한 얘기는 구체적인 자료와 함께 전해지지 않고, 명문가의 집안 얘기만 구체적인 자료와 함께 전해 온다.

도 큰 차이를 가져온다. 실용적인 가치를 떠나 순수하게 진선미를 추구하고 정신적 가치를 존중하던 그리스인들은 서양철학의 바탕을 마련하여, 현대과학이 탄생할 수 있는 토대를 닦았을 뿐만 아니라 물리적인 힘의 대결에서도 당시 세상의 그 어느 민족에게도 지지 않았다. 지금부터 2,500년 전에 일어난 그리스·페르시아 전쟁(BCE 499~BCE 450)에서도 우리는 정신적 가치가 주는 힘의 크기를 짐작할 수 있다.

기원전 559년에 시작된 아케메네스 왕조(Achaemenid dynasty)의 페르시아제국은 최대 판도였을 당시 아시아와 유럽 및 아프리카의 3개 대륙에 걸친 대제국이었다. 동쪽으로는 아프가니스탄과 파키스탄 일부에서부터 이란과 이라크 및 흑해 연안의 대부분 지역과 소아시아 전체, 서쪽으로는 발칸 반도의 트라키아, 현재의 팔레스타인 전역과 아라비아반도, 이집트와 리비아에 이르는 광대한 지역이 페르시아제국의 영토였다. 페르시아가 전성기일 때 그리스는 통일된 국가도 아니었고 작은 도시국가들의 연합체에 불과하였다. 병사의 수나 물적 자원 면에서 그리스는 페르시아에 비해 수십 분의 일밖에 안될 정도로 열세였으나 전투가 벌어질 때마다 승리한 것은 그리스였다. 몇 번의 전투를 한 후 페르시아 병사들은 자기들의 장군에게 이렇게 하소연했다고 한다. "장군이시여, 금은보석과 같은 재물이나 여자보다는 자유, 용기, 명예와 같은 이상한 것을 위해 싸우는 저 사람들과 우리를 어떻게 싸우라고 하십니까?" 페르시아 병사가 했다고 전해지는 이 말은 '실용적인 세속적 가치'를 좇는 사람과 '정신적인 이상'을 추구하는 사람과의 대결이 주는 결과를 잘 설명한다고 볼 수 있다. 또한 페르시아 병사가 했다고 하는 말은 현세에서의 행복한 삶을 살기 위해서도, 세속적인 가치를 좇아 돈벌이에만 전념하는 것보다는 삶의 의미를 찾고 마음공부를 하는 것이 필요하다는 사실을 잘 설명해준다고 할 수 있을 것이다.

4) 마음: 마지막 신천지

선승들의 말과 행동을 보면 '선'은 보통 사람들은 할 수 없는 특별한 수행법인 것처럼 보일지도 모른다. 그러나 그렇지 않다. '선'은 보통 사람도 마음만 먹으면 쉽게 접근할 수 있는 수행법이다. 선의 수행이 깊을 때 일상적 경험의 세계와는 다른 세계를 경험한다고 해서 선 체험은 말로 표현할 수 없다고 하지만 보통 사람들이 이해할 수 있는 수준에서의 선 체험도 있다.[88] 애플 컴퓨터의 창업자 스티브 잡스(Steven Paul Jobs, 1955~2011)가 한 말을 새겨보는 것이 도움이 된다.

"가만히 앉아서 내면을 들여다보면 우리는 마음이 불안하고 산란하다는 것을 알게 됩니다. 그것을 잠재우려 애쓰면 더욱더 산란해질 뿐이죠. 하지만 시간이 흐르면 마음속 불안의 파도는 점차 잦아들고, 그러면 보다 미묘한 무엇인가를 감지할 수 있는 여백이 생겨납니다. 바로 이때 우리의 직관이 깨어나기 시작하고 세상을 좀 더 명료하게 바라보며 현재에 보다 충실하게 됩니다. 마음에 평온이 찾아오고 현재의 순간이 한없이 확장되는 게 느껴집니다. 또 전보다 훨씬 더 많은 것을 보는 밝은 눈이 생겨납니다. 이것이 바로 마음의 수양이며 지속해서 훈련해야 하는 것입니다."[89]

---

[88] 중국의 선종(禪宗)에서 수행승끼리 공부의 깊이를 가늠하기 위해 개발한 선문답은 보통 사람들이 이해할 수 없는 것이 사실이지만, 선이라고 해서 다 그렇게 선문답처럼 이해할 수 없는 체험과 행동을 하는 것은 아니다. 선정에 드는 방법과 그 체험을 점검하는 방법은 수없이 많다. 요가의 명상법도, 남방불교에서 행하는 사마타와 위빠사나도 다 선의 일종이다.

[89] 월터 아이작슨 지음, 안진환 옮김, 《스티브 잡스》, 민음사, 2011, pp.92~93.

"현재의 순간이 한없이 확장되는 게 느껴집니다"라고 말한 것은 새로운 땅을 발견한 것처럼 마음에서도 새로운 영역을 발견하고 경험했다는 것을 뜻한다. 스티브 잡스는 보통 사람이지만 마음이라는 미지의 영역을 개척한 사람이다. 마음을 개척하려고 시도했다는 면에서 스티브 잡스는 일반 기업가나 과학 기술자와는 다르다. 불교가 말하는 것은 바로 스티브 잡스가 한 것처럼 마음을 개척하라고 하는 것이다. 물론 그 체험의 경지는 사람마다 다르겠지만 선 수행은 일상생활을 영위하는 데 큰 도움을 준다는 사실을 의심할 필요는 없다.

세계적으로 인정받는 학자들이 생각하는 인류의 미래와 이상도 따지고 보면 외형적인 성장을 뜻할 뿐이다. 이들 학자들이 인류의 미래와 과학 기술의 발전에 관해 얘기하는 것을 따지고 보면 건강하게 오래 사는 방법과 함께 우주여행을 하고 다른 별에 가서 식민지를 개척해 물질적 자원을 확보하는 것이다. 결국 이것들은 물질적 풍요를 가져오고, 외부 세계를 지배하는 힘을 기르고, 남과의 경쟁에서 이기고, 이것들을 누릴 수 있도록 건강하게 오래 사는 것을 뜻한다. 학자들이 말하고 꿈꾸는, 발전한 인류란 따지고 보면 인간이 신과 같은 존재로 되는 것이다.[90] 과학자들은 여러 가지 각도에서 영생불사의 방법까지 생각하고 있으니, 실제로 미래의 인류는 그리스 신화에 나오는 신들처럼 능력이 있고 영생불사에 가까운 삶을 살게 될 것이다. 그러나 외부 세계를 지배할 수 있는 지식과 강력한 힘과 물질적 풍요가 사람에게 행복을 가져오는 것은 이 힘을 바르게 쓰고 풍요를 누릴 정신력이 있을 때만 가능한 일이다. 개인의 소득이 늘고 산업이 발전하고 국가가 부강해진다고 해서 사람이 행복해

---

90 유발 하라리 지음, 김명주 옮김, 《호모 데우스》, 김영사, 2017. 미래의 인간을 신적 존재로 묘사하고 있다.

지지는 않는다. 내가 누구인지도 모르고 외부 세계를 지배한들 그것이 어떻게 사람에게 행복을 가져올 수 있겠는가? 자신이 누구인지 모르는 자가 강력한 힘을 갖는 것은 철없는 어린아이가 칼을 들고 다니는 것에 비유할 수 있다. 통제되지 않는 힘은 반드시 자신에게도 남에게도 위험한 일을 불러오게 마련이다. 힘과 물질을 다룰 정신력이 없다면 사람은 물질의 노예가 되기 십상이다. 정신력이란 옳고 그름을 판단하는 능력을 말하고 옳은 일을 행하고 그른 일은 하지 않는 능력을 말한다.

수행이 극치에 이르면 무애행(無碍行)이라 하여 무슨 일을 해도 걸림이 없고 자유로운 삶을 살게 된다는 것이 수행을 많이 한 선승들의 체험이자 불교의 가르침이다. 무애행은 아무 일이나 마음대로 해도 된다는 뜻으로 오해하는 사람들이 있는데 그런 뜻이 아니다. 마음공부를 잘 한 사람은 옳은 일을 하려고 억지로 애를 쓰지 않더라도, 또 그른 일을 하지 않으려고 노력하지 않더라도, 생각과 마음과 말과 행동이 일치하여 저절로 하는 일이 다 바르게 된다는 것이 무애행의 뜻이다. 업이 발휘하는 힘에서 자유롭게 될 때 나오는 행동이 무애행이다.

그리스 신화에 나오는 신과 같은 존재가 그릇된 욕망에 사로잡혀 헤어나지 못한다면 이 세상은 어떤 세상이 될까? 아마도 끔찍한 일이 벌어질 것이다. 그것은 이 지구상의 동물들이 똑바로 증언해 줄 것이다. 사람이 동물들에게 한 짓을 보면 끔찍하기 그지없지만 불행하게도 사람은 동물에게 한 것보다도 더 혹독하고 잔인하게 다른 사람을 대한 적이 많이 있다. 그것은 역사가 말해준다. 인간의 능력이 향상되는 데 비례하여 마음의 공부가 깊어지지 않으면, 사람은 지금까지 했던 것보다 더 끔찍한 일을 다른 사람에게 행할 수도 있다. 사람이 족할 때 족한 줄 알고 범사에서 기쁨을 얻는 마음을 갖지 않는다면 결코 행복을 찾지 못 할 것이다. 그래서 불교는 마음을 개척하고 마음의 주인이 되라고 가르친다. 사람들은 인간에게 남은 마지막 미개척지는 우주라고 한다. 그러나 불교는 우주를 개척하는 것보다 더 시급하고 중요한 것이 마음을 개척하는 것이라고 가르친다.

인간은 끝없이 미지의 세계를 개척하는 존재다. 사람은 선사시대부터 가보지 않은 땅을 탐험하고 개척하였으며 안으로는 진선미를 찾아 학문과 윤리와 예술을 발전시켜 왔다. 새로운 영역을 개척할 때마다 인간은 큰 이익을 얻었다. 포르투갈과 스페인이 인도항로를 개척하고 신대륙을 발견했을 때 이들이 한 번의 항해에서 얻은 이익은 대략 투자한 원금의 1,000배쯤 되었다고 한다. 땅의 주인이 되고 물건의 주인이 되면 그 이익이 확실히 눈에 들어오지만 새로운 정신적 가치를 확립하거나 마음의 주인이 되면 어떤 이익이 있는지는 쉽게 알아채기 힘이 든다. 그 이익이 무엇인지 앞으로 알아보도록 하자.

불교에서 마음의 주인이라고 할 때 뜻하는 것은 무의식과 의식이 하나로 통합되어 우주와 '나'가 하나로 된 경지다.[91] 이 경지는 보통 사람이 이르기에는 너무 먼 곳에 있는 것처럼 느껴진다. 불교에서도 이것을 '쉽게 경험할 수 있는 세상일'은 아니라는 뜻에서 출세간(出世間)의 경지라고 부른다. 출세간의 경지에 이르는 것만이 불교적 가르침이 주는 이익이라면 보통 사람들이 그 가르침을 따르고 이익을 얻기는 대단히 어려울 것이다. 보통 사람들은 대부분 불교적 가르침에서 우선 확실히 손에 잡을 수 있는 세간적(世間的) 이익을 얻을 수 있기를 바란다. 물론 불교적 가르침은 세간적 삶에도 이익을 준다. 앞서 말한 스티브 잡스가 세간적 이익을 얻은 사람의 좋은 예일 수 있다. 그러나 불교에서 강조하는 바

---

91 우주와 내가 하나로 된 이 경지를 불교에서는 상수멸(想受滅)이라고 하는데 수행이 깊은 요가 수행자들도 이 경지에 이를 수 있다고 한다. 불교의 깨달음은 여기서 한 걸음 더 나아가 사물의 참모습, 즉 연기(緣起)의 이치를 체득하여야 한다.

람직한 이익이란 마음의 평화와 집착에서 벗어난 자유와 사물을 새롭게 볼 수 있는 지혜이다. 바로 마음의 주인이 되어 자유롭게 사는 것이 불교에서 말하는 이익이다. 그 이익이 무엇인지 보통 사람들이 읊은 게송 하나를 들어보자. 다음은 석가모니 붓다가 세상에서 활동할 당시 불법을 수행하던 장로들이 읊었다는 《장로게(長老偈)》에 나오는 게송이다.

> "기꺼이 죽으려 하지도 않고 살려고도 하지 않는다. 단지 정신을 차리고 의식을 가다듬어 곧 이 육신을 떠날 것이다. … 죽음에 대한 생각을 즐기지도 않고 살고 있음에 기뻐하지도 않고, 나는 단지 자신의 할 일을 다 한 일꾼처럼 그 시간을 기다릴 뿐이다."

불교 수행을 통해 깨달음을 이루지 못하더라도 《장로게》를 읊은 사람들의 마음가짐이나 마티유 리카르가 만났던 티베트의 승려들의 마음가짐을 갖는다면, 또 스티브 잡스가 경험했던 것처럼, 현재의 이 순간이 넓어지는 경험을 한다면 사람의 삶은 그 질이 달라질 것이다. 물론 불교의 명상수련을 한다고 해서 누구나 여기서 예를 든 사람들과 같은 경지에 이를 수 있는 것은 아니지만, 스티브 잡스의 성공을 생각해보면 불교적 수행이 세속적 이익을 위해서도 적지 않은 도움이 된다는 것을 짐작할 수 있을 것이다.

5) 마음의 힘

불교 수행에서 얻는 이익은 바른 생각을 하고 바른말을 하고 바른 행동을 하는 데서 온다. 바로 팔정도를 수행하고 십선업을 행하는 것이다. 생각과 말과 행동은 우리의 운명을 결정짓는 열쇠와 같다. 선업을 지어야 한다는 데는 출가수행자이건 재가불교인이건 간에 아무런 차이가 없다. 선업의 힘을 우리는 실감하지 못하지만 업은 우리의 운명을 조종하는 키잡이와 같은 역할을 한다. 신경과학자들은 업의 힘을 잘 알고 있다.

말한 대로 된다는 말이 있는데 이 말은 사실이다. 우리가 무심코 "짜증 나" 하고 말하면 우리의 뇌는 마치 "어? 짜증이 나? 그런데 짜증을 낼 준비가 안 됐잖아"라고 말하는 듯이 멀쩡한 몸에 스트레스 물질을 확 뿌린다. 그러면 정말 짜증이 나게 된다. 뇌는 언어와 현실을 구분하지 못하고 들은 대로 실행하기 때문이다.[92] 생각 없이 무심코 "재수 없어" 하고 내뱉으면 우리의 뇌는 우울하고 조급한 기분이 들게끔, 그래서 실수를 저지르도록 거기에 맞는 호르몬과 신경전달 물질을 뿌린다. 그러면 정말 재수 없는 일이 생긴다. 물론 긍정적인 말과 행동을 하면 뇌는 또 그렇게 되도록 신경회로를 바꾸고 거기에 맞는 물질을 뿌린다.

마케도니아의 알렉산더 대왕이 페르시아 정복 전쟁을 할 당시의 일이다. 대왕의 군대는 이수스(Issus) 전투에서 페르시아군을 크게 이기고 이집트로 발길을 돌렸다. 이집트를 정복하려면 지금의 레바논에 있는 티로스(Tyros, Tyrus)섬을 점령하는 것이 무엇보다 급한 일이었다. 그런데 티로스 섬은 전체가 견고한 성벽으로 둘러싸인 난공불락의 요새로 알렉산더 대왕의 군대로도 쉽게 정복할 수 있는 섬이 아니었다. 섬을 공략하던 그리스의 사령관이 전사할 정도로 알렉산더 대왕의 군대는 이 조그만 섬을 상대로 쩔쩔매고 있었다. 섬의 공략이 뜻대로 되지 않아 노심초사하던 알렉산더는 어느 날 밤 꿈을 꾸었다. 하반신은 양(羊)이고 상반신은 사람 모양을 한 정령 사티로스(Satyros, Satyrus)가 나타나 춤을 추는 꿈이

---

92 우종민 지음, 《뒤집는 힘》, 리더스북, 2010, 이 책에 있는 내용을 줄여서 옮겨 쓴 것이다.

었다. 전쟁 중에 반인반수의 괴물이 나타나 춤추는 꿈을 꾸었으니 왕의 기분이 좋을 리 없었다. 왕은 점쟁이를 불러 꿈 풀이를 시켰다. 점쟁이는 사티로스(Satyros)를 사-티로스(Sa Tyros)로 풀이하였다, '사-티로스'는 그리스 말로 "티로스는 너의 것이다(Sa Tyros)"라는 뜻이다. 이 꿈 풀이를 신탁으로 받아들인 알렉산더는 그대로 티로스를 공략하여 함락시켰다. 점쟁이는 뇌과학을 잘 아는 사람처럼 꿈 풀이를 하였던 것이다.

우리 뇌의 신경회로는 고정된 것이 아니라 항상 변하고 있다. 우리가 무슨 말을 하거나 무슨 생각을 하면 또는 무슨 행동을 하면 그 말과 생각과 행동에 맞추어 우리의 뇌는 변한다. 그래서 긍정적인 생각을 하고 바른말, 바른 행동을 하는 것이 중요한 것이다.

마음을 잘 다스려 평화와 자유를 얻고 지혜를 얻는다고 하더라도 그것을 체험하지 못한 사람들은 그것이 주는 이익을 실감하지 못할 수 있다. 그러나 역사에서 한 민족이나 국가가 새로운 정신적 가치를 발견하고 도덕성을 확립했을 때 어떤 힘을 발휘했는지를 알게 되면 마음의 개척에서 사람이 얻게 되는 이득이 어느 정도인지를 짐작할 수 있다. 불교 수행의 목적이 부국강병을 위한 것은 아니고, 또 불교 수행을 통해서만 도덕성을 확립할 수 있는 것은 아니지만, 불교 수행을 바르게 하여 도덕성을 확립하면 개인도 강해지고 국가도 강하게 된다. '도덕성의 확립'에서 오는 힘의 크기가 어느 정도인지를 살펴보면 마음을 잘 다스릴 때 얻은 이익의 크기를 짐작하는 데 도움이 될 것이다.

임진왜란(1592~1598)이 끝났을 때 조선의 인구는 대략 200여만 명이었고 만주에 있던 여진족의 인구는 32만 명 정도였다고 한다. 중국 명(明)나라는 인구변동이 심하여 정확한 통계자료가 없지만 1,500년경에는 그 인구가 1억 명을 돌파하였고 임진왜란이 끝난 1,600년경에는 1억 5천만 명쯤 되었다고 한다. 그때 여진족은 나라도 없었고 문물제도도 제대로 갖추지 못한 상태에 있었다. 이러한 상태에 있던 여진족이 나라를 세운 것은 1616년이다. 나라를 세운 지 불과 20년 후인 1636년에는 국호를 청(淸)으로 바꾸고 병자호란을 통해 조선을 복속시키고, 1644년에는 '명'을 멸망시키고 중국을 통일한다. 이후 청나라는 주변을 정벌하여 중국 역사상 가장 영토가 넓고 국력이 강한 나라가 된다. 1600년대 초를 놓고 볼 때 '명'에 비해 한 줌밖에 안 되던 여진족이 채 50년도 되기 전에 어떻게 이런 엄청난 일을 할 수 있었을까? 총인구가 32만 명밖에 안 되는 여진족이 그보다 인구가 500배나 많은 명나라를 이기고 천하의 주인이 되리라고는 상상하기도 힘든 일이다. 그렇지만 1639년에 이미 청이 천하를 다스리게 될 것이라고 예언한 조선의 선비가 있었다. 그 사람은 1637년 소현세자(昭顯世子, 1612~1645)가 청나라의 수도 심양에 볼모로 잡혀갈 때 사서로 수행했던 조선의 관원 김종일(金宗一, 1597~1675)이다. 김종일은 1639년에 다음과 같은 예언을 하였다고 한다.

> "청의 정치를 보면 간결하면서도 요령이 있고 검박하면서도 다함이 있다오. 무릇 백성들 가운데 한 살이 넘은 사람과 소와 양과 낙타와 말들은 모두 빠짐없이 장적(帳籍)에 올라 있소. 군대를 다스리는 것은 엄하고 백성들을 대하는 것은 관대하오. 관리를 임명할 때는 오직 그가 하는 바를 보고 하니 우리나라나 중국처럼 자질구레하고 번잡하여 기강이 없는 것과는 같지 않소. 이런즉 그들을 천하무적이라 일컬을 수도 있을 것이니 그들이 천하를 얻지 못한다고 어찌 장담할 수 있겠소."[93]

---

93 명지대학교 한명기 교수가 중앙일보(2011. 2. 2.)에 쓴 글을 옮긴 것이다.

이것은 청나라가 상하에 도덕성을 바로 갖추고 있었다는 것을 뜻한다. 청나라가 천하를 다스리게 된 것은 우연도 아니고, 단순히 군사적으로만 힘이 세어 우격다짐으로 천하를 정벌한 것도 아니다. 김종일이 예언하기 3년 전인 1636년 병자호란 때, 서울을 점령한 청나라 군대의 행렬을 목격한 조선의 한 선비는 "오랑캐의 성품은 몹시 탐욕스러운데 피난하는 사람들의 화물을 절대로 약탈하지 않고, 또 그 행오(行伍)도 아주 정제되어 있습니다. 전마(戰馬)는 멀리서 왔음에도 조금도 피곤해 보이지 않으니 괴이합니다"라고 목격담을 얘기했다고 한다. 청나라는 천하를 다스릴만한 정신을 갖고 있었기 때문에 천하를 다스리게 된 것이다. 깨달음의 길을 향하여 마음공부를 하면 깨달음을 얻지 못하더라도 실생활에 큰 이익을 얻을 수 있다고 불교 수행자들은 말하고 있다. 이 말에 동의하는 신경과학자들도 많이 있다. 앞서 제1장에서 소개하였던 릭 헨슨과 리처드 멘디우스는 그중에 한 예일 뿐이다.

지금 우리에게 부족한 것은 물질적 자원이 아니라 물질을 향유할 정신적 능력이다. 우리에게 정말 문제가 되는 것은, 자기가 누구인 줄 모르고, 족할 때 그것이 '족'한 줄을 모르는 것이다. 오늘날 우리나라 사람들에게 필요한 것은 경제발전이 아니다. 우리에게 절실히 필요한 것은 그릇된 욕망(貪)에서 벗어나 자유롭고, 짜증 내고 성내는 마음(嗔)에서 벗어나 평화롭고, 어리석음(痴)에서 벗어나 사물을 있는 그대로 보는 능력이다. 계정혜가 필요한 것이다. 계정혜란, 바르게 사는 것을 뜻한다. 과도한 욕망과 지나친 금욕을 피하고 절제하는 것, 즉 어떤 것을 하고 싶어 하는 욕망과 이를 억제하는 마음 사이에서 알맞게 조절하는 능력(戒), 외부의 유혹이나 내면의 충동에 흔들리지 않는 마음의 안정(定), 옳고 그름을 바르게 판단하는 지혜(慧)를 뜻한다. 계정혜를 닦으면서 사는 사람이 보살이고 보살이 사는 사회가 불교적인 이상 국가이다.

지금 한국의 불자들이 1,000만 명 가까이 된다고 한다. 이 불자들이 계정혜의 삼학을 바르게 수행한다면 한국은 세계의 도덕과 문화의 중심 국가가 될 것이다. 그러면 경제발전도 저절로 이루어질 것이다. 그렇지 않다면, 지금 한국정부와 국민이 바라는 대로 경제발전이 이루어진다고 하더라도 물질을 지배할 도덕성과 정신력을 갖추지 못한다면 사람에게 부와 출세가 무슨 소용이 있겠는가? 지금 한국 사람들의 소득이 10배가 되면 행복감도 10배로 늘어날까?

불교가 가르치는 수행법에 따라 제대로 공부한 사람들은 남에게 기쁨을 주고, 그 사람이 기뻐하는 것을 보고 기쁨을 얻는 것이 인간이 가질 수 있는 가장 큰 기쁨이라는 사실을 알게 된다. 그것을 모른다면 그 사람은 행복과 기쁨을 모르는 사람이다. 그것을 아는 사람은 도움이 필요한 자에게 도움을 준다. 그리고 도움을 준 자는 기쁨을 느낀다. 자기의 마음을 살펴서 마음을 잘 다스려 생명과 삶의 소중함을 알고 남을 사랑하는 것이 바로 행복이며 불교의 가르침이다. 그런데 사람의 마음이란 묘해서 이런 사실을 머리로 헤아려 안다고 해도 사람이 한 번 출세와 성공에 집착하게 되면 자신의 참마음을 찾는 것보다는 이브 생로랑처럼 되고 싶어 할 것이다. 그래서 불교는 "지옥도 누가 보내는 것이 아니라 자기가 좋아하는 길을 따라가다 보니 거기가 지옥이더라"고 가르친다. 물론 극락도 자기가 찾아가는 것이다. 참고로 말하자면 불교의 극락은 사람들이 말하는 천당과는 다르다. 사람들이 말하는 천당은 사람의 욕망이 완벽하게 충족되는 곳인 데 비해 극락은 욕망의 포로에서 해방된 곳이다. 욕망의 포로에서 해방되라는 것이 불교의 가르침이다.

불법수행이 세상살이에 주는 도움이란 《장로게》를 읊은 사람들이나 마티유 리카르가 만났던 티베트의 승려들처럼 작게는 언제나 평상심을 유지하여 외부에서 오는 크고 작은 일에 흔들리지 않고 주체적인 삶을 사는 것이며, 크게는 선승들처럼 마음의 주인이 되어 걸림 없는 절대 자유를 누리는 것이다. 행복을 밖에서 찾지 않고 마음에서 찾는 법을 배우는 것, 이것이 불교 공부를 할 필요가 있는 이유이다. 이제 석가모니 붓다의 깨달음과 그 가르침의 기본이 되는 연기법에 대해 살펴보기로 하자.

4

연기법

지금부터 대략 2,600년 전쯤에[94] 석가모니는 당시 인도의 수행자들 사이에 널리 유행하던 수행법을 따라 고행을 하였다. 그러나 6년 고행 후 고행의 무익함을 깨닫고 네란자라(neranjara)강 근처 보리수나무 아래서 선정에 들었다가 우주 운행의 원리와 인간의 생사 문제에 대한 진리를 깨닫고 부처를 이루었다고 한다. 깨달음을 이룬 후 붓다는 진리를 세상에 전하는 문제로 고민을 하다가 불교의 특성을 잘 나타내는 말을 하였다.

> "순종하고 신앙할 대상이 없으면 고통스럽고 타락하게 되지 않겠는가? … 정법(正法)이 있어 나로 하여금 자각하게 하였으니 내·마땅히 그것을 존중하여 받들고 의지해 살아가리라."[95]

---

94 불교국가의 관계자들이 모여 1956년을 부처님 열반 후 2,500년이 되는 해로 정하였다.

95 《잡아함》 권44, 〈1188 존중경〉

이것은 불교가 계시종교[96]가 아니고 깨달음의 종교라는 것을 뜻한다. 인간의 인식능력으로는 알 수 없는 것을 신이 특정한 사람에게 알려주는 것이 계시라면,[97] 깨달음은 인간이 스스로의 노력으로 진리를 발견하는 것을 뜻한다. 계시종교에서는 신이 모든 것의 근원이 되므로 신의 뜻에 따르는 것이 선이고, 깨달음의 종교에서는 진리를 깨닫고 진리를 따르는 것이 선이다. 달리 말해 불교의 선이란 탐진치를 줄이는 말과 행동과 생각을 뜻한다. 붓다는 참다운 행복이란 탐진치에서 벗어나는 데서 온다고 가르친다. 탐진치를 벗어나면 자연히 진리를 깨닫고 진리를 따르게 된다. 계시종교의 이슬람교가 "이웃에게 사랑을, 적에게 관용을…"이라고 하다가 때로는 "적에게 죽음을…"이라고 할 때, 이슬람인들은 이것이 신의 뜻이자 성자의 가르침이라고 말한다. 이와 비교해 깨달음의 종교인 불교가 지혜와 자비를 말할 때 이것은 깨달음을 통해 사람이 마땅히 자비로워야 할 이치를 깨닫고 자연스레 마음이 자비롭게 되는 것이다. 이 차이는 간단하고 작은 것 같지만 종교의 성격을 크게 달리한다.

1) 연기법의 개요

붓다가 깨달은 직후 말한 '정법'이란 다름 아닌 연기법(緣起法)이다. 연기법은 경전에 따라 여러 가지로 표현하고 있으나 대표적으로 인용되고

---

96 대표적인 계시종교로서 셈족(Semite)의 종교(유대교, 기독교, 이슬람교)를 들 수 있다.

97 천주교에서는 인간의 이성으로도 계시의 내용에 이르는 것이 가능하다고 본다. 그러나 신의 선택을 받은 이들이 인식한 계시가 보다 완전한 것이라고 본다.

있는 표현은 다음과 같다.[98]

이것이 있으므로 저것도 있다.	此有故彼有
이것이 생기므로 저것도 생긴다.	此生故彼生
이것이 없으므로 저것도 없다.	此無故彼無
이것이 멸하므로 저것도 멸한다.	此滅故彼滅

이 가르침이 뜻하는 것은 모든 사물은 하나의 예외도 없이 상호의존적(dependent co-arising)으로 발생한다는 것이다. 두 개의 '짚단'이 서로에 의지하듯 모든 사물은 서로를 의지하면서 존재한다는 뜻이다.[99]

(1) 사물의 상호의존성과 실재성

사물 간의 상호의존성은 크게 보아 두 가지 뜻을 담고 있다. 하나는 사물 간의 인과관계(因果關係, causality)다. 이 세상에 원인 없이 존재하는 사물은 없다는 뜻이다. '저것'이 있기에 '이것'이 있다는 것은 분명히 '저 것'이 '이것'이 존재하게 되는 원인이라는 것을 뜻한다. 상호의존성이 말하는 다른 하나는 모든 사물은 다른 것과의 관계를 통해서만 그 의미를 갖는다는 것이다. '이것'이나 '저것' 모두 다른 것이 있기에 생기고 존재하는 것이라면 모든 사물은 다른 것 없이 독자적으로는 아무런 의미를

---

98 《잡아함》 제13권 〈제일의공경〉 ; 《중아함》 제47권 〈181(다계경)〉

99 모든 사물이 상호의존적이라는 것은 용수의 《중론》에 바탕을 둔 대승불교의 견해다. 물리학적으로 고찰할 때 대승불교의 관점은 뛰어난 견해다. 이런 이유로 이 책에서는 대승불교의 관점에서 연기법을 해설한다. 연기법의 여러 가지 해설에 대해서는 다음 논문에 자세한 설명이 있다. 박경준, 〈초기불교의 연기상의설 재검토〉, 《한국불교학》 14권0호, 한국불교학회 1989년 12월, pp.117~141.

갖지 못하기 때문이다. 상호의존성의 예로 부분과 전체의 관계를 들 수 있다. 부분이 모여 전체를 이루지만 전체 또한 부분의 성질을 결정한다. 단어와 문장의 관계가 바로 그렇다. '길'이라는 한 개의 낱말을 생각해보자. 단어 하나하나는 여러 가지 뜻으로 쓰이기 때문에 단어만 보고서는 이 단어가 무엇을 뜻하는지 알 수 없다. "달이 밝으니 가는 '길'이 훤하다"라고 할 때와 "그 사람은 지금까지 바른 '길'을 걸어왔다" 또 "그 사람 앞 '길'이 훤하다"라고 할 때 '길'이라는 단어가 갖는 뜻은 셋 다 다르다. 문장이 단어의 뜻을 고정시키는 것이다. 사람과 사회 및 문화와의 관계도 마찬가지다. 사람이 모여 사회를 이루고 문화가 생기는 것이지만 사회와 문화가 사람의 행동을 결정짓기도 한다.

사물이 다른 것과의 관계를 통해서만 그 의미를 갖는다는 것은 존재론적으로 중요한 뜻을 갖는다. 세상에는 다른 것과의 관계를 벗어나 그것 스스로 존재하는 독립된 존재(entity)도 없고, 어떠한 사물에도 다른 것과 구분되는 그 사물 고유의 성질(substance)도 없다는 것을 뜻한다. 사물이 상호의존적으로 연결되어 있는 것을 가리켜 불교에서는 일체 사물에 자성(自性, svabhāva)이 없다고 한다. 자성이 없는 것을 초기불교에서는 무아라고 하고, 대승불교에서는 용수가 이를 깊이 있게 정리하여 연기=무자성(無自性, niḥsvabhāva)=공(空, śūnya)이라는 등식을 세웠다. 용수는 《중론》의 〈삼제게〉에서 이렇게 말한다.

"모든 인연으로 생기는 법을 나는 공(空)이라고 하네.
또 이것을 가(假)라 하고, 또 중도라고 하네."[100]

---

100 《중론(中論)》〈삼제게(三諦偈)〉, 衆因緣生法 我說卽是空 亦爲是假名 亦是中道義.

용수가 말하는 '인연으로 생기는 법'은 상호의존적인 모든 사물을 말하며, 가(假)는 가짜라는 뜻이 아니라 잠정적으로 '그렇게 존재하는 것'처럼 보인다는 뜻이다. 삼제게가 말하는 것은 이 세상 사물은 모두 객관적인 실재처럼 보이지만, 사실 그것은 실체가 없어 그 내용은 텅 빈 것이며(空), 있다고 해도 잠정적으로 그럴 뿐이어서 가(假)라고 하며, 내용은 없지만 잠정적인 존재이기 때문에 또한 중도라고 한다는 뜻이다.

초기불교의 무아와 대승불교의 공은 같은 내용을 다르게 표현한 것인데, 둘 다 일체의 사물에는 실체(實體)[101]가 없다는 것을 뜻하는 말이다. '이것'에 실체가 있다면 '저것' 없이도 '이것'이 무엇인지 말할 수 있어야 할 것이기 때문이다. 세상에 독립된 실체가 없다는 것은 세상은 실재하는 어떤 것들로 이루어진 것이 아니라 사건과 과정들로 이루어졌다는 뜻이다.

연기법이 일체의 사물에 실체가 없다는 것을 말한다고 할 때 사물이 사건(事件, event)을 가리키는 것이라면 다들 이 말에 수긍할 것이다. 그러나 사물이 쇠나 돌멩이 같은 물건을 가리키는 것이라면 대부분의 사람들은 이 말에 동의하지 않을 것이다. 사건은 그 사건을 일으키는 어떤 원인이 있어서 일어나는 것이지만 돌이나 책상 같은 물건들은 다른 것들의 존재와는 상관없이 존재한다는 것이 보통 사람들의 생각이기 때문이다. 연기법은 대부분의 사람들이 갖고 있는 이러한 견해가 잘못이라고 말한다. 연기법에 의하면 세상에 다른 것과 관계없이 고립되어 있거나 독립적으로 존재하는 사물은 없다. 여기에는 하나의 예외도 없다. 연기법에 의하면 세상에는 실재하는 '어떤 것'이란 없고 단지 사건과 과정들

---

101 각주 11번 참조. 불교에서는 실체라는 말을 쓰지 않고 자성(自性)이라는 용어를 쓰지만 현대인에게는 자성이라는 말보다 실체라는 말이 더 뜻을 잘 전달할 수 있다고 믿어 이 책에서는 앞으로 계속 '자성' 대신 실체라는 말을 쓰겠다.

로 이루어졌을 뿐이다. 이 문제에 대한 과학적 견해로 제1장에서 물리학자 스몰린의 글을 소개한 바가 있지만, 이 문제는 앞으로도 계속해서 논하게 될 것이다.

세상에 하나의 예외도 없이 독립적인 사물이 없다는 것은 우주는 전체가 그대로 분리할 수 없는 하나(undivided wholeness)라는 뜻이다. 제2장에서 소개한 《우다나》에 나오는 붓다의 체험처럼 우주를 인식하는 자와 인식대상도 하나가 되는 것, 그것이 열반이요, 괴로움의 끝이다. 그렇기 때문에 우주의 참모습을 알려면 전일주의관점에서 보아야 한다. 환원주의적 입장에서 우주의 구성요소를 알아 봤자 그것은 과학 기술자가 백남준의 비디오 아트를 과학 기술적인 측면에서 분석하는 것과 마찬가지다. 그렇기 때문에 과학자가 말하는 우주와 불교 수행자가 체험한 우주는 같을 수가 없다. 뇌신경 과학자가 선정삼매에 든 수행자의 뇌 사진을 찍는다고 해서 삼매의 의미를 알 수는 없다. 뇌신경 과학자들이 주와 객이 하나가 된 상태를 가리켜 '나'와 '외부 세계'를 구별하는 두뇌 영역의 기능이 정지된 상태라고 말하는 것은 이 때문이다. 제2장에서 설명한 바와 같이 객관적 증거로 주관적 체험을 검증하는 데는 한계가 있게 마련이다. 이제 연기법이 말하는 인과율에 대해 살펴보기로 하자. 연기법이 말하는 인과율(因果律, law of causality)이나 인과관계(因果關係, causality)[102]는 통상적으로 말하는 것과는 크게 다르기 때문에 깊이 있게 검토할 필요가 있다.

---

102 원인에서 결과가 법칙에 따라 필연적으로 일어나는 경우 이를 인과의 법칙 또는 인과율이라 하고 인과관계는 이보다 넓은 의미를 갖지만 이 책에서는 둘의 사이의 의미를 그렇게 엄밀하게 구별하지 않겠다.

(2) 인과관계

사람들은 무엇이 존재한다고 생각하고 그것을 가리켜 '이것'이라고 하지만, 연기법은 '이것'은 '다른 것'들이 만들어 주는 조건에 의해 일정한 기간 동안 그렇게 생겨났을 뿐 그 조건이 사라지면 '이것' 역시 사라진다고 말한다. 이 말은 모든 사물이 인과율이나 인과관계에 따라 존재하고 변한다는 것을 뜻한다. 인과관계가 없다면 어떤 물건이나 사건이 다른 것과는 상관없이 불쑥 나타났다가 사라질 것이기 때문이다. 적어도 인간이 인식하고 관찰하는 세계에서라면 원인 없이 일어나는 것은 아무것도 없다.[103]

인과관계를 제대로 안다면 이 세상을 바르게 아는 것이다. 사실 종교든 학문이든 사람이 알고자 하는 것은 이 인과관계다. 그런데 인과율이나 인과관계를 바르게 이해하고 엄밀하게 정의하는 것은 극히 어려운 일로, 지난 수천 년간 많은 철학적 논의를 낳았으며 현대의 철학계에도 중요한 문제로 남아 있다. 인과관계를 정의하는 것이 어려운 문제이긴 하지만 이 문제에 관한 많은 논의 중 오랫동안 철학과 과학에서 인정받은 것은 선형인과율(線型因果律, linear causality)이다. 이것은 모든 것에는 그것을 발생시키는 원인이 있고 원인이 결과를 만들지만 결과가 원인에 영향을 미칠 수는 없다는 것을 뜻한다. 원인에서 결과로 한쪽 방향으로만 작용을 할 뿐 결과는 원인에 아무런 힘을 발휘하지 않는 이러한 인과율을 선형인과율 또는 단일방향 인과율(unidirectional causality)이라고 한

---

103 원자보다 작은 미시적 세계에서는 소립자들이 원인 없이 생겼다가 사라지는 일이 빈번하게 일어난다. 그러나 원인 없이 생겼다가 사라지는 소립자들을 포함하여 미시적 세계에서 일어나는 모든 존재와 사건들은 관찰자와의 관계를 떠나서는 아무런 의미를 갖지 못한다.

다.[104] 선형인과율은 논리적으로 결정론에 이르게 된다. 모든 것 하나하나가 '그것'을 발생시키는 원인에서 나온 것이라면 하나의 원인에서 '그것' 아닌 다른 것이 나온다는 것을 생각할 수 없기 때문이다.[105]

연기의 표현에서 주목해야 할 점은 '이것'은 '저것'을 원인으로 하여 발생했지만 '저것'은 '이것'을 원인으로 하여 발생한다는 것이다. 서로가 서로의 원인이자 결과이기도 하다는 뜻이다. 서로 기대고 서 있는 짚단은 어느 한쪽이 원인이 되어 다른 쪽이 서 있는 것이 아니라 서로가 서로의 원인이 되어 모두 같이 서 있게 된다. 인과율도 상호적인 것이다.

둘이 영향을 주고받으면 둘 다 변하기 마련이다[諸行無常]. 따라서 연기적으로 얽힌 '이것'과 '저것'은 고정된 관계로 존재할 수 없다. '이것'과 '저것'은 끊임없이 서로에게 작용하여 어떤 영향을 미치면서 서로의 관계를 유지하게 된다. 모든 사건들은 서로 연결되고 서로에게 영향을 주고받는다. 하나의 사건이 원인이 되어 다른 사건이 발생하는 것이 일방적일 수 없다. 어느 한순간에는 사건들 중 어느 쪽이 원인, 다른 쪽이 결과인 것처럼 보일지라도 이 사건들은 서로 영향을 주고받으면서 상호작용을 한다. 이 상호작용(相互作用, mutual interaction)도 일회적인 것이 아니라 서로가 끊임없이 영향을 주고받는다. 연기법은 원인이 일방적으로

---

104 선형인과율이나 단일인과율 및 나중에 말하게 될 상호인과율(相互因果律, reciprocal causality)은 과학과 철학에서 보편적으로 사용하는 공인된 용어가 아니다. 상호인과율은 캐나다 출신의 미국 심리학자 앨버트 반두라(Albert Bandura, 1925~)가 처음 사용한 용어이나 미국의 생태철학자 조애너 메이시(Joanna Macy, 1925~)가 《불교와 일반 시스템 이론》이라는 책에서 이들 용어를 사용하여 불교의 연기법을 과학적으로 훌륭하게 설명하였다. 이들 용어들이 연기법이나 복잡계에서 일어나는 일을 설명하는 데 적합한 용어이긴 하지만 아직도 철학과 과학에서는 인과율이라고 하면 선형인과율을 뜻한다.

105 현대물리학에서는 하나의 동일한 원인에서 여러 가지 현상 중 어느 것 하나가 우연히 발생한다고 확률론적으로 설명하는 경우가 있다. 이 경우에도 여러 가지 현상 중 어느 것이 나타날지를 확률적으로 예측할 수는 있다. 이것을 확률적인 인과율이라고 부른다.

어떤 결과를 초래하는 것이 아니라 원인과 결과가 서로 영향을 주고받아 서로가 원인이기도 하고 결과이기도 하여 각자가 '주'가 되기도 하고 '따르는 자'가 되기도 한다는 것을 뜻한다. 이러한 관계는 중층으로 겹쳐 있어 중중무진(重重無盡)이라 하며, 불교에서는 그것을 그물눈으로 비유하고 있다. 우주 삼라만상이 이렇게 그물망처럼 인과적으로 얽혀 있다는 뜻에서 불교에서는 우주를 제망찰해(帝網刹海) 또는 '인드라망'이라고 한다. 원인과 결과가 서로 영향을 주고받아 서로의 관계가 그물망처럼 얽힌 이러한 인과율을 상호인과율(相互因果律, reciprocal causality 또는 mutual causality)이라고 한다. 상호인과율을 받아들이면 '닭이 먼저냐, 알이 먼저냐' 하는 것과 같은 종류의 논쟁은 일어나지 않는다.

연기법이 진리이고 상호인과율을 말한다고 해서 선형인과율이 폐기되어야 할 개념은 결코 아니다. 불교도 인과응보나 인연과보와 같이 국소적(局所的) 사건을 말할 때는 선형인과율로 세상사를 설명한다. 세상사를 국소적으로 보면 오히려 선형인과율이 진리인 것처럼 보인다. 우주의 나이만큼 오랜 시간에 걸쳐 우주적 규모에서 볼 때 전체는 상호인과율에 의해 움직이지만 세상사의 어느 한 부분만을 본다면 상호인과율의 효과가 눈에 띄지 않을 정도로 작을 경우가 대부분이다. 세상에는 많은 요소가 있고 이 많은 요소들이 서로 영향을 주고받으면서 복합적으로 작용하기 때문에 '이것'이 주변에 미친 영향은 다른 것들끼리 영향을 주고받은 후 많은 시간이 걸려 '이것'에 되돌아오는 경우가 그렇지 않은 경우보다 훨씬 더 많다. 그리고 자신에게 되돌아온 그 효과라는 것도 크게 증폭되거나 감소하여 눈에 띄지 않을 수도 있다. 그래서 세상사는 선형인과율에 의해 지배되는 것처럼 보인다. 상호인과율이 진리라고 하더라도 선형인과율 역시 세상을 이해하기 위해서 꼭 필요한 개념이다. 이는 마치 지구가 둥글다는 것은 사실이지만 건물을 짓거나 토지를 측량

할 때 곡면기하학으로 설계를 할 수 없는 것과 마찬가지 이치다. 건물을 짓거나 토목공사를 할 때는 땅이 평평한 것으로 보고 유클리드 기하학에 맞춰 설계를 해야 한다.

　　대부분의 사람들은 부분만을 보고 이 세상을 판단하고 이해하지만 이 세상을 제대로 알려면 전체를 보는 눈이 꼭 필요하다. 부분만을 보아서는 세상을 제대로 이해하지 못한다. '이것'과 다른 것들이 서로 끊임없이 영향을 주고받기 때문에 다른 것과의 관계를 떠나 '이것'만을 보는 것은 불가능하다. '이것'만을 보았다고 하더라도 그것은 잠정적으로 '이것'이 이럴 뿐 시간이 지나면 '이것'은 변하기 마련이다. 어느 순간 한 사물을 가리켜 '이것'이라고 하는 것은 마치 흐르는 강물을 한 지점에서 한순간 보고 이것이 강이라고 하는 것과 같다. 전체로 놓고 보면 세상사가 변하는 근본 이치는 비록 그 효과가 쉽게 눈에 띄지 않는다 할지라도 상호인과율에 의해 움직인다. 그러나 곡선도 작은 선분으로 나누어 보면 이 선분들 하나하나가 다 직선으로 보이듯이 사물을 국소적으로 보면 선형인과율에 의해 움직이는 것처럼 보이게 마련이다. 상호인과율에 입각하여 세상사 모두를 설명하면 그것이 이치에 맞더라도 그 설명은 실감이 나지 않을 것이다. 세상사를 국소적으로 볼 경우에는 선형인과율로 설명하는 것이 사람에게 호소력이 있을 것이다. 이런 뜻에서 상호인과율과 선형인과율은 세상사를 이해하는 데 상호보완적이라고 할 수 있다.

(3) 불교 교리의 핵

　　이 세상 모든 것이 서로의 원인이자 또한 결과이기도 하기 때문에 불교에서는 이 세상 어디에도 모든 것이 그것으로부터 비롯하는 것, 즉 제일원인(第一原因, the first cause)이란 없다고 본다. 다른 종교에서는 존재

144

의 근원으로서 신을 상정하지만 불교에서는 그러한 의미에서의 신을 인정하지 않는다. 불교 경전에 등장하는 범천(梵天, Brahma)이나 제석천(帝釋天, Indra)을 비롯하여 데바(deva, 천신)나 수라(sura)라고 하는 여러 신적(神的) 존재들은 그저 신통력이 있는 어떤 종류의 생명체일 뿐 모든 것의 근원이 되는 존재는 아니다. 붓다의 선언대로 불교는 오직 정법만을 인정하고 정법에 따라 살 것을 말할 뿐이다.

연기법은 표현도 간단하지만 그 뜻도 사물의 상호의존성이라는 한마디로 나타낼 수 있어서 얼핏 생각하면 연기법에 무슨 큰 이치가 담겨 있을 것 같지도 않고 이해하기 어려울 것 같지도 않다. 붓다의 제자들도 "연기는 그렇게 깊은 뜻이 없는 듯합니다"라고 말했을 정도로 연기법은 쉬워 보인다. 그러나 이 연기법이 담고 있는 의미는 참으로 깊어서 팔만대장경으로도 해설을 다 못 할 지경이다. 그리고 지금은 많은 학자들이 물질과 마음에 관한 연구를 하면 할수록 불교의 연기법에는 깊은 이치가 담겨 있음을 깨닫고 있다. 이미 '시작하는 글'에서 설명했지만 현대물리학의 양대 바탕이라고 할 수 있는 상대성이론(相對性理論, theory of relativity)과 양자역학(量子力學, quantum mechanics)을 비롯해 제3의 과학이라고 부르는 복잡계이론도, 진화론도 유전학도 모두 사물 자체를 연구하는 것이 아니라 사물 간의 관계를 연구한다. 양자역학에 대해서는 제5장에서 상세히 설명하겠지만 다른 과학이 왜 연기의 이치를 담고 있다고 하는지 그 이유를 간단히 설명하겠다.

아인슈타인의 일반상대성이론은 모든 물리적 존재와 그 운동을 관계론적이고 사건 중심으로 기술한다. 일반상대성이론에 의하면 물체의 운동은 시공간의 모양에 의해 결정된다. 그런데 시공간의 모양은 물질의 분포에 의해 결정된다. 즉, 시공간의 모양과 물질의 운동은 상호의존적 관계에 있음으로서 서로가 서로의 원인이자 결과가 된다. 진화도 생명체와 환경과의 상호의존적인 관계에서 일어난다. 유전자도 마찬가지다. 유전자가 생명체의 특질을 결정하지만 일방적으로 결정하지는 않는다. 둘이 서로 영향을 주고받는다. 긴 시간을 놓고 보면 생명체와 유전자도 서로가 서로의 원인이자 결과라고 할 수 있다. 이것이 후성유전학(epigenetics)이라는 학문이 탄생하게 된 배경이다. 이 책에서 복잡계이론을 설명할 수는 없지만, 쿼크-모델의 창안자인 물리학자 머리 겔만(Murray Gell-Mann, 1929~)이 말한 대로 복잡계이론은 그 자체가 연기법이다.[106]

연기법을 통하여 세상 사물이 존재하고 변하는 이치를 말함으로써 자아와 우주에 관한 근원적인 물음에 대하여, 또 사람이 어떻게 살아가야 하는가에 대하여 불교는 다른 종교나 철학과는 다른 답을 제시한다. 이런 문제에 대해서는 앞으로 설명하겠지만 연기법은 불교의 모든 것이다. 연기법은 일체의 객관적 실재를 인정하지 않지만 연기법 자체는 객관적 진리이다. 연기법의 객관성에 대해 경전은 붓다의 설법을 통해 이렇게 전한다.

> "연기의 법은 내가 지은 것도 아니요, 다른 어떤 사람이 지은 것도 아니다. 여래가 세상에 나오건 안 나오건 간에 이 법은 상주(常住)요, 법주(法住)요, 법계(法界)이니라. 여래는 다만 자각하여 연기의 이치를 깨달은 것이다."[107]

---

106 겔만은 2005년 연세대학교에서 주최한 연세노벨포럼에서 이렇게 말했다. "불교의 인과율은 단순계, 연기설은 복잡계를 설명한다."

107 《잡아함경》 권12, 〈299(연기법경)〉 법주(法住)는 법성(法性)이라고도 하며 사물에 내재하는 불변의 이치를 뜻한다. 법계(法界, dharma-dhātu)는 초기불교와 아비달마불교에서는 십팔계의 하나인 법경(法境), 즉 의식의 대상인 모든 사물을 가리키고, 대승불교에서는 일반적으로 우주만유, 때로는 진리계의 뜻으로 사용한다.

붓다의 설법대로 연기법이 객관적 진리라면 연기법에서 이끌어낼 수 있는 여러 가지 개념들의 타당성에 대하여 과학적으로 검증할 수 있어야 한다. 과학적 개념이 아니기 때문에 연기법이 말하는 내용을 계량화하여 정량적으로 나타낼 수는 없다고 하더라도 과학적인 관찰을 토대로 연기법이 말하는 내용을 원리적으로 살펴보는 것은 가능해야 할 것이다. 불교에서 붓다의 깨달음을 종(宗), 가르침을 교(教)라고 할 때 '종'은 연기법이 말로 표현할 수 없는 심오한 진리라는 것을 뜻하지만 아무리 심오해도 일단 말로 표현된 것은 '교'이다. '교'라면 과학적으로 검증하는 것이 적어도 부분적으로는 가능해야 할 것이다. 검증이 불가능하다면 '교'를 어떤 조건이나 범위에서 받아들일 수 있는지 그도 아니면 그것을 왜 진리로 받아들일 수 없는지 알 수 있어야 할 것이다. 먼저 연기법이 말하는 핵심적인 내용인 사물의 상호의존적 관계가 어느 정도까지 타당한 것인지 과학적으로 살펴보자.

2) 상호의존성에 대한 과학적 고찰

상호의존성을 이해하는 데 가장 쉬운 방법은 "내가 누구인가?"하고 물어보는 것이다. 이 세상 그 누구도 다른 것과의 관계를 통하지 않고서는 자기가 누구이며 어떤 사람인지를 설명할 길이 없을 것이다. 자신이 누구인지를 설명하려면 가족관계, 친구나 동료관계, 출신학교, 직장 또는 하는 일 등을 말해야 할 것이다. 조금 더 깊이 생각해보면 내가 누구인지 내가 왜 이렇게 존재하게 되었는지를 설명하기 위해서는 온 우주가 '나'와 관계를 맺고 있음을 알 수 있을 것이다. 생명이 있는 것이든 없는 것이든 존재하는 모든 것은 그것이 그렇게 존재하기 위해서는 다른 것의 존재를 필요로 한다. 생명체는 환경과 서로 영향을 주고받으면서 살아가고 물질계의 입자 역시 상호작용(相互作用, mutual interaction)을 통해 자신의 존재를 드러낸다. 이 세상에 다른 것과 상호작용을 하지 않는 입자는 없다. 만일 그런 것이 존재한다고 가정하더라도 관찰자가 그것을 인식하지 못하는 이상 그것은 존재하지 않는 것이 된다. 존재하는 모든 것은 관찰자가 그것을 관찰할 때 비로소 그것이 존재하는 것이 된다.

(1) 생태계의 상호의존성[108]

모든 사물은 상호의존적이라는 것, 즉 서로 연결되어 있다는 것에 대해 대자연보다 더 잘 설명해 줄 수 있는 것은 없다. 미국 최초의 환경보호 운동단체인 시에라클럽(The Sierra Club)을 창설한 생태학자 뮤어(John Muir, 1838~1914)는 이렇게 말하였다.

"어떤 것을 따로 끄집어내려고 할 때 분명한 것은 우주만물 삼라만상이 그것에 걸려 딸려 나온다는 사실이다."

뮤어는 오랫동안 자연의 생태계를 관찰한 결과 인간과 자연이 떼려야 뗄 수 없는 관계에 있음을 깨달았던 것이다.

생태계를 살펴보면 존재하는 모든 것이 서로 연결되어 있음을 어렵지 않게 알 수 있다. 생명체는 외부에서 먹이[영양분]를 섭취하고 이를 배설해야 하므로 한 생명체가 살아가기 위해서는 다른 생명체나 물질의

---

108 여기에 있는 내용은, '김성구, 〈아인슈타인의 우주적 종교〉, 과학문화진흥회 자료집, 2012', '김성구, 조용길 지음, 《현대물리학으로 풀어본 반야심경》, 불광출판사, 2006'에 있는 글을 일부 수정하고 보충한 것이다.

존재가 필수적이다. 먹고 먹히는 자들이 모여 먹이사슬을 이루면서 서로 연결되어 있는 것이다. 죽어가던 미국 옐로스톤의 생태계를 늑대가 어떻게 복원했는지, 또 모기-잠자리-해충-곡물-사람의 삶이 어떻게 얽혀 있는지 등, 생명체들이 먹이사슬을 통해 그물망처럼 서로 연기적으로 얽혀있는 것을 말해주는 예는 너무나 많이 있다. 독사나 지네, 거미, 파리는 물론 곰팡이나 박테리아도 다 저마다의 역할이 있어 이 세계가 이런 모양으로 존재하고 있는 것이다. 파리와 부패박테리아가 없다면 이 지구는 지금쯤 동물의 사체와 죽은 풀과 나무의 더미로 뒤덮여 있을 것이다. 생명이 사라진 후 몸까지 멸하지 않는다면 새로운 생명의 탄생도 없을 것이다. 파리와 부패박테리아도 생명체의 생성과 소멸에 이렇게 연기적으로 얽혀 있는 것이다.

인간의 진짜 주인은 사람이 아니라 미생물이라는 우스갯소리가 있다. 무슨 말이냐 하면 사람의 몸도 '나'라고 부르는 하나의 생명체로 이루어져 있는 것이 아니라는 것이다. 사실 우리 몸을 이루는 세포의 10% 정도만이 인간의 세포이고 나머지 90% 정도는 인간의 몸속에 사는 미생물의 것이다. 따라서 사람의 몸은 여러 생명체가 공생하는 공생체이다. 지구상에 사는 생명체들의 활동에 따라 지구의 생태계와 기후 및 지형이 바뀌듯이 사람이 가진 많은 질병, 면역 시스템, 성격, 기호식품, 정신건강은 장내 미생물의 종류나 활동에 따라 크게 영향을 받는다.[109] 그리고 공생체이기 때문에 사람 몸속에 있는 미생물들을 다 제거하면 사람은 생명을 잃게 된다.

바다의 제일 밑바닥부터 대기권의 10km 및 암석과 토양의 내부에

---

109 앨러나 콜렌 지음, 조은영 옮김, 《10% 인간》, 시공사, 2016 ; 캐슬린 매콜리프 지음, 김성훈 옮김, 《숙주인간》, 이와우, 2017. 이밖에도 사람과 장내 미생물과의 관계를 말해주는 문헌은 많이 있다.

이르기까지 생물이 사는 곳을 생물권(生物圈, Biosphere)이라고 한다. 이 생물권은 그 속에 사는 생물들이 자신이 살기에 적합하도록 그 환경을 조절하는 것으로서 생명체들은 자기들이 사는 환경과 한 몸을 이루고 있을 만큼 서로 연결되어 있다. 생명체는 단순히 객관적으로 주어진 환경에 던져져서 일방적으로 영향을 받고 환경에 적응하면서 진화하고 살아가는 존재가 아니다. 생명체 역시 환경에 영향을 준다. 생명체는 자기가 사는 환경을 적극적으로 만들고 그 상태를 유지한다. 환경과 생명체가 양방향으로 서로에게 영향을 주고받으면서 함께 서로를 만드는 것이다. 생명체가 없었다면 지구의 대기는 지금과는 전혀 다른 성분으로 이루어져 있을 것이다. 생명체가 자기가 사는 환경을 바꾼 좋은 예로 바다에 사는 산호를 들 수 있다. 지구상에 최초의 생물이 태어난 지는 대략 38억 년쯤 되지만 30억 년 이상 지구상에는 고등동물이 살 수 없었다. 산호가 이 지구상에 나타난 것은 대략 지금부터 5억4천만 년 전쯤인데 이때도 지구상에는 고등 생물이 살 수 없었다. 고등 생물이 살기에는 지구 대기 중에 탄산가스가 너무 많았던 것이다. 대기에서 탄산가스를 제거하여 고등 생물이 살 수 있는 환경으로 만드는 데 중요한 역할을 한 것이 산호다. 산호가 공기 중의 탄산가스와 바닷속의 칼슘을 결합하여 석회석을 만들어 공기를 정화시켜 지구를 고등 생물이 살 수 있는 환경으로 만든 것이다. 물론 산호가 출현하기 이전 30억 년 이상 지구상에 살던 원시 생물들의 역할이 없었다면 산호 역시 지구상에 출현하지 못했을 것이다.

생태계의 생명체들과 환경은 먹이사슬을 통하여 공간적으로 서로 연결되어 있고 시간적으로는 진화를 통하여 함께 서로 연결되어 있다. 이처럼 생명체 전체와 환경은 시공간적으로 서로 연결되어 있기 때문에 생물권을 넘어 지구 전체를 하나의 생명체로 보는 시각도 있다. 지구를 하나의 생명체로 보는 이론적 가설을 '가이아설(Gaia hypothesis)'이라고 하는데, 이 가설을 뒷받침할 증거가 하나씩 발견됨에 따라 이 학설을 가이아 이론(Gaia theory)이라고 부르는 사람도 있다. 그런데 생명체와 환경과의 유기적 관계는 지구에서의 일로 끝나는 것이 아니다. 태양계를 넘어, 은하와 은하계를 넘어, 우주 전체가 긴밀하게 연기적으로 얽혀 있다.

(2) 우주와 '나'의 연기적 관계

모든 것이 서로 관계를 맺고 있다고 하더라도 정도의 문제이지 우주의 엄청난 시공간적 크기와 나의 삶이 무슨 관계가 있을까? 그리고 우리의 태양계가 속한 거대한 은하계 넘어 수십억 광년이나 떨어진 별에서 수십억 년 전에 일어난 사건이 나와 무슨 상관이 있을까?

사람의 수명은 길어봤자 100년 정도이고 사람이 살아가는 데 필요한 땅의 크기는 지구 정도면 족하다. 사람 하나를 기준으로 삼는다면 지구도 너무 크다고 할 수 있다. 그런데 우주는 모든 면에서 터무니없이 커 보인다. 우주의 나이는 138억 년쯤 되며,[110] 관측 가능한 우주의 반경은 빛이 138억 년 동안 걸려서 달리는 거리보다 훨씬 크다.[111] 우리의 은하에는 태양만 한 별들이 1,000억 개쯤 있고 이런 은하가 1,000억 개 정도 모인 것이 우리의 우주다. 이 우주 속에 담긴 물질의 양은 말할 수 없이 많고 질량이 태양과는 비교할 수 없을 정도로 큰 별도 많다. 우리의 태

---

110 유럽우주국(ESA)이 최근(2013년 4월)에 관측한 자료를 토대로 발표한 바에 의하면 우주의 나이는 138억 년쯤 된다고 한다.

111 우주가 팽창하지 않고 있었다면 관측 가능한 우주의 크기는 그 반경이 138억 광년쯤 되겠지만, 태초의 빛이 A라는 지점에서 지구를 향해 날아왔다면 그 빛이 138억 년 걸려 날아오는 동안 우주는 계속 팽창하고 있었기 때문에 A의 현재 위치는 138억 광년보다 훨씬 더 크다. A의 현재 위치는 대략 470억 광년쯤 된다.

양을 포함해서 우주에 있는 모든 별들은 태어나서 성장하다가 죽는다. 지구에 있는 생명체의 일생이 종에 따라 다르듯이 별들의 일생 또한 별의 질량과 태어난 시기에 따라 다르다. 별이 가진 질량의 크기에 따라 별들은 여러 가지 형태로 성장하다가 죽어가는데, 어떤 별은 죽어갈 때 밝게 빛나면서 질량의 많은 부분을 우주 공간으로 날려버리고 중성자별[112]이나 블랙홀[113]이 된다. 질량을 날려버리면서 밝게 빛나는 이런 별을 초신성(超新星, supernova)이라고 부른다. 초신성은 왜 우주에 존재해야만 하고 우주는 왜 이렇게 큰 것일까? 어려운 질문이긴 하지만 그 이유를 생명체의 탄생과 생명 활동에서 찾는다면 답하기가 꼭 그렇게 어려운 것만은 아니다.

　지구상의 모든 생명체는 태양이 방출하는 에너지를 이용하여 생명 활동을 벌이고 있다. 그러나 태양만으로는 생명체가 탄생할 수도 없고 살아갈 수도 없다. 생명체가 탄생하고 생명 활동을 유지하기 위해서는 에너지와 함께 탄소(C), 산소(O), 질소(N), 철(Fe)과 같은 여러 가지 물질이 필요하기 때문이다. 이런 원소뿐만 아니라 지구상에서 발견되는 92가지의 원소[114] 모두가 다 필요하다. 철보다 무거운 방사성 원소도 지열

---

112 중성자별은 별 중심부의 강한 중력 때문에 전자가 원자핵에 흡수되고 원자의 빈 공간이 모두 중성자로 빈틈없이 메워진 별이다. 밀도가 커서 부피 1cc의 질량이 천만 톤쯤 된다.

113 닐 더그라스 타이슨, 도널드 골드 스미스 지음, 곽영직 옮김, 《오리진》, 지호출판사 2005 ; 박창범 지음, 《인간과 우주》, 도서출판 가람기획 1995, 두 책 모두 별들의 진화에 관해서 친절한 설명을 하고 있다.

114 물질을 만드는 기본적인 요소라는 뜻에서 원자(原子, atom)를 원소(元素, element)라고 부른다. 자연 상태의 지구상에서 발견되는 안정된 원소는 92가지이나 인공적으로는 이보다 더 많은 수의 원자를 만들 수 있다. 주기율표에는 118가지의 원소가 수록되어 있다. 무거운 별의 내부에는 118보다 더 많은 종류의 원자핵이 존재할 수 있다. 원자번호가 92인 우라늄보다 더 큰 원자번호를 가진 원소들을 초우라늄이라고 하는데 이들의 수명은 무척 짧아 자연 상태에서는 거의 존재하지 않는다. 다만 원자번호가 93과 94인 원소 넵투늄(Np)과 플루토늄(Pu)만이 자연 상태에서 약간 그것도 극미량으로 존재할 뿐이다.

의 원천으로서 생명체가 살아가기 위해서는 꼭 필요한 물질이다. 우리가 알고 있는 모든 생명체의 몸은 탄수화물, 지방, 단백질 등의 유기물과 미량의 무기물로 이루어졌다. 유기물은 모두 탄소를 중심으로 수소, 산소, 질소가 모여 만들어진 것으로, 이들 중 수소만 태양계 내에 있던 것이고 다른 원소는 태양계 밖에서 만들어진 것이다. 그런데 우주의 탄생 초기에 이 우주에는 수소(H)와 헬륨(He)과 약간의 리튬(Li)밖에 없었다. 이 셋보다 무거운 원소는 태양보다 질량이 큰 별의 내부에서 만들어진다.

수소와 같은 가벼운 원소를 뭉쳐서 탄소, 질소, 철과 같은 무거운 원소를 만드는 것을 핵융합반응이라고 하는데 핵융합반응이 일어나려면 수소 원자의 핵들이 다 같이 10^{-13}cm 정도의 작은 거리내로 접근하여야 한다. 10^{-13}cm란 원자의 크기에 비해 10만분의 1밖에 안 되는 작은 크기다. 그런데 수소의 핵들은 웬만해서는 서로 이렇게 가까운 거리까지 접근하지 못한다. 수소 원자의 핵을 양성자(陽性子, proton)라고 하는데 양성자는 '+부호'의 전기를 띠고 있어서 서로 밀쳐내기 때문이다. 양성자들이 전기적 반발력을 이기고 서로 가까이 접근하려면 양성자들이 큰 에너지를 가져야 한다. 서로 가까이 접근할 수 있을 만치 양성자들에게 큰 에너지를 주는 것은 별의 중력이다. 무거운 별에서 중력의 힘으로 양성자들을 그 별의 내부 쪽으로 무시무시한 힘으로 잡아당겨 압축시킬 때 양성자들이 큰 에너지를 갖게 되고, 이렇게 큰 에너지를 가진 양성자들이 서로 가까이 접근하여 핵융합 반응이 일어나면서 수소보다 큰 원자핵들이 만들어지는 것이다. 쉽게 말해 사람이 손으로 눈을 뭉쳐 눈덩이를 만들 듯이 큰 별들이 무시무시한 크기의 중력으로 양성자들을 뭉쳐 핵융합반응을 일으켜 원자핵을 만드는 것이다.

별의 질량이 클수록 별의 내부에서 더 큰 원자핵이 만들어진다. 질량의 크기가 태양 정도의 별이 가지는 중력은 단지 수소를 융합하여 헬륨을 만들 수 있을 뿐이다. 탄소를 만들기 위해서는 별의 질량이 태양의 질량보다 3배, 철을 만들기 위해서는 10배 정도는 되어야 한다. 그런데 별의 내부에서 일어나는 핵융합 반응으로 만들 수 있는 것은 철로 끝난다. 철이 가장 안정된 원소이기 때문이다. 철보다 무거운 원소가 탄생하기 위해서는 이 우주에 다른 사건이 일어나야 한다. 그 사건이 바로 '초신성'의 폭발이다. 태양보다 훨씬 무거운 별들은 큰 중력 때문에 별이 내부로 수축하면서 무시무시한 압력으로 수소와 헬륨을 융합하여 탄소부터 철까지 차례로 무거운 원소를 만들고 폭발한다. 이런 별이 바로 초신성이다. 초신성이 폭발할 때 다시 새로운 핵반응이 일어나고 철보다 무거운 원소들이 만들어진다. 폭발과 함께 별은 이 무거운 원소들을 우주 공간으로 날려버리고 죽어간다. 철보다 무거운 원소가 지구상에 존재하기 위해서는 초신성의 존재가 꼭 필요했던 것이다.

태양의 나이가 대략 50억 년 정도이고 지구상에 생명체가 태어난 것이 대략 40억 년 전이라고 한다면 무거운 별들은 우리의 태양보다 훨씬 이전에 만들어졌어야 했을 것이다. 오늘날의 우주적 환경에서는 별이 커봤자 그 질량이 태양 질량의 100배 정도이다. 성간물질(interstellar medium) 가운데 별이 커지는 것을 방해하는 요인이 있기 때문이다. 우주가 탄생한 후 수억 년이 될 때까지는 별의 질량이 커지는 것을 방해하는 요인이 없었다. 이때의 별들은 주위에 있는 물질을 마음껏 끌어당겨 그 질량이 태양 질량의 수백 배에서 수천 배에 이를 수도 있었다. 우주 탄생 초기에 만들어진 이 거대한 별들은 우리의 태양이 생기기 훨씬 오래전에 폭발하여 무거운 원소들을 우주에 뿌려놓고 사라졌다. 우주의 나이가 적어도 100억 년은 되어야 생명이 탄생할 수 있는 제반 여건이 갖추어지고, 다시 30~40억 년이 지나야 인간과 같은 고등 생물이 탄생하게 되는 것이다. 지구에 인간이라는 고등생명체가 존재하기 위해서는 우주가 시공간적으로 지금처럼 커야만 했다. 초신성이 그 잔해를 우주 공간으로 날려 버리지 않았다면 지구상에 생명체는 나타나지 않았을 것이다. 식물이 죽어서 썩으면 비료가 되고 이 비료를 이용해 다른 식물이 자라듯이 지구상의 생명체는 태양계 밖의 무거운 별이 죽은 잔해 위에서 생겨난 것이다. 초신성의 잔해가 생명의 씨앗이자 생명이 자라나는 토양이기도 한 것이다.

'나'라는 존재가 여기 이렇게 살아서 숨을 쉬고 기뻐하고 슬퍼하고 미워하고 사랑하며 살아가기 위해서는 우주가 시간적으로 138억 년은 되어야 하고 공간적으로도 지금처럼 커야만 한다. 그리고 초신성이 폭발하고 중성자별이나 블랙홀이 있어야만 했다. 이것이 바로 인간이 이 세상에 존재하기 위해서 이 커다란 우주가 필요한 이유이다. 우주에 있는 모든 것이 유기적으로 연결된 것으로서 우주는 전체가 단일체이다. '나'라는 존재가 여기 이렇게 있기 위해서는 시간이든 공간이든 물질이든 또 그들 사이에서 일어나는 사건이든 이 우주에 불필요한 것은 아무것도 없다. 이 사실을 마음으로 체득할 때, 이 마음이 바로 불교윤리의 기반이 되는 '무아'인 것이다. 주와 객의 구분이 없는, 우주와 내가 하나가 된 순수한 마음이 무아이고 이것이 참된 '나'인 것이다.

우주가 존재하기 때문에 '나'가 존재하는 것이고 '나'가 존재하기 때문에 우주가 존재하는 것이다. 우주탄생의 초기에 초신성이 폭발하면서 우주 공간에 무거운 원소들을 널리 뿌리지 않았다면 이 우주에 생명은 탄생하지 않았을 것이다. 생명이 탄생하지 않았더라면 인간이 없었을 것이고 인간이 없었더라면 우주를 생각하는 지성도 없을 것이다. 인간이라는 우주를 생각하는 지성체가 없다면 우주가 존재한다는 것을 누가 알까? 또 지성을 가진 외계 우주인이 있다면 그 우주인이 보는 우주는 인간이 보는 우주와 같을까? 우주의 존재를 아무도 모른다면 과연 우주가 존재하기는 하는 것일까? 우주에 인간이라는 지성체를 만든 것은 우주이고 우주를 생각하는 것은 인간이니 '인간이 생각하는 우주'와 인간은 서로를 통해 그 존재가 드러나는 것이다. 연기법은 이렇게 나와 우주 전체에 적용된다.

공들여 만들 것을 사람들은 귀하고 소중한 것이라고 한다. 그렇다면 이 우주에 '나'보다 더 소중한 것이 어디에 있을까?[115] '나'의 존재를 위해 온 우주가 필요하다는 것은 '나'라는 존재가 그만큼 희귀하고 소중한 존재라는 뜻이기도 하다. 우주 전체가 '나'를 만들고 '나'로 인해 우주의 존재가 드러나는 것이니 '나'와 우주 전체의 가치는 동등한 것이다. 그래서 더욱 '나'를 아끼고 사랑해야 한다. 붓다도 세상에서 가장 소중하고 사랑스러운 것은 '나'라고 하였다.[116] 스스로 목숨을 끊거나 자신을 학대하는 것은 '나'라는 존재가 얼마나 소중한 줄을 몰라서 그러는 것이다. 앞서 소개한 《붓다 브레인》에 나오는 말을 여기서 다시 한번 새겨들어보자.

"우리는 항상 우리 스스로의 편이 되어야 한다. … 깨달음의 길을 향해 나아간다면 일과 인간관계에서도 더욱 성공적이 될 것이다. … 자신의 발전을 위해 노력하는 것은 결코 이기적인 것이 아니다. 이는 우리 주변 사람에게도 도움이 되는 것이다."

'나'라는 존재가 소중하다면 남도 '나'만큼 소중하다는 것은 말할 필

---

115 여기서 '나'라고 하는 것은 과정으로서의 자아를 뜻한다.
116 《쌍윳따니까야》, 1:13

요도 없다. 생태계가 상호의존적 관계로써 이루어졌고 '나(관찰자)'와 우주와의 관계를 관찰한 것만으로도 연기법은 과학적으로 의미 있는 법칙이나 원리라고 할 수 있지만 연기법은 이것보다 더 깊은 뜻을 담고 있다. 먼저 인과율에 따른 세계관의 차이를 살펴보기로 하자.

3) 인과관계와 세계관

아프리카 보츠와나(Botswana)에서 한때 상업적 목적의 사냥이 허용되었을 때 미국과 유럽의 사냥꾼들은 사자 한 마리를 사냥하면 75,000달러를 지급하였다고 한다. 이 돈은 사자 서식지 근처에 사는 농부들에게 큰 수입이 되었기에 농부들은 적극적으로 사자를 보호하였다. 그러나 동물애호가들의 비난이 거세지자 보츠와나 정부는 2000년부터 상업적 사냥을 금지하였다. 그러자 농부들은 가축을 해치는 사자를 살려둘 이유가 없어 마구 쏴 죽였다. 동물보호법이 발효된 이후 사자는 상업적 사냥이 허용되었을 때보다 훨씬 많이 죽어 나갔다.

위의 사례에서 보는 것처럼 세상일은 생각처럼 단순하게 진행되지 않는다. 좋은 뜻으로 시작한 일이 결과적으로 상대방에게 해를 끼치게 되는 경우가 있고, 좋지 못한 뜻으로 시작한 일이 뜻밖에 상대방에게 은혜를 베푸는 결과를 가져올 수도 있다. 선악에 대한 과보가 거꾸로 되는 일도 드물지 않다. 세상일은 연기적으로 얽혀 있어 그 인과관계가 단순하지 않다. 그래서 중국의 역사가 사마천(司馬遷, BCE 145?~BCE 86?)은 역사를 기술하다가 악인이 잘되고 어진 이가 고난을 겪는 일이 너무 많음을 보고 사기(史記)에서 이렇게 외쳤다. "천도란 있는 것인가 없는 것인가?" 아마도 사마천은 착한 일을 하면 상을 받고, 악한 일을 하면 벌을 받는다는 식의 선형인과율을 생각했을 것이다.

인과관계가 원인에서 결과로 한쪽 방향으로만 영향을 미치는 것이라면 이 세상은 거대한 하나의 기계일 뿐이다. 선형인과율은 결정론에 귀착하기 때문이다. 결정론이라고 해서 반드시 미래를 예측할 수 있는 것은 아니지만 선형인과율에서는 결과를 만드는 원인을 정확히 찾아낼 수 있고 동일한 조건에서는 항상 동일한 결과가 나온다고 본다. 그렇다면 행불행도 결국 결정된 것일 뿐이다. 삶은 한 편의 영화와 같아서 이미 써놓은 각본에 따라 촬영된 사건이 순차적으로 일어나는 기계적인 행동의 연속에 불과할 것이다. 이런 우주에서라면 삶에 큰 의미가 있을 수 없다. 그러나 인과관계가 상호적이라면 세상 사물이 결정론을 따른다고 하더라도 세상은 더 이상 기계가 아니고, 삶도 더 이상 꼭두각시의 노름으로 끝나지는 않는다. 상호인과율로 맺어진 세상에서라면 인간의 적극적인 의지와 노력이 필요하고 삶은 큰 의미를 갖게 된다. 세상사가 복잡하게 연기적으로 얽혀 눈앞에서 전개되는 일이 단순하지 않을 때 누구나 사마천처럼 천도를 의심하게 되지만 세상일이 아무리 꼬인 것처럼 보일지라도 거기에는 엄정한 질서와 법칙이 있고 사람이 정도를 걸어야만 최고의 행복을 얻는다는 것이 불교의 가르침이다. 그래서 불교는 단순한 윤리강령이 아니고 종교인 것이다.

(1) 선형인과율과 세계관

단일방향으로 작용하는 인과율의 개념을 가진 종교와 철학에서는 모든 것의 원인인 제일원인을 찾게 되고 모든 것이 그것으로 이루어지는 궁극적 실재를 생각하게 된다. 모든 것이 결정론적으로 이루어지고 원인은 결과에 의해 영향을 받지 않기 때문에 하나의 사물이나 사건이 있으면 그것을 만든 원인을 찾게 되고 다시 원인의 원인을 찾아 거슬러 올라가게 된다. 이렇게 거슬러 올라가는 것이 끝나지 않고 무한히 계속 되면 사람들은 무한소급을 피하기 위해 제일원리나 궁극적 실재를 생각 하게 되고 그것을 '신'이라 부른다. 그리고 원인의 원인을 찾는 일이 유 한한 단계에서 끝나면 궁극적 실재를 물질이나 마음이라고 부른다. 이 때 말하는 물질이나 마음, 또는 신은 그것만의 고유한 성질을 가진 실체 이어야 한다. 왜냐하면 궁극적 실재로서의 신이나 마음, 또는 물질은 다 른 것과의 관계에 의해서 의미를 가지는 것이 아니라 다른 모든 것들이 '그것'으로부터 이루어지기 때문이다. 이렇게 해서 궁극적 실재를 무엇 으로 보느냐에 따라 유신론(有神論, theism)이 생기고 물질-마음의 이원 론(二元論, dualism), 관념론(觀念論, idealism), 유물론(唯物論, materialism)이 생긴다.

인간의 행불행이 원인 없이 일어난다면 모르되 원인이 있다면 행불 행은 궁극적 실재가 무엇이냐 하는 것과 깊은 관련이 있을 것이다. '신' 이 궁극적 실재라면 '신'의 뜻에 맞는 삶을 살아야 할 것이다. 궁극적 실 재가 물질이라면 아무래도 사람들은 마음을 닦는 일보다는 물질을 소유 하고 남을 지배하는 일이 더 큰 의미가 있다고 생각할 것이다. 이들은 세 속적인 행복을 위해 부귀영화를 추구하게 될 것이다. 그런데 행불행의 근원을 선형적 인과관계에서 찾는다면 유신론이든 유물론이든 실체론 은 모두 논리적으로 어려움을 겪게 된다.[117]

현대과학의 입장에서 볼 때, 유신론의 문제점은 생명현상이나 우 주의 운행원리를 설명하는 데 있어서 '신'의 개념이 필요 없다는 사실이 다. 신의 개념이 없어도 우주는 스스로 질서를 창출하고 생명이 탄생하

---

117 실체론의 문제점에 대해서는 각주 7번 참조.

며 생명체나 무생물이나 모두 역동적으로 활동할 수 있기 때문이다. 우주를 지배하는 어떤 법칙이나 원리를 '신'이라고 부를 수도 있다. 그것을 무엇이라고 부르든 선형인과율을 따르는 우주는 기계에 불과하기 때문에 이러한 우주에서는 종교적인 활동이 무의미할 것이다. 신랄한 비평가로 알려진 미국의 저널리스트이자 작가인 앰브로즈 비어스(Ambrose Bierce, 1842~1914)는 이런 말을 했다고 한다. "기도란 지극히 부당하게 한 명의 청원자를 위해 우주의 법칙들을 무효화하라고 요구하는 것이다." 또 미국의 천체물리학자로서 과학의 대중화에 힘을 쏟고 5억 명 이상의 사람이 시청한 것으로 알려진 TV 다큐멘터리 '코스모스(Cosmos)'의 해설자로 유명한 칼 세이건도 이런 말을 하였다. "우주를 지배하는 물리법칙을 신이라고 한다면 신은 존재한다. 그러나 신은 우리에게 정서적인 만족을 주지 않는다. 중력의 법칙에 대해 기도하는 것이 말이 되는가?" 비어스나 세이건 외에도 기도나 종교 행위에 대해 이와 비슷한 말을 한 사람들이 많이 있다. 기계론적인 선형인과율의 입장에서 보면 이들의 말이 옳은 것처럼 보인다.

유신론의 입장에서 역동적인 이 세상을 설명하려면 결정론을 피해야 할 것이다. 그렇다면 신은 인격을 가져야 할 것이다. 인격신이 다스리는 세상이라면 그 세상은 분명히 기계와는 다를 것이다. 그런데 이성적인 시각으로 세상을 보고 세상사를 논리적으로 이해하려는 사람들은 대체로 그런 신의 존재를 믿으려고 하지 않는다. 인격신이라면 자신에게 예배하면 축복하고 상을 내리며, 자신을 따르지 않으면 화나 벌을 내리는 신일 것이기 때문이다. 그래서 물리학자 아인슈타인은 "나는 자신의 창조물을 심판한다는 신을 상상할 수 없다"고 말했고 소설가 헤밍웨이(Ernest Hemingway, 1899~1961) 같은 이는 "모든 생각할 줄 아는 사람들은 무신론자다"라고 말했을 것이다.

사람들은 인생의 문제를 선형인과율로 해석하는 것에는 어려움이 있다는 것을 일찍부터 알고 있었지만 자연과학에서는 오랫동안 학자들이 선형인과율을 절대적 진리로 여겨왔다. 선형인과율의 개념을 바탕으로 세상일을 가장 성공적으로 기술한 이론은 뉴턴의 고전역학이다. 뉴턴 역학은 선형인과율을 바탕으로 물리현상을 너무나 잘 설명하였다. 뉴턴 역학이 거의 완벽하다고 할만치 천체의 운동을 잘 기술하였기 때문에 18세기의 물리학자 라플라스(Pierre-Simon de Laplace, 1749~1827) 같은 이는 어느 순간 우주에 있는 입자들의 위치와 속도를 알면 우주의 과거 현재 미래를 다 알 수 있다고 말할 정도였다. 물론 라플라스가 한 말은 과장된 것이다. 물리학은 물체가 2개가 있을 때만 완벽하게 물체의 운동을 기술할 수 있을 뿐이다. 이 우주에 태양과 지구만 있다면 뉴턴의 만유인력의 법칙에 의해 물리학은 지구의 운동을 끝없는 과거로부터 아득한 미래에 이르기까지 완벽하게 기술할 수 있다. 이때 우주는 글자 그대로 하나의 기계라고 할 수 있다. 그러나 입자가 3개만 있어도 물리학 이론에는, 고전역학이든 현대물리학이든, 이 3개의 입자로 구성된 계(system)의 운동을 정확하게 기술할 방법이 없다. 뿐만 아니라 3개의 입자로 이루어진 이 간단한 시스템은 카오스(chaos) 상태에 이를 수도 있다. 어떤 '계'가 카오스 상태에 이르면 이 '계'가 결정론적 법칙을 따르더라도 이 '계'의 행동을 예측할 수 없게 된다. 카오스는 하나의 작은 예일 뿐이고 우주에 있는 대부분의 물질계는 복잡계로서 선형인과율로는 설명할 수 없는 복잡한 행동을 보인다. 이 복잡한 행동을 설명할 수 있는 것이 연기법이 말하는 상호인과이다.

상호인과율로만 세상사를 설명하면 그 설명이 이치에 맞더라도 실감이 나지 않을 것이다. 그렇다고 해서 선형인과율만으로 세상사를 설명하려고 들면 카오스나 복잡계와 같은 것을 설명하는 데 어려움이 따를 수밖에 없다. 앞서 말한 대로 선형인과율과 상호인과율은 세상사를 이해하는 데 있어서 상호보완적이다. 상호보완적이라는 말이 무슨 뜻인지 기도의 효과에 대해 생각해 보자.

(2) 상호인과율과 세계관

사물을 연기적 관점에서 보면 유신론이 안고 있는 문제점도 상당한 정도까지 완화된다. 위에서 유신론의 문제점을 지적한 사람들의 얘기를 소개했지만 이들의 생각도 선형인과율에 바탕을 둔 단선적인 사고에서 나온 것이라고 말할 수 있다. '신'의 개념에 대한 논의는 생략하고 여기서는 간단히 기도의 효과에 대해서만 살펴보겠다. 앞서 소개한 비어스나 세이건 외에도 기도나 종교 행위에 대해 이 사람들과 비슷한 말을 한 사람들이 많이 있다. 단순하게 생각하면 이들의 말이 옳은 것처럼 보인다. 그러나 연기법이 말하는 바에 따라 관계론적 관점에서 '기도'의 효과를 생각해보면 이 사람들의 생각이 너무 단순하다는 것을 알 수 있다. 비어스도 세이건도 모두 '기도하는 자'와 '기도의 대상'과 환경과의 상호작용에서 오는 기도의 복합적인 효과, 즉 기도에 따르는 상호작용의 의미를 깊이 생각해보지 않고서 그렇게 말한 것임을 알 수 있다.

불교의 선승들도 뜻을 세우거나 결심을 할 때 불보살에 그 뜻을 고하고, 108배나 3,000배를 하고 기도를 올리기는 한다. 그렇지만 그것은 소원을 비는 것이 아니라 뜻을 굳게 세우기 위함이고, 아상(我相)을 끊고 겸손한 마음을 기르기 위한 것이다. 그러나 소원을 빌기 위해 기도를 하는 것도 연기의 이치로 비추어보면 꼭 비합리적이고 허망한 짓이라고 단정할 일만은 아님을 알 수 있다.

많은 사람들이 소원을 빌기 위해 기도를 하는 것이 이치에 닿지 않는 행위라고 비난을 하였는데, 기도하는 사람을 은행에 가서 예금한 돈을 찾는 사람처럼 생각하면 이 사람들의 말이 옳을 것이다. 예금주가 예금을 찾을 때 경건한 마음가짐으로 은행에 가서 공손한 자세로 아름다운 말을 쓸 필요는 없다. 돈을 찾을 때 창구 직원 앞에서 감사하고 기쁜 마음을 갖지 않아도 목적 달성에 아무런 지장이 없을 것이다. 그러나 기도는 그렇지 않다. 한국의 어머니가 정화수를 떠놓고 칠성님께 정성을 들일 때 어머니는 몸가짐과 마음가짐을 바로 한다. 나쁜 말을 하지 않고 나쁜 마음을 가지지 않으며 부정을 탄다고 하여 산 것을 함부로 죽이지 않는다. 남에게 모진 일을 하지 않으며 배고픈 이를 그냥 보내지 않는다. 어머니가 아무리 정성을 쏟는다 할지라도 과학적으로 볼 때 한국의 어머니는 어리석을 뿐이다. 불타는 돌덩어리에 불과한 북두칠성이 무슨 소원을 들어줄 것인가? 물론 우주를 창조한 유일신께 기도를 올려도 마찬가지다. 신이 소원을 들어줄 능력이 있다고 해도 앰브로즈 비어스가 말한 대로 기도를 들어주려면 신은 우주의 법칙 중 하나를 무효화해야 한다. 신이 그럴 수는 없을 것이다. 그러나 이런 판단은 선형인과율에 바탕을 둔 것이다. 신도 북두칠성도 어머니도 다 독립적인 개체라고 보았을 때 나오는 해석이다. 사물을 연기론적 관점에서 보면 기도의 효과를 그렇게 단순하게만 생각할 수는 없다.

어머니가 들인 정성은 주변 사람들에게 감동을 주게 되고, 일이 잘못되어 기운이 빠진 사람에게 용기와 힘을 주게 마련이다. 기도를 올린 대상이 칠성님이건 창조주인 유일신이건 상관이 없다. 어머니가 기도를 드리는 대상은 어머니의 마음속에 있는 존재로서 어머니의 마음을 다스릴 힘이 있는 존재다. 기도에 몰입하면 할수록 기도의 대상은 기도하는 사람 자신의 마음이 되는 것이다. 칠성님이건 유일신이건 이런 것은 제멋대로 떠도는 마음을 붙들어 매기 위해, 위력의 상징으로 또는 진리의 상징으로, 이름을 붙인 것에 불과하다. 기도가 깊어짐에 따라 기도를 올리는 어머니의 마음은 선정에 든 수도승의 마음과 다를 바가 없이 된다. 깊은 선정에 든 사람의 몸에서 일어나는 몸과 마음의 변화에 대한 과학적인 연구는 많이 있다.[118] 정성 들여 기도를 올리는 어머니의 마음에서 일어나는 일을 과학적으로 설명하는 것은 그리 어려운 일이 아니다.

사람이 어리석어서 "내 사업이 잘되도록 도와주시오"라거나 "내 자식을 잘되게 해주시오"라고 기도를 올릴지도 모른다. 이런 기도는 앰브로즈 비어즈나 칼 세이건이 말한 대로 어리석기 짝이 없는 기도라고 할 수 있다. 합리성을 추구하도록 교육받은 현대인들은 대부분 이러한 기도를 답이 없는 허망한 기도라고 생각할 것이다. 그러나 몸가짐을 단정히 하고 정성껏 올리는 기도는 결코 허망한 기도가 아니다. 기도를 올리는 가운데 사람은 자신의 마음을 살피게 되고 자신이 진정 원하는 것이 무엇인지 깨닫게 된다. 자신이 진정 원하는 일을 알게 되면 더 이상 파랑새를 쫓는 일을 그만두고, 자신이 하는 일에 정성을 다하고, 정성이 계속됨에 따라 주위 사람을 감동시킨다. 기도가 계속됨에 따라 기도하는 사람의 마음이 잡념이 없어지는 쪽으로 정화된다. 기도하기 전보다 자유롭고 평화로운 마음을 갖게 되는 것이다. 그리고 냉정하게 자신을 살피는 마음을 갖게 되고 지혜가 싹트게 된다. 물론 몸에서도 변화가 일어나 신경조직이 사람에게 용기와 희망을 북돋아 주는 방향으로 작용하고 거기에 맞도록 신경전달물질과 호르몬이 분비된다.

기도한 대로 이루어지지 않아도 상관이 없다. 중요한 것은 기도를

---

118 여기에 대해서는 많은 문헌이 있으나 일반인이 이해하기 쉽게 설명한 것으로 두 가지를 들겠다. 릭 핸슨, 리처드 멘디우스의 앞의 책, 《붓다 브레인》; 라이오넬 타이거, 마이클 맥과이어 지음, 김상우 옮김, 《신의 뇌》, 와이즈북, 2012

올렸기 때문에 생각지도 못했던 긍정적인 결과를 얻게 되었다는 사실이다. 이것이 연기법이 말해주는 기도의 힘이요, 효과다. 지성이면 감천이라는 말은 빈말이 아니라 기도하는 자와 그 대상인 마음과 주변 사람 사이에서 일어나는 상호작용이 만드는 효과인 것이다. 똑같은 자세로 정성껏 기도를 올렸다고 해서 누구나 똑같은 효과를 얻는 것은 물론 아니다. 상호작용의 효과가 복합적이기 때문이다. 전혀 보답 없는 것처럼 보이는 기도도 있을 수 있다. 그러나 바르게 기도를 올렸다면 보답을 받은 자가 보답을 받고서도 그 효과를 깨닫지 못했을 따름이지 그 사람의 마음은 많이 정화되고 지혜로워지게 마련이다. 그리고 주변 사람도 그 영향과 효과를 받고 있게 마련이다. 이렇게 '기도하는 자'와 주변 사람과의 상호작용에 의해 나타나는 효과는 단일방향으로 작용하는 선형인과율로는 결코 설명할 수 없다.

불교에서도 업과 인과응보의 내용이 있어서 마치 결정론을 말하는 것처럼 들리지만 불교에서 말하는 인과율은 단순한 결정론을 뜻하지는 않는다. 《중아함경》의 〈도경〉을 보면 붓다는 강력한 어조로 세상일은 숙명적으로 미리 결정된 것도 아니고 우연에 의한 것도 아니며 신의 섭리에 따라 이루어지는 것도 아니라고 설한다. 세상일은 연기적 관계에 의해 내부적인 인(因)과 외부의 조건이 만드는 연(緣)에 따라 일어나며 인간의 노력과 의지가 여기에 강력하게 작용한다는 뜻이다. 뿐만 아니라 불교에서는 과거도 바꿀 수 있다고 한다. 어떻게 그것이 가능한가? 붓다의 설법을 들어보자.

"사람은 지은바 업에 따라 갚음을 받는다. 악행을 하면 반드시 그 보를 받는다. 그러나 몸과 마음을 닦고 지혜를 닦아 선행을 하고 청정한 삶을 살면 과거에 지은 업이 이 사람에게 큰 힘을 발휘하지 못한다. … 한 줌의 소금일지라도 찻잔에 넣은 소금과 갠지스강에 넣은 소금의 효과는 다르다."[119]

한 줌의 소금을 찻잔에 녹이면 짜서 그 물을 마시기 힘들 것이다. 그러나 갠지스강에 소금을 풀어 놓으면 같은 양의 소금일지라도 그 짠맛을 내지 못할 것이다. 사람은 지은바 업에 따라 갚음을 받게 마련이다. 이 사람이 그 마음을 다스리지 못하고 바르게 살지 않는다면 찻잔에 넣은 소금이 짠 것처럼 이 사람은 업보의 짠맛을 보게 될 것이다. 그러나 잘못에 대한 갚음이 있을지라도 현재 마음공부를 하고 지혜를 닦고 바르게 살면 그 갚음은 갠지스강에 풀어 넣은 소금이 짠맛을 낼 수 없는 것처럼 이 사람에게 거의 힘을 발휘하지 못한다는 뜻이다.

선형인과율에서는 과거 → 현재 → 미래의 순서로 영향력을 미치지만 연기법의 세계에서는 과거라고 해서 변하지 않고 영구적으로 갇혀 있는 것이 결코 아니다. 과거도 현재와 상호작용을 통해 변하게 마련이다. 사람의 힘으로 과거를 능동적으로 재조직할 수 있다. 과거는 어떻게 해석하느냐에 따라 그 의미가 달라지기 때문이다. 이를테면 이런 것이다. 과거 초등학교 시절 담임선생님으로부터 "너는 다른 사람의 말을 통 듣지 않아. 너는 정말 고집불통이야"라는 말을 듣고 실망과 반발심으로 인하여 정말 고집불통이 되어 외톨이로 지내던 사람이 있었다. 이 사람이 대학에 들어간 후 담임 선생을 만날 기회가 있어 과거 얘기를 하고 불평을 했더니 선생님은 자신이 한 말을 새롭게 해석하였다.

"네가 고집불통이라는 것은 주관이 뚜렷하여 남의 말에 쉽게 흔들리지 않는다는 뜻이야. 너는 큰일을 할 수 있어."

---

119 《중아함경》 제3권 〈염유경〉

이 사람은 이 말을 들은 후 자신의 과거를 재해석하고 정말 무게 있고 줏대 있는 사람이 되어 어려운 일이 있어도 흔들리지 않고 한 길을 걸은 결과 사업에 성공하였다고 한다. 이런 얘기는 우리 주변에서 많이 들을 수 있다. 이것이 상호인과의 이치다. 연기의 세계에서 원인 없는 결과는 없다. 그러나 결과를 예측할 수는 없다. 현재의 상태는 분명히 과거에 있었던 원인에 의해 결정된 것이지만 현재의 조건이 그대로 미래를 결정하지는 않는다. 과거의 업에 의해 현재 내가 나쁜 상태에 있더라도 이 상태가 그대로 나의 미래를 결정하는 것이 아니다. 나의 강한 의지와 적극적인 노력으로 현재의 나쁜 조건을 바꿀 수 있다. 이것이 행복한 삶을 살기 위해 불법수행이 필요한 이유이다. 불교처럼 인간의 자유의지와 노력의 힘을 강조하는 종교는 없다.

지금까지 설명한 상호의존성과 상호인과관계는 연기법이 담고 있는 가장 기본적인 특징들로서 이 특징들은, 불교적 관점에서 보든 과학적 관점에서 보든, 시간이 흐르거나 시대가 바뀐다고 해서 바뀌는 것이 아니다. 이것은 연기법이 불변의 진리라고 말하는 것과 마찬가지인데 연기법이 불변의 진리라는 가정 하에 연기법을 극으로 밀어붙이면 우리는 화엄사상에서 말하는 법계연기(法界緣起)의 이치에 도달하게 된다. 법계연기란 이 세상 사물이 모두 있는 그대로 완벽하다는 것으로서 '생사 즉 열반'과 같은 의미다.

4) 법계연기

연기법으로 세상사를 설명하는 연기설은 시대에 따라 변천이 있었는데, 이는 사람들의 관심사가 시대에 따라 변했기 때문이다. 붓다가 처음 연기법을 설했을 때는 주로 인간의 생로병사와 윤회 등 괴로움이 어디서 오는가를 설명하는 것이었다. 붓다는 이것을 12가지 단계로 설명했기 때문에 이를 12연기라고 한다. 아비달마불교 시대에는 세상의 여러 가지 차별과 변화는 중생들의 업에 의해 생기는 것으로 보고, 업으로써 세상사를 설명하였다. 이를 업감연기(業感緣起)라고 한다. 그 후 연기설은 업감연기(業感緣起) → 뇌야연기(賴耶緣起)[120] → 진여연기(眞如緣起)[121] → 법계연기(法界緣起)로 전개되었는데 과학적으로 볼 때나 삶의 의미에 관해서 생각해 볼 때나 흥미가 있는 것은 법계연기이다. 법계연기는 이 세상 모든 것이 그대로 여래의 출현으로서 이 세상 사물에 아무런 차별상이 없다고 말한다. 현실의 세계에서 극심한 고통을 느끼고 차별상을 절실하게 느낀 사람들은 법계연기의 이치를 받아들일 수 없을 것이다. 그러나 앞으로 설명하겠지만 법계연기에서 말하는 기본적인 내용들은 과학이 강력하게 지지하는 내용들이다. 제2장에서 설명한 바와 같이 과학이야말로 차별상 가운데 보편적 통일성을 찾는 데서 그 발전을 이루어왔다. 과학적 뒷받침과는 별도로 또 다른 의미에서 법계연기는 음미해 볼 만한 가치가 있는 학설이다. 고통 속에 큰 의미가 있다고 생각하고,

---

120 업감연기는 인과응보의 이치를 설명할 수는 있지만 업이 어디에 저장되기에 때가 되면 나타나서 사람의 운명과 세상을 만들어 가는지를 설명하기는 쉽지 않았다. 과거가 어떻게 현재에 영향을 미칠 수 있는지를 설명하기 위해 등장한 것이 뇌야연기(賴耶緣起)이다. 뇌야연기에서는 업이 아뢰야식에 종자로서 저장되어 있다가 인연이 되면 현행하여 영향력을 발휘한다고 보았다. 뇌야연기에 의하면 중생이 경험하는 일체는 중생 각자의 아뢰야식으로부터 나온 하나의 영상 같은 것이다.

121 뇌야연기에서는 중생이 경험하는 것이 모두 식(識)이 변한 것이라고는 하지만 자기의 식이 아닌, 남의 식이 변한 것에 의해 전개되는 사물들에 대해서는 유식의 의미가 성립하지 않는다. 이에 중생 모두에 공통되는 보편적인 유심체를 설정할 필요가 있다. 이 유심체를 진여(眞如)라 한다. 중생심의 본체는 진여이며 이 진여가 인연을 따라 이 세상 삼라만상을 전개한다는 것이 진여연기이다. 그런데 여기에도 문제가 있다. 본래 깨끗한 진여가 어떻게 이 세상 차별상을 만드는가 하는 것이다.

이 의미를 발견한 사람들은 자신이 겪은 고통을 축복으로 여기기 때문이다. 실제로 고통을 축복으로 여기거나 여긴 사람들을 우리 주위에서 어렵지 않게 볼 수 있는데, 제3장에서 소개한 빅터 프랭클의 책《죽음의 수용소》에는 아우슈비츠에 들어와서 극심한 고통을 느끼게 된 것을 신의 은총으로 여기는 사람들의 얘기가 나온다. 이 사람들은 아마도 일체 사물에 아무런 차별상이 없다는 말에도 동의하고 '생사 즉 열반'이라는 말에도 동의할 것이다. 그런데 왜 우리는 사물의 차별상을 보게 되는가?

화엄사상가들도 사물의 차별상을 무조건 부정하는 것이 아니다. 사람은 그 깨친 정도에 따라 법계를 여러 가지로 보게 된다. 화엄사상에서는 사종법계(四種法界)라고 하여 법계를 네 가지로 묘사한다. 이제 법계 연기의 기본 내용을 간단히 기술하고 그 과학적 의미를 요점만 추려서 살펴보겠다. 그리고 행과 불행이나 고통과 즐거움 같은 것이 어떻게 극적으로 바뀔 수 있고 불행이나 고통 속에 어떤 의미가 숨어 있는지를 살펴보기로 하자.

(1) 사종법계

법계연기는 화엄사상가들이 주창한 학설로 법계(法界, dharma-dhātu), 즉 우주만유 전체를 하나의 큰 연기적 관계로 보는데, 이는 연기법에 비추어보면 너무나 당연하다. 이것뿐이라면 법계연기를 특별한 사상이라고 여길 이유가 없다. 법계연기의 특별한 점은 이 현상세계를 진리 그 자체인 법신불(法身佛, Virocana Buddha)[122]의 나타남으로 본다는 데 있다.

---

122 법신은 진리를 인격화한 진리불(眞理佛)로서 붓다의 생신(生身)에 상대하여 일컫는 말이며, 수행의 결과로서 실현되는 행불(行佛)이 아니라 본래부터 그렇게 존재하는 진리로서의 이불(理佛)이다. 법신불은 Virocana Buddha의 음역으로서 비로사나불(毘盧舍那佛)이라고도 하는데,

세상 모든 것이 진리의 나타남이니 중생-부처, 번뇌-보리, 생사-열반, 물질-정신, 음-양과 같이 논리적으로 양립할 수 없는 것 같은 두 가지 사물이나 개념들도 그 근본을 찾아 들어가면 하나의 뿌리에 이르게 된다. 이 말은 이중성이 사물의 본질이라는 것과 마찬가지다. 이 중성이 사물의 본질, 즉 법계의 본질이라는 것을 과학적으로 밝힐 방법은 없겠지만 다음 장에서 보듯이 입자-파동의 이중성은 실제로 미시세계의 물질이 갖는 기본적 성질이다. 그렇다면 법계연기가 뜻하는 사물의 이중성을 그냥 무시하기는 힘들 것이다. 이중성이 사물의 본질이라도 그 본질이 아무에게나 나타나는 것은 아니다. 화엄 사상가들은 이를 낮이 밝더라도 눈을 감은 사람에게는 세상이 어둡게 보이는 것에 비유한다.

범부는 세상에서 온갖 종류의 차별상을 본다. 범부가 차별상을 보는 이 법계는 미혹의 현상계다. 이 미혹의 현상계를 사법계(事法界)라고 한다. 사법계를 미혹의 현상계라고 하는 것은 범부가 보는 이 세상은 실재하는 세계가 아니라는 뜻이다. 업이 만든 매트릭스라는 뜻이다. 이 세계에 사는 범부는 외부 세계가 실재한다는 착각 속에서 끌려다니는 삶을 살게 된다. 그래서 서산 대사(1520~1604)는 84세 되던 해 입적하기 전 "80년 전에는 그것이 나이더니, 80년 후에는 내가 그것일세"라고 읊었는데, '80년 전 그것이 나'라는 것이 바로 그것이 나의 주인으로서 내가 그것에 끌려다닌다는 뜻이다. 이 미혹의 세계에서는 낱낱의 사물이 다른 것과의 인연화합에 의해 생긴 것이므로 모든 사물은 무상하고 제각기

Virocana는 빛을 비추는 존재라는 뜻으로서 밀교에서는 비로사나불이라 하지 않고 대일여래(大日如來)라고 부른다. 《화엄경》의 설주는 석가모니가 아니라 비로사나불이다. 초기불교에서는 붓다라고 하면 석가모니 한 사람을 의미하였으나, 석가모니가 사망한 뒤에 대승불교에서 붓다를 신격화하면서, 영원한 과거에 이미 성불을 완성하고 무수한 시간에 걸쳐 인간들을 교화해 온 구원실성의 법신불이 있었음을 주장하고, 석가모니는 법신의 화신으로서 일시적으로 인간의 모습을 하고 이 세상에 출현한 것이라고 보았다.

달라 공통성이 없다. 이 세계에서 범부는 차별적인 면만을 보게 된다.

미혹의 세계에 살던 범부가 눈을 떠 사물의 실상을 알게 되면 그는 우주 만유에 공통된 통일성, 즉 공(空)을 깨닫는다. 실체가 없어 '공'이라고 부르지만 만유가 그것에서 나오기 때문에 진공묘유(眞空妙有)라고 한다. 공의 일차적 의미는 '없는 것[無]'인데 공의 작용으로 현실을 성립시킨다고 해서 묘유(妙有)라고 하니 이상하게 들리겠지만 이는 사실이다. 다음 장에서 공의 묘한 작용을 여러 가지 측면에서 과학적으로 검토하고 설명하겠지만, 여기서는 현대 우주론의 급팽창이론(inflation theory)을 주창한 앨런 구스(Alan Harvey Guth, 1947~)의 말을 소개하는 것으로 공의 작용에 대한 설명을 대신 하겠다. 구스는 이런 말을 하였다. "세상에 공짜 점심이 없다고는 하지만 우주야말로 공짜 점심에 해당한다."[123] 모든 현상의 본질이 공이기에 여기에 어떤 차별상도 있을 수 없고, 선-악, 유-무, 주-객 등 일체의 대립적인 차별상은 사라진다. 이 평등한 세계를 이법계(理法界)라고 한다. 《반야심경》에서 이르기를 "사리자, 시제법 공상 불생불멸 불구부정 부증불감…"이라고 하는데 《반야심경》이 이법계의 뜻을 잘 나타내고 있다고 볼 수 있다.

참고로 말하자면 우주를 탄생케 할 수 있는 묘유의 공을 가리켜 대승불교에서는 일심(一心, 한마음)이라고 부르기도 하고, 만물의 본체라는 뜻에서 진여(眞如, tathatā)라고 부르기도 하는데 어느 쪽으로 부르든지 그들은 실체도 아니고 제일원인도 아니다. 그들은 공의 다른 이름이고 공은 연기를 뜻하기 때문이다. 공을 일러 일심이라고 부를 때는 우주가 만물의 근원인 모든 중생들의 공통적인 유심체인 한마음에서 나왔다는 뜻에

---

123 It is said that there is no such thing as a free lunch. But the unverse is ultimate free lunch.

서 하는 말인데, 이 공통의 유심체는 심리학자 칼 융이 말하는 집단 무의식(collective unconscious)과 일맥상통하는 점이 있다고 할 수 있을 것이다.

　미혹의 세계를 뜻하는 사법계와 진리의 세계를 뜻하는 이법계는 둘이 떨어져 있는 것이 아니고 이사불이(理事不二)의 관계에 있다고 보는 것을 이사무애법계(理事無礙法界)라고 한다. 이사불이란 현상[사물]과 본체[이치]가 둘이 아니라는 관점이다. 구체적인 사건은 어떤 원리의 표현이며 원리는 현재 나타나 있는 사건의 본체이기에 둘을 분리시킬 수 없다는 뜻이다. 불교에서는 보통 이를 수파불리(水波不離), 또는 수파불이(水波不二)의 이치로서 설명한다. 물은 본체[理]이고 파동은 현상[事]이기 때문에 둘을 떼어서 생각할 수 없고, 또는 둘이 다르지 않다는 뜻이다. 따라서 《반야심경》이라면 번뇌도 없고 보리도 없고, 생사도 없고 열반도 없다고 했겠지만 이사무애법계의 관점에서는 '번뇌 즉 보리'나 '생사 즉 열반'과 같이 번뇌가 그대로 보리이고 생사가 그대로 열반이라고 말하게 된다. 번뇌-보리, 생사-열반뿐만 아니라 논리적으로 양립할 수 없는 두 가지 개념들, 음-양, 주-객, 유-무, 정신-물질 등이 그 근원을 찾아 들어가면 둘이 모두 한뿌리에서 나왔다는 것이다. 즉, 이사무애법계에서는 이중성이 사물의 본질이라고 보는 것이다. 이사무애법계에서 한 걸음 더 나아가면 사사무애법계(事事無礙法界)를 말하게 된다. 사사무애법계는 이사무애를 바탕으로 성립한다.

　논리적으로 양립할 수 없는 두 가지 개념을 A와 B라고 하고, 이제 미혹한 범부가 사물을 A와 B로 나누었다고 하자. 세상이 연기적 관계로 이루어진 것이 아니라면 A와 B는 서로 섞이지 않을 것이다. 그렇다면 A는 영원히 A로, B는 영원히 B로 남아 있게 될 것이다. 이것은 A와 B가 자성을 갖는다는 것을 뜻한다. 그러나 연기법에 의하면 A도 B도 자성을 가질 수 없다. 뿐만 아니라 A와 B는 서로가 서로의 원인이자 결과인 관계를 맺고 있다. 이것은 둘 사이에 상호작용이 있어 A에는 B의 특성이, B에는 A의 특성이 섞여든다는 것을 뜻한다. 둘 사이의 상호작용이 끝없이 계속되므로 A와 B는 둘 다 상대방의 모든 것을 수용하게 된다. 이제 A를 어떤 하나의 사물이라 하고, B를 나머지 전체라고 한다면 하나에는 전체의 요소가 들어오게 되고 전체에는 하나의 요소가 다 들어가게 될 것이다. 이것을 불교용어로 상즉상입(相即相入)이라고 하는데, 일체의 존재는 다른 존재와 상즉상입 관계에 있기 때문에 하나를 들면 그밖에 모든 것은 그 속에 수용된다. 물론 전체 속에도 하나가 수용되므로 '일즉다 다즉일(一即多 多即一)'의 관계가 성립하게 된다. 세상을 이렇게 보는 것이 화엄사상에서 말하는 법계연기이자 사사무애법계(事事無碍法界)이다.

법계연기의 이치에서 보면 일체의 것은 다 낱낱이 절대적인 가치를 지니게 되므로 현상계 그 자체가 절대적인 진리의 세계가 된다. 이 세계가 그대로 법신불의 나타남이니 이 말은 어떻게 보면 당연한 말이다. 그런데 이 세계가 법신불의 출현이니 모든 범부가 다 붓다이다. 모든 중생의 만남은 다 붓다와 붓다의 만남이 되고 그 만남에는 갈등도 없고 괴로움도 없어야 할 것이다. 이러한 관점에서 고통의 의미를 생각해보자.

(2) 고: 삶의 원동력

그리스의 비극 시인 소포클레스(Sophocles, BCE 497~BCE 406)는 그리스 신화의 영웅 필록테테스(Philoctetes)의 입을 통해 다음과 같이 고통의 의미가 갖는 뜻을 말하였다.

> 만일 뱀에게 물린 상처가 없고
> 동료들에게 버림받은 불행과

이 섬에서 겪어야 했던 처절한 고독이 없었더라면
나는 마치 짐승처럼 생각도 없고 근심 걱정도 없었을 것이다.
고통이 내 영혼을 휘어잡아 깊은 고뇌에 빠뜨린 후에야
나는 비로소 인간이 되었다.

필록테테스는 자신에게 고통이 없었더라면 배부른 돼지처럼 세상을 살았겠지만, 쓰라린 고통을 겪은 덕에 사물의 근원을 묻고 삶의 의미를 생각하며, 진선미를 추구하는 인간이 되었다고 한다. 이런 종류의 말은 너무 많이 들어서 진부하게 들리겠지만 그래도 필록테테스가 한 말은 마음에 새겨두어야 할 말이다. 고난과 시련 없이 이루어지는 일은 없다. 좋은 물건을 구하려면 그에 합당한 가격을 지급해야 하는 것처럼 성공은 고통스러운 수고의 대가이다. 꿈과 이상을 가진 사람에게는 반드시 고통이 따르게 마련이다. 고통은 누구나 싫어하는 것이지만 고통이 없다면 삶에 특별한 가치가 없는 것도 사실이다. 뛰어난 사람들이 이루어낸 업적은 그들이 겪은 쓰라린 실패에 뿌리를 두고 있다. 그들이 성공을 거두게 된 것은 하는 일마다 잘하여서가 아니다. 나무가 커다랗게 자라려면 풍부한 밑거름이 필요하듯이, 그들의 성공은 어려움과 실패라는 밑거름 위에서 이루어진 것이다.

돌멩이를 심심풀이로 발로 찬다고 해서 난폭한 행동을 했다고 비난받는 일도 없고, 자신이 너무 심하게 돌멩이를 대하지나 않았는지 반성하는 일도 없다. 축구공을 잘 차면 칭송을 받는다. 돌멩이나 축구공은 무정물이라 고통의 느낌이 없기 때문이다. 그러나 강아지를 발로 차면 동물을 학대했다고 비난을 받는다. 강아지는 느낌을 가진 존재이기 때문이다. 고통의 느낌이 없다면 윤리 도덕이라는 것도 없다. 남을 괴롭힌 일이 없는데 거기에 무슨 잘잘못이 있을 것인가? 괴로움이 있기에 윤리 도덕이 있는 것이다. 고통이 없다면 내가 무슨 행동을 한들 거기에 무슨 잘못이 있겠는가? 사람을 상하게 하거나 살도음의 악행을 저지른다고 하더라도 그것이 남에게 고통을 주는 것이 아니라면 그것이 왜 악행이겠는가? 화산이 폭발하고 지진이 일어나 산하대지를 뒤엎는다고 해서 화산과 지진을 악하다고 비난하는 일은 없다.

　도덕을 말할 때는 항상 인의예지(仁義禮智)를 말한다. 남을 불쌍히 여기는 마음이 어진 마음의 근원이라고 한다. 이런 말은 다 유정을 상대로 하는 말이다. 고통이 없다면 불쌍한 자가 있을 리 없다. 고통이 없는데 누구를 불쌍히 여길 것인가? 고통이 없다면 자비나 사랑의 개념조차 없을 것이다. 무례한 것에 대한 불쾌한 감정이 없으면 물론 예(禮)도 없다. 수치심이 없으면 의(義)라는 것도 없다. '그른 것'에 대한 거부감이 없으면 옳은 것을 찾을 필요도 없다. 그러면 지(智)도 없다. '고'가 없으면 물론 즐거움이라는 것도 없다. 그러니 천당이나 지옥이라는 개념도 없고 종교도 없을 것이다.

　진선미의 근원은 '고'이다. 인간의 가치가 진선미를 추구하고 달성하는 데 있다면 인간의 가치는 '고'에서 온다. 사람은 물론 동물들의 삶은 고통이 그 원동력이다. 고통이 없다면 이 세상에는 무생물과 식물과 같은 무정물만 있을 것이다. 배고픔의 고통이 없다면 생명을 유지하기 위해 먹이를 찾아 헤매는 동물도 없을 것이다. 배고픔의 고통이 있기에 동물의 삶이 의미를 갖는 것이다. '고'는 생명 활동의 원동력이다.

　물리학자 칼 세이건은 그가 쓴 《악령이 출몰하는 세상》의 머리말에서 "과학이 인류에게 선사한 가장 고귀한 선물, 그것은 생명이다"라고 말하고 있는데, 이 말에 "생명이 고귀한 것은 '고'가 있기 때문이다"라는 말을 덧붙인다면 그 말이 더욱 돋보일 것이다.

　연기적으로 서로 얽히고설킨 이 세상은 보는 관점에 따라 법계의 의미도 달라지고 고통의 의미도 달라진다. 다양한 원인에서 비슷한 결과가 나올 수도 있고 원인에 있던 작은 차이가 결과에서는 커다란 차이를 가져올 수도 있다. 또 시작에서는 커다란 차이가 있는 것도 결과에서는 같아질 수도 있다. 별 생각 없이 한 말이 듣는 사람에게 큰 상처를 줄 수도 있고 작은 격려의 말이 듣는 사람에게 큰 희망을 주어 성공에 이르게 할 수도 있다. 온 힘을 쏟고 정성을 쏟았는데 상대방이 대수롭지 않게 받아들여 사람이 헛수고하는 일도 드물지 않게 일어난다. 이러한 일은 분명히 보통 사람들의 지혜로는 이해하기 어렵고 공정치도 못한 것 같아서 그러려니 하고 마음으로 받아들이기가 쉽지 않을 것이다. 마음에 들지 않더라도 그것이 연기로 얽힌 세계의 특성이요, 우리의 현실이다. 다만 세계가 아무리 복잡하게 얽혀 있어도 다 마음의 문제로 적극적인 수행에 의해 마음을 잘 다스리면 마침내 연기의 이치를 깨닫고 마음의 주인이 되어 영원한 평화와 절대 자유를 누리게 된다는 것이 불교의 가르침이다. 모든 번민과 혼란에서 벗어나기 위해서는 연기의 이치를 깨닫는 것이 필수적이다. 어떠한 고통이나 어떠한 일에도 거기에는 의미가 있고 그 의미를 깨닫는 순간 고통은 사라지고 모든 것에 감사하게 된다는 것, 이것이 연기의 이치다. 지금 여기 자신의 상황에서 하나도 더하거나 뺄 것도 없이 있는 그대로가 완전하다는 것이 《화엄경》에서 말하는 법계연기의 이치이다.

연기법은 복잡계이론 등 과학의 여러 가지 다양한 분야를 통해 접근해야 하겠지만, 이 책에서 이 모든 분야의 과학을 다 다룰 수는 없다. 다음 장에서는 연기법에서 말하는 실체 없음, 즉 무상과 무아의 이치를 이해하기 위해 양자역학을 살펴보도록 하자.

5

양자역학과 중도의 원리

미시세계에서 일어나는 일, 즉 양자 현상을 설명하기 전에 미리 말해둘 것이 하나 있다. 양자 현상의 신기함을 소개하는 양자역학의 해설서를 읽거나 대중 강의를 들은 사람들 중 상당수가 말하기를 양자역학은 어렵다고 말하는데 그 말은 잘못된 말이다. 미시세계의 자연현상은 인간의 머리로는 이해할 수 없는 방식으로 전개된다. 이 '이상한 현상'에 관한 얘기를 듣고 사람들이 양자역학이 어렵다고 하는데, 이것은 마치 한국 사람이 인도 여행기를 읽고서 인도인이 한국 사람과는 다르게 행동한다는 말을 듣고 여행기가 어렵다고 말하는 것과 같다. 여행기가 전하는 내용이 신기하다고 해서 그것이 쉽다거나 어렵다고 하지 않는다. 양자역학의 해설서나 대중 강의에서 말하는 내용도 마찬가지다. 거기에 아무리 생각해도 이해할 수 없는 내용이 있다고 하더라도 그것은 모두 과학자들이 관찰한 내용을 대중에게 전하는 것일 뿐이다. 관찰한 것을 전하는 것이니 거기에는 쉽고 어려울 것이 없다. 그저 미시세계의 자연현상이 이상한 방식으로 전개되는구나 하고 받아들이면 그만이다. 물리학자들도 양자 현상을 이해하지 못하기는 마찬가지다. 그래서 보어는

"양자이론을 처음 접했을 때 충격을 받지 않은 사람은 결코 그 이론을 이해한 것이 아니다"라고 말했고, 아인슈타인은 양자역학을 강의하고 나서 학생들에게 "여러분이 내 말을 이해했다면 내가 똑바로 말하지 못한 것이다"라고 말했으며, 파인만은 "양자역학을 이해하는 사람은 아무도 없다고 말해도 틀리지 않다"라고 말했던 것이다. 그런데 신기하게도 양자역학과 불교는 둘이 거의 같은 말을 한다고 할 정도로 비슷한 말을 많이 하고 있다.

미국 칼텍(Caltech)의 숀 캐럴(Sean Carroll, 1966~) 박사는 그가 쓴《현대물리학, 시간과 우주의 비밀에 답하다》라는 책에서 양자역학을 설명하다가 불쑥 이런 말을 한다.

> "현대물리학이 고대 불교의 지혜를 재발견했다는 것을 의미하지는
> 않는다."[124]

그런데 영국 옥스퍼드 대학 양자정보과학의 블래트코 베드럴(Vlatko Vedral, 1971~) 교수는 그가 쓴《물리법칙의 발견》이라는 책에서 캐럴 박사와는 다른 말을 한다.

> "전자라는 것도 다른 것과의 상호작용을 통해 어떤 특정한 행동을
> 기술하는 어떤 명칭이다. … 불교에서 얘기하듯이 우리는 그 물체
> 와 그 물체가 가지는 어떤 성질을 혼돈해서는 안 된다. 우리가 이름
> 을 붙였다고 해서 그것이 실제로 존재한다고 할 수는 없다. 양자 물

---

124 숀 캐럴 지음, 김영태 옮김,《현대물리학, 시간과 우주의 비밀에 답하다》, 다른세상, 2012, p.363.

리학은 그러한 점에서 불교에서 말하는 공(空, emptiness)의 개념과
크게 일치하는 점이 있다."[125]

　두 명의 물리학자가 불교와 양자역학에 대해 서로 다른 말을 하고
있지만, 이들의 말에서 우리가 짐작할 수 있는 것은 양자역학과 불교에
서 사물의 모습을 기술하기 위해 사용하는 말과 개념이 무척 닮은 모양
이구나 하는 것이다. 사실 그렇다. 양자역학에서 물질계의 모습을 기술
하기 위해 사용하는 개념들은 불교에서 일반 사물의 모습을 기술하기
위해 사용하는 개념들과 무척 비슷하다. 일반 대중들이 과학이론을 쉽
게 이해하도록 해설하는 것으로 유명한 물리학자 폴 데이비스(Paul Davis,
1946~) 같은 이는 베드럴보다 한술 더 떠서 "현대의 많은 작가들은 양자
론에서 사용한 개념들이 선(禪)과 같은 동양의 신비주의와 밀접한 관계
(close parallels)가 있다고 믿는다"고[126] 말할 정도로 양자역학과 불교는 사
물의 실재성에 대해서 비슷한 말을 하고 있다. 양자역학에서 말하는 사
물의 실재성은 불교에서 말하는 공(空, śūnya)이나 중도사상과 놀랄 만치
닮았다. 아마도 양자역학이 탄생하지 않았더라면 현대인은 결코 불교의
중도사상을 이해하지 못할 것이라고 말할 정도로 양자역학의 물질관은
불교의 중도사상과 닮은 데가 많다. 그렇기 때문에 현대인에게 양자역
학적 지식이 있으면 불교를 이해하는 데 큰 도움이 된다. 이 장에서는 불
교의 공과 중도사상을 바르게 이해하기 위해 양자역학의 물질관을 살펴
보겠다. 먼저 자신들의 생각을 논리적으로 명쾌하게 표현한 그리스 철
학자들이 한 말을 음미해보고, 이를 불교 철학과 비교해 보도록 하자.

───────────

125 블래트코 베드럴 지음, 손원민 옮김, 《물리법칙의 발견》, 모티브북, 2011, p.264.

126 폴 데이비스 지음, 류시화 옮김, 《현대물리학이 발견한 창조주》, 정신세계사, 2005, p.158.

1) 붓다와 파르메니데스

그리스의 철학자 파르메니데스(Parmenides, BCE 515?~BCE?)는 "있는 것은 있고 없는 것은 없다"라고 하여 '없는 것[無, 非存在]'과 '있는 것[有, 存在]'을 명확하게 정의하였다. 파르메니데스에게 있어서 '무'란 없는 것이기에 사유의 대상조차도 될 수 없다. 사유는 오직 '유'만을 대상으로 삼는다. 이것은 '사유와 존재는 같은 것'이라는 뜻을 담고 있다. 존재와 비존재에 대한 정의가 명확하고 존재와 사유가 같은 것이므로 파르메니데스에게 있어서 이성적 사유는 진리를 찾는 최고의 수단이 된다. 이러한 파르메니데스의 생각은 플라톤(Platon, BCE 427?~BCE 347?)에게 이어지고, 이성을 중시하는 그리스 철학은 서양의 합리주의(rationalism) 철학이 탄생할 수 있는 토대가 되었다. 그리고 이 합리주의 철학을 바탕으로 자연과학이 탄생하였다고 볼 수 있다. 합리주의 철학이 없었더라면 사물을 합리적이고 객관적으로 관찰하는 과학적 태도가 유럽인에게 마련되지 않았을 것이며 고전역학의 탄생을 위해 꼭 필요한 수학의 발전도 없었을 것이다. 과학은 파르메니데스의 철학을 계승한 유럽인들에 의해 탄생하였고 20세기는 과학이 지식을 주도하였다. 아마 21세기도 과학이 지식을 주도할 것이다. 이렇게 보면 이성적 사유[분별지]를 중시하는 그리스 철학과 서양의 합리주의 철학은 확실히 매력적이다. 그런데 불교인들은 그리스 철인들과는 전혀 다른 방식으로 세상을 보고 사물의 실상을 기술하였다. 앞서 이미 소개했지만 존재-비존재에 관한 붓다의 설법은 그 표현과 의미가 파르메니데스가 말한 것과는 전혀 다르다.

"모든 것이 존재한다는 것은 하나의 극단이요, 모든 것이 존재하지 않는다는 것도 하나의 극단이다. … 여래는 극단을 버리고 중도를 취한다."[127]

붓다가 발견한 진리는 선천적인 진리이며,[128] 일반적인 논리나 이성적 사유만으로는 도달할 수 없는 진리이다. 붓다의 가르침을 이론적으로 체계를 세워 대승불교의 기본 철학을 확립한 용수는 여덟 가지 서로 대립되는 개념들을 짜임새 있게 정리하여, 이를 팔불중도(八不中道)라고 부르며 불일역불이(不一亦不異)의 이치를 말한다. 또 《유마경》에서는 불이(不二)의 이치를 말한다. '불일역불이'나 '불이'란 '유'나 '무'와 같은 논리적으로 양립할 수 없는 개념들은, 둘이 같은 것은 아니지만 그렇다고 해서 다르다고 말할 수도 없다는 뜻이다. 이는 마치 뫼비우스(Möbius)의 띠가 국소적으로 보면 안팎이 있지만 전체를 놓고 보면 어딘가에서 연결되어 전체로서는 안팎이 없는 것과 같은 이치다. 이런 뜻에서 붓다가 "존재-비존재를 떠나 중도를 취한다"고 설했을 때의 중도는 불이(不二)의 원리를 뜻한다고 할 수 있다. 물론 중도는 불이의 원리만 담고 있는 것이 아니라, 상대성원리와 조화의 원리까지 담고 있다. 붓다가 관한 바에 의하면 사물의 참모습은 중도로서, '중도'는 형식논리로써는 표현할 수 없기 때문에 위와 같이 표현한 것이다. 존재와 비존재에 대해 파르메니데스가 한 말과 붓다가 한 말을 비교해보면, 서양철학과 불교 철학이 세상을 보는 방식이 어떻게 다른지 확연히 드러난다. 그런데 파르메니데스의 철학을 뿌리로 삼아 과학과 서양철학이 탄생했다면 중도사상은

---

[127] 《쌍윳따니까야》 12:47

[128] 선천적인 진리는 있는 그대로의 진리라는 뜻으로 여기서는 일단 절대적인 일반적인 사유로는 도달할 수 없는 진리 정도라고 이해해두면 될 것이다.

과학적으로 의미가 없는 사상일까? 결코 그렇지 않다. 오히려 현대물리학은 중도사상을 지지한다. 현대물리학의 바탕이 되는 양자역학의 기본원리인 불확정성원리와 상보성원리는 중도사상의 물리학적 표현이라고까지 말하는 사람들도 있다. 참고로 여기서 양자역학을 탄생시키는 데 결정적인 역할을 한 소수의 물리학자 중 한 사람인 하이젠베르크가 한 말을 소개하겠다.

> "지난 전쟁 이래 일본이 이론 물리학에서 이룬 가장 위대한 과학적
> 기여는 극동의 철학적 개념들과 양자역학의 철학적 개념들 사이에
> 확실히 어떤 관계가 있음을 보여준 것이다."[129]

하이젠베르크가 말한 극동의 철학적 개념들 중 핵심적인 것은 중도의 원리다. 중도의 원리를 사람의 눈앞에 들어내어 보여주는 것이 입자-파동의 이중성(二重性, duality)이다. 현대물리학은 입자-파동의 이중성을 발견하면서 탄생하게 된다.

2) 입자-파동의 이중성

일상적 경험세계에서 볼 때 세상은 객관적 실재로 이루어졌고 사물들은 인간의 이분법적 사고에 꼭 맞게 행동하는 것처럼 보인다. 따라서 사람

---

129 W. Heisenberg, *Physics and Philosophy*, Haper, New York, 1958, p.176. "great scientific contribution in theoretical physics that has come from Japan since the last war may be the identification for a certain relationship between philosophical ideas in the tradition of the Far East and the philosophical substance of quantum theory"

들은 사물을 음-양, 주-객, 유-무, 선-악, 삶-죽음, 실재-허상 등 대립되는 개념으로 나누어 보는 것을 당연하게 여긴다. 우리의 감각기관으로 알 수 있는 세계를 놓고 볼 때, 하나의 사물이 관찰자가 보는 방식에 따라 '이것'처럼 행동하기도 하고 '이것 아닌 것'처럼 행동하는 경우는 없는 것처럼 보인다. 형식논리에 바탕을 둔 이분법적 사고는 고전물리학의 철학적 기반이라고 할 수 있는데, 뉴턴의 고전역학은 너무나 자연현상을 잘 설명하였기에 19세기의 물리학자들은 더 이상 자연의 법칙에 관해 자신들이 할 일이 없다고 믿을 정도였다. 그런데 20세기 초에 입자-파동의 이중성을 발견하게 되면서부터 물리학자들은 원자 이하의 미시적 세계에서 일어나는 일에 대해서는 뉴턴역학에 바탕을 둔 고전물리학은 아무런 역할을 할 수 없다는 것을 알게 된다.

(1) 입자와 파동의 성질

일상적 경험세계에서 보는, 또 고전물리학에서 말하는 입자(粒子, particle)와 파동(波動, wave)은 논리적으로 양립할 수 없는 개념이다. 사람들이 일상세계에서 경험하는 입자란 실체가 있는 알갱이를 뜻한다. 입자는 질량을 가지고 있으며 우리 주위에 있는 물질을 이루고 있다. 그리고 고전역학에서 말하는 입자는 객관적 실재로서 관찰자와는 무관하게 거기에 그렇게 존재한다. 이에 반해 파동은 입자로 이루어진 매질(媒質, medium)이 진동하는 현상을 가리키는 이름이다. 입자-파동의 관계를 알려주는 좋은 예로 물과 물결파, 공기와 소리(음파)의 관계를 들 수 있다. 물결파는 물이라는 매질이 진동하는 현상이고, 소리는 공기나 물 또는 고체와 같은 물체가 진동하는 현상이다. 진공 중에서 소리가 전달되지 않는 것은 음파를 전달하는 매질이 없기 때문이다. 물결파는 물이 없으면 존재할 수 없지만 물은 물결파가 있건 없건 상관없이 존재하는 데서 보듯이, 파동 없이도 입자는 존재하지만 입자 없는 파동은 생각할 수 없다. 즉, 고전역학에서 말하는 입자와 파동은 몸과 몸짓의 관계와 같다. 파동은 실체 없는 몸짓을 가리키는 가명(假名)일 뿐이다. 몸과 몸짓이 서로 명확히 구분되는 개념이라면 몸에 해당하는 입자가 이름뿐인 파동일 수가 없고 몸짓에 불과한 파동이 입자일 수 없을 것이다.

몸과 몸짓의 관계 외에도 파동과 입자는 논리적으로 양립할 수 없는 몇 가지의 성질을 더 갖고 있다. 음파인 소리를 하나둘 하고 셀 수 없는 것과 같이 어떤 파동이든지 파동을 셀 수는 없다. 반면에 입자는 모래알처럼 서로 떨어져 있기에 하나둘 하고 셀 수 있다. 입자는 일정한 공간에 가두어 둘 수 있지만 파동은 허용된 공간을 가득 채울 때까지 퍼져나간다. 또한 입자는 다른 입자를 튕겨낼 수 있지만 소리나 물결파와 같은 파동은 입자를 튕겨내지 못한다. 입자를 모아 놓으면 그 부피 질량 등 물리량은 정확히 입자 하나하나가 갖는 물리량의 합과 같지만 파동의 합은 그렇게 되지 않는다. 두 개의 파동이 만나면 합쳐져서 하나의 합성파가 되는데, 하나의 합성파가 갖는 물리량은 합쳐지기 전의 파동이 갖고 있던 물리량의 단순한 합으로 되지 않는다. 파동이 합쳐지면 간섭(干涉, interference)이 일어난다. 파동의 간섭이란 두 개의 파동이 만나서 합성파를 이룰 때, 파동이 어떤 방식으로 만나느냐에 따라 합성파의 세기가 각각의 파동의 세기를 합친 것보다 더 강해지기도 하고, 합성파가 아예 소멸하기도 하는 현상을 말한다. 지금까지 설명한 바를 표로 나타내면 다음과 같다.

다음의 표에 있는 여러 가지 성질 중 고려하는 대상, 예를 들면 전자나 빛이 파동인지 아닌지를 알아내는 가장 간단한 방법은 이들이 간섭 현상을 나타내는지 아닌지를 알아보는 것이다. 고려하는 대상이 파동이

	입 자	파 동
논리적으로 양립할 수 없는 성질	서로 떨어져 있음(discrete) (하나둘 하고 셀 수 있음)	연속적임(continuous) (셀 수 없음)
	공간상의 일정한 위치에 머물러 있음(가두어 둘 수 있음)	허용된 공간 전체를 채울 때까지 퍼져나감(가두어 둘 수 없음)
	운동량을 가짐 (다른 물체를 튕겨낼 수 있음)	운동량을 갖지 않음 (다른 물체를 튕겨내지 못함)
	간섭(interference) 현상이 없음 입자들이 갖는 총 물리량은 개별 입자들이 가진 물리량의 합과 같다.	간섭 현상이 있음 파동의 총 세기는 개별 파동들이 갖는 세기의 단순한 합과 다르다.
	몸(실체가 있음)	몸짓(실체가 없음)

라면 이들을 가까이에 있는 '두 개의 슬릿〔이중 슬릿, double slit〕'[130]으로 통과시키면 이들은 슬릿의 뒤에 있는 벽면상의 스크린에 밝음과 어두움이 교차하는 무늬(fringe)를 만든다. 보강간섭이 일어나는 곳은 밝고 소멸간섭이 일어나는 곳은 어둡다. 이렇게 밝음과 어두움이 교차하는 띠가 스크린에 나타나는 이상 그것은 파동일 수밖에 없다. 입자는 결코 간섭무늬를 만들지 않기 때문이다. 이중 슬릿 실험을 잘 이해하는 것이 현대 물리학의 관문을 통과하는 첫걸음이 된다. 이중 슬릿 실험으로 빛이 파동이라는 사실을 최초로 밝힌 실험을 '영의 실험'이라고 한다. 별다른 지식이 없어도 영의 실험을 이해하는 것은 어렵지 않다.

---

130 슬릿이란 가늘고 긴 찢어진 틈을 말한다.

(2) 영의 실험

빛은 파동이다. 빛이 입자인지 파동인지에 대하여 오랫동안 논란이
있었지만, 영국의 물리학자 토마스 영(Thomas Young, 1773~1829)이 1801
년, 이 논란에 종지부를 찍었다. 영은 가까이에 있는 두 개의 슬릿으로
빛을 통과시키면 아래의 〈그림 5-1〉에서 보는 바와 같이 슬릿의 뒤에 있
는 스크린에 밝음과 어두움이 교차하는 무늬(fringe)가 나타나는 것을 관
찰하였다.

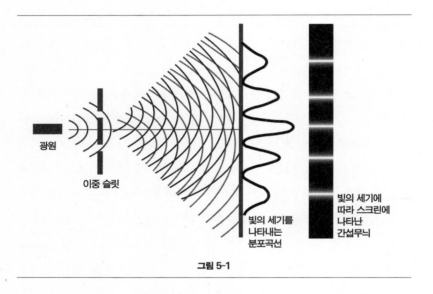

그림 5-1

〈그림 5-1〉과 같이 광원에서 나온 빛이 가까이 붙어 있는 두 개의 슬
릿을 통과한 후 두 가닥의 빛이 스크린의 한 점에서 합쳐질 때, 빛이 합
쳐지는 위치에 따라 합쳐진 빛의 세기가 두 가닥의 빛의 세기를 각각 합
친 것보다 더 세어져서 벽면이 밝아지기도 하고, 빛이 소멸하여 어두워

지기도 하여 밝음과 어두움이 교차하는 띠의 무늬를 만든다. 그림의 맨 오른쪽에 있는 밝고 어두운 무늬의 띠가 빛이 만드는 간섭무늬이다. 입자는 이런 간섭무늬를 만들지 않는다. 빛이 만드는 간섭무늬를 확인함으로써 영은 빛이 파동이라는 100%의 증거를 얻었다.

영의 실험을 통해 빛이 파동이라는 사실이 밝혀진 이상 빛이 입자처럼 행동할 리는 없을 것 같았다. 그런데 20세기 초에 물리학자들은 흑체복사(black body radiation)[131]와 광전효과(photoelectric effect)[132]와 같이 빛을 입자라고 보아야만 설명할 수 있는 몇 가지 물리현상을 발견하게 된다. 그러나 영의 실험으로 인해 빛이 파동이라는 증거가 100% 확실했기 때문에 물리학자들은 이들 현상을 이상하게 여겼을 뿐 빛이 정말 입자로서 행동하리라고는 생각하지 못했다.[133] 이들 새로운 현상에 물리학자들이 얼떨떨해하는 가운데 1923년 콤프턴(A. H. Compton, 1892~1962)이라는 물리학자가 '빛'이 다른 입자를 쳐서 튕겨내고 '빛' 자신도 튕겨나가는 현상을 발견하게 된다. 파동은 다른 물체를 튕겨내지 못하는데, 빛이

---

131 흑체란 빛을 100% 흡수하는 물체를 가리키며, 흑체복사란 흑체에서 나오는 빛을 말한다. 흑체복사를 어렵게 생각할 것 없이 그냥 물체에서 나오는 빛을 생각하면 된다. 달군 쇠처럼 뜨거운 물체는 눈에 보이는 빛을 내지만, 뜨겁지 않아도 모든 물체는 빛을 내고 있다. 차가운 물체는 가시광선의 영역을 넘어선, 파장이 긴 빛을 내기 때문에 눈에 보이지 않을 뿐이다. 흑체복사의 연구는 물체에서 나오는 빛의 종류와 그 세기가 물체의 온도에 따라 어떻게 변하는가를 연구하는 것이다. 빛을 파동으로 보면 흑체복사를 설명할 수 없고 빛을 에너지의 덩어리〔量子, quantum〕, 즉 입자로 이루어졌다고 가정하면 흑체복사를 완벽하게 설명할 수 있다. 빛이 에너지의 덩어리〔量子, quantum〕로 이루어졌다는 '광양자설(quantum hypothesis)'을 처음으로 제안하여 흑체복사를 설명한 사람은 독일의 물리학자 막스 플랑크(Max Planck, 1858~1947)이다.

132 광전효과는 진공관의 음극에 있는 금속판에 빛을 쪼이면 진공관에 전기가 흐르는 현상을 가리키는 것으로 당시의 학자들에게는 하나의 수수께끼였다. 아인슈타인은 빛을 입자라고 해석함으로써 광전효과를 설명하고 이 공로로 1922년에 노벨상을 받게 된다.

133 광양자설을 처음으로 제안하여 흑체복사를 이론적으로 설명하는 데 성공한 플랑크(Max Planck, 1858~1947)도, 또 플랑크의 광양자설이 '빛이 입자라는 것을 의미한다'는 것을 처음으로 이해하고 빛이 입자라는 사실을 이용하여 광전효과를 설명한 아인슈타인도 모두 죽을 때까지 빛이 때로는 파동, 때로는 입자로서 행동한다는 사실, 즉 빛의 이중성을 믿지 않았다.

다른 입자를 튕겨낸다면 빛은 분명히 100%입자인 것이다.[134] 이 발견으로 인해 물리학자들은 '빛'이 입자-파동의 이중성을 갖는다는 사실을 받아들이지 않을 수 없었다. 빛의 이중성을 발견한 데 뒤이어 곧바로, 프랑스의 물리학자 드브로이(Louis de Broglie, 1892~1987)는 파동이라고 생각했던 빛이 입자-파동의 이중성을 갖는다면 입자인 전자(電子, electron)도 파동성을 가질 것이라고 제안하였다. 이 제안을 드브로이 가설이라고 하는데, 1927년 미국의 물리학자 데이비슨(C. J. Davisson, 1881~1958)과 거머(L. H. Germer, 1896~1971)는 그때까지 입자라고 믿었던 전자가 빛처럼 간섭무늬를 만든다는 현상을 실험적으로 확인하였다. 데이비슨-거머의 실험은 원리적으로는 영의 실험과 똑같지만, 입자의 행동을 이해하는 데 보다 큰 도움을 준다. 그리고 불교에서 말하는 공과 중도와 같은 개념을 이해하는 데도 큰 도움을 준다.

(3) 데이비슨-거머의 실험

전자를 가지고 실험하기 전에 먼저 모래알과 같은 거시 세계의 입자를 이중 슬릿을 향해 쏘아보자. 다음의 〈그림 5-2〉는 모래알을 이중 슬릿을 향해 쏘아 보내는 실험을 나타낸다. 이 그림에서 왼쪽에 있는 입자총은 모래알을 이중 슬릿을 향해 연속적으로 내뿜고 있다.

이 모래알들은 슬릿을 지난 후 스크린에 도달하게 되고 스크린에는 검출기가 있어 스크린에 도달한 모래알의 수가 위치에 따라 어떻게 그 분포가 달라지는지 헤아리고 있다. 〈그림 5-2-(a)〉에서 '1'과 '2'로 표시한 두 개의 슬릿 중 슬릿 '2'를 닫고 슬릿 '1' 하나만 열면 벽면에 부딪히

---

134 빛의 입자를 '빛알' 또는 광자(光子, photon)라고 한다.

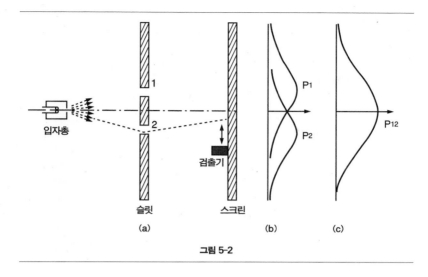

입자총

검출기

슬릿

스크린

(a)

P1

P2

P12

(b)

(c)

그림 5-2

는 모래알의 분포곡선은 〈그림 5-2-ⓑ〉의 곡선 P1과 같은 모양이 된다. 슬릿의 정면에 해당하는 위치에 모래알이 가장 많이 부딪치고 슬릿의 정면에서 멀어질수록 스크린에 부딪히는 모래알의 수가 감소한다. 이는 특별히 설명하지 않더라도 사람들이 경험으로 쉽게 알 수 있는 사실이다. 실제로 모래알을 한 줌 쥐고 땅바닥에 떨어트리면 모래가 땅 위에 분포하는 모양이 P1과 같이 됨을 눈으로 쉽게 알아볼 수 있다. 이제 슬릿 '1'을 닫고 슬릿 '2'만 열어두고 입자총에서 모래를 쏘아보자. 이때 모래의 분포가 곡선 P2처럼 된다는 것은 더 이상 설명을 할 필요가 없을 것이다. 마지막으로 슬릿 두 개를 모두 열어두고 입자총에서 모래를 쏘아보자. 그러면 모래알의 분포는 〈그림 5-2-ⓒ〉에 있는 P12처럼 된다. 분포곡선 P12는 단순히 P1과 P2를 합한 것이다. 즉, P12 =P1 + P2이다. 이는 입자들의 모임이 갖는 물리량은 단순히 개별 입자의 물리량을 합한 것과 같다는 것을 뜻한다. 그런데 모래알 대신 입자총에서 전자와 같은 미시세계의 입자를 이중 슬릿을 향해 쏘면 전자는 모래알과는 전혀 다른 분포곡선을 보여준다.

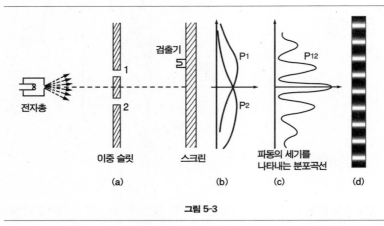

그림 5-3

<그림 5-3>은 전자가 스크린에 만드는 분포곡선을 보여주는 그림이다. 먼저 모래알을 쏠 때와 같이 슬릿을 하나씩 열고 전자를 쏘아 보내면 전자총에서 나온 전자가 스크린을 때리는 분포곡선 (b)는 <그림 5-2>에서 모래알이 만드는 분포곡선과 똑같다. 그런데 슬릿 2개를 다 열어두고 전자총에서 전자를 쏘면 전자는 파동처럼 행동한다.

<그림 5-3>의 분포곡선 (c)는 슬릿 두 개를 모두 열어두었을 때 전자가 스크린을 때리는 분포곡선이다. 이 분포곡선을 <그림 5-2 - (c)>에 있는 모래알의 분포곡선과 비교하면 전혀 다름을 알 수 있다. 입자임이 분명한 전자가 간섭무늬를 만든 것이다. <그림 5-3 - (d)>는 전자총에서 나온 전자가 이중 슬릿을 지나 벽면에 도달할 때, 형광판으로 된 스크린에 만드는 간섭무늬를 나타낸 것이다. 이 무늬를 <그림 5-1>과 비교하면 전자도 빛과 똑같은 모양의 간섭무늬를 만듦을 알 수 있다.

데이비슨 - 거머의 실험 이후 물리학자들은 전자뿐만 아니라 모든 소립자와 원자들도 입자-파동의 이중성을 나타낸다는 것을 확인하였다. 마침내 물리학자들은 입자-파동의 이중성이 자연의 본질임을 발견한 것이다. 원자뿐만 아니라 1999년에는 수소 원자보다 그 크기가 5만 배나 더 큰 풀러렌(fullerene)도 파동성을 갖는다는 사실을 확인하였다.[135]

대승불교에서 말하는 '생사 즉 열반'이나 '범부 즉 부처'를 현대 물리학적 용어와 개념을 빌려 표현하면 그대로 생사-열반의 이중성, 범부-부처의 이중성이 된다. "존재-비존재를 떠나 중도를 취한다"는 중도의 원리나 용수의 팔불중도는 이중성이 물질계의 본질일 뿐만 아니라 세상 사물 전체의 본질이라는 것을 뜻한다고 해석할 수 있다. 앞에서 설명한 바와 같이 불교에서는 있는 그대로의 것을 '여여(如如)'라고 하며 이분법적 사고를 떠나 '있는 그대로의 것'을 보는 것을 여실지견이라고 한다. 입자-파동의 이중성에서 볼 수 있듯이 자연현상을 기술하려면 파동과 입자라는 논리적으로 양립할 수 없는 두 가지 개념을 필요로 한다. 논리적으로 모순되는 입자와 파동을 동시에 볼 수는 없다. 그런데 '여여 한 것', 즉 사물의 실상은 논리적으로 양립할 수 없는 두 가지 성질을 갖고 있기에 이를 인간의 언어로 제대로 표현할 길이 없다. 깨달은 자가 여실지견을 갖고 있더라도 자기가 본 것을 인간의 언어로 표현할 길이 없기에, 붓다는 "이것은 말로 표현할 수 없고…"라고 하였고, 불교 경전과 논서에서는 '생사 즉 열반'이나 '색즉시공'과 같이 즉(卽)이라는 말로써, 때로는 불일역불이(不一亦不異)나 불이(不二)라는 말로써 '언어로 표현할 수

---

135 1999년 오스트리아의 물리학자 차일링거(Anton Zeilinger, 1945~)는 탄소 60개로 이루어진 공 모양의 풀러렌(fullerene)과 탄소 70개로 럭비공 모양의 풀러렌도 파동처럼 행동하는 것을 관찰하였다. 풀러렌이란 탄소가 여럿이 모여 속이 빈 구(sphere)나 타원체(ellipsoid), 또는 튜브(tube) 모양의 분자를 통틀어 일컫는 이름이다. 탄소 60개로 이루어진 공 모양의 풀러렌을 특별히 버키볼(Buckyball)이라고 한다. 사람의 적혈구는 버키볼보다 6,000~8,000배 정도 크다.

없는 진리'를 표현하였다고 우리는 이해해도 좋을 것이다. 물론 이 말에 찬반이 있을 수 있다. 찬성하는 사람은 블래트코 베드럴처럼 말할 것이고, 반대하는 사람은 숀 캐럴처럼 말할 것이다.

입자-파동의 이중성은 존재론적으로나 인식론적으로 흥미 있는 내용이지만 이중 슬릿의 실험은 그 이상의 내용을 담고 있다. 그것은 전자와 같은 소립자는 동시에 두 곳에 존재한다는 사실이다.

(4) 동시에 여러 곳에 존재하는 소립자

일상 경험적 세계에서는 아래의 〈그림 5-4〉와 같이 스키 선수가, 그 몸이 둘로 나누어지지 않은 이상, 팻말의 양쪽 기둥 옆을 동시에 지나가는 일은 있을 수 없다. 그런데 여기서 스키 선수 대신 전자 하나를 보내면 어떻게 될까?

이 그림은 원리상 '영의 실험'과 똑같다. 기둥 두 개가 이중 슬릿에

그림 5-4

해당하고 스키 선수가 서 있는 자리가 스크린 위의 한 점에 해당한다. 전자는 결코 둘로 나눠지는 것이 아니기 때문에 하나의 전자가 두 개로 나뉘어 반쪽짜리 전자 두 개가 각각 하나씩 두 개의 슬릿을 통과하는 것은 절대로 아니다. 그렇다면 전자를 하나씩 보내면 전자는 두 개의 슬릿 중 어느 한쪽만을 통과하여 벽면에 도달하는 것일까? 그리고 간섭무늬는 나타나지 않을까? 하나의 슬릿을 통과한 파동은 결코 간섭무늬를 만들지 않는다. 간섭무늬는 두 개의 슬릿을 통과한 파동이 만나야만 생기기 때문이다. 전자는 다른 실험에서 입자임이 확인되었기 때문에[136] 누구나 하나의 전자를 이중 슬릿에 쏘아 보내면 스크린에 간섭무늬가 나타나지 않을 것이라고 생각할 것이다. 이것이 사람이 사물을 인식하고 판단하는 방식이다. 그러나 실험결과는 사람의 생각과는 다르다.

데이비슨-거머의 실험에서 빛 대신 전자를 하나씩 쏘아 보내도, 오랜 시간에 걸쳐 많은 수의 전자들을 보내면 실험결과는 〈그림 5-3〉과 똑같이 된다. 전자 하나가 스크린을 때린 다음 다른 전자 하나가 이중 슬릿을 지나서 스크린을 때리는 식으로 전자를 하나씩 하나씩 쏘아 보내도 이들 전자는 스크린에 간섭무늬를 만든다. 하나씩 이중 슬릿을 지난 전자들이 스크린 위에 간섭무늬를 만든다는 것은 하나의 전자가 두 개의 슬릿을 동시에 통과했다는 것을 뜻한다. 사람의 사물 인식 방식에 비추어 볼 때 이것은 있을 수 없는 일이다. 정말 하나의 전자가 두 개의 슬릿을 동시에 통과하는지, 아니면 한쪽만 지나는지 실험을 통해 확인해 보자.

〈그림 5-5〉는 전자가 어느 쪽 슬릿을 통과하는지 관찰할 수 있는 간

---

[136] 전자가 −부호의 전기를 띤 입자임은 이미 19세기 말에 확인되었다. 최근에는 과학자들이 훑기꿰뚫기현미경(scanning tunneling microscope, STM)을 사용하여 원자를 하나씩 집어 들기도 한다. IBM의 과학자들은 제논(Xe) 원자 35개로 IBM이라는 글자를 썼다. 아직 전자는 너무 작아서 그렇게 하나씩 들 수 없지만 원리적으로는 전자라고 해서 그렇게 할 수 없다는 법이 없다.

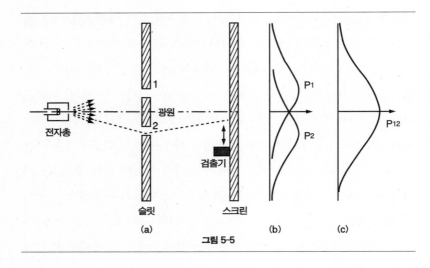

전자총   광원   검출기   슬릿   스크린

(a)   (b)   (c)

그림 5-5

단한 장치이다. 〈그림 5-5〉에는 두 개의 슬릿 사이에 강한 빛을 내는 광원이 있다. 전자가 위쪽 슬릿 '1'을 통과하면 전자는 광원에서 나온 빛과 충돌하게 되고, 그 충돌 결과 슬릿 '1' 근방에 번쩍이는 섬광이 나타날 것이다. 전자가 아래쪽 슬릿 '2'를 통과하면 이번에는 슬릿 '2'의 근방에서 번쩍이는 섬광이 보일 것이다. 실제로 실험을 해보면 섬광은 슬릿 '1'의 근방이나 슬릿 '2'의 근방 중 꼭 한 곳에만 나타난다. 전자는 동시에 두 곳을 지나는 것이 아니라 분명히 한쪽 슬릿만 통과한다. 그리고 이 경우 전자가 스크린을 때리는 분포곡선을 그려보면 〈그림 5-5〉의 (b)에 있는 곡선 P1과 P2를 얻게 된다. P1은 섬광이 위쪽에서 번쩍인 다음 스크린에 부딪히는 전자의 분포곡선을 나타내고, P2는 섬광이 아래쪽에서 번쩍인 다음 스크린에 부딪히는 전자의 분포곡선을 나타낸다. 그 결과는 두 개의 슬릿 중 하나만 열었을 때 전자가 만드는 분포곡선 〈그림 5-3-(b)〉와 똑같다. 사람의 사물 인식 방식에 비추어 볼 때 이 결과에는 이상한 점이 전혀 없다. 그런데 이상한 것은 〈그림 5-5〉에서 슬릿 두 개를 모두 열어둘 때 전자가 만드는 분포곡선 (c)이다. 이 분포곡선은 모래 알이 만드는 분포곡선 〈그림 5-2〉와 똑같다.

어느 쪽 슬릿을 통과하는지 그 사실을 확인하면 전자는 간섭무늬를 만들지 않는다. 어느 쪽으로 오는지 관찰하면 전자가 입자처럼 행동한다. 그러나 전자가 어느 쪽 슬릿을 통과하는지 관찰하지 않으면 전자는 두 개의 슬릿을 동시에 통과한 것처럼 행동한다. 전자는 관찰자가 자신의 위치에 대한 정보를 얻느냐 아니냐에 따라 다르게 행동하는 것처럼 보인다. 전자뿐만 아니라 원자 이하의 미시세계의 모든 소립자가 다 이렇게 행동한다. 그래서 유명한 물리학자 휠러(John A. Wheeler, 1911~2008)[137]는 이 현상을 가리켜 다음과 같이 말했다.

> "입자는 꼭 한쪽 경로를 따라 움직이지만, 그것은 두 개의 경로를 따라 움직인다. 입자는 두 가지 경로를 따라 움직이지만, 그것은 꼭 하나의 경로만을 따라 움직인다."[138]

슬릿을 두 개 아니라 세 개 이상, 100개를 뚫어도 마찬가지다. 슬릿의 개수와 상관없이 한 개의 전자가 모든 슬릿을 동시에 통과한다. 그리고 간섭무늬를 만든다. 물론 여러 개의 슬릿 중 어느 쪽 슬릿으로 오는지 관찰하여 관찰자가 위치에 대한 정보를 얻으면, 전자는 분명히 한쪽 슬릿으로만 통과하고 간섭무늬를 만들지 않는다. 관찰이 전자의 파동성

---

[137] 휠러는 우리나라에도 소개되어 일반 대중에게 많이 알려진 물리학자 리처드 파인만의 대학원생 시절 지도교수였다.

[138] *Quantum Theory and Measurement,* edited by John Archibald Wheeler and W. Ojciech Hubert Zurk, Princeton University Press. pp.182~209. 여기에 이런 문구가 있다.
"It travels only one route, but it travels both routes;
it travels both routes, but it travels only one route."

을 붕괴시키고 전자를 입자처럼 행동하게 만든 것이다. 입자-파동의 이
중성에서 말하는 입자는 무엇이고, 파동이란 도대체 무엇이기에 전자와
같은 소립자들은 이렇게 이상하게 행동하는 것일까?

(5) 확률파

원자보다 작은 미시세계의 입자들은 하나의 예외도 없이 어디에 있
는지 확인을 하지 않으면 동시에 여러 곳에 존재하고, 어디에 있는지 확
인을 하면 반드시 꼭 한 곳에만 존재한다. 이렇게 불가사의한 미시세계
입자들의 행동을 고전물리학으로는 설명할 길이 없다. 입자-파동의 이
중성을 바탕으로 미시세계의 현상을 기술할 수 있는 새로운 역학 체계
가 필요하다. 1920년대에 물리학자들은 이 목적에 맞는 새로운 역학 체
계를 만드는 데 성공하였으니 이 역학 체계가 바로 양자역학(量子力學,
quantum mechanics)이다.

거시세계의 입자들이 뉴턴의 운동방정식을 만족시키듯이, 양자역학
이 기술하는 미시세계의 소립자들은 오스트리아의 물리학자 슈뢰딩거
(Erwin Schrödinger, 1887~1961)가 만든 파동 방정식에 따라 행동한다. 슈
뢰딩거 방정식은 원자 이하의 미시 세계에서 일어나는 물리현상을 정확
히 기술할 뿐만 아니라 원리적으로는 일상적 경험세계와 그보다 더 큰
거시 세계의 물리현상도 기술할 수 있다. 알고 보면 뉴턴 방정식은 슈뢰
딩거 방정식의 근사이론(approximation theory)[139]에 해당한다. 그런데 물리
학자들은 이 슈뢰딩거 방정식, 즉 입자-파동의 이중성에서 말하는 파동

---

139 입자의 에너지를 비롯하여 기타 물리량들이 일상 경험세계에서 보는 입자들만큼 큰 경우, 슈
뢰딩거 방정식으로 이들 물리량에 대한 평균치를 계산하면, 물리량의 평균치들이 정확하게
고전역학의 방정식을 따른다는 뜻이다. 이를 '에렌페스트(Ehrenfest) 정리'라고 한다.

의 의미가 무엇인지 이해하는 데 한동안 어려움을 겪었다. 21세기에 이른 지금까지도 모든 물리학자들과 과학철학자들이 동의할 만큼 학자들이 파동의 의미를 완벽히 이해하고 있는 것은 아니다.

양자역학은 미시세계에서 일어나는 현상을 성공적으로 기술하지만 그 실험결과들은 인간의 통상적인 사물 인식 방식으로는 이해할 수 없는 경우가 대부분이다. 여기서 양자역학은 이론과 실험을 이어주는 해석이 필요하다. 과학은 보통 실험과 이론으로 이루어진다. 그러나 양자역학은 실험과 이론만으로 성립되지 않는다. 양자역학의 이론은 슈뢰딩거 방정식을 통해 소립자나 원자의 파동성을 훌륭하게 기술하지만, 양자역학 이론은 이들 미시 세계의 물리적 대상들이 왜 관찰 전후를 통하여 다르게 행동하는지 그 이유를 설명하지 못한다. 우리가 입자-파동의 이중성을 말하지만 이론(슈뢰딩거 방정식)에 나타나는 것은 오직 파동뿐이다. 양자이론에서 소립자의 파동함수와 별도로 존재하는 소립자는 없다. 따라서 이론에서 말하는 소립자[파동]는 위치라는 속성도 갖지 않고 운동량[속도]이라는 속성도 갖지 않는다. 그렇다면 실험에서 관찰자가 특정 위치에서 발견하는 입자란 무엇이며, 소립자가 파동-입자의 이중성을 갖는다고 할 때 파동은 무엇을 뜻하는 것일까? 여기서 이론과 실험, 파동과 입자의 관계를 연결해주는 해석이 필요해진다. 고전역학과 상대성이론을 포함하여 뇌신경 과학이나 생물학 등 어떠한 과학도 이론과 실험[관찰]이면 충분하지 별도의 해석은 필요하지 않다. 특별한 해석이 필요하다는 점에서 양자역학은 과학 중에서 별난 지식체계라고 할 수 있다. 양자역학에 대한 많은 해석이 있지만 해석마다 존재론적으로나 인식론적으로 논란이 따른다. 지금도 이 논란은 끊이지 않고 거의 매년 양자역학의 해석과 관련된 학회가 세계에서 열리고 있다.

양자역학에 대한 많은 해석 중 학계에서 정통적 해석으로 인정하는 것은 덴마크의 물리학자 보어와 독일의 물리학자 하이젠베르크(Werner Heisenberg, 1901~1976)가 주도하고, 보른(Max Born, 1882~1970)과 파울리(Wolfgang Pauli, 1900~1958) 등이 참여하여 만든 해석이다. 보어가 거주하던 곳의 이름을 따 이 해석을 코펜하겐 해석(Copenhagen Interpretation)이라고 하는데, 자세한 설명을 하기 전일지라도 필요하면 양자 현상을 코펜하겐 해석에 따라 설명할 것이다.

소립자가 입자-파동의 이중성을 보일 때, 소립자가 입자로서 행동할 때는 사람들이 그것이 무엇인지 안다고 생각하지만, 파동으로 행동할 때는 그 파동이 무엇인지를 이해하기 어렵다. 얼핏 생각하면 하나의 입자가 관찰하기 전에는 해파리처럼 흐물흐물하게 퍼져서 파동처럼 행동하다가, 관찰자가 그 위치를 확인하려고 하면 파동이 한 곳으로 똘똘 뭉쳐 입자처럼 행동하는 것으로 생각하기 쉽다. 그러나 이론과 여러 가지 관찰 결과를 종합하면 결코 그럴 수는 없다. 입자는 언제나 한 점에 모여 있어야 한다. 물리학자들이 입자의 파동성을 이해하기 위해 고민하던 중 독일의 물리학자 보른이 슈뢰딩거 방정식의 해(解)를 확률파(確率波, probability wave)로 해석할 것을 제안하였고, 이를 검토한 후 많은 물리학자들이 이 개념을 받아들였다. 확률파란 "관찰자가 입자를 발견할 확률"이 공간상에 파동의 형태로 퍼져 있다고 해석하는 것이다. 보통 많은 문헌에서 확률파를 카리켜 "확률파란 입자가 존재할 확률이 파동의 성질을 가지고 널리 퍼져있다"고 설명하지만 엄밀히 말하면 이것은 제대로 된 해석이 아니다. 코펜하겐 해석에서는 확률파를 '입자가 존재할 확률'이 퍼져 있다고 보는 것이 아니라 '관찰자가 입자를 발견할 확률'이 공간상에 파동의 형태로 퍼져 있다고 본다. 그리고 코펜하겐 해석에서는 측정 전에는 정보[입자를 발견할 확률]만 있고 입자라는 실체는 측정 과정에서 비로소 만들어진다고 설명한다. 여기서 물리량을 측정하는 관찰자가 무엇인가 하는 문제가 제기된다. 측정 도구도 훌륭한 관찰자일 수 있는지 아니면 관찰자가 의식을 가진 존재여야 하는지 하는 문제인데 코펜하겐 해석에서는 측정 도구도 훌륭한 관찰자라고 본다. 그러나 이 문제는 그렇게 한 마디로 끝낼 수 있을 만치 단순한 것이 아니므로 다음 장에서 자세히 논의하겠다. 확률파를 수학적으로 표현한 것을 파동함수라고 하는데, 파동함수를 살펴보면 지금까지 설명한 것 말고도 몇 가지 더 흥미 있는 사실을 발견할 수 있다.

3) 파동함수

물리학적 용어와 개념들은 다 측정할 수 있다. 질량이나 운동량 등 입자가 가진 모든 물리량은 측정할 수 있고, 이들 물리량은 모두 실수(實數, real number)로 나타난다. 파동도 마찬가지다. 물결파나 음파는 물이나 공기와 같은 매질이 있어서 매질이 진동하는 모습으로 파동의 모양을 직접 관찰할 수 있다. 그리고 이들 파동과 관련된 모든 물리량을 측정할 수 있고 실수로 나타낼 수 있다. 그러나 확률파는 매질이 진동하는 것이 아니고 관찰자가 입자를 발견할 확률을 나타내는 추상적인 존재로서 아무도 확률파를 직접 볼 수는 없다. 확률파를 수학적으로 표현하면 복소수(複素數, complex number)로 나타난다. 복소수는 실수와 허수(虛數, imaginary number)가 결합된 수로서 물리량을 나타낼 수 없다. 사람의 몸무게를 $55+20i$kg이라고 할 수는 없지 않겠는가. 확률파는 실재를 나타낼 수 없는 추상적인 수, 복소수로 표현됨에도 불구하고 확률파를 그림으로 그릴 수 있고 간섭무늬를 통해 파동의 성질을 조사할 수도 있다. 그러나 간섭무늬가 파동은 아니다. 이중 슬릿 실험에서 스크린에 나타난 간섭무늬를 보고서 빛이나 기타 소립자들이 파동처럼 행동한다고 말하지만 실제로 스크린을 때린 것은 입자다. 적은 수의 입자가 도달한 곳은 어둡게 보이고 많은 수의 입자가 도달한 곳이 밝게 나타난다. 그렇게 해서 밝음과 어두움이 교차하는 무늬가 나타나는데 그 무늬가 바로 간섭무늬다.

실수와 허수의 결합으로 표현할 수밖에 없는 파동함수는 존재−비존재의 중도를 나타내는 개념이라고나 할까. 파동함수는 존재도 아니고 비존재도 아닌 이상한 존재다. 아무튼 파동함수는 붓다가 존재와 "비존재의 극단을 버리고 여래는 중도를 취한다"고 한 말을 연상시킬 정도로 이상한 함수다. 사실은 파동함수만 이상한 것이 아니라 "양자역학을 이해하는 자는 아무도 없다"고 할 정도로 양자역학 전체가 이상하다. 어쨌든 이상한 파동함수를 조사하면 미시세계에서 일어나는 기묘한 현상들을 보다 자세히 살펴볼 수 있다.

(1) 파동함수의 붕괴

관찰 전후를 통해 물리계의 상태가 다르게 나타나는 것처럼 보이는 사실을 설명하는 방법은 여러 가지가 있지만, 코펜하겐 해석에서는 관찰자의 관찰이 필연적으로 관찰대상을 교란시키기 때문에 그런 현상이 일어난다고 본다. 측정에 의해 계에 교란이 일어나는 이유는 다음과 같다. 물의 온도를 측정하는 경우를 생각하자.

물의 온도를 알려면 온도계를 사용하여 그 온도를 측정하여야 한다. 커다란 욕조에 담긴 물이라면 조그마한 온도계를 욕조에 집어넣는다고 해서 목욕탕 물의 온도에 어떤 변화가 일어나지는 않을 것이다. 따라서 커다란 욕조의 물은 측정을 하더라도 측정 전후를 통하여 그 온도에 별다른 변화가 없을 것이다. 그러나 작은 찻잔에 있는 물의 온도를 재기 위해 차가운 온도계를 찻잔 속에 집어넣으면 찻잔 속의 물은 물과 온도계의 온도가 같아질 때까지 온도계에 열을 급격하게 빼앗기고 그 온도가 내려갈 것이다. 이 경우에는 측정이 계를 교란시켜 계의 상태가 변하기 때문에 그렇게 되는 것이다. 이와 같이 미시세계에서는 물리량의 측정 과정에서 일어나는 계의 교란은 피할 수 없는 일이고, 이것은 물리량 측정의 정밀성에 어떤 한계를 가져오게 마련이다. 하이젠베르크는 측정이 계에 미치는 영향을 정량적으로 분석하여, 이 한계를 간단한 부등식으로 나타내는 데 성공하였다. 이 부등식이 말하는 원리가 바로 유명한 불확정성원리(不確定性原理, uncertainty principle)로서, 불확정성원리는 코펜하겐 해석의 기반이 될 뿐만 아니라 양자역학 이론의 기본 원리가 된다.

파동함수는 그 표현이 존재-비존재의 중도를 나타내는 것처럼 이상하지만 파동함수에 대한 해석도 이상한 것이 많다. 그중 하나만 얘기하자면 '파동함수의 붕괴(wave function collapse)'다. 주류학계에서 코펜하겐 해석을 물리학계의 정통적 해석으로 받아들이면서도 많은 수의 물리학자들이 이 해석에 대해 지속해서 의문을 품고 있는데, 그런 의문을 품는 이유 중 하나가 바로 파동함수의 붕괴다. 파동함수의 붕괴란 소립자와 같은 측정대상이 측정 전에는 아무런 실체도 없이, 단지 관찰자가 입자를 관찰할 확률만이 파동의 형태로 전 공간에 걸쳐 퍼져 있다가, 관찰자의 관찰과 더불어 확률파가 사라지고 어느 한 점에서 입자라는 실체가 나타난다고 해석하는 것을 말한다. 이 해석에 따르면 측정 전에 입자의 존재를 말하는 것은 무의미하며 측정한 후라야 입자의 존재가 의미를 가진다. 관찰을 하여 입자를 어느 곳에서 발견하면 관찰된 입자는 입자가 발견된 그곳에 존재할 확률이 즉각적으로 '1'이 되고 나머지 공간에 존재할 확률은 '0'이 되면서 파동함수 전체가 갑자기 붕괴한다.

코펜하겐 해석에 의하면 입자가 어느 곳에 있는지 측정하기 전에는 입자의 위치를 말할 수 없다. 관찰자의 관찰이 없으면 입자라는 실체는 존재하지 않고, 위치라는 속성도 갖지 않는다고 보는 것이다. 이것은 우리가 보는 입자란 독립적인 존재가 아니고 관찰자와의 관계에 의해서만 그 의미를 갖는 관계론적 존재라는 뜻이다. 관계론적 존재란 불교의 연기법에서 말하는 것처럼 여러 가지 조건이 만나 이루어진 존재라는 뜻이다. 용수가 삼제게에서 말한 '인연으로 생긴 모든 법'이 바로 관계론적 존재를 뜻한다. 여기서 인연이라 함은 관찰대상과 관찰자의 만남이다. 관찰자가 없으면 관찰대상도 없다는 뜻이다.

파동함수의 갑작스러운 붕괴에 관해서는 인식론적인 측면에서 여러 가지 논란이 있다. 확률파의 붕괴를 가리켜 아인슈타인은 유령 같은 작용(spooky action)이라고 불렀는데, 파동함수의 붕괴는 그렇게 부를 만치 수수께끼 같은 현상임이 분명하다. 아인슈타인이 이렇게 말한 것은 상대성이론에 바탕을 두고 있다. 특수상대성이론에 의하면 모든 정보는 빛보다 빨리 전달될 수 없다. 따라서 어떤 물리학자가 자신의 실험실에서 측정했다면 이 측정에 대한 정보가 다른 곳에 있는 파동에 전달되는 데는 시간이 걸릴 것이다. 그런데 어떻게 측정을 하자마자 우주의 끝까지 퍼져있는 파동이 순식간에 붕괴한다는 말인가. 이것이 아인슈타인이 갖고 있던 의문이었다. 그리고 그런 일은 결코 있을 수 없다는 뜻에서 아인슈타인은 파동함수의 붕괴를 가리켜 '유령 같은 작용'이라고 말했다. 물리적 정보가 빛의 속도로 전달되고 이 정보가 전달된 후 그것에 대한 물리적 반응이 일어나는 것을 국소성(局所性, locality)이라고 한다. 그리고 한 곳에서 일어난 일에 대해 시공간의 제약을 무시하고 다른 곳에서 즉각적으로 반응이 일어나는 것을 비국소성(非局所性, non-locality)이라고 하는데, 1980년 이후에 확인된 일이지만 아인슈타인의 생각과 달리 미시세계의 물리계에서는 비국소적 현상이 실제로 일어난다.

코펜하겐 해석대로 입자라는 실체가 측정 과정에서 만들어지는 것이라면 이들 입자는 통상적으로 말하는 입자들과는 다르다고 말할 수밖에 없다. 어떻게 다른지 양자역학의 이론적 기초를 마련하는 데 큰 역할을 했던 하이젠베르크의 말을 들어보자.

> "그것은 무엇을 위한 일종의 경향을 의미하였다. 그것은 아리스토텔레스 철학의 '잠재성(potentia)'의 옛 개념을 정량화한 것이었다. 그것은 사건의 이데아와 실제적인 사건의 중간에 있는 그 무엇, 가능성과 완성의 중간에 있는 기이한 물리적 실재를 도입했다."[140]

하이젠베르크가 한 말은 미시세계에서 일어나는 일을 관찰한 대로 표현한 것이다. 일상경험 세계에서 보는 모래알과 같은 입자들은 관찰자와는 독립된 존재로서 실체가 있는 것처럼 보인다. 그러나 미시세계의 원자나 소립자들은 입자라고 부르기는 하지만 모래알과 같은 의미에서의 입자는 아니다. 관찰자의 관찰방식에 따라 이것들이 때로는 입자로서, 때로는 파동으로서 행동한다. 이것은 관찰자가 자기가 원하는 대로 실험 방법을 선택하여 이것들이 두 곳에 있다는 것을 증명할 수도 있고, 한 곳에만 있다는 것을 증명할 수 있다는 것을 뜻한다. 관찰자가 어딘가에서 입자를 관찰했다면 관찰자가 그런 방식으로 그 대상을 측정했기 때문에 그곳에 입자가 나타난 것이지, 본래부터 그 근방 어딘가에 있던 입자를 관찰하게 된 것이 아니다. 관찰 전에는 모래알과 같은 의미에서 입자라고 할 만한 것은 어디에도 없었다. 그러니 소립자들은 측정 과정에서 생겨난 허깨비(ghost) 같은 존재들이라고 말할 수밖에 없다. 그러

---

140 W. Heisenberg, *Physics and Philosophy*, Haper, New York, 1958, p.15.

나 실체가 없다고 해서 그들을 존재하지 않는 것이라고 할 수도 없다. 그들은 있는 것도 아니고 그렇다고 해서 '없는 것'이라고 할 수도 없으니, 붓다의 설법을 따른다면 그들이야말로 중도적 존재라고 할 수 있을 것이다. 인간의 일상적 경험과 고전역학적 개념으로는 상상도 할 수 없는 이런 중도적 존재를 가리켜 하이젠베르크는 '무엇을 위한 일종의 경향'이라고 부른 것이다. 이제 파동함수가 갖는 또 다른 기묘한 성질, 상태의 중첩(重疊, superposition)에 대해 살펴보자

(2) 파동함수와 상태의 중첩

뉴턴의 운동방정식의 해를 구하면 물체의 운동을 고전역학적으로 완벽하게 기술할 수 있는 것처럼, 슈뢰딩거 방정식을 풀면 물리계의 양자역학적 성질을 완전하게 알 수 있다. 슈뢰딩거 방정식을 풀면 파동함수를 알 수 있고 파동함수를 알면 주어진 물리계에 관한 모든 물리적 정보를 얻을 수 있다. 원리적으로는 그렇지만 시간적으로 불변인 물리계가 아니라면 주어진 임의의 물리계를 기술하는 파동함수를 구하기는 쉽지 않다. 그러나 여기서는 시간적으로 불변인 물리계를 나타내는 파동함수의 성질에 대해서만 설명하겠다. 파동함수가 갖는 일반적인 성질을 이해하는 목적으로는 그렇게 하는 것 만으로서도 충분하기 때문이다. 플라톤의 이데아가 아닌 실제 세상에 시간적으로 불변인 계는 물론 없다. 상호작용을 하는 모든 것들은 변하게 마련이다. 따라서 여기서 시간적으로 불변이라고 하는 것은 관찰자가 그 변화를 알아채지 못할 정도로 천천히 변하는 계를 뜻한다고 이해하면 될 것이다.

물리학자가 자연에 대해 기술하는 것은 관심 있는 대상을 상대로 물리량을 측정하여 필요한 물리량을 결정하는 것이다. 그런데 여기에는

측정결과를 어떻게 믿을 수 있느냐 하는 문제가 생긴다. 측정결과를 믿을 수 있으려면 물리량을 측정하기 전이나 측정 후에도 그 측정값이 변하지 않아야 할 것이다. 측정 전후를 통하여 측정값이 달라진다면 측정값은 아무 의미가 없기 때문이다. 예를 들면 이런 것이다. 공장에서 제품의 재고를 조사할 때 장부에 100상자의 제품이 남아 있는 것으로 기록되어 있다고 하자. 이를 확인하려고 관리자가 재고조사를 시작하자 바로 그 직전에 50상자의 상품이 나갔다면 관리자는 재고가 50상자라고 확인하고 조사를 마칠 것이다. 그런데 관리자가 물품 장부에 50상자라고 기록을 하는 중에 다시 90상자의 제품이 창고로 들어왔다면 장부에 기록된 100상자도, 관리자가 확인한 50상자도 다 의미가 없을 것이다. 창고에 상품이 자주 들락거린다면 어느 주어진 순간의 재고라는 것은 의미가 없을 것이다. 대신 순간순간 들락거리는 상품의 양이 시간에 따라 어떻게 변하는지 그 변동 과정 전체를 살펴보아야 할 것이다. 마찬가지로 미시세계의 현상을 제대로 알려면 슈뢰딩거 방정식으로부터 물리계의 상태가 시간에 따라 변하는 과정을 조사하고 그 의미를 설명하여야 할 것이다. 그러나 그러한 작업을 실제로 하는 것은 거의 불가능하다. 대신 일정한 시간 동안 물리계의 상태가 변하지 않는다면 이 물리계의 상태를 조사하는 것은 어렵지 않다.

어떤 물리계의 상태를 나타내는 측정값이 측정 전후를 통하여 변하지 않을 때, 이 물리계는 고유상태(固有狀態, eigenstate)에 있다고 한다. 고유상태란 영원히 변하지 않는 어떤 상태를 뜻한다. 물론 세상에 이런 상태는 없다. 그렇지만 고유상태를 상정하는 것은 사람의 사물 인식 방식에 꼭 들어맞는 기술방식이다. 사람은 세상에 무엇인가가 존재하고, 존재하는 것은 고유의 특성이 있다는 믿음을 갖고 세상을 보기 때문이다. 고유의 특성이 있다고 생각하는 것이 바로 고유상태를 상정하는 것이다. 물리학에서 행하는 각각의 실험은 어떤 순간에 고정된 그 입자의 상태, 즉 고유상태를 알아내는 것으로 간주한다. 따라서 일련의 측정은 각각 정지된 순간을 촬영한 영화의 정지된 영상과 개념적으로 흡사하다. 그러나 정지된 화면이 없는 것처럼 세상에 고유상태란 없다. 스몰린이 말한 바와 같이 고유상태가 있다고 보는 것은 우주가 '존재하는 어떤 것'들로 구성되어 있다고 착각하게 만든다. 세상에 '존재하는 것'처럼 보이는 것은 어떤 '변하지 않는 상태'가 지속된다고 보기 때문이다. 그러나 세상에 변화하지 않는 상태란 없다. '존재하는 것'과 '무엇이 어떤 상태에 있다는 것'은 우주의 참모습을 기술하기에 적합한 개념이 아니지만 인간의 사물 인식 방식이 그렇게 되어 있기 때문에 양자역학에서도 고유상태를 상정하고 물리계를 기술한다.[141]

고유상태를 수학적으로 표현한 것을 고유벡터 또는 고유함수라고 하며, 고유상태에 대응하는 측정값[정보]을 고윳값(eigenvalue)이라고 부른다. 시간적으로 불변인 계의 파동함수는 고유상태로 나타내는 것이 편리하다. 전기 스위치의 예를 들어 설명하겠다. 관찰자가 전기 스위치의 '켜짐'과 '꺼짐'의 상태를 관찰할 때, 스위치가 켜져 있으면 '켜짐'의 고유상태에 있다고 하고 꺼져 있으면 '꺼짐'의 고유 상태에 있다고 하는 것이다. 파동함수와 상태를 일반단어와 구별하기 위해 기호 '| 〉'를 사용하여 스위치가 켜진 상태는 |켜짐〉, 꺼진 상태는 |꺼짐〉으로 표시하자. 그러면 스위치의 켜짐과 꺼짐에 대한 정보를 주는 스위치의 파동함수는 각각 다음과 같이 표현된다.

꺼진 상태 |스위치〉 = |꺼짐〉

---

141 스몰린, 앞의 책, pp.110 ~ 112. 고유상태에 대해 자세한 설명을 하고 있다.

켜진 상태 |스위치⟩ = |켜짐⟩

그런데 슈뢰딩거 방정식에 의하면 한 사물이 A라는 고유상태를 가질 수 있고, B라는 고유상태도 가질 수 있다면 이 사물은 A와 B가 결합된 중첩의 상태도 가질 수 있다. 그래서 가장 일반적인 파동의 형태는 '|스위치⟩ = $c(1)$|꺼짐⟩ + $c(2)$|켜짐⟩'으로 표현된다. '꺼짐'과 '켜짐'이 중첩되어 있는 것이다. 보른이 제안한 확률파의 해석에 의하면 $c(1)$과 $c(2)$는 복소수로서 이들의 절댓값을 제곱하면, 즉 $|c(1)|2$과 $|c(2)|2$은 각각 관찰자가 스위치가 꺼져있거나 켜져 있음을 관찰하게 될 확률을 나타낸다. 상태의 중첩이라면 전기 스위치가 켜져 있기도 하고 꺼져 있기도 하다는 말인데, 우리의 일상적 경험세계에는 그런 일이 없다. 그래서 우리는 그런 일이 있을 수 없다고 생각한다. 그러나 사람의 사물 인식 방식으로는 이해할 수 없는 일이지만 미시세계에서는 상태의 중첩이 오히려 일반적인 현상이다.

소립자는 스핀(spin)이라는 물리량을 갖는데,[142] 소립자의 스핀은 일반적으로 중첩 상태에 있다. 그러나 관찰자가 전자의 스핀을 측정하면 중

---

142 팽이가 돌 때 그 회전(回轉, rotation)의 세기를 나타내는 값을 각운동량이라고 하는데, 이 세상의 모든 소립자들은 마치 팽이가 도는 것처럼 스핀(spin)이라는 각운동량을 가진다. 빛과 같이 힘을 매개하는 입자들을 보존(boson)이라고 하고 전자나 쿼크(quark)와 같이 물질을 구성하는 소립자들을 페르미온(fermion)이라고 하는데, 보존들은 입자의 종류에 따라 스핀의 크기가 0, 1, 2 등 정숫값을 갖고, 페르미온은 스핀의 크기가 1/2, 3/2 등 반정수의 값을 갖는다. 스핀은 크기와 방향을 갖는 양으로서 어떤 축을 따라 그 성분을 측정한 것인지 말해야 하는데 스핀이 1인 소립자는 어떤 축을 따라 측정하더라도 반드시 그 값이 −1, 0, +1 중 하나가 된다. 그리고 전자나 쿼크와 같이 스핀의 크기가 1/2인 소립자들은 어떤 축을 따라 그 성분을 측정하더라도 반드시 그 값이 −1/2과 +1/2 중 하나가 된다. 그런데 스핀의 성분은 비가환 물리량으로서 두 개의 축에 대한 스핀의 성분을 동시에 측정할 수 없다. 스핀은 꼭 하나의 축에 대해서만 그 값을 정확히 측정할 수 있다. 보통 물리학자들이 스핀의 성분을 말할 때는 모두 그 축이 z−방향이라고 암묵적으로 동의한다.

첩은 깨어지고 측정값은 언제나 (+1/2)이거나 아니면 (-1/2)이다. 이렇게 얻은 측정값은 인간의 사물 인식 방식에 꼭 들어맞는다. 팽이가 시계방향으로 돌면서 동시에 반시계방향으로 돌 수 없듯이 전자의 스핀도 (+1/2)이면서 (-1/2)일 수는 없어야 한다는 것이 사람의 사물 인식 방식이다. 그러나 실제의 자연은 사람이 인식하는 방식에 맞게 존재하지 않는다. 측정하기 전 전자의 스핀 상태는 (+1/2)과 (-1/2)의 중첩상태로 있다. 전자의 스핀이 이렇게 중첩되어 있다는 사실을 이용하여 계산 속도를 획기적으로 높일 수 있는 것이 양자컴퓨터의 원리다. 양자컴퓨터는 아직 실용화되지는 않았지만 대학교수의 연구실 수준에서는 실제로 작동을 한다.

전자의 스핀이나 전기 스위치의 '켜짐'과 '꺼짐'과 같은 상태는 두 가지밖에 없지만 일반적으로 관찰대상이 갖는 고유상태는 수없이 많다. 파동함수는 모든 고유상태의 합으로 다음과 같이 표현된다.

$$|파동함수\rangle = c(1)|상태(1)\rangle + c(2)|상태(2)\rangle + \cdots + c(n)|상태(n)\rangle + \cdots$$

파동함수는 수많은 고유상태를 포함하고 있지만 관찰자는 이들 중 하나의 고유상태만을 보게 된다. 관찰자가 어떤 특정한 |상태(n)〉을 보았다면 중첩은 깨어지고, 파동함수는 다음과 같이 하나의 상태로 결정된다.

$$|파동함수\rangle = |상태(n)\rangle$$

이후부터는 누가 관찰해도 |상태(n)〉만을 보게 된다. 파동함수의 붕괴가 일어난 것이다.

관찰자가 여러 명 있다면 이들이 같은 물리계를 관측한다고 하더라

도 이들이 다 같은 상태를 보는 것은 아니다.[143] 코펜하겐 해석에 의하면 누구는 |상태(n)⟩을, 누구는 |상태(m)⟩을 관찰하는 식으로 제각기 다 다른 상태를 관측할 수도 있다. 이렇게 해석함으로써 코펜하겐 해석은 객관적 실재를 부정한다. 많은 가능성 중 어떤 상태를 관측하게 되는가 하는 것은 관찰자의 선택에 달린 것도 아니고 이론적인 이유가 있는 것도 아니다. 이론은 관찰자가 어떤 상태를 관찰하게 될지 그 확률적 분포만 말할 수 있을 뿐이다. 확률적 분포는 $c(n)$들에 의해 결정된다. $c(n)$을 제곱하면 관찰자가 |상태(n)⟩을 관측할 확률이 된다. 따라서 물리량은 측정 과정에서 만들어지고, 어떤 물리량을 얻게 될 것인가 하는 것은 전적으로 확률론적으로 결정된다. 이런 확률론적 해석을 못마땅하게 여긴 아인슈타인은 "신은 주사위 놀이를 하지 않는다"고 말하였고, 보어는 "신이 하는 일에 간섭하지 말라"고 응수하였다. 관찰자가 어떤 상태를 보게 될 것인가에 대해 확률론적으로만 말할 수밖에 없기 때문에, 양자역학은 세상사가 확률론적 인과율에 따라 전개된다고 말하는 것 같지만 꼭 그렇지는 않다. 슈뢰딩거 방정식은 분명히 결정론을 따른다. 이론은 분명히 결정론인데 실험 결과는 확률론을 따른다고 해석함으로써 코펜하겐 해석은 결정론과 확률론의 조화를 통해 세상을 설명하는 셈이 된다. 결정론과 확률론의 조화란 물론 중도를 뜻하므로, 코펜하겐 해석은 불교 철학과 조화를 이룬다고 볼 수 있다.

상태의 중첩은 일상적 경험세계에서는 경험할 수 없는 것 같고, 사람의 사물 인식 방법이나 사유방식과 상충하는 것 같지만 사실 사람은 상태의 중첩을 일상적으로 경험하고 있다. 바로 인간의 마음이다. 인간의 마

---

143 관찰자의 관찰에 따라 파동함수의 붕괴로 인해 물리계의 상태가 변하므로 똑같은 물리계를 여러 명의 관찰자가 관찰할 수는 없다. 따라서 비슷한 조건으로 마련된 여러 개의 물리계를 마련해 놓고 이들 물리계를 여러 명의 관찰자가 하나씩 관찰한다는 것이 정확한 표현이다.

음은 파동함수와 유사하다고 할 수 있다. 파동함수와 마찬가지로 인간의 마음도 여러 가지의 마음 상태가 중첩되어 있다. 무엇인가를 결정하기 이전의 사람의 마음 상태는 여러 가지 생각이 무의식 속에 중첩되어 있다. 그런 생각이 있는지조차 모를 정도로 무수히 많은 생각들이 의식의 근처에서 애매한 상태로 떠돌아다니고 있다. A를 선택할까 B를 선택할까 하고 망설이는 것은 A라는 생각과 B라는 생각이 함께 의식의 근처에서 떠돌아다니는 것이고, 전혀 의식하지 못하는 생각도 무의식의 깊은 마음속에 들어 있다. 여러 가지 생각이 마음속에 중첩되어 있는 것이다. 이렇게 중첩되어 있는 마음 상태 속에서 사람들은 살아가고 있다. 그러다가 어느 순간 어떤 생각이 구체화되면서 하나의 생각이 의식 위로 떠 오르고 행동을 하게 된다. 생각은 무의식 상태에서 중첩상태로 있다가 의식의 작용과 더불어 중첩상태가 깨어지면서 의식 위로 떠 오르는 것이다.

만일 관찰자가 의식을 가진 존재라면, 관찰에 의해 파동함수가 붕괴되고 관찰자마다 다른 상태를 보게 된다는 것은 이 관찰자가 사물을 인식하는 데 어떤 한계가 있음을 뜻한다. 인식의 한계를 말해주는 물리학적 원리에 대해 살펴보자.

4) 불확정성원리와 상보성원리

사람이 하는 일 중에 순서를 바꾸면 결과가 달라지는 것들이 있다. 이를테면 운동하고 나서 식사를 하는 것과 식사를 하고 나서 운동을 하는 것은 몸 상태가 다르다. 마찬가지로 물리계의 물리량을 측정할 때 순서를 바꾸면 측정결과가 달라지는 것들이 많다. 이렇게 측정 순서를 바꾸면 측정의 결과가 달라지는 물리량들을 비가환(非可換, non-commutative)

물리량이라고 하는데, 좋은 예가 입자의 위치와 운동량이다. 스핀의 성분도 비가환 물리량 중의 하나이다. z-방향의 스핀 성분을 측정하면 물리계를 교란시켜 y-성분과 x-성분의 값이 달라지고 y-성분을 측정하면 이번엔 z-성분과 x-성분의 값이 바뀐다. 이렇게 관찰은 언제나 물리계를 교란시킨다. 이 교란에 의해 비가환 물리량들은 동시에 정밀하게 측정을 할 수 없다. 이에 따라 비가환 물리량의 측정 시 그 측정의 정밀도에는 어떤 한계가 있기 마련인데 그 한계를 정량적으로 표현하여 하나의 원리로 정립한 것이 불확정성원리이다. 만일 관찰자가 지성을 갖춘 자라면 불확정성원리는 관찰자의 인식의 한계를 나타낸다고도 할 수 있다.

하이젠베르크가 불확정성원리를 발표할 즈음 덴마크의 물리학자 보어도 불확정성원리와 같은 내용이면서, 불확정성원리를 일반화시키고 보다 깊은 철학적 의미를 담고 있는 상보성원리(相補性原理, complementarity principle)를 완성하였다. 불확정성원리가 관찰자의 인식의 한계에 대한 정량적인 표현이라면, 상보성원리는 인식의 한계에 대한 인식론적 고찰이라고 할 수 있다. 결과적으로 상보성원리는 불확정성원리에 철학적 의미를 부여하고 불확정성원리를 이해하는 인식론적 틀을 마련한다고 볼 수 있다. 불확정성원리와 상보성원리는 양자역학 이론의 기본 원리가 된다. 고전역학과 양자역학의 차이는 불확정성원리를 이론에 적용시키느냐 아니냐의 차이에서 온다. 불확정성원리를 고전역학의 기본 공식에 적용하면 고전역학의 공식은 그대로 양자역학의 공식으로 바뀐다. 이것은 고전역학이 양자역학의 근사이론이라는 것을 뜻한다.

(1) 불확정성원리: 인식의 한계

미시세계에서는 콤프턴 효과에 따라 빛과 전자는 서로 튕겨낸다. 전자에 빛을 쪼이면 전자를 때린 빛이 관찰자의 눈에 들어오고, 그때 관찰자는 전자의 위치를 알게 된다. 그런데 이때 빛이 전자를 때려 튕겨내므로 전자의 속도가 변하게 되므로 관찰자가 전자의 위치를 확인하는 순간 관찰자는 전자의 속도에 대한 정보를 잃게 된다. 전자의 속도를 정확히 측정하면 이번에는 전자의 위치에 대한 정보를 잃게 된다. 그 결과 미시세계에서는 결코 입자의 위치와 속도를 동시에 정확하게 측정할 수가 없다. 관찰자가 관찰한 위치와 속도에는 필연적으로 어느 정도의 불확정도(不確定度, uncertainty)가 따르기 마련이다. 이 사실을 정량적으로 표현한 것이 하이젠베르크의 불확정성원리인데 다음과 같이 표현한다.

"입자의 위치와 운동량(속도)은 동시에 정확히 측정할 수 없다."[144]

이를 다른 말로 표현하면 다음과 같이 쓸 수 있다.

"정밀하게 측정하여 입자의 위치의 불확정도와 운동량의 불확정도를 아무리 작게 만든다고 하더라도 둘을 곱한 값이 플랑크 상수 h보다 작게 만들 수는 없다."[145]

---

[144] 운동량은 질량에 속도를 곱한 물리량이다. 질량이 일정하다면 운동량 대신 속도라고 하여도 좋다.

[145] h는 플랑크 상수(Planck constant)라고 부르는 물리량으로서 다음과 같이 아주 작은 값을 갖는다. $h = 6.626\ 069\ 57(29) \times 10^{-34}$ (joul·sec). h의 값은 일상경험 세계에서는 완전히 무시할 수 있는 작은 값이지만 원자 이하의 미시세계에서는 물리량들이 이 h 값에 비례하는 작은 값을 가지므로 h를 무시할 수 없다. 불확정도란 불확실한 정도를 가리키는 말로 오차(error)와는 다른 개념이다. 불확정도란 예를 들어 설명하자면 이렇다. 어떤 입자가 원점(origin)에서 몇 cm 떨어졌느냐고 물을 때 100cm 떨어졌다고 말하는 것은 원리적으로 불가능하다. 99.5~100.5cm 정도 떨어졌다는 식으로 말해야 위치의 측정값이 의미를 갖는다. 이 경우 0.5cm가 위치의 불확정도를 나타낸다.

212

이 말은 입자의 위치를 정밀하게 측정하여 그 불확정도를 '0'으로 만들면 입자가 가진 운동량의 불확정도가 무한대로 커진다는 것을 뜻한다. 운동량의 불확정도가 커지면 이 입자는 위치가 결정되는 그 순간 어디로 맹렬하게 튕겨나갈 것이다. 불확정성원리는 입자의 위치와 운동량 사이에 대해서 뿐만 아니라 모든 비가환 물리량 사이에 대해서 성립한다. 입자가 갖는 에너지의 불확정도와 에너지의 측정시간 사이에도 이런 관계가 성립한다. "에너지를 아무리 정밀하게 측정하더라도 유한한 시간 내에서는 에너지의 불확정도를 임의로 작게 할 수는 없다." 이를 다음과 같이 다른 말로 표현할 수도 있다. "정밀하게 측정하여 에너지의 불확정도를 아무리 작게 만들려고 하더라도 에너지의 불확정도와 에너지의 측정시간을 곱한 값은 플랑크 상수 h보다 작을 수는 없다."

지금까지 설명한 내용을 부등식으로 나타내면 무척 간단하다.[146] 불확정성원리가 말하는 것은 위치나 운동량 및 에너지 등 기본적인 물리량의 측정 시, 원리적으로 그 정밀도를 임의로 동시에 크게 할 수 없다는 것으로서, 그 내용이 별 것 아닌 것 같지만 그렇지 않다. 불확정성원리는 사람으로 하여금 자연에 대한 깊은 이해를 갖게 해 준다. 하나의 예로서 진공(眞空, vacuum)의 성질을 들 수 있다.

진공은 비존재로 인식되지만 양자역학으로 기술되는 진공은 그냥 비어 있는 것이 아니고 무엇인가로 가득 차 있다. 진공은 비어 있는 것이

---

146 이들을 기호로 나타내면 다음과 같다.

$$\Delta x \cdot \Delta p \gtreqless h$$

여기서 Δx는 위치의 불확정도, Δp는 운동량의 불확정도를 나타낸다. 입자가 갖는 에너지의 불확정도 ΔE와 에너지의 측정시간 Δt 사이에 대해서는 다음과 같이 쓸 수 있다.

$$\Delta E \cdot \Delta t \gtreqless h`$$

이 식은 $\Delta t \gtreqless h/\Delta E$ 라고 쓸 수 있는데, 이것은 관찰자가 ΔE라는 에너지값을 측정 (또는) 인식하려면 적어도 그 측정시간 Δt가 적어도 $h/\Delta E$보다 커야 한다는 것을 뜻한다.

아니기에 물질계와 서로 영향을 주고받을 수도 있고, 진공 스스로 우주를 만들어낼 수도 있다. 정말 그렇다면 물리적 진공의 작용에 진공묘유라는 말을 붙여도 좋을 것이다. 이제 그 이유를 살펴보자.

현대물리학이 탄생하기 전에는 물리적 진공(physical vacuum)이란 일반적으로 아무것도 없는 상태를 가리켰다. 그런데 진공을 인식론적으로 해석하면, 이 '아무것도 없는 상태'라는 것이 사실은 관찰자가 그렇게 인식할 뿐이라는 뜻이 된다. 이것은 불확정성원리를 생각해보면 알 수 있다. 만일 사람들이 입자가 있느냐 없느냐 하는 것을 생각한다면 이를 에너지의 문제로 생각할 수 있다. 불확정성원리는 "에너지 측정값의 불확정도와 측정시간을 곱한 것은 어떤 일정한 값보다 커야 한다"고 말한다. 측정시간이라는 것을 관측자가 인식하는 시간이라고 해석할 수 있다. 그렇다면 아무것도 없는 빈 공간에서 에너지가 생겨나더라도 이 생겨난 에너지가 관측자가 인식할 수 있는 시간보다 짧은 시간 내에, 즉 $\Delta t \leqq h / \Delta E$인 시간 내에 사라지면, 이 사건은 불확정성원리에 어긋나지도 않고 에너지 보존의 법칙도 위배하지 않을 것이다. 물론 관찰자가 불확정성원리가 허용하는 측정시간보다 짧은 시간 내에 에너지 ΔE를 측정했다면 그것은 불확정성원리를 위배한다. 그러나 에너지가 생겨났다가 관찰자가 측정하지 못할 정도로 짧은 시간 내에 사라진다면 이 사건은 불확정성원리에 어긋나지 않는다. 그리고 관찰자가 인식하지 못하는 시간 동안에 에너지를 가진 입자가 생성되었다가 소멸되더라도 이 사건은 에너지보존의 법칙과도 무관하다. 에너지 보존의 법칙이란 관측된 에너지가 보존된다는 뜻이기 때문에 관측되지 않는 것은 존재하지 않는 것과 마찬가지다. 생겨난 에너지가 클수록 이 에너지가 인식되지 않고 존재할 수 있는 시간은 짧게 된다. 전 공간에 걸쳐 입자가 생성되었다가 관찰자가 인식할 수 없을 만치 짧은 시간 안에 소멸되면 관찰자는 이를 아무것도 없는 상태, 즉 진공으로 인식할 것이다. 따라서 진공이란 관찰자가 인식할 수 없는 짧은 시간 내에 생성되었다가 사라지는 온갖 종류의 수많은 가상입자(virtual particle)들로 가득한 상태라고 정의할 수 있다. 이들 가상입자들은 온갖 가능한 모든 상태로 중첩되어 전 공간에 걸쳐 가득 차 있다. 이것은 진공을 인식론적 입장에서 정의한 것으로 이것을 '인식론적 진공'이라고 불러도 좋을 것이다. 인식론적 진공은 양자론의 기본원리에 입각해서 에너지의 생성과 소멸에 관한 일을 인식론적으로 추론한 것이지만, 양자역학보다 한 걸음 더 나아간 양자장론(量子場論, quantum field theory)에서는 엄격한 수학적 과정을 통해 진공이 갖는 에너지를 정확히 계산할 수 있고, 이를 실험적으로 확인할 수도 있다.[147]

위에서 설명한 것을 요약하자면, 물리적 진공이란 아무것도 없는 상태가 아니라 무엇인가로 가득 차 있지만, 관찰자가 그것의 물리량을 측정하면 모든 물리량이 영(零, zero)이기 때문에, 관찰자가 그것을 비어 있는 것으로 인식한다는 뜻이다. 여기서 다시 관찰자가 단순히 측정 기구를 뜻하는지 아니면 의식을 가진 지성체여야만 하는가 하는 문제가 제기되지만 이것에 대한 논의는 다음 장(章)에서 하겠다.

불확정성원리는 인간의 사물 인식에는 원리적으로 피할 수 없는 한계가 있음을 말하며, 관찰자의 측정은 언제나 측정결과에 영향을 미친다는 것을 뜻한다. 관찰자의 측정이 언제나 측정결과에 영향을 미친다는 것은 측정과 무관한 물리계란 없다는 뜻이며, 관찰자와 관찰대상을 분리해서 생각할 수 없다는 것을 뜻한다. 따라서 불확정성원리는 관찰자와 관찰대상이 '분리할 수 없는 하나(undivided wholeness)' 또는 '전체

---

147 진공이 갖는 에너지가 발휘하는 작용을 실험적으로 확인한 것을 카시미르 효과(Casimir effect)라고 한다. 카시미르 효과는 1948년 네덜란드의 물리학자 카시미르(Hendrik Casimir, 1909~2000)가 동료 물리학자 폴데르(Dirk Polder)와 함께 발견하였다.

가 그대로 하나(single totality)'임을 암시하고 있다. 이렇게 생각하면 불확정성원리는 많은 신비 체험가들이 말하는바 우주와 하나가 된 '나', 또는 유식 불교에서 말하는 심외무경(心外無境)을 이해하는 실마리를 제공한다고 볼 수 있다. 심외무경이란 마음 밖에 실재하는 것은 없으며, 우리가 보는 외부 세계의 존재들이 사실은 우리의 마음이 만들어낸 것이라는 것이다. 심외무경은 단순히 불교인들이 사변적으로 추론해낸 것이 아니고 불교의 수행승들이 선정 가운데서 체험한 것이다. 심외무경이라고 할 때의 마음은 물론 우리가 통상적으로 말하는 마음, 제6식이 아니고 우주와 내가 하나가 된 마음, 한마음[一心]을 뜻한다. 우주와 '나'가 하나인 것을 대승불교에서는 일심[一心, 한마음]이라고 한다. 불확정성원리 속에 담긴 철학을 보다 깊이 있게 이해하려면 덴마크의 물리학자 보어가 주창한 상보성(相補性, complementarity)의 개념에 대해 알아볼 필요가 있다.

여기서 참고로 하나 말해둘 것이 있다. 양자역학은 그동안 전통적으로 측정대상-측정-관찰자에 관련된 문제는 모두 불확정성원리를 통하여 설명해왔다. 이 설명이 뜻하는 것은 불확정성원리에 의해, 관찰자의 측정이 물리계에 필연적으로 교란을 일으키기 때문에 계의 상태가 변하게 마련이라는 것이다. 그런데 20세기 후반에 들어와서는 불확정성원리만으로는 이 문제에 관련된 모든 것을 해석할 수 없다는 것을 시사해 주는 실험들이 보고되고 있다. 계에 의미 있는 교란을 가하지 않더라도 관찰자가 계로부터 정보를 얻으면 계의 상태가 바뀌고, 의미 있는 교란을 가하더라도 관찰자가 정보를 얻지 않으면 계의 상태가 바뀌지 않는다는 실험적 결과가 많이 있다. 불확정성원리는 이 가운데 계에 교란을 가하고 정보를 얻은 경우를 정량적으로 분석하여 얻은 결론에 해당한다. 물리계의 교란과는 상관없이 계에 대한 정보의 획득이 계의 상태와 행동을 바꾸는 것이라면, 대다수의 물리학자들이 싫어하지만, 양자역학과 관련된 문제는 관찰자의 의식을 고려할 필요가 있을지도 모른다. 관찰자의 의식에 관한 문제는 상보성원리와도 일부 관련이 있다. 이제 상보성원리에 대해 알아보자.

(2) 상보성원리

보어가 말하는 '상보성'은 '이중성'을 다른 관점에서 보고 만든 개념으로서, 상보성은 내용에서 사실상 이중성과 같은 뜻을 가진 말이다. 이중성이 하나의 사물이 '논리적으로 양립할 수 없는 두 가지 성질'을 갖는다는 것을 뜻하는 말이라면, 상보성은 자연현상은 하나의 고정된 개념만으로는 결코 기술할 수 없고 반드시 이 개념과 짝이 되는 대립되는 개념을 함께 사용해야만 사물을 제대로 기술할 수 있다는 것을 뜻하는 말이다. 상보성원리는 우리의 세계는 논리적으로 양립할 수 없는 두 가지 개념의 세계, 즉 파동성을 가진 세계와 입자의 성질로 설명할 수 있는 두 가지 세계 중 어느 하나인 것이 아니라 이 두 가지 세계가 중첩되어 있다는 것을 뜻한다. 쉽게 말해 우주는 두 가지 대립되는 개념, 즉 음양(陰陽)의 조화에 의해 움직인다는 것이 상보성의 개념이다.

석가모니 붓다가 중도의 이치를 설명하기 위해서 말한 '장님 코끼리 만지기'가 상보성의 좋은 예다. 전체를 보지 못하는 시각장애인들은, 코끼리 다리를 만져본 이는 코끼리가 기둥 같다고 하고, 몸통을 만져본 이는 벽, 머리를 만져본 이는 항아리, 또 다른 이는 다른 것 등을 말하면서 코끼리를 자기가 만진 대로 기술한다. 이들은 다 코끼리를 다르게 설명하지만 이들의 묘사는 부분적으로는 옳다. 그러나 이들 중 어느 하나의 개념만으로는 코끼리를 설명할 수 없고 코끼리를 바르게 설명하기 위해서는 기둥과 벽과 항아리 등 서로 다른 개념들을 상보적으로 사용하여야 한다. 즉, 중도의 원리란 사물의 실상을 알려면 사물을 부분적으로만 보지 말고 전체를 보아야 한다는 것인데, 이것이 바로 보어가 말하는 상보성원리의 핵심적인 내용이다. '장님 코끼리 만지기'의 우화가 뜻하는 것과 마찬가지로 입자와 파동은 논리적으로 양립할 수 없는 개념이지만 이 둘은 서로 배척하는 것이 아니라 둘을 상호보완적으로 사용하여야 물리계의 본질을 바르게 설명할 수 있다.

물리현상을 설명하기 위해서는 반드시 논리적으로 양립할 수 없는 두 가지 개념이 필요하다는 것은 인간의 사유방식으로는 이해하기 힘든 일이다. 이 일에 대해서 자연이 이상하게 행동한다고 말하기보다는 인간의 사물 인식 방식에 어떤 문제가 있거나 인간이 사용하는 언어와 개념에 어떤 한계가 있다고 보는 것이 타당할 것이다. 보어는 먼저 우리가 사용하는 개념과 용어의 한계성에 주목하였다.

사람은 일상적 경험세계를 바라보고 이 경험적 세계를 기술하는 데 적합한 개념과 용어를 갖고 있다. 질량, 에너지, 위치, 운동량 등이 거시적 세계를 기술하는 데 적합한 용어들이다. 파동이나 입자라는 개념도 마찬가지다. 입자와 파동은 둘 다 일상적 경험 세계에서 일어나는 물리현상을 설명하기 위해 만든 개념과 용어이다. 그런데 물리량의 크기가 현저하게 달라지면 물리현상이 일상 경험 세계에서와는 전혀 다르게 나타난다.[148] 특히 원자 이하의 미시세계에서 일어나는 일들은 사람의 사유방식과 사물 인식 방법으로는 이해할 수가 없는 방식으로 일어난다. 보어는 그 이유를 우리가 미시세계를 기술하는 데 적합한 용어와 개념

---

[148] 물체의 속도가 빨라지면 그 속도에 따라 관찰자마다 시간과 공간의 길이를 다르게 보게 되고, 물체의 질량이 커지면 뉴턴의 고전역학으로는 설명할 수 없는 현상이 나타난다.

을 갖고 있지 않기 때문이라 보았다. 보어의 말은 사실이다. 인간의 일상 경험적 세상에서는 중첩상태와 같은 현상을 볼 수 없다. 따라서 인간이 일상 경험 세계를 기술하는 데 사용하는 용어와 개념은 더 이상 미시세계의 현상을 이해하고 기술하는 데 적합하지 않다. 그런데도 사람은 일상적 경험세계에서 사용하는 용어와 개념으로 미시세계를 기술할 수밖에 없기 때문에 미시세계에 대한 사람의 인식에는 어떤 한계가 따를 수밖에 없고, 이 인식의 한계로 인해 미시세계의 현상이 사람에게 이상하게 보인다는 것이 보어의 생각이었다. 이 생각을 하나의 원리로 정립한 것이 보어의 상보성원리이다. 보어의 생각은 불교 선지식들의 견해와 비슷하다. 유식 불교 역시 인간의 제6식의 분별작용에 의해 언어가 생겨나고 언어에 의해 사물의 실상이 왜곡된다고 본다. 상보성원리는 보통 다음과 같이 표현한다.

"미시세계의 자연현상은 반드시 서로 상보적인 두 조(組, set)의 물리량으로 기술되며, 서로 짝이 되는 한 쌍의 상보적인 양은 동시에 정밀하게 측정할 수 없다."

상보적인 물리량이란 동시에 정밀하게 측정할 수 없는 한 쌍의 기본적인 물리량을 말한다. 서로 상보적인 물리량은 논리적으로 양립할 수 없는, 또는 개념적으로 대립되는 성질을 갖는다. 위치와 속도가 서로 상보적인 물리량의 대표라고 할 수 있는데 이 둘이 논리적으로 양립할 수 없는 성질을 갖는다고 하는 것은, 위치는 정적인 개념이고, 속도는 동적인 개념으로서 속도는 고정된 위치에서 벗어나려는 경향을 나타내기 때문이다. 그리고 불확정성원리에서 볼 수 있듯이 이 둘은 동시에 정밀하게 측정할 수 없다. 그러나 위치와 속도는 그 성질이 개념적으로 서로 대립적이지만 물체의 운동을 바르게 기술하기 위해서는 어느 한쪽만의 개념으로는 부족하고 둘의 개념이 모두 필요하다. 사실 입자의 위치와 속도(운동량)의 측정에 따르는 불확정성은 입자-파동의 이중성에서 오는 성질이다. 위치는 입자의 속성으로서 입자의 위치를 결정하면 그 속도를 알 길이 없고, 입자가 파동으로 행동할 때 일정한 파장을 갖는 파동에서는 어디에 입자가 있는지 알 수 없게 된다. 위치와 속도의 짝은 상보적인 물리량의 대표적인 예이지만, 물리계의 운동 상태를 기술하는 기본적인 물리량은 모두 상보적인 짝을 갖는다.

'기본적인 물리량'을 물리현상을 나타내는 '상태'라고 보아도 좋다. '상태'란 어느 순간에 물리계를 완전히 기술하는 데 필요한 모든 정보의 합을 뜻한다. 양자역학의 파동함수가 바로 이 정보를 수학적으로 표현한 것이다. 양자역학보다 한 걸음 더 나아간 양자장론에서는 실제로 물리계의 상태를 기술하는 파동함수를 장(場, field)이라 부르고 '장'을 물리계를 기술하는 기본적인 물리량으로 사용한다. '상태'를 기본적인 물리량으로 사용한다면 '상태를 나타내는 물리량'에 대응하는 '상보적인 물리량'이란 '상태에서 벗어나려는 경향을 나타내는 물리량'을 가리킨다. 그렇다면 상보성원리를 이렇게 표현할 수 있다.

"미시세계의 자연 현상은 반드시 이 현상을 나타내는 '기본적인 상태'와 이 '상태에서 벗어나려는 경향'으로 기술되며 이 '상태'와 '상태에서 벗어나려는 경향'을 동시에 정밀하게 알 수는 없다."

위에서 '상태'라는 말을 몇 번 사용하였지만 이 말의 의미를 명확히 해 둘 필요가 있다. 앞서 말한 대로 물리학자들이 보통 상태라고 말할 때, 이 상태란 어느 순간 물리계를 완전하게 기술하는 데 필요한 모든 정보의 합을 뜻한다. 그런데 불확정성원리와 상보성원리로 인해 모든 정보를 인식할 수 있는가 하는 문제가 생긴다. 예를 들어 말하자면 고려하는 물리계가 하나의 입자라고 하면, 고전역학적 입장에서는 이 입자의 위치와 속도를 알 때 이 입자의 운동 상태를 안다고 할 수 있다. 그러나 양자역학적으로 보면 불확정성원리와 상보성원리에 의해 입자의 위치와 속도를 정확히 아는 것은 불가능하다. 위치와 속도 중 하나를 선택하여서 입자의 상태를 기술하여야 한다. 물리계의 상태를 기술하기 위해서 말할 수 있는 정보의 양이 양자역학에서는 확 줄어드는 것이다. 상태의 의미가 고전역학과 양자역학에서 이렇게 달라진다.

5) 코펜하겐 해석

코펜하겐 해석의 바탕을 이루는 핵심적인 사상은 세 가지이다. 그 세 가지란 '확률파의 개념'과 '불확정성원리' 및 '상보성원리'이다. 코펜하겐 해석은 이들 세 가지 사상을 기반으로 양자역학의 철학적 기반을 마련하는 데 있어서 주도적인 역할을 해왔다. 양자역학의 이론과 실험을 조화롭게 연결시킨다는 목적만을 놓고 보면 코펜하겐 해석은 지금까지 성공적으로 그 역할을 잘 수행해 왔다고 말할 수 있다. 그런데도 많은 사람들이 코펜하겐 해석에 만족하지 못하고 대안을 찾으려고 노력해왔고, 그 노력은 코펜하겐 해석이 나온 지 90년 가까이 되는 지금까지도 계속되고 있다. 논란이 계속되는 이유를 간단히 설명하자면 다음과 같다.

코펜하겐 해석의 기본철학은 자연을 설명하는 것이 아니라 다만 측정 장치에 기록된 내용을 양자이론(슈뢰딩거 방정식)에 맞게 해설하고, 관찰결과를 예측하는 것이다. 이 정신은 코펜하겐 해석을 마련하는데 이 바지를 한 파울리가 한 말, "존재 여부조차 분명치 않은 대상을 놓고 논쟁을 벌이는 것은 마치 바늘 자국 위에 얼마나 많은 천사가 앉아 있는지를 따지는 것과 같다"에 잘 나타나 있다. 코펜하겐 해석에서는 슈뢰딩거 방정식에서 기술하는 파동을 확률파로 해석하는 것 말고는 더 이상 미시세계의 존재들이 무엇인가에 대해 말하지 않는다. 그 뿐만 아니라, 코펜하겐 해석은 왜 거시세계의 현상이 우리가 보는 것처럼 물체들이 실체를 가진 존재로 보이는가에 대해서도 설명하지 않는다.

양자역학의 해석에 관련된 논란들 중 중요한 것은 실재성의 문제와 관찰자의 의식이다. 이 문제는 다음 장에서 자세하게 논의하기로 하고, 여기서는 코펜하겐 해석에서 말하는 관찰자의 의미를 분명히 해두고 코펜하겐 해석의 주요 내용을 정리해두겠다.

(1) 관찰자

지금까지 특별한 설명이 없이 관찰과 관찰자라는 말을 많이 사용해 왔는데 이제는 이 말의 뜻을 명확하게 해 둘 필요가 있다. 고전역학에서는 관찰이나 관찰자라는 말을 명시적으로 사용하지 않는다. 고전역학은 데카르트의 정신-물질 이원론을 그대로 받아들였기 때문에 고전역학에서는 관찰과 관찰자의 의미가 분명하기 때문이다. 고전역학에서는 관찰자와 관찰대상은 명확하게 분리되어 있다. 외부 세계에 존재하는 관찰대상은 객관적 실재이며 관찰자는 의식을 가진 존재이다. 관찰자는 의식을 가진 존재이지만 물리학이 기술하는 영역에 끼어들 여지가 없다. 고전역학의 관점에서 볼 때 물리학은 객관적 실재인 물질만 다루면 그만이다. 그런데 양자역학에서는 관찰자와 관찰의 뜻이 분명하지 않다. 이중 슬릿 실험에서 보듯이 관찰 전후를 통하여 물리계의 행동이 달라저 관찰자와 관찰대상을 명확하게 분리할 수 없기 때문이다. 먼저 관찰과 측정이 무엇인지 생각해 보아야 한다.

양자역학의 해석에 관한 문제라면 사소한 것에서도 모든 사람들이 100%동의하는 것은 없다. 관찰과 관찰자가 무엇인가 하는 문제도 모든 사람이 동의하는 정의(definition)는 아직까지는 없다. 얼핏 생각하면 관찰과 측정이란 대상으로부터 어떤 정보를 얻는 것이라고 말하면 그만일 것 같지만, 정보를 얻는 구체적인 방법을 말하지 않는다면 이 말은 동어반복이나 마찬가지이다. 이제 정보를 얻는 방법을 생각해보자. 물리적 대상으로부터 정보를 얻는 방법은 많지만 예로부터 물리학자들이 애용해 오던 방법 중 하나는 측정 도구를 사용하여 측정대상으로부터 어떤 물리량을 측정하는 것이다. 그렇다면 빛알〔光子, photon〕이나 전자와 같은 소립자를 측정 도구로 사용할 수 있을까? 다시 말해 빛알이나 전자가 미시세계대상과 접촉한다면 이 소립자는 그 대상을 관찰〔측정〕하는 것일까? 답은 "아니다"이다. 실험에 의하면 소립자가 미시세계의 대상을 만나면 둘은 얽혀 중첩상태를 만든다. 중첩상태를 만든다면 소립자가 미시세계 대상을 관찰〔측정〕할 수는 없다. 중첩상태를 만들면 왜 관찰할 수 없는지 그 이유를 설명하겠다.

미시세계를 이론적으로 기술하면 미시세계의 대상도 파동이고 소립자도 파동이다. 두 개의 파동이 만나면 이들은 합쳐져서 하나의 합성파를 이룬다. 둘이 만든 이 합성파를 가리켜 둘이 양자적으로 얽혀 있다고 하는데, 하나의 파동에서 무엇이〔누가〕 무엇을〔누구를〕 관찰한다고 말할 수 있겠는가? 관찰이라고 하면 관찰대상과 관찰자가 분리되는 것을 전제로 한다. 비록 양자역학에서는 고전역학처럼 둘 사이를 칼로 자르듯이 분리시킬 수는 없지만 관찰이라고 하면 양자역학에서도 애매하게나마 관찰대상과 관찰자가 분리되는 것을 전제로 한다. 양자적으로 얽혀 중첩상태를 만들면 거기에는 더 이상 관찰대상이라고 할만한 '미시세계의 대상'도 없고 '관찰하려는 소립자'도 없다. 단지 하나의 합성파 만이 있을 뿐이다. 거기에는 관찰이라는 것이 있을 수 없다. 따라서 소립자는 미시세계의 대상을 관찰하는 측정 도구가 될 수 없다.

소립자가 관찰 도구가 될 수 없다면 소립자 대신 거시적 장비를 사용하면 어떨까? 미시세계의 대상이 거시적 장비를 만나면 이들은 중첩 상태를 만들지 않는다. 미시세계의 대상들이 거시적 장비를 만나면 미시적 대상을 나타내는 파동은 사라지고 거시적 장비에 자신들에 관한 어떤 기록을 남긴다. 알파 입자, 베타 입자, 감마선과 같은 미시세계의 대상이 '가이거 계수기(Geiger counter)'나 형광판 같은 거시적인 측정 장비를 만나면 딸깍하고 소리를 내거나 반짝하고 빛을 낸다. 이때 물리학자들은 관찰과 측정이 이루어졌다고 말한다.

코펜하겐 해석에서는 세상을 둘로 나눈다. 그 둘이란 원자나 소립자와 같은 관찰 대상이 속하는 미시세계와 측정 장비가 속하는 거시세계이다. 미시세계에 속하는 존재들은 양자역학의 법칙을 적용하고 거시세계에 속하는 측정 장비에는 양자역학을 적용하지 않는다. 코펜하겐 해석에서는 세상을 이렇게 둘로 나누고서 미시세계의 대상이 거시적 측정 장치와 만나 어떤 기록을 남기면 이것을 관찰로 본다. 따라서 관찰이 이루어지므로 측정 장비는 훌륭한 관찰자이다. 그런데 미시세계와 거시세계를 나누는 합당한 기준은 없다. 측정 장비를 거시 세계의 존재로 보고 여기에는 양자역학을 적용하지 않는 것은 인위적으로 세상을 둘로 나눈 것이다. 측정 장비도 원자로 이루어진 이상 측정 장비에 양자역학을 적용하지 말아야 할 이유는 없다. 학자들이 이 점을 지적했을 때 보어는 그것까지 양자역학적으로 해석하는 것은 인간의 지적 능력 밖이라고 말했다. 그러나 보어의 말이 옳다고 하더라도 원자보다는 크고 측정 장비보다는 작은 애매한 중간크기의 물리계도 존재한다. 20세기 후반부터는 이 중간 크기의 물리계를 대상으로 물리학자들이 실험을 하고, 그들의 성질을 조사하는 일이 점점 잦아지고 있다. 물리학자들은 이 애매한 중간 크기의 세계에서도 양자 현상을 발견하였다.[149] 이에 따라 원자나 소립자의 실재성이 무엇인지에 대해서는 말하지 않고 측정 장비에 기록된 내용만을 이론에 맞게 설명하는 것으로 충분하다는 코펜하겐 해석은 무엇인가 부족하다고 생각하는 사람들의 수가 점점 늘어나고 있는 추세이다. 자연스레 이 사람들은 새로운 해석을 찾고 있다. 그렇지만 아직까지는 코펜하겐 해석을 능가하는 해석은 없다고 해도 과언이 아니다.

여기서 참고로 말해 둘 것이 하나 있다. 측정 기구도 훌륭한 관찰자라는 것이 코펜하겐의 기본입장이고 또 물리학 교과서에는 그렇게 기술하고 있지만 양자역학의 탄생 초기부터 많은 사람들은 코펜하겐 해석의 기본입장이 관찰자의 의식이 물질계에서 근본적인 역할을 한다고 주장하는 것으로 이해하고 있었다. 그래서 아인슈타인은 "보는 사람이 없으면 달이 거기에 존재하지 않는가?"하고 물었고, "생쥐가 관찰해도 파동함수가 붕괴하는가?"하고 묻기도 하였다. 물론 아인슈타인이 이렇게 물은 것은 "물리학이 의식을 다루는 것이 말이 되느냐" 하는 뜻에서 한 말인데, 아인슈타인이 이런 말을 한 데는 그만한 이유가 있었다. 당대에 많은 수의 물리학자들이 코펜하겐 해석의 기본입장은 의식이 물질계에서 근본적인 역할을 한다고 말하는 것으로 이해하고 있었기 때문이다. 적어도 양자역학이 탄생한 초기에는 그런 분위기가 강했다. 우선 코펜하겐 해석을 주창한 보어 자신이 "양자역학의 개념적 구조를 이해하기 위

---

149 브루스 로젠블룸, 프레드 커트너 지음, 전대호 옮김, 《양자 불가사의》, 도서출판 지양사, 2012, 이 책에 보다 많은 예와 자세한 설명이 있다.

해서는 심리학과 같은 다른 분야의 과학이나 일찍이 붓다(Buddha)나 노자(老子)가 직면했던 인식론적 문제로 되돌아가야 할 것이다"[150]라고 말했는데, 사람들이 이 말을 듣고 정신과 물질의 만남을 생각하는 것이 별로 이상한 일은 아닐 것이다. 그렇다면 아인슈타인처럼 반응하는 것이 당연한 일이라고도 할 수 있다. 그리고 코펜하겐 해석의 탄생에 중요한 역할을 한 하이젠베르크는 코펜하겐 해석은 유물론이 아니라고 말하였고, 파울리는 정신과 물질이 '어떤 것 하나'의 상보적인 측면이라는 것을 보일 수 있다면 가장 바람직한 일일 것이라고 말하였다. 무엇보다도 컴퓨터 발전에 지대한 공헌을 한 폰 노이만(John von Neumann, 1903~1957)은 측정 장비는 양자역학의 관찰자가 될 수 없다고 강하게 주장하였다.

노이만은 1932년 측정대상뿐만 아니라 측정 도구까지 양자역학적으로 해석하고 측정의 문제를 수학적으로 엄밀하게 검토하였다. 그리고 측정 도구는 파동함수의 붕괴를 불러일으킬 수 없다는 것을 보이고, 의식을 가진 관찰자에 의해 파동함수가 붕괴된다고 주장했다. 노이만의 해석도 학계에서는 코펜하겐 해석이라고 부른다. 코펜하겐 해석 내에도 이렇게 다른 표현(version)이 있다. 이제 다음 소절에서는 코펜하겐 해석의 핵심적인 내용을 정리해 두겠다.

---

150 N. Bohr, *Atomic Physics and Human Knowledge*, Wiley, New York, 1958, p.20. "For a parallel to the lesson of atomic theory regarding the limited applicability of such customary idealizations, we must in fact turn to other branches of science as psychology, even to that kind of epistemological problems with which already Buddha and Lao-tse have been confronted, when trying to harmonize our position as spectators and actors in the great drama of existence."

(2) 핵심 내용의 정리

코펜하겐 해석의 핵심적인 내용은 다음과 같다.

① 코펜하겐 해석에서는 세계를 원자와 소립자들이 속하는 미시세계와 측정 장비가 속하는 거시세계로 나누고 다음과 같이 가정한다. 거시세계의 물리계는 고전역학의 법칙을 따르며, 미시세계의 물리계는 양자역학의 법칙을 따른다. 양자역학은 미시세계의 대상을 파동함수로 기술하며, 파동함수는 관찰자가 그 계에 관해 얻을 수 있는 모든 정보를 담고 있다.

② 관찰이란 미시적인 대상이 거시적인 대상과 상호작용하는 것을 말한다. 이런 의미에서 측정 도구는 훌륭한 관찰자라는 것이 코펜하겐 해석의 기본입장이다. 그러나 하이젠베르크는 코펜하겐 해석이 유물론이 아니라고 설명하였으며, 폰 노이만은 양자역학의 관찰자는 반드시 의식을 가진 존재라야 된다고 주장하였다. 노이만의 해석도 코펜하겐 해석이라고 부른다.

③ 상태의 중첩: 관찰이 있기 전까지 미시세계의 존재는 모든 가능한 모든 상태에 '동시에' 존재한다. 관찰은 파동함수를 붕괴시켜 관찰자는 단 하나의 고유상태만 관찰할 수 있다. 그리고 시공간의 각 점에서 파동함수가 갖는 값은 그곳에서 관찰자가 입자를 발견할 확률을 나타낸다. 많은 고유상태들 중 어느 고유상태를 관찰하게 될 것인지 또는 시공간의 어느 점에서 관찰자가 입자를 발견할 것인지에 대해서 양자이론은 단지 확률적으로만 말할 수 있다. 따라서 객관적 실재는 없다.

④ 관찰 결과의 창조: 하이젠베르크의 불확정성원리에 의하면 위치와 운동량과 같은 비가환적 물리량들은 동시에 정확하게 측정할 수 없다. 임의로 아무 물리량이나 동시에 정확히 측정할 수 없는 것은 관찰[측정]이 계를 교란시키기 때문인데, 관찰은 계를 교란시킬 뿐만 아니라 관찰결과를 만들어낸다. 모든 물리량은 관찰자와의 관계에 의해서 그 의미를 가질 뿐 관찰과 무관하게 독립적으로 실재하는 물리량은 없다. 예를 들면 소립자는 관찰하기 전에는 위치라는 속성도 갖고 있지 않다. 소립자의 위치도 측정 과정에서 만들어지는 것이다.

⑤ 불확정성원리와 상보성원리: 미시세계에 속하는 원자나 소립자와 같은 존재들은 파동-입자 이중성을 보인다. 이중성을 갖는 미시세계의 자연현상은 반드시 서로 상보적인 두 조(組, set)의 물리량으로 기술되며, 서로 짝이 되는 한 쌍의 상보적인 양은 동시에 정밀하게 측정할 수 없다.

⑥ 관찰[측정]이 '파동함수의 붕괴(collapse of wave function)'로 표현되는 불연속적인 양자도약(quantum jump)을 일으킨다. 이는 양자역학으로 기술되는 미시세계의 물리계가 비국소적 성질(non-local property)을 가진다는 것을 뜻한다.

⑦ 고전역학은 양자역학의 근사이론에 해당한다. 이를 대응원리(correspondence)라고 한다. 대응원리에 의하면 상태에 대한 양자역학적 기술은 그 물리적 대상의 크기가 거시세계에 가까워짐에 따라 그에 대한 고전역학의 서술과 가까워진다.

지금까지 살펴본 바에 의해 상당수의 사람들이 양자역학의 세계관은 공과 중도를 말하는 불교의 세계관과 유사하다는 생각을 가질 것이다. 이들의 생각에 동조하지 않는 사람들이라 할지라도 왜 숀 캐럴과 블래트코 베드럴이 그런 말을 했는지 짐작하고 그들이 한 말에 수긍하는 사람이 상당수 있을 것이다. 여기서 우리는 양자역학의 세계관이 불교적으로 어떤 의미를 갖는지 살펴보지 않을 수 없다.

6) 양자역학의 불교적 의미

파르메니데스의 철학은 사유의 결과이고 붓다의 설법은 체험이다. 있는 것은 있고 없는 것은 없다고 하는 파르메니데스의 주장은 논리적으로 명쾌하고 단순해서 사람들이 이해하고 받아들이기 쉽다. 그러나 존재-비존재의 중도를 말하는 붓다의 교설을 머리로 이해하는 것은 불가능하다. 체험은 착각일 경우가 많다. 감정에 휘둘리면 사람들은 사물을 있는 그대로 보지 못한다. 이런 이유로 양자역학이 탄생하지 않았더라면 현대인들은 아마도 붓다의 가르침에 귀를 기울이지 않았을 것이다. 그런데 양자 현상을 보면 중도가 진정 진리인 것처럼 보인다. 중첩현상이 그렇고 파동함수의 행동이 그렇다. 그리고 관찰 대상과 관찰자는 분리할 수 없는 관계를 맺고 있다는 뜻에서 양자역학은 분명히 불교의 연기법을 지지한다. 이 절에서는 양자역학적 개념인 파동함수, 중첩, 코펜하겐을 연기, 공, 중도와 같은 핵심적인 불교 교리와 결부시켜 과학적 내용과 비교해 보자.

(1) 연기법과 코펜하겐 해석

코펜하겐 해석 가운데 특별히 문제가 되는 것은 인위적으로 세상을 둘로 나눈 것과 실재성의 문제이다. 이 문제에 대해서는 앞으로 학자들의 견해와 연구결과를 소개하겠지만, 폰 노이만의 해석을 받아들인다면 코펜하겐 해석은 유식 불교의 세계관과 조화를 이룬다고 볼 수 있다. 그리고 불교의 연기법에 비추어 봤을 때 코펜하겐 해석은 아주 멋진 해석이라고 할 수 있다.

원자나 소립자들은 모든 물질의 구성요소이다. 벽돌이 쌓여 큰 건물을 이루듯이 소립자가 원자를 만들고 원자들이 모여 거시세계를 만든다. 따라서 일상적 경험세계를 포함하여 거시세계는 미시세계를 바탕으로 이루어진다. 즉, 미시세계가 있기 때문에 거시세계가 있는 것이다. 그렇지만 미시세계의 입자들은 단순한 벽돌이 아니다. 벽돌은 건축물과 상관없이 존재하지만 소립자나 원자와 같은 미시세계의 입자들은 거시세계와 관계없이 존재하는 것이 아니다. 코펜하겐 해석에 의하면 미시세계의 입자들은 그 자체로 존재하는 것이 아니고, 측정대상과 측정 기구 사이의 상호작용에서 생겨난 것들이다. 즉, 미시세계에서 일어나는 양자 현상들은 모두 거시세계에 속하는 측정 장비를 통해 드러난다. 그렇다면 미시세계는 거시세계로 인해 드러나고, 거시세계는 미시세계로 인해 드러나는 것이 된다. 미시세계와 거시세계는 서로가 서로의 원인이자 결과가 되는 셈이다. 미시세계 없이는 거시세계가 없지만 거시세계 없이는 미시세계도 없다고 할 수 있다. 미시세계와 거시세계는 어느 쪽이 먼저가 아니고 상호의존적이다. 관찰자에게 의식이 있든 없든 미시세계와 거시세계는 상호의존적이라는 사실에는 변함이 없다. 이 상호의존성으로 인해 미시세계도 거시세계도 독립적으로는 그 존재의 근거

(ground)를 잃게 된다. 이렇게 사물이 서로 상호의존적으로 존재한다는 것은 바로 불교 연기법의 핵심적인 내용이다. 이 점에서 코펜하겐 해석은 불교의 연기법과 조화를 이룬다고 할 수 있다. 그래도 여기서 우리는 우리가 일상적으로 경험하는 거시 세계의 사물들은 왜 객관적 실재처럼 보이는가 하고 묻지 않을 수 없다. 보어가 주도한 정통 코펜하겐 해석은 이 문제에 대해 입을 다물고 있고 폰 노이만은 관찰자의 의식이 그 원인이라고 주장하였다. 이 물음에 대해서는 다음 장에서 실재성의 문제를 다룰 때 논의하겠다.

코펜하겐 해석에서 세상을 둘로 나누고 거시세계의 물리현상에는 고전역학을 적용한다면 코펜하겐 해석은 거시세계의 존재를 부정하지 않는 것이 된다. 고전역학에서는 그 물리적 대상을 객관적 실재로 보기 때문이다. 그런데 거시세계의 바탕이 되는 미시세계의 소립자들이 허깨비 같은 존재라면, 소립자들로 이루어진 이 세상은 무엇일까? 우리가 일상적으로 경험하는 이 거시적 세계를 보고서, 이 세상이 실재하지 않는다고 부정할 사람은 없을 것이다. 그런데 소립자들이 허깨비에 불과하다면 허깨비들로 이루어진 이 세상은 왜 허깨비가 아닌 것처럼 보일까? 허깨비를 많이 모아두면 허깨비(ghost)가 실재(reality)로 바뀌는 것일까? 입자라는 실체(entity)가 관찰자의 측정과 더불어 추상적인 파동함수로부터 출현하는 것이라면 관찰자의 정체는 무엇일까? 더욱 이상한 것은 미시세계의 존재들은 정확한 이론인 양자역학의 법칙을 따르지만 거시세계의 존재들은 양자이론의 근사이론에 불과한 고전역학의 법칙을 따른다는 사실이다. 이 문제는 실로 대답하기 어려운 문제이지만 다음 장에서 이 문제에 대한 물리학적 해석을 소개하겠다. 그러나 그 전에 이 문제를 불교의 연기법으로 해석해보자. 불교의 연기법으로 이 문제를 해석하면 오히려 간단히 해결된다.

연기법에서는 세상 모든 존재를 사건의 흐름으로 본다. 연기법에 의하면 세상에 실체를 가진 존재는 없다. 세상은 사건의 집합이고 사건의 흐름일 뿐이다. 다만 인과관계로 맺어진 사건들이 일정한 시간 동안 지속되어 하나의 흐름, 즉 사건의 흐름을 형성하면 사람들은 이 '사건의 흐름'을 어떤 존재로 인식하게 되는 것이다. 연기법에 의하면 미시세계의 존재도 거시 세계의 존재도 그저 사건의 집합이고 사건의 흐름일 뿐이니 여기서 어느 것이 허깨비이고 어느 것이 더 실제적인 존재인가 하고 논할 바가 못 된다. 실제적인 존재라고 본다면 그것은 범부의 착각일 뿐이다. 범부의 착각이라는 것은 범부의 마음이 범부가 보는 세상을 만들었다는 것으로서 폰 노이만의 주장과 유사하다고 볼 수 있다. 미시세계도 거시세계도 '공'일 뿐이다. 그러나 공이지만 이 세상 삼라만상이 허깨비에서 나왔으니 이것을 가리켜 진공묘유라 하는 것이다.

(2) 연기의 이치 : 무상 및 공과 중도

연기법에 의하면 세상 모든 것은 변하기 마련이다. 즉, 모든 것은 무상하다. 우리는 위에서 여러 가지 양자 현상을 설명하면서도 이 문제만큼은 가볍게 다뤘다. 너무나 당연한 일이기 때문이다. 여기서 이 문제를 생각해보자. 파동함수를 설명할 때 우리는 시간에 불변인 파동함수를 생각하고 고유상태의 개념을 도입하여 양자 현상을 설명했지만, 이렇게 한 것은 사람의 사물 인식 방식에 맞추기 위해서 그렇게 한 것일 뿐, 시간적으로 불변이라고 하는 것은 관찰자가 그 변화를 알아채지 못할 정도로 천천히 변하는 계를 뜻한다는 것을 이미 설명하였다. 물질계에 있는 모든 존재는 하나의 예외도 없이 다른 것과의 상호작용을 통해 그 존재를 드러낸다. 상호작용이 없는 존재는 존재하지 않는 것과 마찬가지다. 다른 것과 상호작용을 하는 물리계는 동적 상태에 있게 된다. 물리계가 동적 상태에 있다는 것은 고려하는 물리계는 시간이 지남에 따라 변하게 마련이라는 것을 뜻한다. 여기서 물리계는 변화와 과정이라는 개념으로 파악하는 것이 옳다는 것을 알 수 있다. 즉, 모든 물리계는 무상하다.

양자역학이 공과 중도를 지지한다는 것을 이해하는 것도 어렵지 않을 것이다. 중첩상태는 사람이 이분법적으로 생각하고 판단하는 것이 반드시 옳은 것은 아니라는 것을 말해준다. 자연이 사람의 사물 인식 방식에 따라 행동하는 것은 아니다. 이 사실을 받아들이는 것만으로도 양자역학이 중도의 원리를 뒷받침한다고 할 수 있다. 그리고 코펜하겐 해석을 받아들인다면 미시세계의 존재들이 허깨비에 불과하고, 이 허깨비 같은 존재들이 모여 이루어진 거시세계 역시 허깨비에 불과하다는 해석도 받아들이지 않을 수 없을 것이다.

이상의 내용을 정리하면 양자역학을 통해 우리는 물질계의 참모습을 지배하는 원리는 무상 및 공과 중도임을 이해할 수 있을 것이다. 결국 이 소절에서 말하려는 내용을 정리하면 스몰린이 한 말과 같아진다. 여기서 우리는 제1장에서 소개한 물리학자 스몰린이 한 말의 일부를 상기하는 것이 좋을 것이다.

지금까지 살펴본 바와 같이 양자역학이 거의 불교의 무상 및 공과 중도의 이치를 뒷받침한다고 말해도 좋을 만큼 양자역학은 불교 교리와 조화를 이룬다. 따라서 양자 현상을 살펴보는 것은 불교를 이해하는 데 큰 도움을 줄 것이다. 그러나 이 장(章)을 마치기 전에 우리가 한 가지 물어야 할 것은 우리가 양자역학적 현상을 살피는 것이 불교적으로 무슨 뜻이 있는가 하는 것이다. 양자역학이 마치 불교 교리를 뒷받침하는 것처럼 보일 정도로 양자역학의 실험결과와 그에 대한 해석이 불교 철학과 조화를 이룬다고 할지라도 그것이 우리의 삶에 전하는 어떤 메시지가 없으면 불교를 현대과학으로 조명하는 것이 하나의 공론에 불과할 것이기 때문이다. 이 물음에 대해서는 제7장에서 논하기로 하고 다음 장에서는 미시세계의 존재들과 거시세계 존재들의 실재성의 문제에 대해서 깊이 있게 살펴보자.

6

실재성의 문제와 관찰자의 의식

양자역학은 물리학 이론으로서 놀랄만한 성공을 거두고 있다. 특히 상대론적 양자역학은 인간이 만든 이론 중 가장 완벽하게 자연을 설명한다는 평을 들을 정도로 미시세계의 물리현상을 잘 설명하고 있다. 이론의 정교함을 말하자면, 달과 지구 사이의 거리를 이론이 예측하고 실험적으로 측정한다고 할 때, 이론이 예측한 값과 실험치의 차이는 불과 몇 cm 정도밖에 안 될 정도로 이론은 물리현상을 정확하게 기술하고 있다. 이러한 성공에도 불구하고 양자역학의 인식론적 기반에 대해서는 논란이 끊이지 않는다. 코펜하겐 해석이 옳다면, 이것은 양자역학의 이론을 자연스럽게 수용할 수 없도록 인간의 사물 인식방식과 사물의 실재성 사이에 커다란 틈이 있기 때문이다. 그래서 끊임없이 철학적 논란이 제기된다. 이 논란들 중 중요한 것은 아무래도 실재성의 문제와 관찰자의 의식에 관한 문제일 것이다.

실재성의 문제는 많은 논란이 있지만 이들 논란을 모두 소개할 수는 없고, 이 책에서는 아인슈타인이 제기한 실재성의 문제와 이에 대한 보어의 반박과 실험결과에 대해 살펴보겠다. 그리고 관찰자의 의식에 관한 문제도 살펴보겠다. 오랫동안 주류 물리학계에서는 보어가 주도한 코펜하겐 해석을 정통으로 인정하여 측정 도구도 훌륭한 관찰자라고 보아왔지만, 이제는 사정이 달라졌다. 폰 노이만의 해석이 아니더라도 다른 이유로 양자 역학의 측정에서는 의식이 근본적인 역할을 할지도 모른다는 물리학자들의 수가 점점 늘어나는 추세이다. 산타크루즈(Santa Cruz) 소재 캘리포니아 대학 물리학과에서는 물리학과 의식의 만남에 대한 교양 강좌를[151] 개설할 정도로 이제는 의식의 문제가 물리학 내에서 논의되고 있다.

1) 실재성의 문제

불교 선종의 오가(五家) 가운데 하나인 조동종(曹洞宗)의 개조 동산양개 (洞山良介, 807~869) 스님은 어려서 출가하여 《반야심경》을 외우다가 무안이비설신의(無眼耳鼻舌身意)라는 글귀에서 자신의 코를 만지면서 "여기 이렇게 있는데 왜 없다고 할까"하고 스승에게 물음을 던졌다고 한다. 물리학자들도 동산 스님과 똑같은 물음을 던진다. "고도의 지성을 갖춘 관찰자가 없어도 우주는 존재하는 것일까? 보는 사람이 없다면 달은 거기에 존재하지 않는가?"

　　이 물음에서 관찰자의 의식이 등장하는 것은, 보어가 주도한 코펜하겐 해석에서는 의식이 없는 측정 도구도 훌륭한 관찰자라고 했지만, 사람들은 코펜하겐 해석에서 관찰자를 의식이 있는 존재로 본다고 이해했

---

151 브루스 로젠블룸, 프레드 커트너의 앞의 책. 이 책에 사물의 실재성과 관찰자의 의식에 대한 보다 자세한 설명과 논의가 있다.

기 때문이다. 앞서 설명한 대로 보어 자신이 정신과 물질의 만남이 필요하다고 주장하는 듯한 말을 한 것이나, 폰 노이만이 측정 도구에도 양자역학을 적용하고 양자역학의 관찰자는 의식이 있는 존재라야만 한다고 주장한 것도 사람들의 생각에 큰 영향을 미쳤을 것이다. 양자역학을 알기 전이라면 보통 사람들은 아무도 위의 질문에 대해 그렇다고 대답하지 않을 것이다. 그러나 이중 슬릿의 실험을 아는 사람이라면 보통 사람들 중에도 생각을 달리하는 사람들이 있을 것이다. 미시세계에서 일어나는 일을 여기서 다시 한번 생각해보자. 전자와 같은 소립자를 상대로 위치를 측정하면 분명히 입자가 어디 있는지 그 정확한 위치를 알 수 있다. 마찬가지로 운동량을 측정해도 그 정확한 값을 알 수 있다. 물론 불확정성원리에 의해 입자의 위치와 운동량을 동시에 정확히 측정할 수는 없지만, 따로따로 측정하면 분명히 입자의 위치와 운동량을 정밀하게 측정할 수 있다. 여기에 대해 보어가 주도한 코펜하겐 해석에서는 이렇게 설명한다. 측정 전의 소립자는 확률파로서 존재하기 때문에 위치라는 물리적 속성을 갖지 않는다. 물론 입자라는 실체도 없다. 오직 출렁거리는 확률파만 있을 뿐이지만 관찰자의 측정에 의해 위치가 결정되고 입자가 생겨난다. 그런데 위치가 엄밀하게 결정되는 순간 운동량을 결정할 수 없게 된다. 운동량을 결정할 수 없다는 것은 전자가 운동량이라는 물리적 속성을 갖지 않는다는 것을 뜻한다.

(1) 보어와 아인슈타인의 논쟁

양자역학 이론이 물리량을 정확하게 예측을 할 수 없다고 해서 그런 물리량이 실재하지 않는다고 하는 해석을 아인슈타인은 무척 못마땅하게 생각하고 보어와 여러 번에 걸쳐 논쟁을 하였다. 사람이 만든 양자역학이 그것을 예측하지 못할 뿐 전자가 어디서 발견되었다면 전자가 그 근처 어딘가에 있었기 때문에 관찰자가 그곳에서 전자를 발견한 것이고, 또 전자는 위치와 함께 일정한 운동량을 갖고 있지 않겠느냐 하는 것이 아인슈타인의 생각이었다. 위치를 측정할 때 측정 과정에서 물리계가 교란되고, 그 결과 운동량에 대한 정보를 잃게 되어 운동량을 정밀하게 측정할 수 없게 되었지만, 입자는 본래부터 확정된 위치와 운동량을 갖고 있었다고 생각하고 아인슈타인은 "보는 사람이 없다면 달은 거기에 존재하지 않는가?" 하고 반문하였다.[152] 코펜하겐 학파에서 무엇이라고 하든지 그들의 생각에 동의할 수 없었던 아인슈타인은 코펜하겐 해석을 반박하기 위한 첫걸음으로서 먼저 물리적 실재(physical reality)를 다음과 같이 정의하였다.

> "계를 교란시키지 않고 물리량을 정확히 예측할 수 있다면 물리적 실재(physical reality)의 한 요소가 있어서 이 물리량에 대응하는 것이다."[153]

어떤 물리계를 대상으로 물리량을 측정하여 위치나 질량-에너지 및 전기량 등의 값을 얻었다면, 이것은 이런 값을 주는 어떤 물리적 실재가 있기 때문이라는 것이 아인슈타인의 생각이었다. 측정 과정을 통해 물리량이 결정된다고 하는 코펜하겐 해석보다는, 어떤 물리적 실재가 있

---

152 이러한 반문에 대해 보어의 입장을 지지하는 독일의 물리학자 파울리(Wolfgang Ernst Pauli, 1900~1958)는 "존재 여부조차 분명치 않은 대상을 놓고 논쟁을 벌이는 것은 마치 바늘 자국 위에 얼마나 많은 천사가 앉아 있는지를 따지는 것과 같다"고 말했는데, 이렇게 말할 정도로 이 물음에 대한 양자역학적 입장은 확고하다.

153 Einstein, A ; B Podolsky ; N Rosen, "Can Quantum-Mechanical Description of Physical Reality be Considered Complete?", *Physical Review* 47 (10) : pp.777~780.

어서 그런 물리량을 측정하게 되었다고 보는 것이 확실히 보통 사람들의 직관에는 더 잘 맞는다. "물리계를 교란시키지 않는다."는 말은 애매한 점이 있긴 하지만 그것은 측정하지 않는다는 말과 마찬가지라고 볼 수 있다. 아인슈타인이 이 말을 쓴 것은 관찰자가 입자의 위치를 알게 될 때, 운동량의 값이 애매해지는 것은 측정 과정에서 오는 교란 때문일 뿐 완전한 이론이라면 측정하지 않고서도 정확한 운동량을 예측할 수 있어야 한다고 생각했기 때문이다. 물론 위치와 운동량의 역할을 바꾸어도 마찬가지다. 입자의 운동량을 정확히 측정하여 입자의 위치가 애매해졌더라도 어딘가에 입자가 있지 않겠느냐 하는 것이 아인슈타인의 생각이었다. 아인슈타인은 위치와 운동량 모두가 물리적 실재에 대응하는 요소라고 보았다. 이런 생각을 정리하여 아인슈타인은 두 명의 물리학자 포돌스키(Boris Podolsky, 1896~1966)와 로젠(Nathan Rosen, 1909~1995)과 더불어 하나의 입자가 두 개의 입자로 분리되는 경우에 일어날 수 있는 일을 자세히 분석하였다. 이 분석을 통해 이 세 사람은 직접 측정하지 않고서도 불확정성원리가 말하는 측정의 제한을 피해서 입자의 위치와 속도를 동시에 알아낼 방법을 고안하였다. 그리고 이 실험을 코펜하겐 해석에 따라 분석하면 거기에는 어떤 패러독스가 따름을 보였다. 이 패러독스를 EPR 패러독스라고 하는데, 이러한 패러독스가 있다는 것은 물론 아인슈타인의 사물 인식 방식에서 하는 말이고 보어의 해석에 의하면 EPR이 제안한 실험에 아무런 패러독스가 없다.

(2) EPR 패러독스

EPR이 제안한 초기의 실험은 과학적으로도 인식론적으로도 심오한 내용을 담고 있으나 그들이 제안한 그대로의 방법으로는 실제로 실험을 수행하고 그 내용을 검증하는 것이 불가능하였다. 이에 물리학자들이 EPR이 제안한 초기의 실험과 원리적으로 그 내용이 같으면서 실제로 실험을 수행할 방법을 찾던 중, 미국의 물리학자 데이비드 봄(David Bohm, 1917~1992)이 다음과 같은 방법을 고안하였다.[154]

질량을 제외한 모든 물리량이 '0'인 입자들은 어떤 이유로 입자(粒子, particle)와 반입자(反粒子, antiparticle)[155]로 붕괴할 수 있다. 이 입자-반입자의 쌍이 전자(電子, electron)와 양전자(陽電子, positron)라 하고, 왼쪽으로는 전자, 오른쪽으로는 양전자가 튀어나갔다고 가정하자. 그리고 전자-양전자의 쌍 가운데 전자의 스핀을 측정한다고 하자.[156] 양자역학 이론에 의하면 측정 전에는 전자도 양전자도 그저 출렁거리는 파동일 뿐 실체가 없는 허깨비 같은 존재다. 측정 전에 말할 수 있는 것은 전자의 스핀도 양전자의 스핀도 중첩되어 있어 측정하면 그 측정값이 1/2이거나 −1/2일 확률이 똑같이 50%라는 것뿐이다. 측정을 통해 중첩상태는 깨어지고 비로소 전자의 스핀이 +1/2과 −1/2 중 어느 하나로 결정된다. 양전자의 스핀은 그 값을 따로 측정하지 않더라도 전자의 스핀이 결정되면 자동적으로 결정된다. 물론 역으로 양전자의 스핀이 결정되면 전자의 스핀도 자동적으로 결정된다. 전자의 스핀을 측정한 값이 +1/2이면 양전자는 −1/2, 전자의 스핀 값이 −1/2이면 양전자는 +1/2의

---

154 봄이 제안한 것과 똑같은 방법은 아니지만 원리적으로 같다는 뜻이다. 봄은 양자역학의 해석에서도 코펜하겐 해석과는 다른 해석을 내놓았는데, 이를 '봄의 해석'이라고 부른다. 코펜하겐 해석을 인식론적 해석이라고 한다면, 봄의 해석은 존재론적 해석이라고 할 수 있는데. 봄의 해석도 양자역학의 해석으로서 손색이 없는 훌륭한 해석이라고 할 수 있다.

155 진공에 강한 에너지를 가하면 입자와 반입자의 쌍이 생겨난다. 반입자의 질량은 대응하는 입자의 질량과 정확하게 같고 다른 물리량은 대응하는 입자가 가진 물리량과 크기는 같고 부호는 반대이다. 모든 소립자는 짝이 되는 반입자를 갖고 있다. 입자와 반입자가 만나면 둘 다 사라지고 사라지기 전에 둘 이 가졌던 에너지의 총합에 해당하는 에너지만 남는다.

156 스핀에 관한 설명은 각주 142번에서 자세히 설명한 바가 있다.

값을 갖는다. 전자-양전자의 쌍으로 붕괴되기 전 단일체이던 입자가 '0' 의 스핀 값을 가지고 있었으므로 전자와 양전자의 스핀은 그 합이 '0'이 되어야 하기 때문이다. 아인슈타인은 여기에 하나의 패러독스(paradox)가 따른다고 주장했는데 그 이유는 다음과 같다.

전자와 양전자가 분리된 후 오랜 시간이 지나 두 입자 사이의 거리가 수백 광년쯤 떨어졌다고 하자. 두 입자가 이렇게 멀리 떨어진 후에도 전자의 스핀을 측정하여 그 값이 1/2이면, 그 즉시 수백 광년 떨어진 양전자의 스핀이 $-1/2$로 결정된다. 양전자를 전혀 건드리지도 않았는데, 수백 광년 떨어진 전자의 스핀을 측정한다고 해서 양전자의 스핀이 즉시 결정되는 것은 수수께끼다. 특수상대성이론에 의하면 정보의 전달속도는 빛과 같다. 측정 전에는 양전자의 스핀도 $+1/2$과 $-1/2$의 상태가 중첩되어 있었다. 만일 전자의 스핀을 측정하기 전에 양전자의 스핀을 따로 측정하였더라면 양전자의 스핀은 1/2과 $-1/2$ 중 어느 쪽이라도 될 수 있었다. 그렇다면 전자의 스핀이 1/2로 결정되었다는 정보가 양전자에 전달될 때라야만 양전자의 스핀이 $-1/2$로 되어야 하지 않겠는가? 특수상대성이론이 말하는 바에 의하면 양전자가 정보를 얻고 거기에 맞추어 자신의 스핀 값을 조정하려면 수백 년이 걸려야 할 것이다. 그런데 전자의 스핀을 측정했다는 정보가 무한대의 속도로 양전자에 전달된 것처럼 양전자의 스핀이 즉시 결정된다. 정보전달에 걸리는 시간을 무시하고 양전자의 스핀이 즉시 결정된다는 것은 패러독스다. 이런 패러독스가 생긴 것은 측정 전에 입자의 실재를 부정하는 양자역학이 불완전하기 때문이다. 전자의 스핀을 측정함과 동시에 양전자의 스핀이 결정되는 것이 아니라 측정 전에 전자도 양전자도 이미 결정된 스핀의 값을 갖고 있었다고 해야 이치에 맞는다. 이 실험에서 양전자를 교란시키지 않고 스핀이라는 물리량을 예측하였으므로 양전자는 이 물리량에 대응하는 물리적 실재라고 보아야 한다. 다른 축에 대한 스핀의 성분에 대해서도 같은 말을 할 수 있다. 스핀은 비가환 물리량(non-commutative)[157]이기 때문에 측정 기구는 한 번에 하나의 축에 대한 성분의 값만 측정할 수 있지만 어떤 축에 대한 스핀을 측정할 것인가는 관찰자가 임의로 정할 수 있다. 그리고 그 축에 따른 측정값은 지금까지 말한 것과 같이 언제나 명확한 값, 1/2 또는 -1/2을 갖고 있었다. 그러므로 입자는 임의의 모든 축에 대하여 명확한 스핀의 값을 갖고 있다고 말할 수 있다.

스핀뿐만 아니라 동시에 측정할 수 없는 다른 물리량도 양자역학이 예측을 못 할 뿐이지 측정 전에 이미 결정되어 있다고 보아야 패러독스에서 벗어날 수 있다는 것이 아인슈타인의 생각이다. 아인슈타인의 주장의 핵심은 분리성(separability)[158]과 실재성(reality)이다. 아인슈타인의 주장이 나오자 이 논문은 보어에게 청천벽력과 같은 타격을 가했다고 한다.[159] 보어는 다른 일을 다 팽개치고 이 논문을 검토하는 일에 매달렸고, 몇 달 뒤 보어는 EPR의 논문과 똑같은 제목의 논문으로 EPR의 주장을 반박했다. 보어는 아인슈타인의 주장이 두 개의 파편이 완전히 분리되었다고 보고 그 둘을 독립적인 존재로 본 것에서 나온 것으로서 그 주장이 잘못된 것이라고 지적하였다. 보어의 생각은 이미 여러 번 설명하였으므로 긴 설명을 하지 않고 간단하게 다음과 같이 요약해두겠다.

---

157 두 개의 물리량이 있어서 두 물리량의 측정 순서를 바꾸면 측정결과가 달라지는 물리량을 말함. 이에 대한 자세한 설명은 제5장 3절의 첫머리에 있음.

158 분리성과 비분리성은 각각 국소성(局所性) 및 비국소성(非局所性)이라고도 하는데, 분리성은 한 사건에 대한 정보가 즉각적으로 전달되는 것이 아니라 빛의 속도로 전달된다는 것을 뜻한다.

159 루이자 길더 지음, 노태복 옮김, 《얽힘의 시대》, 부키, 2013, p.275.

• **비분리성(non-separability)** : 파동함수의 붕괴에서 보듯이 관찰자가 한 곳에서 관찰하면 그 관찰이 멀리 떨어진 곳의 파동함수 값에 즉시 영향을 미친다. 이것은 하나의 파동함수로 기술하는 물리계는 '분리할 수 없는 하나'라는 뜻이다. 전자-양전자의 쌍으로 분리되기 전 '스핀 0의 입자'는 하나의 파동함수로 기술되는 단일체다. 따라서 원래 하나의 파동함수로 기술되는 단일체는 측정 전에는 그것이 분리되었다고 말할 수 없다. 관측 결과 그것이 둘로 분리되어 서로 몇백 광년 떨어져 있다는 것이 판명될지라도 그것이 분리되었다고 말할 수 있는 것은 측정을 통해 '분리되었음'을 확인한 다음의 일이다. EPR이 제안한 물리계는 측정 전에는 '분리할 수 없는 하나(undivided wholeness)'다. '분리할 수 없는 하나'이기 때문에 전자의 스핀을 결정하자마자 양전자의 스핀이 즉시 결정되는 것은 당연하다.

• **비실재성**: 이중 슬릿에 전자의 빔을 쏘아 보낸 경우에서 보듯이 측정을 한 후라야 전자가 어느 슬릿으로 오는지 결정된다. 즉, 측정을 통해 전자의 위치가 결정된 것이다. 측정 전에는 파동은 슬릿의 두 곳에 동시에 존재한다. 즉, 전자는 하나의 경로를 따라 움직이지 않는다. 이 사실은 측정 전에는 전자는 위치라는 속성을 갖지 않는다는 것을 뜻한다. 마찬가지로 전자의 스핀이든 양전자의 스핀이든 측정 전에 그런 값이 결정되어 있던 것이 아니다. 모든 물리량은 측정결과 만들어진 것이다.

아인슈타인은 공간과 입자를 일상적 경험세계에서 보는 것과 같은 방식으로 보고 자신이 제안한 실험을 해석하였다. 그러나 보어는 공간과 입자를 전혀 다르게 해석하였다. 본래 하나였던 것이 둘로 분리된다고 할지라도 그것을 측정을 통하여 확인하기 전까지는 전체를 '분리할 수 없는 하나'로 보아야 한다는 것이 보어의 생각이었다. 하나의 입자가 전자-양전자로 분리되었다고 말할 수 있는 것은 실제로 측정을 하여 전자 또는 양전자 중 하나를 관측하여 분리를 확인했을 때만 그렇게 말할 수 있는 것이지, 그 이전에는 누구도 분리에 관해 말할 수 없고 오직 하나의 파동함수만 존재할 뿐이라는 것이다. 즉, 분리되었다는 것을 관측하기 전에는 '전체가 그대로 하나(a single totality)'라는 것이다. 왜냐하면 파동함수는 일반적으로 시간에 따라 변하기 마련이기 때문에 처음 어떤 순간에 관찰자가 측정을 하면 어느 한 곳에서 전기량이 0, 스핀이 0인 물리량을 얻을 수 있도록 확률파가 분포되어 있지만, 시간이 흐른 다음 수백 광년 떨어진 두 곳에서, 한 곳에서는 전기량이 -1 스핀이 1/2, 또 다른 곳에서는 전기량이 +1 스핀이 -1/2의 값을 측정하도록 확률파의 분포가 변할 수도 있다. 원래 단일체의 스핀 값이 '0'이니 전자의 스핀을 측정하면 양전자의 스핀을 측정하지 않더라도 전자-양전자 쌍의 스핀의 합이 '0'이 되도록 전자와 양전자의 스핀이 결정되는 것은 당연한 일이다. 그것이 전자-양전자의 쌍으로 붕괴되어 공간적으로 분리되었다고 말할 수 있는 것은 관찰자가 관찰한 후의 일일 뿐이다.

보어와 아인슈타인 중 누가 옳은지를 결정하는 것은 쉬운 일이 아니지만, 1964년 영국의 물리학자 벨(John S. Bell, 1928~1990)은 EPR 패러독스 속에 내포된 철학적 논란들을 검증 가능한 부등식의 형태로 나타내고, 벨의 정리(Bell's theorem)를 발표하였다. 과학사상가들 중에는 벨의 정리를 가리켜 과학의 역사에서 가장 위대한 발견이라는 평을 하는 사람이 있을 정도로 벨 부등식은 심오한 뜻을 내포하고 있다. 이 부등식을 유도하는 것이 간단하기 때문에 다음 소절에서 이 부등식의 주요 내용을 설명하고 부등식을 유도하겠다. 그렇지만 부등식의 유도과정을 따라 읽고 이해하는 데 부담을 느끼는 사람들은 이 부등식의 유도과정을 건너뛰고 그다음 소절로 넘어가도 이 책을 이해하는 데 아무런 문제가 없다. 다음 소절을 건너뛰는 사람들을 위해 벨 부등식의 기본적인 내용을 다음과 같이 정리해 두겠다.

데이비드 봄이 제안한 위의 실험에서 전자-양전자의 쌍이 계속해서 생성되어 모든 전자는 왼쪽으로, 모든 양전자는 오른쪽으로 날아간다고 하자. 밥(Bob)과 앨리스(Alice)[160] 두 사람이 참여하여 밥은 왼쪽으로 오는 전자들의 스핀을, 앨리스는 오른쪽으로 오는 양전자들의 스핀을 하나도 놓치지 않고 측정한다고 하자. 밥과 앨리스가 가진 스핀 측정기의 축이 같은 방향을 향할 때는 두 사람이 측정한 스핀의 값을 합치면 측정할 때마다 그 값이 0일 것이다. 이제 그들의 스핀 측정기를 마구잡이로 돌려놓자. 그러면 그들이 측정한 스핀의 합이 0이 되지 않는 경우가 생길 것이다. 만일 아인슈타인이 옳다면 그들의 축을 어떻게 돌려놓든 그들이 측정한 스핀의 합이 0이 되는 비율은 전체의 50%를 넘어야 한다. 그러나 그 비율이 50%를 넘지 않는다면 아인슈타인이 주장한 바와 같은 종류의 실재성과 분리성은 없을 것이다.

인간의 사물 인식 방식에 잘못이 없다면 벨의 부등식을 위배하는 사례는 관찰되지 않아야 한다. 이것을 벨의 정리라고 한다. 벨 부등식을 위배하는 사례가 한 가지라도 발견된다면 인간의 사물 인식 방식에 어떤 근원적인 잘못이 있음을 뜻한다. 여기서 말하는 인간의 사물 인식 방식

---

160 요즘은 물리학이나 암호학에서 떨어진 두 곳에 있는 실험관측자를 가리킬 때 밥과 앨리스라는 이름을 많이 쓰므로 이 책에서도 '갑'과 '을'이라는 이름 대신 두 관찰자를 밥과 앨리스라고 부르겠다.

이란 아인슈타인이 생각한 것처럼 물리량에는 물리적 실재가 대응하고 이 실재는 측정과 관계없이 존재한다고 생각하는 것을 말한다. 실제로 측정해보지 않고서 한 개의 입자가 두 개로 분리되었다고 가정하는 것도 여기에 포함된다. 달리 말하면 벨의 부등식을 위배하는 경우를 한 가지라도 발견한다면 그것은 우리가 사는 실제 세계에는 기본적으로 실재성이 없거나 분리성이 없거나 아니면 둘 다 없다는 것을 뜻한다. 적어도 분리성이 없다는 것은 확실하다. EPR 패러독스에서 보듯이 분리성이 있으면 실재성도 있어야 하기 때문이다.

다음 소절에서는 위에서 말한 벨의 정리가 왜 성립하는지 그 이유를 정성적으로 살펴보고, 그다음에는 수학적으로 벨의 정리를 유도하겠다.

(3) 벨의 정리

밥과 앨리스가 참여하는 앞의 실험에서 아인슈타인이 주장한 바와 같이 전자와 양전자의 스핀이 임의의 축에 대해 측정과 상관없이 명확한 값을 갖고 있다고 하자. 그리고 이번에는 문제를 간단하게 하기 위해 밥과 앨리스에게 도달하는 전자-양전자의 쌍 중에서 밥이 측정한 전자 중 그 스핀의 성분이 z-축으로 1/2인 것만 고려하자.[161] 이제 밥과 앨리스 둘 다 z-축을 따라 전자와 양전자의 스핀을 각각 측정한다면, 앞서 설명한 바와 같이 둘이 측정한 스핀의 값을 합치면 언제나 0일 것이다. 그러나 둘이 축의 방향을 마구잡이로 바꾼다면 어떻게 될까? 그들의 축이 일치하지 않고 앨리스의 축이 z-축에서 약간만 기운다면 앨리스가

---

161 A가 스핀이 1/2과 -1/2이 무작위로 뒤섞인 전자-양전자의 쌍을 밥과 앨리스에게 보내도 결과는 마찬가지다. 스핀이 -1/2인 전자와 스핀이 1/2인 양전자에 대해서도 같은 논리를 적용하면 된다.

측정한 양전자의 대부분은 스핀이 −1/2이겠지만 몇 개는 −1/2이 아닐 것이다. 따라서 밥과 앨리스가 측정한 스핀의 값을 매번 합치면 대부분은 스핀의 합이 0이겠지만, 어떤 경우는 그 값이 0에서 벗어날 것이다. 그러나 비록 스핀의 합이 0을 벗어나는 경우가 있더라도 그 횟수가 전체 횟수보다는 훨씬 작을 것이다. 그리고 두 사람의 축이 점점 크게 기울어 짐에 따라 스핀의 합이 0에서 벗어나는 횟수도 커질 것이다. 그러나 커지더라도 그 횟수가 전체 측정 횟수의 반을 넘지는 않을 것이다. 이유는 이렇다. 앨리스의 축이 최대한 기울어져, 그 각도가 90도가 되더라도 앨리스가 이 새로운 축에 따르는 스핀의 성분을 측정하여 1/2이나 −1/2의 값을 얻게 될 확률은 정확히 50%이다. 따라서 축이 최대한 기울어지더라도 스핀의 합이 0이 되지 않는 경우는 전체 횟수의 50%를 넘지 않을 것이다. 즉, 아인슈타인이 옳을 경우, 밥과 앨리스 두 사람이 서로의 축을 임의로 기울여가면서 스핀을 측정하면 그 합이 0이 되는 경우의 횟수는 전체 측정 횟수의 50%를 넘어야 할 것이다.

벨의 부등식은 위의 경우에만 성립하는 것이 아니다. 다른 경우에도 그 경우에 맞는 또 다른 형태의 부등식을 이끌어낼 수 있다. 이번에도 위의 실험과 같이 밥과 앨리스의 측정기에 도달하는 전자−양전자의 쌍은 모두 z−축을 따른 스핀의 성분이 각각 1/2과 −1/2이라고 가정하자. 밥과 앨리스가 사용하는 스핀 측정기의 축이 모두 z−축을 향하고 있으면 일정한 시간 동안 밥과 앨리스에게 도달하는 전자와 양전자의 수는 똑같을 것이고 두 사람이 측정한 스핀의 값을 더하면 매 순간 그 값은 0일 것이다. 이제 앨리스가 그 축을 z−축에서 약간 기울인다면, 앨리스가 측정한 전자의 스핀은 대부분 −1/2이겠지만 몇 개는 다른 값을 가질 것이다. 앨리스가 측정한 양전자 중에는 (+)부호의 스핀을 갖는 것도 있을 것이기 때문이다. 기울인 각도를 θ라고 하자. 사실 θ의 크기와는 상관없이 지금 말하는 내용은 성립한다. 따라서 밥과 앨리스가 측정한 전자의 스핀을 더하면 그 값이 0에서 벗어난 경우가 생길 것이다. 앨리스가 측정한 전체 횟수 중 이렇게 0에서 이 벗어난 회수가 차지하는 비율을 X 라고 하자. 이번엔 앨리스의 축은 그대로 두고 밥의 축을 앨리스가 돌린 것과는 반대 방향으로 정확히 그 각도를 θ만큼 기울인다면, 측정 결과는 앨리스가 θ도 돌린 경우와 똑같을 것이다. 밥이 측정한 전자의 스핀은 대부분 1/2이겠지만 몇 개는 (−)부호의 스핀을 가질 것이다. 이번에도 측정된 스핀의 합이 0에서 벗어난 비율은 X일 것이다. 다음엔 앨리스와 밥이 다 같이 서로 반대 방향으로 각자의 축을 θ만큼씩 돌리면 밥과 앨리스의 축은 서로 상대적으로 그 각도가 2θ만큼 차이가 날 것이다. 이 경우 밥이 측정한 전자의 스핀 중 1/2에서 벗어난 것의 개수는 밥 혼자서 그 축을 θ만큼 돌려놓은 것과 같을 것이고, 앨리스가 측정한 양전자의 스핀 중 −1/2에서 벗어난 것의 개수는 앨리스 혼자 그 축을 θ만큼 돌려놓은 것과 같을 것이다. 그렇다면 밥과 앨리스가 다 같이 그 축을 반대 방향으로 θ만큼 돌려놓으면 그때 둘이 측정한 스핀의 값을 모두 합쳤을 때 그 합이 0에서 벗어난 비율이 2X일까? 결코 그렇지 않다. 둘이 함께 반대 방향으로 그들의 축을 돌리면 밥이 측정한 전자 중 (−)부호의 스핀을 갖는 것과 앨리스가 측정한 양전자의 스핀 중 (+)부호를 갖는 것이 합쳐져서 0이 될 수 있다. 따라서 다음과 같은 부등식을 얻을 수 있다.

밥과 앨리스의 두 스핀 측정기를 서로 반대 방향으로 θ만큼 돌려놓을 때, 즉 두 사람의 스핀측정기가 2θ만큼 기울어져 있을 때, 스핀의 총합이 0에서 벗어나는 비율은 하나의 측정기만 θ만큼 돌려놓을 때 갖게 되는 비율의 두 배보다는 작거나 같다.

이제 벨의 부등식을 보다 엄밀하게 유도해보자. 고려하는 계의 구성원이 무엇이든, 이 계의 구성원에 대한 특질을 말할 수 있는 세 가지 이상의 독립된 개념이 있고 이 개념들의 각각을 측정하여 계량화할 수 있다면, 벨의 부등식을 얻을 수 있다. 앞서 말한 바와 같이 벨의 부등식은 EPR 패러독스를 검증할 수 있는 실험방법을 마련해준다. EPR 패러독스에서 말한 전자-양전자 쌍의 경우, 전자나 양전자 중 어느 한 입자의 스핀에 대한 세 가지 서로 다른 방향의 성분을 측정하여 이들이 어떤 특정한 값을 가질 확률을 구하면 EPR 패러독스를 검증할 수 있는 벨의 부등식을 얻을 수 있다. 스핀의 세 가지 다른 방향의 성분이 꼭 x, y, z의 방향일 필요는 없다. 그저 그 방향이 약간만 달라도 된다. 벨의 부등식을 유도하기 위해 여기서는 전자-양전자 대신 남편-아내의 쌍을 생각하겠다. N 쌍의 부부가 있는데, 이들 부부 앞에는 끈으로 묶인 두 개의 상자가 각 부부 앞에 빠짐없이 놓여 있다. 이들 부부는 신호와 더불어 자신들 앞에 놓인 상자의 끈을 풀어 남자와 여자가 하나씩 들고 일어선 다음 남자는 남자끼리 여자는 여자끼리 따로 모여서 두 그룹으로 분리된다. 이 남녀 두 그룹은 차로 이동하여 서로 10km쯤 떨어져 있게 되고, 부부간에 아무도 서로 통신을 할 수 없는 상황에 놓여 있다고 하자.

남녀 두 그룹으로 따로 나누어진 사람들의 특성을 말할 방법은 나이, 키, 성별, 직업 등 여러 가지 방법이 있지만, 문제를 간단하게 하기 위해 모자와 안경과 지갑을 가졌느냐 아니냐 하는 것으로 이 사람들의 특성을 분류하자. 그런데 이 모자, 안경, 지갑은 보통의 물건들이 아니고 양자역학의 법칙을 따르는 물건들이다. 이 사람들 모두가 하나씩 갖고 있는 상자에는 모자와 지갑과 안경 중 어떤 것이 들어 있는데, 마구잡이로 들어 있는 것이 아니라 부부 당 모자와 안경과 지갑이 꼭 하나씩 들어 있다. 그러나 이들 물건 각각이 부부가 들고 있는 상자 중 어느 곳에 있는지는 아무도 모른다. 당연한 일이지만 양자역학의 법칙에 따라 상자를 열어보기 전에는 모자와 지갑과 안경이 각각 남편과 아내가 들고 있는 상자에 동시에 두 곳에 있다. 따라서 남편이 자기의 상자를 열어볼 때 모자를 발견할 확률이 50%이고 아내가 자신의 상자에서 모자를 발견할 확률도 50%이다. 물론 상자를 열어보면 모자는 두 상자 중 어느 한 곳에서만 발견할 수 있다. 안경과 지갑에 대해서도 마찬가지다.

이제 신호에 따라 모두 자신이 들고 있는 상자를 열자 양자역학적으로 예견한 결과가 나왔다. 한 사람 한 사람이 꺼낸 것을 비교하면 사람에 따라 꺼낸 것이 다르지만 부부가 꺼낸 것을 모두 합치면 모든 부부가 다 모자와 안경과 지갑을 꼭 하나씩 갖고 있었다. 이를테면 어떤 남자가 자신의 상자에 손을 넣어 그 속에서 모자와 안경과 지갑을 하나씩 꺼내 들었다면 이 사람의 부인은 상자 속에 손을 넣고서 뺄 때 그 손에는 아무것도 들고 있지 않았다. 또 어떤 남자가 자신의 상자에서 안경 하나를 꺼내 든다면 그 사람의 부인은 모자와 지갑을 꺼내 들고 있는 식이었다. 이 사실에 대해 아인슈타인은 본래부터 상자 속에는 그 사람이 꺼내 든 것만이 들어 있었기 때문에 그 사람이 그것을 꺼내 든 것이라고 주장한 반면, 보어는 상자 속에는 본래 모자든 안경이든 지갑이든 실재하지 않았고 부부 중 누가 상자 속에서 무엇을 꺼내려고 하는 과정에서 모자와 안경과 지갑이 만들어진다고 주장하였다. 그리고 그런 것들이 그냥 만들어지는 것이 아니고 부부의 것을 합치면 모자와 안경과 지갑이 꼭 하나씩 나타나도록 만들어진다는 것이 보어의 주장이었다. 두 사람 중 누가 맞는지를 판별할 수 있도록 해주는 것이 벨의 부등식이다.

남자들을 택하여 모자, 안경. 지갑의 순서로, 물건을 가지고 있으면 '+', 가지고 있지 않으면 '-'의 부호로 나타내자. 이렇게 약속하면 '+-+'의 부호를 할당받은 남자는 모자는 있고, 안경은 없으며 지갑을 가진 사람이다. 그리고 그의 아내는 안경은 가졌으되 모자와 지갑은 없는 사람이다. '+++'의 부호를 할당받은 사람은 세 가지 물건을 다 가진 사람이다. 물론 그의 아내는 아무것도 갖고 있지 않다. 모자, 안경, 지갑의 세 가지가 전자–양전자 쌍 중 어느 한 입자가 갖는 스핀의 세 가지 성분에 해당한다. 남자에 할당된 부호만 알면 그의 아내가 무엇을 가졌는지 금방 알 수 있다. 이것은 전자의 스핀만 알면 양전자를 전혀 건드리지 않고 양전자의 스핀을 알 수 있는 것에 비유할 수 있다. 이제 남자의 특성을 모자, 안경. 장갑의 소유 여부로 나타내면 다음과 같은 표를 얻을 수 있다.

A	B	C	D	E
+ + +	+ + −	+ − −	− − −	기타

위의 표에서 사각형 A, B, C, D의 면적은 각각 다음을 나타낸다.

A : 모자, 안경, 지갑을 모두 가진 남자의 수
B : 모자와 안경은 가지고 있으나 지갑을 가지지 않은 남자의 수
C : 모자는 갖고 있으나 안경과 지갑을 가지지 않은 남자의 수
D : 모자, 안경, 지갑을 모두 갖지 않은 남자의 수
E : 위의 네 가지 경우에 해당 하지 않는 나머지 모든 경우에 해당 하는 남자의 수

그리고 이들을 결합한 면적으로 다음과 같은 경우를 생각할 수 있다.

A+B: 모자와 안경을 가진 남자의 수

C+D: 안경과 지갑을 갖지 않은 남자의 수

B+C: 모자를 가졌으나 지갑을 갖지 않은 남자의 수

A+B+C+D+E: 남자 전체의 수

사람이 허깨비가 아니라면, 사람을 구성원으로 하는 집합에서 부분의 구성원이 전체의 구성원보다 그 수가 크지는 않을 것이다. 그렇다면 마땅히 다음의 부등식이 성립해야 할 것이다.

$$(A+B)+(C+D) \geq B+C$$

이 부등식은 물론 다음의 경우를 나타낸다.

(모자와 안경을 착용한 남자의 수) + (안경과 지갑을 갖지 않은 남자의 수)

≥ (모자를 쓰고 지갑을 갖지 않은 남자의 수)

위의 부등식이 벨의 부등식이다. 여기서는 여러 가지 경우를 사람의 수로 나타내었지만 사람의 수 대신 각각의 경우가 일어날 확률로써 벨-부등식을 나타낼 수도 있다. 위의 부등식에서 각 경우에 해당하는 남자의 수를 남자 전체의 수로 나누면 해당하는 경우가 일어날 확률을 뜻한다. 이것이 벨의 부등식이고, 고려하는 물리적 대상에 실재성과 분리성이 있다면 이 부등식을 위배하는 사례가 없어야 한다는 것이 벨의 정리이다.

(4) 양자 얽힘

아인슈타인과 보어 중에 누가 옳은가 하는 것을 판별할 수 있는 실험은 1972년에 미국의 물리학자 클라우저(John F. Clauser, 1942~)에 의해 처음으로 수행되었는데, 클라우저는 벨 부등식이 깨지는 현상을 발견하였으나 별다른 주목을 받지 못하였다. 그 실험이 주목을 받지 못했던 주된 이유는 그 당시 물리학자들이 벨 정리가 담고 있는 깊은 의미를 제대로 이해하지 못했기 때문이다. 벨의 정리는 단지 코펜하겐 해석이 옳으냐 그르냐를 판별하는 역할로 끝나는 것이 아니라, 물리학자들로 하여금 보어도 미처 깨닫지 못했던 새로운 양자 현상이 있음을 깨닫게 해주는 심오한 내용을 담고 있는데, 클라우저가 벨 부등식을 위배하는 사례를 발견했을 때는 아직 사람들이 이 사실을 모르고 있었다. 클라우저 이후에도 여러 사람들이 벨 부등식을 검증하는 실험을 수행하였는데, 그중 결정적으로 주목을 받고 사람들로 하여금 벨 정리에 내포된 의미를 다시 생각하게끔 만든 것은 1982년에 행한 불란서의 물리학자 알랭 아스펙(Alain Aspect, 1947~)의 실험이다. 아스펙은 그때까지 실험을 한 어느 누구보다도 성능이 좋은 최신장비를 사용하여 정밀한 실험을 수행하였고, 벨의 부등식을 명백하게 위배하는 사례를 확인할 수 있었다.[162] 이 실험의 결과 아인슈타인의 주장이 잘못된 것으로 판명되었다. 벨의 부등식을 위배하는 사례가 있다는 것은 우리의 세계에서 적어도 분리성을 배제해야 한다는 것을 뜻한다. 그리고 한 걸음 더 나아가 코펜하겐 해석이 옳다면 우리의 세계에는 실재성도 없다는 것을 말해준다.

---

[162] A. Aspect, J. dalibard, and G. Roger, "Experimental Tests of Bell's Inequality Using Time-Varying Analyzers", *Physical Review Letters* 49 (1982), pp.1804~1807.

아스펙의 실험 이후 30년 이상이 지난 지금까지 그동안 수행한 실험은 모두 보어의 견해를 지지하고 있다. 보어의 견해란, 원래 단일체였던 물리계는 그것이 둘로 분리되어 아무리 멀리 떨어져 있더라도, 관찰을 통해 그것이 떨어져 있음을 확인하기 전까지는 전체를 '분리할 수 없는 하나'로 보아야 한다는 것이다. 지금까지 예로 들었던 전자−양전자의 쌍과 같이 두 입자가 멀리 떨어져 있어도 하나로 연결된 것처럼 행동하는 것을 '양자 얽힘(quantum entanglement)'이라고 하는데, 벨의 정리가 없었으면 물리학자들은 이런 종류의 현상이 있을 것이라고는 생각도 하지 않았을 것이다. 이런 뜻에서 벨의 정리는 양자역학의 이해와 발전을 위해 새로운 장을 열었다고 할 수 있다. 벨의 정리가 주목을 받은 후부터 양자 얽힘은 곳곳에서 실험적으로 확인되고 있다. 예를 들면, 고전 전자기학의 관점에서 볼 때 독립적으로 전기가 흘러야 할 전기회로일지라도 약간의 실험적 조작으로 두 전기회로가 양자적으로 얽히게 되면 공간적으로 떨어진 두 전기회로에 전류가 반대 방향으로 흐르는 것을 관찰할 수 있다. 이런 회로들의 양자 얽힘은 양자 컴퓨터의 작동 방식에서 중요한 역할을 할 것임으로 양자 얽힘은 실용적인 목적을 위해서도 중요한 연구 주제가 된다. 뿐만 아니라 양자 얽힘은 암호학에서도 중요한 역할을 한다. 여기서 양자 얽힘과 관련된 현상들을 다 소개할 수는 없고 양자 얽힘의 의미를 일반 대중들이 이해할 수 있도록 쉽게 설명하는 문헌을 소개하고,[163] 우리는 이제 양자 얽힘과 관련된 다른 문제를 살펴보도록 하자.

양자 얽힘은 물론 미시세계에서 실험적으로 확인된 것이지만 원리적으로는 자연계 전체에 대해서도 같은 말을 할 수 있다. 왜냐하면 현

---

[163] 루이자 길더, 앞의 책

대 우주론에 의하면 우주의 만물은 태초에 대폭발로부터 플랑크 길이라고 부르는, 10^{-33}cm 정도의 크기를 가진, 작은 한 점에서 출발하였기 때문이다.[164] 따라서 만물의 근원을 찾아 들어가면 모든 만물은 양자적으로 얽혀 있음을 알 수 있다. 이것은 사물들 사이에 분리성이 없다는 것을 뜻한다. 그런데 우리가 일상적으로 경험하는 거시세계의 물체들은 분명히 분리되어 있다. 거시세계의 바탕이 되는 미시세계에 분리성이 없다면 우리가 일상적으로 경험하는 거시세계의 분리성은 무엇일까? 그리고 우리는 왜 거시세계의 물체들에서 파동성을 볼 수 없고 우리 주변의 물체들은 객관적 실재처럼 보이는 것일까? 이 문제에 대해 물리학이 시원한 대답을 할 수는 없지만 거시세계의 물체들에서 파동성을 볼 수 없는 이유에 대해서는 어느 정도 설명할 수 있다. 그러나 그전에 먼저 양자 얽힘이라는 물리현상이 불경을 읽고 이해하는 것과 무슨 관계가 있는지 살펴보자.

(5) 양자 얽힘의 불교적 의미

'양자 얽힘'은 전적으로 물질계에서 발견한 현상이지만 불경을 읽고 이해하는 데 많은 도움을 준다. 특히 《금강경》을 비롯해 《화엄경》이나 《법화경》과 같은 대승 경전을 읽는 데 도움을 준다. 《금강경》에는 "A는 A가 아니지만 A라고 칭한다"라는 말이 수없이 반복된다. 그러나 이는 양자 얽힘에서 '양자적으로 얽히면 둘은 떨어져 있어도 떨어진 것이 아니다.'라고 말한 것과 같은 투의 표현이다. 관찰하면 하나의 슬릿을

---

164 플랑크 길이는 상상도 할 수 없이 작은 크기이다. 원자(10^{-8}cm)를 관측 가능한 우주의 크기(10^{28}cm)로 확대하면 플랑크 길이는 겨우 3층 건물 정도의 크기(10m)로 된다.

통과하지만 관찰하지 않으면 두 개의 슬릿을 통과하는 소립자의 행동을 가리켜 휠러가 "그것은 오직 하나의 경로만 통과하지만 그것은 두 개의 경로를 통과한다"라고 말한 것도 같은 투의 표현이다. 이와 같은 표현은 논리적으로 볼 때 있을 수 없는 표현이지만, 우리의 일상적 경험적 세계를 기술하는 데 적합한 개념과 용어로는 표현할 길이 없는 새로운 사물이나 현상을 만났을 때 사람은 그런 식으로 표현하게 마련이다. 보어가 미시세계의 현상을 설명하기 위해 상보성의 개념을 도입한 것도 같은 이유에서다. 그러나 그런 사실을 인정한다고 하더라도, 《금강경》이나 《화엄경》 및 《법화경》과 같은 대승 경전에는 보통 사람들로서는 도저히 이해할 수 없는 말이 많이 나온다. 예를 들면 《금강경》에 나오는 다음과 같은 구절이다.

"갠지스강의 모래알보다 더 많은, 셀 수 없이 많은 부처님 나라가 있고, 이 많은 나라에 있는 중생의 갖가지 마음을 여래가 다 아느니라."

위의 구절은 《금강경》 제18 〈일체동관분〉의 마지막쯤에 나오는 구절인데, 보통 사람들로서는 상상도 할 수 없는 내용이다. 셀 수 없이 많은 부처님의 나라가 있다는 것도 믿을 수 없는데, 거기에 있는 중생들의 마음을 다 안다고 하니 이것을 어찌 액면 그대로 사실로 받아들일 수 있겠는가? 물론 이 구절의 내용을 액면 그대로 믿는 사람이 없지는 않겠지만, 대부분의 사람들은 이런 구절을 보면 소설 같은 표현이라고 생각하면서 경을 읽을 것이다. 그러나 경전을 이렇게 소설이라고 생각하면서 읽으면, 경전을 수백 번 읽더라도 경전의 가르침을 실생활에서 활용하고 거기서 지혜와 활력을 얻는 데 별로 도움이 되지 못할 것이다. 그러나 '양자 얽힘'과 같이 불가사의하지만 과학적으로 검증된 현상과 개념을 아는 사람이 위의 《금강경》에 나오는 것과 같은 내용의 글을 접하게 되면, 사정이 크게 달라진다. 이 사람은 '양자 얽힘'과 같은 개념이나 현상들이 《금강경》의 내용을 증명하는 것은 결코 아니라는 사실을 잘 알지만, 《금강경》이 '양자 얽힘'을 연상시키는 말을 한다는 사실에 오히려 신기한 생각이 들고, 호기심을 갖게 될 것이다. 그러면 그 사람은 더 열심히 경전을 읽게 되고, 꿈을 크게 가지게 되면서 수행도 더 열심히 하게 될 것이다.

여러 번 반복해서 하는 말이지만 양자적으로 얽히면 얽힌 물리계가 우주의 양쪽 끝으로 떨어져 있어도 떨어진 것이 아니고, 한쪽에서 일어난 일이 시간과 공간을 초월하여 저쪽에 즉각적으로 미친다. 물질계에 그런 일이 있다면 인간의 정신 현상에도 그와 비슷한 일이 있다고 해서 그리 이상한 일은 아닐 것이다. 불교뿐만 아니라 많은 종교에서 인간의 의식이 높은 차원에 이르러 인식주체와 인식대상이 하나로 되고 남과 나의 구별이 없는 경지에 이르면, 남과 나의 마음이 하나가 된다고 말한다. 그렇다면 붓다가 모든 중생의 마음을 안다고 하는 것이 무조건 부정되어야 할 말은 아닐 것이다. 그런 경지가 있는지 없는지를 판단하는 것은 논리의 문제가 아니라 체험의 문제이다. 셀 수 없이 많은 수의 불교 수행승이나 요가 수행자들이 선(禪)을 수행하는 가운데 나와 남이 하나가 된 경지에 이르렀다는 말을 하고 있다. 우리 주위에 있는 평범한 사람들 가운데도 꾸준히 수행을 한 사람들은 비슷한 말을 한다. 이들 수행자들의 체험을 일종의 착각이나 환상이라고 매도하는 사람들이 많이 있지만 우리의 일상적 경험과는 다르다고 해서 그들이 체험한 바를 그렇게 매도할 일은 아니다. 선의 신비에 관하여 연구를 하고 그들의 체험을 긍정적으로 보는 뇌신경 과학자들도 의외로 많이 있다. 그중 한 사람을 소개하자면, 제임스 오스틴(James H. Austin, 1925~)이라는 미국의 신경과학자이다. 그는 자신이 몸소 그런 체험을 하고 그 체험을 뇌신경 과학을 바탕으로 해석하여, *Zen and the Brain*이라는 제목의 책을 쓰기도 했다.[165] 여기서 이런 말을 하는 것은 선의 신비를 과학적으로 입증된 현상이라고 주장하려는 것은 아니다. 다만 대승 경전이 결코 허망한 말을 하는 것만은 아니라는 것을 말하고자 함이다. 그리고 대승 경전의 내용이 소설같이 느껴질지라도 경전을 긍정적이고 열린 마음으로 읽을 필요가 있고, 그렇게 읽을 때 그 속에 담긴 깊은 뜻을 자신의 것으로 만들 수 있다는 사실을 강조하고자 함이다. 다시 《금강경》으로 돌아가자.

인식주관과 인식대상이 하나로 통합된 경지에 이른 사람에게 수많은 중생이라는 것이 어디 따로 있겠는가? '많은 중생들'이라고 하는 것은 어디까지나 나와 너를 나누는 이분법적 사고와 마음에서 하는 말이다. 남과 나를 구별하지 않는 자타불이(自他不二)의 경지에 이른 사람에게는 마음과 물질을 포함한 전 우주가 그대로 자기 자신이다. 그런 사람에게는 자신의 마음이 바로 중생의 마음이다. 거기에는 개체라는 개념이 있을 리가 없다. 붓다는 제자 이시닷따 존자(āyasmā Isidatta)의 입을 빌려 불변의 자아라는 견해가 있을 때 분별심이 생긴다고 설하고 있다.[166] 이 말은 《반야심경》에서 하는 말과 같이 오온이 공함을, 즉 무아(無我)를 체득한 자에게는 '너'와 '나'라는 견해가 없다는 것을 가리키는 말이다. 유식 불교에 의하면 모든 중생의 마음은 무의식 속에서 하나로 연결되어 있다. 무의식 가운데서 하나로 연결된 이 마음이 바로 아뢰야식이다. 대승불교의 최고의 논서라고 하는 《대승기신론》에서는 중생심을 한마음〔一心〕이라고 부르고, 그 마음의 상태에 따라 일심을 아뢰야식이라고도 부른다. 불교에서 깨친다고 하는 것은 자신의 마음이 바로 '한마음'임을

---

165 이 책의 후속편인 *Zen-Brain Reflections* 은 2006년 우리나라 말로 번역되었다.

166 《쌍윳따니까야》, 41 : 3 〈이시닷따의 경2〉

깨닫는 것이다. '전체가 그대로 하나'임을 깨친 사람이라면 그 한마음에서 일어나는 일을 왜 모르겠는가? 붓다의 가르침에 따라 착실하게 수행한 사람들이 말하는 바에 의하면, 붓다가 모든 중생의 마음을 안다는 것은 결코 빈말이 아니다. 사람의 마음은 그렇게 넓어질 수 있다. 우리 범부의 마음도 부처와 같이 넓어질 수 있기 때문에, 아니 본래 넓기 때문에 《화엄경》에서는 '심불급중생 삼무차별(心佛及衆生 三無差別)'이라고 하여 "마음과 부처와 중생, 이 셋은 차별이 없다"라고 하는 것이다.

일찍부터 불교에서는 자타불이라는 말을 써왔는데 이 말은 체험과 깨달음에서 나온 말로서, 앞서 제2장에서 소개한 붓다의 설법에 이미 그런 뜻이 있음을 알 수 있다. "흙도 없고, … 바람도 없는 그런 영역(sphere)이 있다. 그 속에는 이 세간도 없고 출세간도 없고 … 그것은 괴로움의 끝이다"라고 한 이 말은 지각이 소멸되어 흙이니 물이니, 세간이니 출세간이니 하는 대상에 대한 분별이 없다는 뜻이다. 자타불이를 뜻하는 이러한 경지에서는 모든 것이 더불어 '전체가 그대로 하나(a single totality)'이니 붓다는 "이 많은 나라에 있는 중생의 갖가지 마음을 여래가 다 아느니라…"고 설할 수 있는 것이다. 이렇게 양자역학적 지식은 불경을 읽는 데 도움을 준다. 이제 어떻게 해서 미시세계의 허깨비들로부터 거시세계의 물체들이 출현하게 되는지 알아보자.

2) 일상적 경험의 세계

이 절에서는 일상적 경험세계를 포함하여 원자보다 훨씬 큰 거시세계에 속하는 물체들의 실재성에 대하여 살펴보려고 한다. 거시세계의 실재성에 대해서 말하려면 먼저 무엇을 기준으로 거시세계와 미시세계를 구별하는지 그 기준을 말해야겠지만 미시세계와 거시세계를 구별하는 엄격한 기준이 물리학에는 없다. 앞서 말한 바가 있지만 양자역학의 이론은 원리적으로는 미시세계의 원자나 소립자뿐만 아니라 거시세계의 물체도 기술할 수 있다.[167] 그리고 양자역학의 이론에는 입자의 개념이란 없고 파동만 있다. 따라서 양자역학의 이론적 측면에서 볼 때 미시세계와 거시세계를 구별하는 기준이 있을 리 없다. 양자역학이 옳고, 양자역학이 거시세계까지 기술할 수 있다면 우리는 왜 거시세계의 물체에서는 파동성을 볼 수 없는 것일까? 여기서 앞장에서 제기한 의문점들을 다시 한번 열거해보자.

거시세계의 바탕이 되는 미시세계의 소립자들이 허깨비 같은 존재라면, 허깨비들로 이루어진 이 세상은 왜 허깨비가 아닌 것처럼 보일까? 왜 허깨비를 많이 모아두면 허깨비가 실체를 갖는 존재로 바뀌는 것일까? 코펜하겐 해석에서 말하는 것처럼 입자라는 실체가 관찰자의 관찰과 더불어 추상적인 파동함수로부터 출현하는 것이라면, 이 거시세계를 이루는 원자나 소립자와 같은 미시적 존재들은 누가 일일이 관찰한 것일까? 누가 관찰했기에 미시세계의 허깨비들이 모여 우리가 보는, 적어도 우리의 일상적 경험의 세계에서는 그것의 실재성을 부인할 수 없는 이 거시세계가 나타난 것일까? 이 거시세계라는 것은 도대체 무엇일까? 그리고 더욱 이상한 것은 허깨비에 불과한 원자나 소립자들은 정확한 양자역학의 법칙을 따르고, 객관적 실재처럼 보이는 거시세계의 물체들은 양자이론의 근사이론에 불과한 고전역학의 법칙을 따른다는 점이다. 왜 근사이론을 따르는 존재들이 더 실제적인 것처럼 보일까?

이런 몇 가지 물음에 대해 현재로서 가장 그럴듯하게 답하는 물리

---

167 물론 실제로 태양주위를 도는 행성의 운동을 양자역학으로 기술하는 사람은 없다.

학적 해석을 '결어긋남 해석(decoherence)' 이라고 한다. '결어긋남 해석' 은
코펜하겐 해석의 연장이라고 할 수 있는데, '결어긋남 해석' 을 이해하기
위해서는 먼저 소립자가 높은 에너지를 가질 때 관찰자가 보는 것이 무엇
인지 이해할 필요가 있다. 소립자가 가진 에너지가 크면 소립자가 파동
으로 행동하여 간섭무늬를 만들더라도 관찰자는 간섭무늬가 나타났다는
사실을 알지 못하고 이 소립자를 고전역학적인 입자로서 인식하게 된다.

(1) 평균치의 세계

관찰대상이 파동으로서 행동하더라도 그 파동이 만드는 간섭무늬의
띠가 너무 촘촘하면 관찰자는 그 간섭무늬를 간섭무늬인 줄 알아채지 못할
것이다.[168] 이 사실을 이해하기 위해 먼저 전자의 파동성을 나타내는 〈그
림 5-3〉을 여기에 옮겨 놓고 간섭무늬의 의미에 대해 자세히 생각해보자.

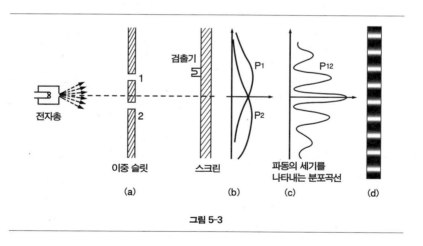

그림 5-3

---

168 이 소절에서 설명하는 내용은 김성구, 조용길의 앞의 책에 있는 내용을 상당 부분 그대로 옮
겨 적은 것이다.

〈그림 5-3〉에서는 마루와 마루 사이의 간격, 또는 골과 골 사이의 간격이 충분히 떨어져 있어, 형광판에서 밝음과 어두움이 교차하는 띠의 간격을 눈으로 확인할 수 있다. 그런데 전자의 에너지가 커지면 사정이 달라진다. 전자의 에너지가 아주 크면 간섭무늬 사이의 간격은 말할 수 없이 좁아지기 때문이다. 전자의 에너지가 커지면 무슨 일이 일어나는지 알아보자.

이중 슬릿 실험에서는 전자나 빛이나 그 행동에 차이가 없으므로 간단하게 설명하기 위해 영의 실험을 생각하자. 영의 이중 슬릿 실험에서 빛이 만드는 간섭무늬 사이의 간격은 빛의 파장에 비례한다. 빛의 알갱이, 즉 '빛알(광자, photon)'이 갖는 에너지는 빛의 파장에 반비례하므로 에너지가 큰 '빛알'이 만드는 띠일수록 간섭무늬 사이의 간격이 좁아진다. 가시광선이 만드는 간섭무늬보다 x-선이 만드는 간섭무늬가 더 촘촘하고, x-선보다는 높은 에너지를 가진 감마선이 만드는 간섭무늬가 더 촘촘하다. 전자파의 에너지가 아주 커서 간섭무늬의 간격이 아주 좁아져 촘촘해지면 사람의 육안으로는 그 무늬에서 밝고 어두움이 교차하는 것을 알아채지 못할 것이다. 예를 들어 설명하자면 이렇다. 우리 눈으로 구별할 수 있는 점의 크기는 대략 0.1mm이다. 따라서 간섭무늬에서 0.1mm의 폭은 밝고 다음 0.1mm의 폭은 어둡다는 식으로 밝고 어두운 무늬가 반복되면 우리는 육안으로 명암이 교차하는 띠, 즉 간섭무늬를 볼 수 있다. 그러나 0.1mm의 폭에 100개의 밝은 무늬와 어두운 무늬가 교대로 반복되어 있다면, 이 간섭무늬에서 밝은 띠나 어두운 띠의 폭은 박테리아 하나의 크기와 같아진다. 박테리아를 맨눈으로 볼 수 없으므로 당연히 사람의 눈으로 이 줄무늬 하나하나를 보는 것은 불가능하다. 이럴 경우 우리가 눈으로 볼 수 있는 것은 형광판 전체를 통해 밝음과 어두움의 평균적인 값에 해당하는 희미한 밝은 무늬 하나를 보게 된다. 물론 성능이 좋은 현미경으로 확대해서 보면 박테리아 크기만 한 촘촘한 간격의 무늬도 보일 것이다. 그러나 보다 더 높은 에너지를 가진 소립자나 빛알이 만드는 간섭무늬의 폭이 박테리아보다 작다면 성능이 좋은 현미경으로도 이 간섭무늬를 볼 수 없을 것이다.

위에서 설명한 것은 빛에 관해서지만 빛이 아니라 전자로 실험해도 똑같다. 전자의 에너지가 클수록 형광판에 나타나는 간섭무늬의 띠는 에너지의 크기에 반비례하여 좁아진다. 이제 전자의 운동에너지가 모래알의 질량에 비할 만큼 크다고 하자. 이 전자를 이중 슬릿을 향해 쏘았을 때 그 결과가 〈그림 6-1〉에 있다.

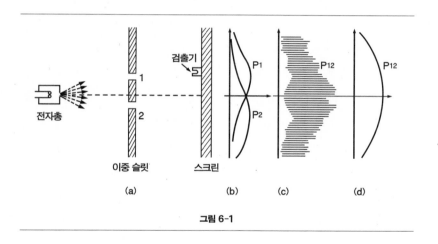

그림 6-1

〈그림 6-1〉에서 ⓒ는 큰 에너지를 갖는 전자빔(beam)이 형광판을 때릴 때, 때린 위치에 따라 파동의 세기가 위치에 따라 어떻게 달라지는지를 보여준다. 이 분포곡선을 〈그림 5-3〉의 ⓒ와 비교해보면 〈그림 6-1-ⓒ〉에서는 마루와 골 사이의 간격이 너무 좁아 어디가 마루이고 어디가 골인지 마루와 골의 위치를 찾아낼 수 없다. 이것은 간섭무늬의 띠가 너

무 촘촘하여 사람의 눈으로는 밝음과 어두움이 교차하는 띠를 볼 수 없다는 것을 뜻한다. 그럴 때는 사람의 육안은 밝음과 어두움의 평균치에 해당하는 희미한 무늬가 광판 전체에 퍼져 있는 것으로 보게 된다. 사람의 육안으로는 〈그림 6-1-ⓒ〉에 있는 촘촘하게 들쭉날쭉한 분포곡선을 따라 어두움을 보는 것이 아니라 이 곡선의 평균치에 해당하는 희미한 그림자만 보게 된다. 이 평균치가 바로 〈그림 6-1-ⓓ〉에 있는 곡선이다. 이 평균치에 해당하는 분포곡선은 바로 일상적 경험세계에서 실제 모래 알과 같은 입자가 이중 슬릿을 통과할 때 만드는 분포곡선 〈그림 5-2-ⓒ〉와 똑같다. 이것은 전자의 에너지가 커지면 전자가 고전역학의 법칙을 따라 입자처럼 행동한다는 뜻이다. 즉, 거시세계의 입자들도 파동처럼 간섭무늬를 만든다.[169] 그러나 그 간섭무늬의 간격이 너무 촘촘하기 때문에 관찰자는 그 무늬를 보지 못하고 평균치를 보는 것이다.

에너지가 큰 입자는, 입자 스스로 거시세계의 입자처럼 행동하고 고전역학의 법칙을 따른다. 이 사실을 놓고 보면 별도의 관찰자가 참여하지 않아도 자연스럽게 파동성이 사라지고 입자가 출현하는 것처럼 보인다. 그러니 미시세계의 입자는 관찰 전에는 파동처럼 행동하지만 관찰을 통해 입자라는 실체로 등장한다는 코펜하겐 해석이 잘못이라고 생각할 수 있다. 그러나 그렇지 않다. 에너지가 큰 입자도 파동으로 행동한다. 그것을 입자로 보는 것은 관찰자가 그렇게 인식할 뿐이다. 여기서 파동이냐 입자냐 하는 것은 인식의 문제이다. 성능이 좋은 현미경으로 보면 거기서 아직도 파동성을 볼 수 있다. 문제는 파동함수를 붕괴시키고

---

[169] 한 점에 불과한 전자가 큰 에너지를 가진다고 해서 이것을 고전역학에서 취급하는 거시세계의 입자로 생각하는 것을 잘못이라고 생각하는 사람도 있을 것이다. 그러나 이론 물리학에서 다루는 입자는 모두 하나의 점으로 간주한다. 뉴턴 역학에서 태양계 내에 있는 행성의 운동을 기술할 때 태양도 행성도 모두 하나의 점으로 간주한다.

입자를 관찰하는 양자역학의 관찰자가 의식을 가진 존재냐 아니냐 하는 것이다. 이 문제는 다음 절에서 다루겠다. 이 절에서는 에너지가 큰 입자 하나의 행동만 취급하였다. 에너지가 크든 작든 입자 여럿이 모이면 이 여럿은 어떻게 행동할까? 이 문제에 대해서 생각해보자.

(2) 결어긋남 해석

파동이 만나 간섭현상을 일으킨다고 해서 모든 파동이 만나서 간섭무늬를 만드는 것은 아니다. 두 파동이 만나 간섭무늬를 만들려면 두 파동의 속성이 일정한 관계를 유지해야 한다. 두 파동의 속성이 일정한 관계를 유지할 때 두 파동 사이에 결맞음(coherence)이 있다고 하는데 '결맞음'이 있는 파동들만 간섭무늬를 만든다. 결맞음을 이해하기 위해서 간단하게 사인파(sign wave)를 생각하자. 사인파란 파의 진동하는 모습이 사인(sign)함수를 닮았다고 해서 붙인 이름이다.

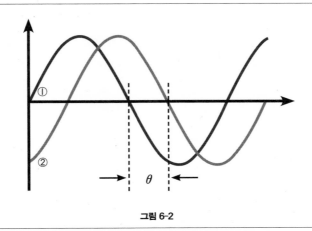

그림 6-2

〈그림 6-2〉에서 ②번 파동과 ①번 파동이 진동하는 모양을 보면 ②번 파동이 먼저 진동하고 뒤따라 ①번 파동이 진동하는 것을 볼 수 있다. 이때 수학이나 물리학에서는 ②번 파동의 위상이 ①번 파동보다 앞선다고 하고 ②번 파동과 ①번 파동 사이에 위상차이(phase difference)가 있다고 말한다. 〈그림6-2〉의 경우 두 파동 사이의 위상차는 θ이다.[170] 두 파동 사이의 위상차 θ가 시간에 따라 변하지 않고 항상 일정하다면 이 두 파동 사이에는 결맞음이 있다.

하나의 점광원(點光源, point source)에서 나온 빛의 파동이 가까이 붙어 있는 두 개의 구멍이나 슬릿을 지나 두 가닥의 빛-파동으로 나누어지면 이 두 가닥의 빛은 결맞음이 있는 파동이다. 이 두 가닥의 빛이 벽면에서 만나면 간섭무늬를 만든다. 그러나 태양광선이나 백열등에서 나오는 빛은 간섭무늬를 만들기 어렵다. 이런 빛들은 하나의 광원에서 나오는 것이 아니다. 원자 하나하나가 빛을 내는 광원인데, 태양광선이나 백열등은 수많은 원자들로 이루어졌으므로 태양광선이나 백열등에서 나오는 빛은 수많은 독립적인 광원에서 나온 빛들로 이루어졌다. 이런 파동들을 가리켜 '결어긋남(decoherent) 파동'이라고 한다. 결어긋남 파동은 그 위상 관계가 들쭉날쭉하여 두 파동이 합쳐지더라도 간섭무늬를 만들지 못한다. 그 결과 '결어긋남 파동'들이 만났을 때, 그 합성파의 세기는 개별적인 파동들이 갖는 세기의 합과 같다. 합성파의 세기가 개별 파동의 세기의 합과 같다는 것은 '결어긋남 파동'들이 만나면 그 결과 파동성이 사라진다는 것을 뜻한다. 파동성이 사라진다는 것은 그들이 입자처럼 행동한다는 것을 뜻한다.

---

170 보통 파동의 위상과 위상 차이는 각도로서 표현한다. 이는 sign 함수의 종속변수가 각도로 표시됨을 알면 쉽게 이해할 수 있을 것이다.

다른 광원에서 나온 빛의 파동 사이에서만 '결어긋남'이 있는 것은 아니다. 하나의 광원에서 연속적으로 나온 빛들이 서로 '결이 맞는다'고 할지라도 이 빛줄기들이 이중 슬릿을 통과한 후 입자들로 가득한 경로를 지나 벽면에서 만난다면 간섭무늬를 만들지 못한다. 왜냐하면 파동이 다른 입자들이 충돌하면 그 위상이 조금씩 바뀌어, 연속적으로 벽면에 이르는 두 줄기 빛 사이에 마침내 '결어긋남'이 생기기 때문이다.

　　위에서는 빛을 예로 들어 설명했지만 소립자나 원자들도 빛의 파동과 똑같이 행동한다. 소립자도 원자도 양자이론에서는 모두 파동이다. 양자이론에는 입자라는 개념이 없다. 이들 입자가 많이 모여 충돌하면 충돌할 때마다 그 파동의 위상이 조금씩 바뀌어 그들 간의 위상 관계가 들쭉날쭉하게 된다. 따라서 원자나 소립자가 많이 모이면 이들 모임에서는 파동성이 사라진다. 우리가 경험하는 일상세계의 물체들에서 파동성을 볼 수 없는 이유는, 이 물체들이 모두 많은 소립자나 원자들의 모임으로 이루어진 것으로서, 이들 물체는 모두 결어긋남 파동들의 합이기 때문이다. 이런 해석을 '결어긋남 해석'이라고 한다.

　　'결어긋남 해석'은 별도의 관찰자가 참여하지 않아도 입자들끼리의 상호작용을 통해 자연스럽게 파동성이 사라지고 입자가 출현하는 것처럼 보인다. 이 해석대로라면 관찰자의 의식이 있든 없든 관찰자를 언급할 필요가 없기 때문에 관찰자 문제가 해결된 것처럼 보인다. 실제로 많은 문헌들에서 결어긋남 해석을 통해 관찰자 문제가 해결되었다고 설명한다. 그러나 문제가 그렇게 간단한 것이 아니다. 원자의 파동성을 나타내는 파동함수가 관찰자가 관찰할 확률을 뜻하는 이상 결어긋남 해석도 관찰자의 의식과 관련된 문제에서 벗어날 수는 없다. 이 문제는 전문적인 문제로서 여기서 이 문제를 더 깊이 설명하는 것은 어려운 일이다. 대신 여기서는 결어긋남 해석의 주요 개발자 중 한 사람인 주렉(Wojciech

H. Zurek, 1951~)이 한 말, "이 질문에 대한 완전한 대답은 의심할 바 없이 의식의 모형을 포함해야 할 것이다"[171]와 현존하는 최고의 수학자이자 이론물리학자 중 한 명이라고 할 수 있는 영국의 펜로즈(Roger Penrose, 1926~)가 한 말, "결 어긋남은 단지 우리에게 잠정적인 FAPP(모든 실질적인 목적 'for all practical purpose'의 두문자)적 관점을 제공할 뿐이다. … 그것은 궁극적인 답은 아니다"[172]를 전하는 것으로 이 문제에 대한 설명을 마무리하겠다.

　'결어긋남 파동'이 만나서 만드는 세상에서 우리가 보는 것도 결국 평균치를 보는 것이다. 결국 우리가 보는 거시적 세계란 이 거시적 세계의 바탕을 이루는 미시적 현상 하나하나가 모여서 나타내 보이는 평균적인 모습에 불과하다. 재미있는 것은 미시적 세계의 현상을 합쳐서 평균치를 내면 이 평균치들은 일정한 법칙을 나타내 보이는데 이 평균치들이 보여주는 법칙이 바로 고전역학에서 말하는 고전역학의 법칙들이다.[173] 일정한 법칙을 따라 나타나는 하나의 환상, 그것이 바로 우리가 보는 경험의 세계이니 우리는 환상을 진실이라고 말하는 셈이 된다. 평균값이란 실제로 존재하는 값이 아니다. 학생들이 받은 성적의 평균을 말할 때 100명이 50점 나머지 100명이 70점이라면 평균점수는 60점이 되는데, 이 60점이라는 점수는 누구도 받은 적이 없다. 평균값이란 허깨비보다 더 허망한 존재다. 따라서 우리가 보기에 거시세계는 객관적 실재처럼 보이지만 양자역학적으로 보면 거시세계는 미시세계보다 오히려 덜 실재적이다. 미시세계 물리량들의 평균값에 불과한 거시세계를

---

171 브루스 로젠블룸, 프레드 커트너의 앞의 책에서 간접 인용한 것이다.

172 로저 펜로즈 지음, 노태복 옮김, 《유행, 신조 그리고 공상》, 승산, 2018. p.280.

173 양자역학 교과서에 에렌페스트(Ehrenfest) 정리라는 이름으로 소개된다.

실재하는 것으로 우리가 인식할 뿐이다. 그리고 미시세계의 존재들은 정확히 양자역학의 이론(슈뢰딩거 방정식) 법칙을 따르지만 거시세계의 존재들이 따르는 고전역학은 양자이론의 근사치에 불과하다는 점도 거시세계가 미시세계보다 덜 실재적이라는 것을 말해준다고 할 수 있다. 그래서 《반야심경》에서 뒤바뀐 생각을 떠나 진실을 보고 열반에 이르라고 하는 것이다. 이제 다음 장에서는 관찰자의 의식에 관한 문제를 살펴보도록 하자.

3) 관찰자의 의식

양자역학의 철학적 기초에 대해서는 물리학자들이나 과학철학자들 사이에서 사소한 문제에 대해서도 아직 합의를 보지 못하고 있는데, 그중에서도 특별히 큰 논란이 있는 문제를 꼭 하나만 꼽아야 한다면, 아무래도 관찰자의 의식에 관한 문제일 것이다. 앞 장에서 코펜하겐 해석을 설명할 때 관찰자의 의식에 관한 학자들의 견해를 소개한 바가 있는데 그때부터 지금까지 관찰자의 의식에 관한 문제는 노벨상 수상자급 이상의 뛰어난 물리학자들 사이에서도 합의를 보지 못하고 있다. 이 책의 저자 김성구는 관찰자의 의식이 양자역학의 측정문제에서 중요한 역할을 한다는 입장을 지지하는데, 아래 소절에서 의식이 물질계에서 일정한 역할을 한다고 주장하는 사람들이 한 말을 소개하고, 이 책의 저자가 그들의 주장을 지지하는 이유를 설명하겠다. 그러나 물질을 연구하는 물리학에서는 그것이 고전역학이든 양자역학이든 의식이 중요하지 않다고 생각하는 학자들의 견해는 일일이 소개하지 않아도 좋을 것이다.

(1) 물질과 의식에 대한 논란

앞서 관찰자의 의식이 물리계의 측정에 직접 영향을 미친다고 처음으로 주장한 사람은 컴퓨터를 발명한 폰 노이만이라고 말한 적이 있는데, 그 후 1960년대에 들어와서 물리학자 위그너(Eugene Wigner, 1902~1995)[174]가 물리계만을 관찰대상으로 삼지 않고, 물리계와 이 물리계를 관찰하는 관찰자를[175] 포함하는 하나의 계, 즉 물리계와 관찰자의 합으로 된 계를 대상으로 이 계의 행동을 이론적으로 분석하고서, 파동 함수의 붕괴는 관찰자의 의식이 측정에 개입하기 때문에 일어나는 것이라고 결론을 내렸다. 그러나 물리학자들은 대체로 노이만이나 위그너와 같은 사람들의 주장을 받아들이지 않는다.

노이만과 위그너가 '의식'을 무엇이라고 생각하는지, 명확하게 '의식'을 정의한 바가 없지만 물리학자들은 기본적으로 물질계는 물리법칙에 의해 운행되는 것이라고 믿는다. 물리학자들의 믿음은 단순한 믿음이 아니라 물리학의 본질을 말한다고 볼 수 있다. 의식이 물질계에 영향을 미친다면 물리법칙이 무슨 의미를 갖겠는가? 물리학은 뉴턴의 만유인력의 법칙이나 일반상대성이론으로 별들의 운행을 기술하는데, 거기에 의식이 영향을 미친다면 중력의 법칙이 무슨 의미를 갖겠는가? 물질의 상태를 기술하기 위해 의식의 작용을 고려해야 한다면 물리법칙은 의미를 잃을 것이다. 물리법칙이 의미를 잃는다면 물리학이라고 부르던 것은 더 이상 물리학이 아닐 것이다. 더구나 '의식'은 잘 정의된 개념도

---

174 헝가리 출신의 미국 물리학자로서 주로 프린스턴 고등 물리연구소에서 연구를 하였는데, 대칭의 원리를 물리학에 도입하여 기본 입자의 발견에 큰 공을 세웠다. 이 공로로 위그너는 1963년에 노벨 물리학상을 받았다.

175 이 관찰자를 위그너의 친구(Wigner's friend)라고 한다.

아니다. 물리학처럼 학문의 범위와 연구대상이 잘 정의된 과학이 '의식'이라는 알 수 없는 영역으로 끌려들어 가는 것을 물리학자들이 꺼리는 것은 당연하다. 물리학의 이런 특성 때문에 관찰자의 의식이 파동함수의 붕괴를 일으킨다는 주장은 대부분의 물리학자들로부터 거의 망상에 가깝다는 말을 들을 만치 혹평을 받아왔다. 물론 이런 원론적인 이유 말고도 물리학자들이 물리학과 의식의 만남을 거부하는 이유가 있다. 그것은 〈그림 5-5〉에서 설명한 실험결과와 관련된 것이다.

대부분의 물리학자들은 〈그림 5-5〉에서 설명한 실험결과를 양자역학의 측정은 관찰자의 의식과는 아무런 관계가 없다는 증거로 받아들인다. 〈그림 5-5〉의 이중 슬릿 실험에서는 전자의 경로에 광원이 있어 전자와 빛알이 부딪치게 되어 있다. 전자와 빛알이 부딪치면 전자의 위치가 관찰되고, 전자의 위치가 관찰되면 전자는 간섭무늬를 만들지 않고 입자처럼 행동한다. 전자에서 파동성이 사라진 것은 빛알이 전자와 충돌하여 전자의 파동함수를 교란시켰기 때문이다. 즉, 전자의 파동함수가 결맞은 상태에서 결어긋남 상태로 바뀌었기 때문이다. 이것이 〈그림 5-5〉와 관련된 실험 내용이다. 파동성을 보이던 물리계에서 파동성이 사라지는, 이런 종류의 실험 가운데 특별하게 극적인 것은 오스트리아의 실험물리학자 안톤 차일링거가 수행한 버키볼의 간섭무늬이다. 차일링거가 실험에 이용한 버키볼은 탄소 60이나 70개로 이루어진 것으로서 수소 원자보다 5만 배 정도 큰 분자이다. 이 버키볼은 바이러스의 100분의 1 정도 되는 크기로서 미시세계에 속한다고 보기에는 무지막지 하게 크지만 그렇다고 해서 거시세계에 속한다고 보기에는 터무니없이 작은 분자이다. 이 버키볼로서 이중 슬릿 실험을 할 경우 실험 환경이 진공에 가까우면 버키볼은 원자나 소립자처럼 간섭무늬를 만든다. 그러나 실험 용기에 공기가 있으면 버키볼은 간섭무늬를 만들지 않는다. 공기분자가 버키볼을 때리면 버키볼은 파동성을 잃고 모래알처럼 행동하는 것이다. 이 실험에서는 의식이 있는 관찰자가 참여하지 않아도 공기분자와 버키볼이 상호작용을 통해 자연스럽게 파동성이 사라지고 버키볼은 입자로서 행동하는 것처럼 보인다. 이것은 결어긋남 해석으로 설명할 수 있다. 그러나 앞서 주렉이 말한 대로 파동함수를 확률파로 해석하는 이상 결어긋남 해석도 관찰자의 의식에서 벗어날 수 있는 것이 아니다. 그리고 주렉의 말이 아니더라도 이중 슬릿 실험이나 벨의 정리는 반드시 관찰자의 자유의지를 고려하여야 한다는 것을 보일 수 있다.

우리는 이제부터 관찰자의 의식을 고려할 필요가 없다는 주장에 대해서는 더 이상 살펴보거나 설명하지 않고, 관찰자의 의식이 양자역학의 측정에서 중요한 역할을 한다는 사람들의 주장을 지지하는 입장에 서서 이 사람들의 의견을 중점적으로 살펴볼 것이다.

코펜하겐 해석이 관찰자를 어떻게 해석하든 주류학계의 견해가 무엇이든, 또 의식의 본질이 무엇이든 상관없이, 의식을 떠나서는 양자역학을 논할 수 없다고 생각하는 학자들이 많이 있다. 그리고 그렇게 주장하는 양자역학의 해설서도 시중에 많이 나와 있다. 사실 생각해보면 물리학자들 사이에서 측정과 의식에 관해 논란이 있다는 것 자체가 벌써 정신과 의식이 물리학에서도 중요한 위치를 차지한다는 것을 뜻한다고 볼 수 있을 것이다. 여기서 다시 한번 앞에서 설명한 내용을 강조해두겠다. 그것은 산타크루즈(Santa Cruz)에 있는 캘리포니아 대학 물리학과에서는 물리학과 의식의 만남에 대한 교양 강좌를 개설하고 있고, 정신과 물질의 만남에 대한 논문이 물리학 학술지에 실릴 정도로 이제는 의식의 문제가 물리학내에서 활발하게 논의되고 있다는 사실이다. 이제 물리학과 의식의 만남을 주장하는 사람들의 얘기를 들어보자. 먼저 양자역학의 창시자들이라고 할 수 있는 사람들의 말부터 들어보자.

앞에서도 언급한 바이지만 보어는 다음과 같이 양자역학을 이해하기 위해서는 인식론적인 접근이 필요하다는 뜻의 말을 했다.

"양자역학의 개념적 구조를 이해 하기 위해서, 존재(existence)라는 큰 드라마에서 관중이자 배우로서의 우리의 위치를 조화시키려고 할 때는, 심리학과 같은 다른 분야의 과학이나 일찍이 부처나 노자가 직면했던 인식론적 문제로 되돌아가야 할 것이다."

하이젠베르크는 보어보다 더 분명하게 물리학의 연구에 정신의 역할이 중요하다는 뜻으로 다음과 같은 말을 했다.

"자연과학이란 단순히 자연을 기술하고 설명하는 것이 아니다. 그 것은 우리와 자연과의 상호작용의 한 부분이다. 자연과학은 우리의 질문방식에 따라 자연을 기술한다."[176]

"코펜하겐 해석은 물리학자들로 하여금 19세기 이래 자연과학에 성행했던 단순한 유물론으로부터 멀어지게 했다."[177]

코펜하겐 해석을 이끌어내는 데 깊이 관여한 파울리도 사물의 참모습을 알기 위해서는 정신과 물질의 만남을 생각하는 것이 바람직하다는 뜻의 말을 했다.

---

176 W. Heisenberg, 앞의 책, p.55.

177 W. Heisenberg, 앞의 책, p.102.

"물리적인 것(physis)과 정신적인 것(psyche)이 동일한 실재의 상보적인 측면이라면 가장 만족스러울 것이다."[178]

현대의 물리학자들 중에는 우주론에서 좋은 일을 많이 한 러시아 출신의 미국 물리학자 린데(Andrei D. Linde, 1948~)가 다음과 같이 말했다.

"우주와 우리는 의식의 세계 속에 함께 존재하고 있다. 우주 안의 모든 것을 설명하는 만물의 이론에는 인간의 의식이 반드시 고려되어야 한다. 기록 장치는 관측자의 역할을 대신할 수 없다."[179]

양자전기역학(quantum electrodynamics)의 연구에서 큰 업적을 남긴 다이슨(Freeman Dyson, 1923~)도 다음과 같이 물리학 연구에 있어서 마음의 역할이 중요하다고 말했다.

"마음이 물질에 스며들어가 물질을 통제하는 경향이 바로 자연의 법칙이라는 생각이 떠올랐다. … 마음이 우주 구석구석으로 침투하는 과정은 내가 상상할 수 있는 어떤 재앙이나 장벽으로도 영구히 중단할 수 없을 것이다. … 마음이 우주에 정보를 주고 우주를 통제하게 될 때 마음은 어떤 일을 할 것인가? 그것이야말로 우리가 답할 수 없는 질문이다."[180]

---

178 C. G. Jung, W. pauli, *The interpretation of nature and psyche,* (phantheon 1955), p.210.

179 Andrei D. Linde, *Discovery,* June 2002, p.48.

180 프리만 다이슨 지음, 김학영 옮김, 《과학은 반역이다》, 반니 2015

그리고 과학철학자 윌리스(Alan Wallace, 1950~)도 측정이라는 용어
는 의식과의 관계에서만 의미를 가진다고 다음과 같이 역설하였다.

"막대기 하나와 잣대가 나란히 떨어지는 그것만으로 측정이 되는
것인가? 돌멩이 하나가 다른 돌멩이와 부딪히는 그것으로 돌멩이
의 관성이 측정되는가? 항성 둘레를 도는 행성의 공전운동이 시간
을 측정하고 있는가? 측정이라는 용어는 의식이 있는 지능과의 관
계에서만 의미가 있다. 의식이 없는 컴퓨터가 독자적으로 측정할
수 없는 것은 잣대 혼자서 측정할 수 없는 것과 같다."[181]

린데와 윌리스의 말은 정곡을 찌른 말이다. 이 밖에도 물리학을 대
중들에게 해설하는 데 큰 기여를 한 많은 수의 물리학자들도 양자역학
의 측정에는 의식의 역할이 중요하다고 주장하고 있다. 예를 들면 그들
의 책이 우리말로도 번역되어 우리나라에도 알려진 폴 데이비스나 미치
오 카쿠(Michio Kaku, 1947~)와 같은 사람들이다. 이 책의 저자는 의식이
물질에서 일정한 역할을 한다고 주장하는 사람들과 뜻을 같이하는데 이
제 그 이유를 설명하겠다.

(2) 정보의 선택과 관찰자의 의식

소립자로부터 파동성을 볼 것인가 아니면 입자성을 볼 것인가 하는 것
은 전적으로 관찰자의 선택에 달려 있다. 이와 같이 물리계를 관찰하는 데
있어서 관찰자의 선택에 따라 관찰결과가 달라진다면 우리는 관찰자의 의

---

181 앨런 윌리스 지음, 홍동선 옮김, 《과학과 불교의 실재》, 범양사 출판부 1991, p.267.

식이 관찰이나 측정에 작용한다고 보아야 할 것이다. 그렇지 않고 관찰자의 선택과는 무관하게 물리계의 상태가 꼭 한 가지로 결정되거나 무작위[182]로 결정된다면 물리계의 측정과 관찰자의 의식은 무관하다고 할 수 있다.

일반적으로 물리계의 성질을 나타내는 물리량은 위치, 속도, 에너지, 스핀 등 여러 가지가 있다. 고전역학에서는 원리적으로 계의 성질을 나타내는 모든 물리량을 다 동시에 정확히 측정할 수 있다고 본다. 따라서 이들 모든 물리량을 모두 측정하여야 계의 상태를 결정할 수 있기 때문에 고전역학의 관찰자는 계의 상태를 결정하기 위해 어떤 물리량을 측정할 것인가를 선택할 자유가 없다. 관찰자에게 선택할 자유가 없다는 것은 계의 상태를 결정하는 일이 기계적으로 처리된다는 뜻이다. 따라서 고전역학에서는 관찰자의 의식 같은 것은 생각할 필요가 없다. 그러나 양자역학에서는 사정이 달라진다. 양자역학에서는 불확정성원리와 상보성원리에 의해 서로 상보적인 두 물리량을 동시에 정확히 측정할 수 없다. 따라서 관찰자는 상보적인 물리량 중 자신이 원하는 것을 선택하여 측정함으로써 계의 상태를 결정하게 된다. 다른 관찰자라면 일반적으로 다른 물리량을 측정하고 계의 상태를 기술할 것이다. 측정 도구는 이런 선택을 할 수 없다. 상보적인 양들 중 어느 것을 측정할 것인가를 결정하는 것이 관찰자의 선택에 달려 있다면 이런 물리계의 측정이나 관찰에는 관찰자의 의식이 일정한 역할을 한다고 보아야 할 것이다. 위에서 앨런 월리스가 "막대기 하나와 잣대가 나란히 떨어지는 그것만으로 측정이 되는 것인가? … 측정이라는 용어는 의식이 있는 지능과의 관계에서만 의미가 있다"고 말한 것은 바로 이런 이유에서이다.

---

182 주사위와 같이 관찰자가 주사위를 던졌을 때 1~6까지 여러 숫자가 나오지만 이 숫자들 중 어느 것에도 관찰자의 선택이 관여하지 않았기 때문에 여기에는 주사위처럼 상태가 무작위로 결정되는 경우에는 관찰자의 의식이 개입할 여지가 없다.

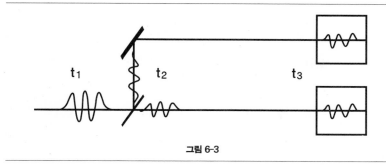

그림 6-3

위에서 말한 내용을 보다 구체적으로 설명하기 위해 로젠블룸(Bruce Rosenblum) 교수와 커트너(Fred Kuttner) 교수가 그들의 저서 《양자 불가사의》에서 설명한 내용을 요약하겠다. 아래 〈그림 6-3〉을 보자.

이 그림에서 t1은 거울을 향해 입사하는 빛의 파동이고, t2는 두 개의 거울을 나타낸다. t2의 왼쪽에 있는, 45도로 비스듬히 기울어진 두 개의 판이 거울이다. 그리고 t3는 두 개의 상자를 나타낸다. t2에 있는 두 개의 거울 중 아래쪽에 있는 거울은 반투명 거울이고 위쪽에 있는 거울은 빛을 완전히 반사하는 거울이다. 반투명 거울은 빛의 파동을 절반은 반사시키고 절반은 통과시킨다. 반투명 거울에 입사한 빛의 반은 그대로 통과하여 아래 상자 안으로 들어가고 입사한 빛의 반은 반사되어 거울 위쪽에 있는 완전반사 거울로 들어가는데 완전반사 거울은 들어온 빛을 완전히 반사하는 거울이기 때문에 여기서 빛의 파동은 들어온 그대로 온전히 반사되어 그림에서 위쪽의 상자로 들어간다. 두 가닥의 빛은 이제 모두 상자 속에 갇히게 되는데 이렇게 갇힌 빛의 파동은 상자 안에서 외부로 흡수되거나 사라지기 전까지 주기적으로 왕복한다.[183]

---

183 2012년 현재까지 최대한 오래 빛을 가둔 시간은 약 0.1초인데 이 시간은 광자가 지구 둘레를

위의 장치를 이용하여 우리는 몇 가지 실험을 할 수 있는데, 먼저 t1에서 꼭 한 개의 빛알 만 t2의 아래쪽 반투명 거울에 입사한다고 하자. 빛알이 하나만 입사하더라도 반투명 거울에서 빛은 둘로 나누어져 반은 투과하고 반은 반사된다. 투과한 빛은 t3의 상자 쌍 중 아래쪽 상자로 들어가고, 반사된 빛은 위쪽 상자로 들어간다. 우리는 빛알을 꼭 한 개만 보냈으므로 빛을 입자로 보고서 두 상자 중 하나에만 빛알이 들어 있다고 생각할 수 있다. 그런데 빛의 이중성 때문에 우리는 빛을 파동으로 보고서 두 상자 모두에 빛의 파동이 들어 있다고 생각할 수도 있다. 우리가 어떤 실험을 하느냐에 따라 빛이 상자 하나에만 들어 있다는 것을 증명할 수도 있고, 빛이 상자 두 곳에 모두에 들어 있다는 것을 증명할 수도 있다. 빛이 아니고 원자를 사용하여도 지금까지 설명한 것과 똑같은 실험을 할 수 있으므로 아래에서는 일반 원자에 대한 실험으로 간주하고 설명하겠다.

이제 빛의 파동을 반씩 담고 있는 상자 쌍을 많이 마련해두고, 스크린 앞에 상자 하나를 갖다놓고 두 상자의 슬릿을 동시에 열자. 그리고 동일한 위치에 차례로 상자를 하나씩 가져다 놓고 두 상자의 슬릿을 동시에 여는 일을 반복하면서 스크린에 떨어진 빛의 위치를 기록하자. 그러면 우리는 이중 슬릿의 실험에서 빛알을 하나씩 천천히 쏘아 보낼 때 얻은 것과 똑같은 무늬가 스크린에 나타남을 알 수 있다. 이 실험을 통해 관찰자는 한 개의 빛알이 동시에 두 상자에 들어 있음을 증명한 것이다. 그런데 이 관찰자는 스크린 앞에 둔 상자 쌍의 슬릿을 동시에 열지 않고 일정한 시간을 두고 열 수도 있다. 이 관찰자가 한 상자의 슬릿을 먼저 열면 어떤 경우에는 먼저 연 상자에서 빛알 하나가 나와 스크린을 때릴 것이다. 이 경우 나머지 상자를 열면 이 상자에서는 아무것도 나오지 않

약 한번 왕복하는 거리인 4만km를 여행하는 시간과 맞먹는 긴 시간이다.

는다. 반대로 먼저 연 상자에서 빛알이 나오지 않는다면 나머지 상자를 열면 빛알이 나와 스크린을 때릴 것이다. 이렇게 상자 쌍을 이루는 두 상자의 슬릿을 순차적으로 열면 스크린을 때린 빛알들은 간섭무늬를 만들지 않는다. 이 두 번째 실험에서 이 관찰자는 빛알이 하나의 상자에만 들어 있음을 증명한 것이다. 상자 쌍을 이루는 두 상자의 슬릿을 동시에 열든, 시간차를 두고 열든 스크린을 때리는 빛알의 개수는 똑같지만 슬릿을 동시에 열면 빛알은 동시에 두 곳에 있는 것이 되고, 시간차를 두고 슬릿을 열면 빛알은 하나의 상자에만 있는 것으로 된다. 빛이 아니고 원자를 사용하여도 지금까지 설명한 것은 똑같이 성립한다.

관찰자는 자신의 선택에 따라 상반된 두 가지 결론 중 어느 것이라도 증명할 수 있다. 의식이 없는 측정 도구라면 어떤 실험을 할지 자신이 어떻게 실험방법을 선택할 수 있겠는가? 이 상자 쌍 실험은 관찰자의 의식이 양자역학의 실험에 관여함을 말해준다고 할 수 있다. 물론 어떤 이는 첫 번째 실험에서 사용한 빛알(또는 원자)과 두 번째 실험에서 사용한 빛알은 다른 빛알이기 때문에 다르게 행동한 것이라고 주장할 수도 있다. 그러나 관찰자는 어떤 빛알이나 원자를 대상으로 실험하여도 자신이 선택한 실험방식에 따라 이 원자나 빛알이 파동처럼 행동할지 아니면 입자처럼 행동할지 예측할 수 있기 때문에 계의 행동에 관찰자의 의식이 관여했다고 보는 것이 타당하다는 결론을 내릴 수 있다. 물론 측정 장치는 외부에서 들어온 자극이나 정보를 물리법칙에 맞게 반응하거나 처리하고 컴퓨터는 그 결과를 기록할 수 있다. 이런 이유로 물리학 교과서에는 측정 기구도 훌륭한 관찰자라고 하는 것이다. 그러나 측정 도구들이 스스로 그 장치들을 배열하는 것이 아니다. 측정 장치들을 어떻게 배열하느냐에 따라 관찰대상으로부터 관찰자는 입자의 성질을 볼 수도 있고 파동성을 관찰할 수도 있다. 물리계가 갖고 있는 이중성과 상보성 중 어떤 것을 측정하느냐 하는 것을 선택하고 결정하는 것은 관찰자의 몫이다. 지능이 없는 측정 도구가 무엇을 측정할지 결정할 수는 없다. 측정이라는 단어는 지성이 있는 관찰자와의 관계에서만 의미가 있다. 지금 여기서 설명한 내용은 사실 귀납 추론의 타당성을 전제로 한 것인데, 귀납 추론이 타당하다면 자유의지가 인정되어야 한다. 귀납 추론과 자유의지의 문제를 위에서 설명한 버키볼의 이중 슬릿 실험에 적용하여, 양자역학의 측정에는 관찰자의 의식을 고려할 필요가 없다는 주장을 반박해보자.

(3) 귀납 추론과 자유의지

버키볼의 이중 슬릿 실험을 들어 양자역학의 측정에는 관찰자의 의식 같은 것은 고려할 필요가 없다고 주장하는 사람들은 귀납 추론의 타당성을 전제로 이런 말을 하는 것이다. 실제 실험에서 한 무리의 버키볼을 택하여 진공 상태에서 실험하여 간섭무늬를 얻었고, 또 다른 실험에서는 한 무리의 버키볼을 택하여 공기 중에서 실험을 하여 이 버키볼들이 입자처럼 행동하는 것을 관찰하였는데, 이 두 개의 실험은 서로 다른 대상을 가지고 두 가지 실험을 하여 서로 다른 결과를 얻은 것이다. 서로 다른 대상임에도 불구하고 이렇게 실험하면 간섭무늬를 보이고 저렇게 실험하면 입자처럼 행동한다고 하는 것은, 한 무리의 버키볼을 택하여 진공 중에서 실험을 할 때, 이 무리를 대상으로 공기분자가 있는 곳에서도 실험을 할 수 있었다는 것을 전제로 한 것이다. 이것은 귀납 추론의 타당성을 인정하고 관찰자의 자유의지를 인정한 것이다.

의식은 애매한 개념이고 의식을 정의한다는 것은 난감한 일이지만 일상적으로 의식이라는 말은 무의식적 행동과 반대되는 행동을 할 때 사용한다. 무의식적 행동이나 기계적인 행동에는 선택이라는 것이 없다. 선택이라는 것은 자유의지에서 온 것이다. 이런 뜻에서 자유의지와 의식은 연결된 개념이다. 따라서 버키볼의 실험에는 어떤 형식으로든 의식이 개입했다고 말할 수 있다. 자유의지와 의식은 벨의 정리에서도 중요한 역할을 한다. 사실 모든 양자역학의 측정에서 중요한 역할을 한다고 말할 수 있다.

앞서 벨의 정리를 설명할 때 벨 부등식을 얻기 위해서는 실재성과 분리성을 전제로 한다고 하였는데 엄격하게 말하자면 여기에 빠진 것이 하나 있다. 벨 부등식을 얻기 위해서는 관찰자의 자유의지를 가정해야만 한다. 벨은 이런 것이 너무나 당연하다고 생각하여 가정할 필요가 없다고 생각하였겠지만 자유의지를 부정하면 벨의 정리는 그 의미를 잃게 된다. 왜 그럴까?

벨 부등식을 얻으려면, 먼저 밥과 앨리스가 서로의 측정기를 θ만큼 돌려놓고 각자가 전자-양전자 쌍의 스핀을 측정한 다음 두 사람이 측정한 스핀의 합이 0이 되지 않는 비율을 조사한다. 그다음엔 서로의 측정기를 2θ만큼 돌려놓은 후 둘이 측정한 스핀 값의 합이 0이 되지 않는 비율을 조사한다. 그리고 마지막으로 이렇게 조사한 두 가지 비율을 비교하여 그 사이에 성립해야만 하는 부등식을 얻으면 그것이 벨 부등식이다. 그런데 벨 부등식을 얻으려면 측정기를 θ만 돌려놓았을 때 측정한 전자-양전자 쌍을 측정하는 대신 2θ만큼 돌려놓고 측정할 수도 있었다는 가정이 필요하다. 그렇게 했더라도 벨 부등식을 얻을 수 있고 실제 실험에서 벨 부등식이 성립하지 않는 것을 보게 될 것이라는 전제가 있어야 한다. 그런 전제가 없으면 서로의 측정기를 θ만큼 돌려놓았을 때 나타난 전자-양전자의 쌍과 2θ만큼 돌려놓았을 때 나타나는 전자-양전자의 쌍이 특별하게 행동할 수도 있다는 것을 의미한다. 두 가지 경우 각각의 전자-양전자 쌍이 그 경우에만 성립하는 특별한 행동을 할 수 있다면 벨 부등식과 관련된 여러 가지 논의는 아무런 의미가 없을 것이다.

알랭 아스펙의 실험에서는 전자-양전자 쌍 대신 빛알 쌍을 가지고 실험을 했는데 전자-양전자 쌍으로 가지고 실험을 하는 것이나 빛알 쌍을 가지고 실험을 하는 것이나 원리적으로 마찬가지다. 우주가 분리성과 실재성을 갖더라도 자유의지가 없다고 한다면 알랭 아스펙의 실험결과를 설명할 수 있다. 쉽게 말해 측정기의 각도를 달리할 경우 빛알 쌍이나 전자-양전자 쌍의 행동이 다르다고 한다면 벨 부등식이 깨진다고 해서 신기하게 생각할 것은 전혀 없다는 뜻이다. 따라서 형식논리만 적용한다면 벨 부등식의 위배는 세 가지 가정 가운데 하나가 틀렸음을 의미한다. 실재성, 분리성, 자유의지의 존재가 그것이다. 아직까지 이 가운데 어느 것이 틀린 것인지 알아낼 방법은 없지만, 적어도 자유의지를 부정하고서 물리이론과 실험을 논하는 것은 아무런 의미가 없을 것이다. 자유의지를 부정한다는 것은 이 세계가 하나의 기계이고 결정론적으로 움직인다는 뜻이다. 이 세계가 결정론적으로 움직이는 기계가 아니라면 우리는 물리학과 의식의 만남을 부정할 수 없을 것이다. 자유의지는 의식이 있는 자를 전제로 하기 때문이다. 이런 뜻에서 벨의 정리는 물리학과 의식의 만남을 명시적으로 보여준다고 할 수 있다. 먼저 앞서 언급한 버키볼의 이중 슬릿 실험에서도 자유의지가 중요한 역할을 한다는 것을 볼 수 있다.

위에서 말한 이론적 근거 외에도 의식이 물리계에 대한 관찰결과에 영향을 미친다고 보는 것이 자연스러운 해석임을 시사하는 실험의 예는 드물지 않다. 계에 의미 있는 물리적인 교란을 가하지 않더라도 어떤 정보를 얻으면 계의 상태가 바뀌고, 약간의 교란을 가하더라도 정보를 얻지 않으면 계의 상태가 바뀌지 않는다는 것을 보이는 실험도[184] 있다. 이와 같은 실험들은 양자역학적 측정에서 의식이 중요한 역할을 한다는 것을 보여주는 좋은 예라고 할 수 있을 것이다. 양자역학적 측정에서 의식이 중요한 역할을 하는 것이 밝혀진다면 이는 과학이 유식 불교의 관점을 뒷받침하는 증거가 될 것이다.

---

184 Scully, M. O., B. G. Englert, and H. Walther, "Quantum optical tests of complementarity", *Nature* 351(1991), pp.111~116. 우리나라 포항대의 이후종 교수와 그 동료들도 2009년 3월에 비슷한 실험을 하고 "달은 보는 사람이 있기에 거기에 존재하는 것이다"라고 자신의 실험을 해설하였다.

7

중관학: 공과 중도

독일의 한스 요아임 슈퇴리히(Hans J. Störig, 1915~2012)가 쓴《세계철학사》를 보면 이런 말이 나온다.

> "불교의 전파과정에는 한 번도 유혈사태가 없었으며, 이 점은 기독교 선교, 특히 중미 대륙에서의 선교와 엄격한 대조를 이룬다. 이처럼 불교는 2,500년의 역사 동안 참된 평화의 가르침임을 입증하였다."[185]

물론 모든 사람이 슈퇴리히가 한 말에 동의하는 것은 아니다. 사회생물학의 창시자이자 지식의 대통합을 뜻하는《통섭》의 저자로서 잘 알려진 생물학자 에드워드 윌슨(Edward Osborne Wilson, 1929~) 같은 이는 그의 또 다른 저서《지구의 정복자》에서 생물학적으로 고찰할 때 인간의 폭력성은 타고난 것이라고 하면서 이렇게 말한다.

---

[185] 한스 요아임 슈퇴리히 지음, 박민수 옮김,《세계철학사》, 이룸, 2008, p.86.

"동양의 평화로운 종교들, 특히 불교는 일관되게 폭력에 맞서 사람들을 감화시켜 왔다고 말할지도 모르겠다. 그러나 그렇지 않다. 동남아시아의 상좌부 불교이든 동아시아와 티베트의 탄트라 불교이든 간에 불교가 주류가 되고 공식 이데올로기로 채택될 때마다, 전쟁은 용납되고 신앙을 토대로 한 국가정책의 일부로서 강요되기도 했다. 근본 이유는 단순하며 똑같다. 즉, 평화, 비폭력, 자비는 핵심 가치이지만 불교의 교리와 문명을 위협하는 것은 물리쳐야 할 악(惡)이라는 것이다. 사실상 이렇게 말하는 것과 같다. 모두 죽여라. 그래도 부처는 너희를 포용할 것이니…."[186]

2017년 현재 불교국가인 미얀마에서 미얀마 사람들이 이슬람교를 믿는 소수민족 로힝야족을 탄압하는 것을 보면 에드워드 윌슨의 말이 맞는 것 같다는 생각이 들 수도 있다. 그러나 세계의 역사를 살펴보면 윌슨보다는 슈퇴리히가 한 말이 사실에 가까움을 알 수 있다. 윌슨이 한 말은 과장된 말이다. 불교도이든 기독교도이든 그중에는 훌륭한 사람도 있고 그렇지 못한 사람도 있게 마련이다. 불교에도 파계승이 있고 살도음의 악행을 저지르는 사람들이 있다. 불교도인 왕이나 무인이 전쟁을 한 적도 있고, 국가를 지키기 위해 승군이 일어선 적도 있으며, 불보살에게 무운을 빌기도 한다. 사교의 교주가 불보살의 이름으로 치부하기도 하고 반란을 일으킨 적도 있다. 그러나 이것은 불교인도 경우에 따라 살생을 할 수 있고, 그중에는 악행을 저지르는 사람도 있다는 뜻이지 불교가 폭력을 조장한 것은 아니다. 더구나 "모두 죽여라. 그래도 부처는 너희를 포용할 것이니"와 같은 말은 붓다를 자신에게 경배하면 상을 주고

---

186 에드워드 윌슨 지음, 이한음 옮김, 《지구의 정복자》, 사이언스 북스, 2014, p.91.

거역하면 벌을 내리는 인격신으로 생각할 때나 할 수 있는 말이다. 붓다의 인격이나 불교 교리를 아는 사람이라면 그런 말을 하지 않을 것이다. 많은 종교가 신의 이름 아래, 섬기는 신이 다르다는 이유로 다른 사람들의 피를 흘리게 했고, 같은 신을 섬기는 자라 하더라도 그 태도나 주장하는 바가 남다르면 이단 또는 마녀라는 이름을 붙여 고문하고 처형하였다. 그러나 불교가 불교 종단의 차원에서 정의의 이름 아래 또는 붓다의 이름 아래 그런 일을 한 적은 없다.

　　슈퇴리히가 불교와 비교해서 말하는 종교는 주로 기독교와 이슬람교이다. 왜 불교도와 달리 기독교나 이슬람교는 종교의 이름 아래 피를 흘렸을까? 불교도는 선하고 기독교도와 이슬람교도들은 악해서 그랬을까? 석가모니는 자비를 가르치고 예수와 모하메드는 이교도를 멸하라고 가르쳤을까? 결코 그렇지 않다. 예수는 원수를 사랑하라고 가르쳤고 모하메드는 "이웃에게 사랑을, 적에게 관용을…"이라고 가르쳤다. 모하메드가 가르친 그 정신에 따라 십자군 전쟁 때 이슬람의 살라딘(Selahaddin Eyyubi, 1138?~1193)왕은 기독교도와의 전쟁에서 부상병을 발견하면 아군과 적군을 가리지 않고 똑같이 보살폈다. 살라딘 왕이 보여준 그 정신이 오늘날 적십자가 탄생한 계기가 되었다. 기독교도들 역시 훌륭한 일을 하는 데 있어서 남에게 뒤지지 않는다. 학교와 병원, 고아원을 세우고 도움을 필요로 하는 이들에게 도움의 손길을 뻗치고, 사회를 위해 봉사 활동을 하는 것은 기독교의 기본 정신에서 나온 것이다. 이들이 한편으로 훌륭한 일을 하면서 다른 한편으로는 잔인하게 이교도들의 피를 본 이유는 무엇일까? 신과 정의와 선의 이름 아래 그런 짓을 하는 것에는 분명히 어떤 근본적인 이유가 있을 것이다. 지금도 여러 가지 형태로 종교 간의 갈등이 계속되고 있기 때문에 이 문제에 대해 진지하게 생각해볼 필요가 있다. 문제에 답은 바로 성자의 가르침을 해석하는 사람들의 철학에서 찾을 수 있다.

불교가 평화의 종교라면 그것을 뒷받침하는 '불교인의 사상'이 있게 마련이다. 여기서 말하는 '불교인의 사상'이란 붓다의 가르침을 해석하는 불교인의 철학을 말한다. 물론 불교의 모든 것은 붓다의 가르침에서 온 것이지만, 불교인의 행동의 특징을 결정하는 것은 붓다의 가르침을 불교인들이 어떻게 해석하느냐에 달렸기 때문에 성자의 가르침을 해석하는 불교인의 철학 역시 붓다의 가르침 못지않게 중요하다. 만일 인도를 침공한 그리스인들이 붓다의 가르침을 받아들이되 연기법을 그리스철학으로 해석했더라면 불교는 지금과는 전혀 다른 종교가 되었을 것이다.[187] 붓다의 가르침을 간명하게 해석한 것은 상좌부 불교보다는 대승불교 쪽이다. 붓다의 연기법을 간명하고 체계적으로 정리하여 대승불교를 대표하는 사상으로 정립한 것은 공과 중도를 말하는 용수의 중관사상(中觀思想)이다. '중도'는 '공'을 달리 표현한 것으로 사실상 '공'과 같은 개념이다. '공'은 실체가 없음을 강조하여 '있음'에 집착하는 것을 경계하는 말이고 '중도'는 사물의 참모습은 이분법에서 벗어나 있다는 뜻으로 '없음'과 '있음' 또는 '이것'과 '이것 아닌 것' 중 어느 한쪽에 집착하는 것을 바로 잡기 위한 개념이다. 공과 중도는 사물의 실상을 나타내는 오묘한 개념으로서 과학적으로 뒷받침되는 사상이다. 뿐만 아니라 인류의 평화와 인간의 행복을 위한 철학적 기반을 마련해주는 사상이다.

---

187 붓다의 가르침에는 그 가르침을 해석할 철학도 포함하고 있기 때문에 다른 철학으로 불교를 해석할 필요도 없고 해석하는 것도 어렵다. 그러나 어렵긴 하지만 불가능한 것은 아니다. 이를테면 헤라클레이토스 철학으로 연기법을 해석하면 무상과 무아의 개념은 쉽게 이끌어냈을 것이다. 그리고 그들은 무위를 플라톤의 이데아로 해석했을지도 모른다. 그들은 불성의 개념을 이끌어 낼 수도 있었을 것이며 불성을 영혼으로 해석하고 그들의 해석과 어긋나는 기록들은 모두 불태웠을 가능성도 있었다. 그랬더라면 그들이 만든 불교는 지금의 불교와는 전혀 다른 불교가 되었을 것이다.

불교에서 말하는 선이란 탐진치를 소멸시키는 것, 즉 인간을 행복으로 이끄는 일체의 것을 뜻하고, 악은 탐진치를 증장시키는 것, 즉 인간을 불행으로 빠뜨리는 모든 것을 가리킨다. 그런데 문제는 사람들이 무엇이 자신을 복되게 하고 무엇이 자신을 불행으로 이끄는지 모른다는 데 있다. 선이 왜 선이고 악이 왜 악일 수밖에 없는지 그 이치를 사람들에게 말해주는 것이 바로 중관사상이다. 삶 속에서 실천을 통해 공과 중도의 의미가 드러나야 불교인이라고 할 수 있는데, 공과 중도의 실천은 팔정도의 실천을 뜻한다.[188] 팔정도는 제8장에서 자세히 설명하기로 하고, 이 장에서는 공과 중도사상이 인간의 현실적인 삶에 무슨 의미를 갖는지를 중심으로 그 뜻을 살펴보도록 하자.

1) 보살사상

공과 중도는 공리공론이 아니다. 대승불교는 공과 중도사상을 현실적인 삶에서 적극적으로 실천할 것을 말한다. 공과 중도사상을 실천하는 이상적인 인간상이 바로 대승불교의 보살이다. 보살은 위로는 진리를 구하지만, 현실적인 삶에서는 자비를 실천하여 남을 돕고 남과 슬픔과 기쁨을 함께 나누는 사람이다. 보살행은 《금강경》에서 특별히 강조하고 있는데, 보살행의 특징은 '무주상보시(無住相布施)'라고 하여 남에게 좋은 일을 하되 좋은 일을 했다는 생각을 마음에 담아두지 않는 것이다. 천사같이 선량한 사람이라는 말이 있지만 보살은 다른 종교에서 말하는

---

188 대승불교에서는 팔정도보다 육바라밀을 강조하지만 팔정도나 육바라밀은 원리적으로 같은 내용을 담고 있다. 굳이 둘 사이의 차이를 말한다면, 팔정도에서는 정념(sati)을 강조한 데 비해, 육바라밀에서는 보시와 인욕을 특별히 강조하는 데 있다고 할 것이다.

성인이나 천사와는 다른 개념의 사람이다. 다른 종교에서는 보통 선과 악의 대립을 말하고 성인과 천사는 선의 편에서 악과 싸우고 악을 멸하려고 애쓰지만 보살은 악인이라고 해서 미워하고 내치지 않는다. 사람이 저지른 잘못이 근원적인 '악'에서 비롯된 것이 아니라 사람의 무지에서 일어난 일이라고 보기 때문이다. 불교에서도 지옥을 말한다. 그러나 불교에서 말하는 지옥이란 악인이 자신이 저지른 잘못의 대가로 누가 형벌을 주려고 보내는 곳이 아니다. 도박에 중독된 자가 짜릿한 재미를 위해 계속 도박을 하다가 패가망신하는 것처럼, 진리를 모르는 자가 자기에게 해가 되는 일인 줄을 모르고 좋아서 한 일의 끝이 지옥이라는 것이 불교에서 말하는 지옥이다. 악인은 자신에게 이익이 된다고 생각하고 한 일이 사실은 자신에게 해가 되고 자신을 망하게 하는 일인 줄 모르는 자일뿐이다. 악행이란 아무것도 모르는 어린아이가 칼을 휘둘러 사람을 다치게 하고 불장난을 하다 집을 불태우는 것과 같은 것이다. 그 결과가 지옥이다. 그래서 지장보살(地藏菩薩) 같은 이는 지옥 중생을 불쌍히 여겨 지옥중생 모두가 성불할 때까지 자신의 성불을 미루는 사람이다.

보살이 기독교의 성인과 어떻게 다른지, 또 사람들이 종교의 이름 아래 무슨 짓을 했는지 알아보기 위해 그리스의 여성 철학자이자 수학자인 히파티아(Hypatia, 370?~415)의 일생에 대해 잠깐 살펴보자.

(1) 히파티아의 운명

히파티아는 공통기원 370년경 로마가 지배하던 시절 이집트의 알렉산드리아(Alexandria)에서 태어났다. 학자인 아버지로부터 최고의 교육을 받은 히파티아는 30세에 당시 도서관이자 최고의 종합교육기관이라고 할 수 있는 알렉산드리아의 무제이온(mouseion)[189]의 교수가 되었다. 그녀의 저서는 모두 불타 없어졌기 때문에 학자로서의 그녀의 업적이 무엇인지 자세히 알 수 없지만 다른 사람의 것으로 알려진 고대의 유명한 천문학서와 수학의 주석서가 사실은 그녀의 것이라고 전한다. 직접적인 기록 역시 남아 있지 않지만 수학과 철학을 비롯한 당대의 모든 분야의 학문에서 그녀는 최고의 학자로 이름을 날렸다.[190] 그녀에 관한 얘기는 여러 갈래로 전해져 18세기 유럽에는 그녀에 관한 얘기가 문학작품으로 많이 나왔다. 세상에 완벽한 사람이 있다고 말하는 것은 지나친 과장이라고 하겠지만, 어떤 사람은 그녀는 미의 여신 아프로디테처럼 아름답고 지성은 철학자 플라톤의 화신이라고 묘사할 정도로 그녀는 완벽에 가까운 사람이었다고 한다.

사람이 원하는 모든 것을 갖춘 것 같은 히파티아에게도 어두운 운명의 그림자가 드리우고 있었다. 히파티아는 '신플라톤학파'로서 과학적인 이성주의자라고 할 수 있었고 종교적으로는 그리스의 신을 받들고 있었다. 그런데 이는 당시 종교계의 주도적 세력인 기독교의 사상에 반대되는 것이었기 때문에 기독교 지도자들은 이를 심각한 위협으로 느끼고 있었다. 기독교의 지도자들이 히파티아의 철학을 사교로 생각하던 중, 412년 키릴루스(Saint Cyrilus of Alexandria. 375~444)가 알렉산드리아의 주교가 되었을 때 마침내 문제가 터졌다. 키릴로스는 나중에 로마 가톨릭 교회와 그리스 정교회 양쪽으로부터 성인(saint)으로 추앙받는 사람인데 당시 이단을 가리는 심판관의 임무를 맡고 있었다. 그는 신플라톤주의 철학의 본산인 무제이온을 반기독교 문화의 총본산으로 여겼고, 탁월한

---

189 보통 알렉산드리아의 도서관으로 알려져 있으며 한때 70만 권의 장서를 소장하고 있었다고 한다.

190 마르자 드스지엘스카 지음, 이미애 옮김, 《히파티아》, 우물이있는집, 2002

수학적 능력을 갖고 있으며 수많은 남성 제자들을 두고 있던 히파티아를 마녀로 지목하였다. 키릴루스는 대중의 광기에 불을 지폈고 키릴루스의 지시를 받은 광신도들은 무제이온에 난입하여 교수들을 학살하고, 대학으로 강의하러 가는 히파티아를 도중에 마차에서 끌어내어 머리카락을 다 뽑고 고문한 후 살해하였다. 그녀는 머리채가 마차에 묶여서 이리저리 끌려다니다가 결국은 무참하게도 불태워졌다고 전해진다. 일설에 의하면 폭도들은 사금파리로 히파티아의 시체에서 살과 뼈를 발라냈다고 한다. 이것은 무척 잔인하고 이성을 잃은 짓 같아 지어낸 이야기로 들리지만, 만일 당시 사람들이 히파티아를 악의 화신으로 보았다면 실제로 그랬을 가능성도 있었을 것이다.

히파티아의 모든 저서를 포함하여 알렉산드리아 도서관에 있던 수많은 책들이 불태워졌고, 귀중한 문화재들도 아울러 파괴되었다. 헬레니즘의 문화적 유산은 대부분 소실되었고 많은 학자들이 국외로 망명하였다. 알렉산드리아 도서관의 파괴와 히파티아의 죽음과 함께 알렉산드리아를 중심으로 찬란히 꽃피웠던 그리스의 학문과 문화는 곧 쇠퇴의 길로 접어들었는데, 이는 곧 인본주의적이라고 할 수 있는 헬레니즘 문명의 종말을 의미하였다. 이 사건 이후 유럽은 기독교의 교리와 기독교 사상에 반대되는 어떠한 사상 및 철학도 용납하지 않는 시대에 접어들게 된다. 소위 말하는 중세의 암흑기가 시작된 것이다.

21세기에 이른 오늘날 히파티아에 관한 얘기를 들으면 키릴루스와 그의 추종자들이 무지하고 잔인한 사람 같지만 이런 일은 인류 역사상 한두 번 일어난 일이 아니다. 독실한 종교인이며 정치 지도자로서 성자의 칭호를 받고는 인도의 간디(Mohandas Gandhi, 1869~1948)는 이런 말을 한 적이 있다.

"역사에 기록된 가장 극악하고 잔인한 범죄들은 종교 또는 그와 비슷한 성스러운 동기의 미명아래 행해져 왔다."

간디만 이런 말을 한 것이 아니다. 몇 사람의 얘기를 더 들어보자.

"인간은 종교적인 신념을 위해서 행할 때보다 충실하고 충만하게 악을 행한 적이 없다."[191]

"종교가 있든 없든 악한 일을 하는 사람과 착한 일을 하는 사람은 있게 마련이다. 그러나 착한 사람이 악한 일을 하려면 종교가 필요하다."[192]

"정치는 수많은 목숨을 빼앗아 갔지만 종교는 그보다 열 배는 더 많은 목숨을 앗아갔다."[193]

히파티아의 경우는 오히려 작은 사건이라고 할 수 있을 정도로 사람들은 신과 정의와 종교의 이름 아래 많은 사람을 죽이고 약탈하고 잔인한 고문을 하였다. 이단자를 화형에 처하고 마녀사냥을 하고 이교도를 정벌하고 약탈하는 일도 신과 정의의 이름 아래 저지른 일이다. 인지가 발달한 오늘날 히파티아의 얘기를 들으면 대부분의 사람들은 끔찍하다는 느낌이나 생각을 갖겠지만 사물의 실상을 어떻게 보느냐에 따라 이러한 생

---

191 조지 버나드 쇼(George Bernard Shaw, 1856~1950): 아일랜드의 극작가

192 와인버그(Steven Weinberg, 1933~): 미국의 물리학자

193 숀 오케이시(Sean O'Casey, 1880~1964): 아일랜드의 극작가

각은 감상적이고 값싼 동정심에 불과할 수가 있다. 키릴루스는 성자로 추앙받는 사람이다. 성자로 추앙받는 사람이 잔인한 일을 했을 때는 적어도 그만한 이유가 있었다고 보아야 한다. 키릴루스는 예수의 가르침과 성서를 실체론적으로 해석하고 사물을 이분법적으로 나누어 보았던 것이다.

악에 실체가 있고 악에 근원이 있다면 악의 실체를 찾아 부수고 그 근원을 제거하는 일이 정의를 실현하는 일이고 세상을 위하는 일일 것이다. 악의 근원인 악마가 실체를 가진 존재라면 악을 철저히 멸하는 것이 선일 것이다. 악을 멸하기 위해서라면 무슨 행위든 허용되고 정당화될 것이다. 그러나 사물에 실체가 없다면, 즉 사물이 본질적으로 '공'하다면 악에도 실체가 없을 것이다. 악에 실체가 없는 것이라면 악행은 무지에서 온 것이라고 보아야 할 것이다. 그렇다면 '악'은 멸해야 할 존재가 아니라 치유해야 할 일종의 병이라고 볼 수 있을 것이다. 세상에 진리가 있고 종교 교리가 진리에 바탕을 두고 있다면 종교가 할 일이란 무지한 사람에게 사물에 대한 바른 이치를 가르치고 정도를 걷도록 일깨워 줘야 할 것이다.

불교가 "2,500년의 역사 동안 참된 평화의 가르침임을 입증하였다"는 평을 듣는 것은, 불교에서는 사물을 실체론적으로 보지 않기 때문이다. 바로 '공' 사상 때문이다. '공' 사상은 바로 평화의 철학적 기반을 마련해주는 사상이다. '공'은 남과의 관계에서 평화를 이루는 기본 철학을 마련해줄 뿐만 아니라 개인의 행복을 마련해주는 근거가 되기도 한다.

(2) 공: 행복의 근거

종교의 목적이 사람을 행복의 길로 이끄는 것이라면 그리고 사람을 영원한 행복에의 길로 이끄는 이치나 원리가 있다면 그 원리는 제법공상(諸法空相), 즉 사물의 실상이 '공'이라는 이치일 것이다. 잘못에 실체가 있다면 사람은 결코 행복해질 수 없을 것이기 때문이다. 끔찍한 일을 당했거나 저지른 사람들이 외상 후 스트레스 장애로 시달린다는 것을 알면 이 말을 실감할 수 있을 것이다. 일체가 '공'이 아니라면 사람은 괴로움에서 벗어날 방법이 없다.

사람은 많은 잘잘못을 저지르며 살고 있다. 불교와 같이 윤회전생을 말하지 않더라도 사람이 현생에 주어진 한평생을 살면서 알게 모르게 저지르는 잘잘못은 셀 수 없이 많을 것이다. 무심코 버린 담뱃불에 산불이 나서 마을이 불타는 경우도 있고 안전수칙을 지키지 않고 사고를 내어 남의 목숨을 잃게 하는 경우도 있다. 의도한 잘못이건 의도하지 않은 잘못이건 나의 잘못으로 인해 다른 사람이 불행해지는 경우가 셀 수 없이 많을 것이다. 순간적인 욕심에 눈이 멀어 남을 모함하고 해친 일은 없을 것인가? 남의 가슴을 아프게 했거나 자신이 당했던 가슴 아픈 일이 기억 속에서 떠나지 않는다면 사람은 괴로움 때문에 편안한 마음으로 살아갈 수 없을 것이다. 다행스럽게도 시간이 흐르면 좋은 것, 나쁜 것, 슬픈 것, 모두 기억에서 사라지고 대부분의 사람들은 평온한 마음으로 살아가게 된다. 그러나 기억에서 사라졌다고 해서 저지른 행위가 결코 없어지는 것은 아니다. 전생의 일이든 금생의 일이든 시간이 지나면 모든 것은 기억에서 흐려지고 아무 일도 없는 것 같지만 인간이 저지른 모든 행동과 말과 생각은 모두 아뢰야식[194]에 저장되어 인간의 성격이나, 이 사람이 앞으로 하게 될 생각과 말과 행동에 영향을 미친다. 생각과 말과 행동을 불교에서는 행(行)이라고 한다. 물론 과거에 저지른 '행'이 그

---

194 아뢰야식은 불교에서 말하는 최심층의식(最深層意識)으로서 현대 심리학에서 말하는 무의식(無意識, unconsciousness)보다 더 넓고 깊은 개념이다.

대로 저장되는 것은 아니다. '행'은 하나의 사건으로서 사건에 대한 정보가 아뢰야식에 저장된다. 저장된 정보는 그 자체로는 아무 힘이 없는 것 같지만 여러 가지 조건이 무르익으면 큰 영향력을 발휘하기 때문에 이 것들을 식물의 씨앗에 비유하여 '종자'라고 부른다. 종자들이 과거 나쁜 행위에 대한 기록이라면 이것들이 인간의 운명에 나쁜 영향을 미친다. 그때 이것을 업장이라고 한다.

아뢰야식에 저장되어 있던 종자가 인연 조건을 만나, 어느 날 문득 이 종자 중의 하나가 의식 가운데 떠오르면 사람은 과거를 기억하게 된 다. 그 종자가 자신이 저지른 잘못에 관한 것이었을 때 사람은 괴로워할 수밖에 없다. 반성하고 참회하면 과거의 잘못에서 벗어나거나 용서를 받는다고 생각할 수도 있지만, 잘못에 실체가 있는 것이라면, 이미 저지 른 잘못이 없어질 리는 없다. '신'이 용서해준다고 해서 해결되는 문제가 아니다. 신이 잘못을 용서해준다고 해서 '내가 잘못했었다'는 사실이 없 어지는 것은 아니기 때문이다. 신이 사람의 잘못에 대한 책임을 묻지 않 고 은총을 내릴 수는 있을 것이다. 신의 은총으로 내가 영생복락(永生福 樂)을 누릴 수 있다고 생각하는 사람이 있을 수 있지만 그것은 단견이다. 잘못에 실체가 없는 것이 아니라면 나의 잘못으로 인해 다른 사람이 고 통을 받고 있는데 내가 과연 영생복락을 누릴 수 있겠는가? 지극히 자기 중심적이고 이기적인 사람이 아니라면 그럴 수 없을 것이다. 그러나 '공' 사상이라면 이 문제에 대해 그 답을 말해줄 수 있다.

불교 수행승들이 체험한 바에 의하면 인간의 의식에는 여러 단계가 있다. 하나하나의 단계는 바로 그 위의 단계에서 극복되고, 모든 인식은 상대적인 것이며 일정한 의식단계에서만 의미를 갖는다. 의식의 어느 단계에서 존재하는 모순은 바로 위의 단계에서 소멸한다. 즉, 무(無)로 나타난다. 모든 모순을 소멸시키는 의식이 보리요 깨달음이다.

어떻게 의식이 한 단계 위로 올라가면 '이전의 잘못'이나 모든 업장은 소멸한다고 하는 것일까? 그것은 사람의 인격이 변하기 때문이다. 깨달음과 더불어 의식이 한 단계 높아지면 반드시 인격이 변하게 마련이다. 사람의 인격이 변해 자아의식이 사라지고 그 마음이 평온함과 축복으로 가득 차게 되면, 그 사람은 깨닫기 전과는 전혀 다른 사람이 된다. 다른 사람이 되었기 때문에 이전의 잘-잘못이 문제가 될 수 없다. 깨달음에 따른 인격의 변화는 꿈과 '깨어 있음'에 비유할 수도 있다. 꿈속에서는 모든 것이 실재하고 절실하게 느껴지지만 꿈을 깨면 그것들은 햇빛에 스러지는 안개처럼 사라지고 만다. 또한 업장의 소멸은 어린아이와 어른의 의식 수준에 비유할 수 있다. 어릴 때는 신나게 노는 일이 무엇보다 중요한 일이었지만, 어른이 되어 새로운 세계를 보면 어릴 적에 그토록 소중했던 것이 아무것도 아닌 것으로 여겨지듯이 의식이 한 단계가 높아지면 그 이전의 것은 꿈과 같이 되는 것처럼, 그 이전 단계에서 있었던 일은 스러지게 되는 것이다. 아무것에도 실체가 없기 때문이다.

꿈에서 깨어나면 악몽이 아무것도 아니듯이 사람의 의식이 한 차원 높아지면 이전의 의식단계에서 있었던 일은 한낱 꿈일 뿐이라는 것이 불교의 공사상이다. 그래서 《반야심경》에서는 "오온이 모두 공함을 비추어 보고 일체의 고와 액을 넘어갔다[照見五蘊皆空 度一切苦厄]"고 한 것이다. '공'을 체득한 경지에서 붓다는 땅도 없고, 물도 없는 그런 영역이 있다고 지수화풍으로 이루어진 외부 세계의 대상 없는 그런 경지가 있다고 설했다. 붓다가 말한 것처럼 공을 체득한 이 경지에서는 '우주'와 '나', '나'와 '그것'의 구별이 있을 리 없다. 따라서 이 경지에 이른 사람에게 자아의식과 같은 것도 있을 리 없다. 자아의식이 없는 곳에서 과거의 잘못을 찾을 수는 없을 것이다. '잘못'이란 따로 그러한 실체가 있는 것이 아니고 '나'라는 자아의식(self-consciousness)에 따라오는 '하나의 꿈과 같은 것'이기 때문이다.

앞에서 우주와 '나'가 하나인 것을 대승불교에서는 일심(一心, 한마음)이라고 한다는 말을 여러 번 했는데, 일심은 참 잘 붙인 이름이다. 사실 일심은 범어 'citta-mātra'를 번역한 것으로, 'citta-mātra'를 직역하면 유심(唯心)이지만, 일심이라고 의역한 것이 오히려 세계와 마음을 바라보는 대승불교의 참뜻을 더 잘 나타낸다고 할 수 있다. 일심이라고 부르면 벌써 일심이라고 말하는 자와 일심이라고 불리는 대상으로 나누어진 것이니, 일심이라고 부른 것은 이미 일심이 아니다. 그렇지만, 말로 설명하지 않을 수도 없어서 말로 설명하자면, 일심은 공사상의 극치라고 할 수 있다. 모든 것이 하나로 된 일심의 경지는 일체의 이분법적 사고가 끊어진 자리이다. 자타의 구별이 없는 이 경지에서는 물질과 마음의 구별도 없고, 잘 잘못의 구별도 있을 수 없다. 생사가 그대로 열반이라는 말이 액면 그대로 성립하는 경지로서 이 경지에 이르면 법계연기를 말할 수 있을 것이다.

일심의 경지에서 보면 세상은 모두 마음이 만들어낸 것일 뿐이다. 이 경지가 불교에서 말하는 열반으로서 일체의 고통에서 벗어난 자리이다. 일심의 경지에 이른 자에게는 자아의식이 없으니 일심의 자리에서 보면 무아라고 하지만 그렇다고 해서 '나'가 소멸된 자리도 아니다. 일심이야말로 바로 붓다를 비롯하여 불교의 많은 선지식들이 체험한 궁극적 실재로서 '참 나'라고 할 수 있다. '참 나'라고 하면 불교에서 부정하는 아트만(眞我)이라고 생각하여 펄쩍 뛰는 사람도 있겠지만 여기서 말하는 '참 나'란 무아를 가리키는 말이다. '무아'를 체득하는 것이야말로 진정한 자신의 모습을 보는 것이라는 뜻에서 '참 나'라고 한 것이다. 그래서 붓다도 "아라한은 '나'가 있고 '내 것'이라 하여도 허물이 없다"고 설했다.[195] 무

---

195 각주 12번 참조.

아라고 해서 아무것도 없다는 것을 뜻하는 것은 결코 아니다. 무아는 세상에서 말하는 자아란 하나의 과정일 뿐 거기에는 동일성을 말할 수 있는 실체가 없다는 것을 가리키는 말이다.

기독교에서 말하는 신의 구원도 공사상으로 해석하면 훨씬 이해하기 쉽다. 여기에 대해서는 긴 얘기를 할 필요가 없으므로 예수회의 창립에서 중요한 역할을 했던 성 이냐시오 로욜라(Sanctus Ignatius de Loyola, 1491~1556)의 체험을 통해 얘기하겠다.

스페인 귀족 가문의 출신 이냐시오는 젊었을 때 싸움도 하고 노름도 하는 그저 그런 사람으로서 출세를 하고 싶어 군인이 되었다. 그러나 전투에서 부상을 당하고 병상에 누워 있던 중《그리스도의 생애》라는 책을 읽고서 그는 군인 생활을 청산하고 여생을 하느님을 위한 일에 바칠 것을 맹세하였다. 그는 고행을 하고 참회를 하면서 구원에 대한 두려움과 조바심 때문에 자기 죄를 쉴 사이 없이 고백하였으나 고백을 해도 해도 고백할 죄는 끝이 나지 않았다. 자신이 저지른 많은 잘못에 괴로워하면서 더욱 심하게 고행을 하면서 지내던 어느 날 그는 문득 예수가 십자가에 못 박힌 것은 세상 사람들의 죄를 대신하여 고난을 당한 것임으로 더이상 자기에게는 고백할 죄가 없음을 깨달았다. 그리고 나아가 중요한 것은 고행이나 죄의 고백이 아니라 하느님의 일에 자신의 모든 것을 바치는 것이라는 것을 깨닫고 가톨릭교회를 위해 헌신하였다.

이냐시오는 예수가 사람의 죄를 대신하여 십자가에 못 박혔다는 데서 깨달음을 얻었다고 하지만, 그보다는 처음부터 진정으로 참회하고 의식이 한 차원 높은 단계에 이르면 죄업이 사라진다는 것, 공성(空性)을 깨달았다고 하는 것, 그것이 올바른 이치이자 표현일 것이다.

잘못을 뉘우치고 용서를 구하는 것이 사참(事懺)이라면 잘못에 실체가 없어 처음부터 잘못이나 원한 아픔 등 업장이 없다는 것을 깨닫는 것이 이참(理懺)이다. 이참의 이치는 물론 연기법에서 찾을 수 있다. 제4장 연기법에서 '상호인과율과 세계관'을 설명할 때 《염유경》의 설법을 소개한 적이 있는데, 붓다는 《염유경》에서 말하기를 과거는 영원히 변하지 않고 고정되어 있는 것이 아니라 내가 능동적으로 재조직할 수 있다고 하였다. 나 자신의 행위와 과거가 서로 상호작용을 하여 과거의 일이 나에게 여러 가지 다른 방식으로 작용한다는 뜻이다. 물론 과거의 일이 나에게 아무런 영향을 미치지 않을 수도 있다. 이것이 이참의 이치다. 이참이 있기에 인간은 영원한 행복을 누릴 수 있는 것이다. 이것이 진리이자 불교의 매력이다. 물론 이치는 그렇다고 하더라도 누구나 문득 잠에서 깨어나듯 '공'을 체득하는 것이 아니다. 수행 없이는 죄업의 소멸이 없다. 의식이 높아지지 않으면 잘못은 실체가 있는 듯이 업장으로 남아 두고두고 사람을 괴롭게 한다. 잘못을 뉘우치고 참회하며 수행을 통해 공의 이치를 증득할 때 비로소 업장이 소멸하고 영원한 행복의 상태에 이르게 된다.

'공'이 사물의 실체 없음을 강조하고 무엇에 집착하지 말 것을 말한다면 중도는 대립되는 견해 중 어느 한쪽에 치우치지 말 것을 말하면서, 또한 모든 견해를 다 긍정하고 포용할 것을 말한다. 여기에서 중도사상은 대립을 벗어나 평화공존의 길을 제시하는 것이다.

2) 중도: 평화와 포용의 원리

앞서 몇 번 언급한 바 있는 불교학자 헤르만 베크는 중도 사상을 설명하기 위해 붓다가 만든 '장님 코끼리 만지기'라는 우화에 대해 이렇게 말하고 있다.

"장님 코끼리 만지기만큼 불교의 본질을 분명히 해주고 불교와 그 외의 모든 철학과의 구별을 확실히 해주는 것은 없다. … 불교는 의식을 고차원적으로 올려 관조의 지혜를 갖도록 도와주는 것이다. … 이와 같은 지혜는 감성에 속박되어 있는 저열한 사고로는 도달할 수 없다."[196]

헤르만 베크가 중도사상에 대해 이렇게 감탄하는 것은 중도사상이 나와 다른 남의 의견을 존중해주고 서로를 인정해 주고, 교리가 다른 종교끼리 평화롭게 공존할 수 있는 철학적 기반을 마련해주기 때문이다.

'장님 코끼리 만지기' 말고도 붓다는 중도를 현실적인 삶에 적용할 수 있도록 여러 가지 방식으로 설명하고 있다. 붓다가 설한 중도를 그 원리에 따라 분류하면 크게 세 가지, 상대성원리, 조화의 원리, 불이(不二)의 원리로 정리할 수 있다. 상대성원리는 하나의 사물에 대하여 보는 입장에 따라 서로 다른 여러 가지 견해가 있을 수 있으니 자신의 입장에서 본 것만이 진리라 우기지 말라는 것으로서, 장님 코끼리 만지기는 바로 상대성원리를 우화로 나타낸 것이다. 조화의 원리는 지나친 금욕은 과도한 욕망과 마찬가지로 다 같이 나쁘니 지나친 행동을 피하고 몸과 마음의 조화를 잃지 않는 범위 내에서 무슨 일을 하든 하라는 뜻이다. 쉽게 말해 무엇이 좋다고 하여 한쪽으로만 치우치면 반드시 탈이 나게 마련이니, 한쪽으로 너무 치우지 말고 조화로운 삶을 살라는 것이 조화의 원리이다. 불이의 원리는 사물을 이분법적으로 나누어서 그중 어느 한쪽에 집착하지 말고 사물의 참모습을 보라는 뜻이다. 중도사상을 삶에 적용할 수 있도록 이렇게 3가지 원리로 분류하였으나 한마디로 요약할 수

---

196 헤르만 베크, 앞의 책, p.130.

도 있다. 그 핵심만 말한다면, 중도사상이란 사물을 이분법적으로 나누어서는 사물의 참모습을 나타낼 수 없다는 뜻이다. 이제 세 가지로 분류한 중도의 원리를 하나씩 살펴보자.

(1) 상대성원리

잘 살펴보면 모든 견해는 그 입장에서 보면 그것이 옳을 수밖에 없다. 지표면은 구면(球面)이다. 구면의 기하학적 성질은 곡면기하학으로 기술하여야 한다. 그러나 그렇다고 해서, 집을 짓거나 도로를 건설할 때 곡면기하학에 따라 설계를 할 수는 없다. 집을 지을 때는 땅이 평평한 것으로 보고 평면기하학에 따라 설계를 해야 한다. 별들의 운행을 말할 때 천동설은 틀리고 지동설이 옳다고 하지만 달력을 만드는 일이라면 천동설도 훌륭하게 그 일을 해낸다. 지동설은 뉴턴의 만유인력으로 뒷받침되는 완벽한 이론인 것 같지만 그것도 어떤 한계 내에서 옳을 뿐이다. 뉴턴의 만유인력으로는 블랙홀이나 초신성의 폭발 등 우주적 규모에서 일어나는 현상을 설명할 수 없다. 어떤 한계를 넘어서면 뉴턴의 이론은 아인슈타인의 일반상대성이론으로 바뀌어야 하고 만유인력은 시공간의 기하학적 구조라는 개념으로 바뀌게 된다. 중력을 기술하는 데 있어서 일반상대성이론이 뉴턴의 이론보다 낫다고 해서 지구상에서 일어나는 물리현상을 기술하고 기계를 설계하는 데 상대성이론을 쓸 수는 없다. 일상적 경험 세계에서 일어나는 일에 관한 것이라면 뉴턴역학을 대신할 만한 이론은 없다.

사물의 본질을 직관하는 반야(般若)와 이분법적 사고에 바탕을 둔 분별지도 곡면기하학과 평면기하학의 관계에 비유할 수 있다. 팻말에 "이문을 들어오는 순간부터 알음알이 지식을 버리라"는 말을 써서 대문 앞에 걸어둔 절이 있지만 이 말은 세상살이나 불교 경전의 공부에서 '알음알이 지식'이 필요 없다는 뜻이 아니다. 이 말은 이성적 사유로써는 도달할 수 없는 진리가 있다는 것을 가리키는 말이다. 사람이 말로 표현한 경전을 읽고 이해하는 것은 분별지로 하는 일이다. 붓다의 설법도 이성적 사유로 옳고 그름을 판단하도록 논리적으로 짜여 있다. 불교가 반야를 강조하고 분별지의 한계를 말한다고 해서 분별지를 버리라고는 하지 않는다. 불교인은 먼저 이성적 사유로 사물을 철저하게 분석하고 논리적으로 옳고 그름을 판단하여야 한다. 반야는 분별지로 뚫을 수 없는 한계에 이르렀을 때 나타나는 법이다. 근본적 진리인 '종(宗)'을 꿰뚫어 보는 것은 반야이지만 '교(敎)'는 분별지가 필요하다. 세상살이에서는 분별지로 사물을 구별하고 옳고 그름을 판단한다. 그리고 이렇게 판단한 지혜로 인해 과학 기술과 학문이 발전한다. 분명히 지구는 둥글지만 둥근 지구의 표면에 집을 짓는 사람이 평면기하학을 필요로 하는 것처럼 분별지는 꼭 필요한 것이다.

장님 코끼리 만지기의 우화를 통해 붓다가 전하고자 하는 것은 사람들로 하여금 독선과 아집에서 벗어나, 풍습이나 사용하는 언어가 다르고 생각이 다르더라도 남을 존중해주고 인정하면서 평화롭게 공존하라는 것이다. 이러한 태도는 다른 종교에 대해서도 마찬가지다. 종교인들도 의식이나 교리가 다르더라도 서로를 존중하면서 평화롭게 공존하는 것이 바람직하다는 것이 붓다의 가르침이다. 평화로운 공존은 또한 편견으로부터의 자유와 생각의 자유를 위해서도 꼭 필요한 일이다. 중도가 편견으로부터의 자유를 뜻한다는 것을 이해하기는 어렵지 않지만 중도가 왜 생각의 자유를 뜻하는지에 대해서는 설명이 필요할 것이다.

사람들은 어떤 경우라도 자신이 '생각의 자유'만은 갖고 있다고 생각한다. 그러나 그렇지 않다. 사람의 생각은 자신의 의견에 대한 다른 사람들의 반응이나 사회 분위기에 의해서 크게 영향을 받기 때문이다. 어떤 사람이 사회의 주도적 의견에 반대하거나 여론과는 다른 의견을 말을 할 때 사회가 이런 사람을 집단적으로 매도하고 따돌린다면 그 사회의 구성원들은 주류사회의 의견에 거슬리는 말을 하지 않게 된다. 그리고 한 걸음 더 나아가 사회의 구성원들은 주류사회의 의견과는 다른 것에 대해서는 생각조차 하지 않게 된다. 예를 들면 이런 것이다. 영어사전을 보면 신비주의를 가리켜 "애매하거나 모호한 혼란스러운 생각과 믿음"이라고 설명한다. 정신의학자들이 신비주의나 영적 체험이라는 것에 대해서 그렇게 생각하고 있기 때문이다. 이런 분위기가 학계에 조성되어 있기 때문에 심리학자나 신경과학자들 중에서 신비체험에 대한 연구를 하려고 하면 많은 경우 동료학자들이 이상하다는 눈초리로 바라본다. 동료학자들이 이상한 눈초리로 쳐다보면 학자들은 신비 현상에 대해서 생각조차 하지 않게 된다. 즉, 생각할 자유가 없는 것이다.

생각할 자유가 없는 집단 중 대표적인 것이 종교일 것이다. 종교 교단에서 진리로 인정한 것에 대해서는 누가 함부로 이견을 제시할 수가 없다. 그러나 이견을 제시할 수 있어야 종교가 발전한다. 기독교의 경우 종교개혁, 불교의 경우 대승불교의 출현이 좋은 예일 것이다. 사실 세상에 수많은 종교가 있지만 종교의 창시자인 성인의 깨달음과 가르침이 반드시 달라서 그 많은 종교와 종교가 있는 것은 아니다. 비록 깨달은 자의 가르침이 근본적으로 같은 내용을 담고 있다고 하더라도 그 가르침을 받아들이는 사람들의 지적 수준과 시대적 배경에 따라 전혀 다른 것처럼 전해지는 것이다. 그래서 종교가 다르더라도 남의 종교를 존중해주는 아량과 나아가 그 속에 담긴 진리를 긍정하고 받아들이는 지혜가 필요한 것이다.

종교전쟁 등 종교 간의 알력과 다툼은 공과 중도의 이치를 모르고 사물을 이분법적으로 나누어 보고 사물을 실체로 보았기 때문에 일어난 일이라고 할 수 있다. 사물을 이분법적으로 '이것'과 '이것 아닌 것'으로 나누어 보게 되면 모든 것을 선과 악, 참과 거짓, 친구와 적, 등과 같이 대립되는 개념으로 보게 마련이다. 모든 것을 이런 식으로 보게 되면 자연히 사물은 지켜야 할 것과 멸할 것으로 나누어지게 된다. 히파티아를 마녀로 지목한 키릴루스 역시 사물을 이분법적으로 보고 실체로 보았기 때문에 마녀를 제거하는 것이 그에게는 정의를 실현하는 일이었을 것이다. 마녀에게 관용을 베푸는 것은, 그것 자체가 악을 용납하는 일이 되기 때문이다. 그러나 키릴로스가 불교 철학을 이해하고 연기법과 중도를 알았더라면 예수의 가르침을 이분법적으로 해석하지 않았을 것이다. 그랬더라면 그는 히파티아를 훨씬 너그럽게 대하였을 것이고 유럽에서 그리스의 학문과 문화가 한동안 단절되어 학문의 암흑기를 맞는 일도 없었을 것이다.

얼핏 생각하면 중도는 단순히 사람들끼리 다투지 않고 너그러운 마음을 가지고 평화롭게 살아가야 한다고 말하는 것으로 끝나는, 평범한 사상 같지만 중도사상이 담고 있는 내용은 그렇게 단순하지만은 않다. 중도사상 가운데 하나인 상대성원리는 물리학적 원리이기도 하다. 상대성원리를 이론적으로 정립한 유명한 이론이 바로 아인슈타인의 상대성이론이다.

아인슈타인의 상대성이론에는 특수상대성이론(special theory of relativity)과 일반상대성이론(general theory of relativity)이라는 두 가지 이론이 있다. 특수상대성이론은 서로 등속도로 움직이는 좌표계(座標系), 즉 관성계(慣性系, inertia coordinate frame)에서만 성립하는 이론이고 일반상대성이론은 관찰자가 가속운동을 하든 중력장에 있든 상관없이 임의의 좌표계에서 성립하는 이론이다. 불교의 중도 사상을 과학적으로 이해하고 해설하는 것이 목적이라면 특수상대성이론만으로도 충분할 것이다. 특수상대성이론에 의하면 서로 등속도로 움직이는 두 관측자는 시간의 길이와 공간의 길이를 다르게 본다. 빠르게 날아가는 로켓에서는 지구보다 시간이 천천히 흘러간다. 공상과학소설을 보면 빠르게 나르는 로켓을 타고 우주여행을 하던 사람이 1년 뒤 지구로 돌아와 보니 지구에서는 천 년이 지났다는 얘기가 있는데, 이 얘기는 특수상대성이론에 의하면 가능한 얘기다. 좌표계가 다르면 동시성(同時性, simultaneity)도 물론 달라진다. "까마귀 날자 배 떨어진다"는 속담이 있지만 관찰자의 운동 상태가 다르면 어떤 사람은 까마귀가 먼저 날아오른 후 배가 떨어진 것으로 보지만, 어떤 사람은 배가 먼저 떨어진 후 까마귀가 날았다고 보게 된다. 그리고 또 다른 사람은 까마귀가 난 것과 배가 떨어진 것이 동시라고 보게 된다. 이 셋 중 누가 옳다는 것이 없다. 셋 다 옳다. 그렇다고 해서 세상이 제멋대로이고 법칙이 없다는 것은 아니다.

서로 등속도로 움직이는 모든 좌표계에서 측정한 물리량 중 운동량이나 에너지처럼 시공간과 관계가 있는 것은 모두 다 다르게 나타난다. 그러니 다른 관성계에 있는 관찰자가 보는 물리현상은 다 다를 수밖에 없다. 그러나 이들 관찰자들이 보는 물리법칙은 똑같다. 쉽게 말하자면 물리량이나 물리현상들이 마구잡이로 다르게 나타나는 것이 아니고, 이들 모든 물리량들은 비록 그 측정값이 관성계가 다르면 다 다르지만 이 물리량들은 다 같은 모양의 운동방정식을 만족시키도록 어떤 법칙성을 갖는다. 일반상대성이론의 내용도 마찬가지다. 임의의 좌표계에 있는 관측자가 본 것 중 어느 것이 더 옳다는 것이 없다. 모두 각자의 좌표계에서 본 것은 그 입장에서는 옳다. 그리고 모두 다 같은 모양의 운동방정식을 만족시킨다. 상대성이론에 의하면 다양한 관점이 다 옳다는 것은 불변의 이치를 토대로 하는 것이다. 이를 불교적으로 해석하면, 무위가 있기에 유위도 있는 것이고, 절대평등의 공성을 바탕으로 세상 만유의 차별상이 나타나는 것이다.

장님 코끼리 만지기의 우화가 뜻하는 중도의 이치도 아인슈타인의 상대성이론과 아주 비슷하다. 서로 다른 좌표계에 있는 관찰자는 다른 물리현상을 보고 다른 물리량을 측정하게 되지만 서로 다른 물리량들이 다 똑같은 방정식을 만족시키는 것처럼, 장님이 만져보고 말한 것은 다 다르지만 그것들은 다 코끼리의 진면목 중 하나의 모습을 나타낸다. 장님은 진리의 한 면을 본 것이다. 마찬가지로 사람이 현상계에서 경험하는 모든 사건과 경험은 진리계[무위]의 실제 모습 중 어느 하나이다. 부분을 본 것이 유위이고 전체를 본 것이 무위이다. 백남준의 비디오 아트를 과학 기술적인 측면에서 분석하고 살펴본 과학 기술자의 관점에서 본 것이 유위이고, 전일주의의 관점에서 백남준이 전하는 예술성을 본 것이 무위이다. 그래서 용수는 이를 가리켜 '생사 즉 열반'이라고 말했다.

상대성원리에서 말하는 중도의 이치는 불교도가 타 종교인을 만났을 때 취할 태도가 무엇인지 말해준다. 붓다의 가르침에 의하면 올바른 불교도라면 타 종교인을 만났을 때 그를 불교도로 개종시키려고 노력할 것이 아니라 그가 바른 생활을 하고 바른 종교인이 되도록 이끌어 주어야 할 것이다. 타 종교도 진리의 한 면을 반영하고 있기 때문이다. 중도의 이치에서 볼 때 올바른 선교 활동이란 자신이 훌륭한 인품을 갖추어 바른 생활을 하고 맡은 일을 훌륭하게 완수함으로써 다른 사람들의 존경을 받는 것이다. 바른 생활을 한다면 세속생활에서도 성공하고 행복하게 살 것이다. 그리고 자애롭고 평화로운 마음에서 저절로 우러나와 자연스럽게 보살정신을 실천하는 나의 모습을 남들이 본다면 저절로 불교의 가르침을 따르고자 하는 마음이 생겨날 것이다. 보살정신의 실천, 그것이 훌륭한 선교 활동이다. 이제 중도사상이 말하는 조화의 원리에 대해 살펴보자.

(2) 조화의 원리

붓다는 소나(Sona)라는 제자에게 거문고 줄의 비유로써 중도를 설명하고 있다.[197] 거문고 줄을 지나치게 팽팽하게 조여도, 그와는 반대로 지나치게 느슨하게 풀어두어도 좋은 소리를 낼 수 없다. 거문고가 가장 좋은 소리를 내기 위해서는 그 줄이 적당한 상태를 유지하고 있어야 한다. 이처럼 열반을 얻기 위한 수행의 길도 극단적인 고행이나 지나친 쾌락적인 행동을 피하고 중도를 실천해야 한다고 붓다는 중도의 이치를 설하고 있다.

거문고 줄의 비유와 장님 코끼리 만지기의 우화는 모두 중도를 설명하지만, 거문고 줄의 비유에서 말하는 중도는 장님 코끼리 만지기에서 말하는 중도와는 그 뜻이 다르다. 장님 코끼리 만지기가 중도를 상대성원리로 설하는 것이라면 거문고 줄의 비유는 중도를 조화의 원리로서 설명하고 있다. 수행을 너무 느슨하게 하는 것은 아무런 효과가 없지만, 극기 훈련을 하듯이 무리하게 수행을 하면 마음의 동요를 가져오고 몸을 망치게 되니, 그 노력이 지나치면 이것이 올바른 수행일 리가 없다. 모든 일에 적절하게 균형을 이루라는 것이 조화의 원리이다. 이러한 뜻의 말은 누구나 한 번쯤은 들어 보았을 것이다. 조화의 원리는 그만큼 사람이 행할 바의 기본이라고 말할 수 있을 것이다. 누구나 쉽게 듣는 말이라 사람들은 대체로 그 이치에 대해 깊이 생각하지 않지만 조화의 원리는 양자역학의 상보성원리에서 말하는 것처럼 우주가 운행하는 근본 이치를 담고 있다. 먼저 결론부터 말한다면 조화의 원리란 우주는 대립되는 두 가지 개념 이를테면 음(陰)과 양(陽)의 조화에 의해 운행된다는 것

---

197 《잡아함경》 권9, 〈254경(이십억이경)〉

을 뜻한다. 그 이치에 대해 생각해 보자.

　사람은 어떤 특정한 상태를 경험하고 마치 이 사물이 어떤 불변의
상태에 있는 것처럼 "이 사물은 이러 이러한 상태에 있고, 저 사람은 저
러저러한 사람이다"라고 그 사물을 규정한다. 사람이 사물을 인식하는
방식처럼 어떤 것이 불변의 상태를 갖는다면 이 불변의 상태를 통해 어
떤 것의 특징을 말할 수 있을 것이다. 어떤 것의 특징을 말할 수 있는 이
러한 불변의 상태를 물리학자들과 수학자들은 고유상태(固有狀態, proper
state)라고 부르는데 사물에 고유상태가 있다면 이 고유상태의 성질은 불
교 용어인 자성(自性)에 해당한다고 볼 수 있다. 그러나 연기법 의하면
사물이 어떤 불변의 상태에 머물러 있는 것은 원리적으로 불가능하다.
이 세상에 영원히 변치 않는 것은 없다. 천천히 변하는 것과 빨리 변하
는 것의 차이는 있지만 모든 것은 변하게 마련이다. 물리학자 스몰린이
말한 것처럼 우주에는 물체(object)와 과정(process)이 존재하는 것이 아니
다. 빠른 과정과 느린 과정이 있을 뿐이다.

　사물이 어떤 고유상태에 있다고 보는 것은 연속적으로 변해가는 사
건의 전개과정 중 어느 한순간의 상태만으로 그 사물을 규정하려는 것
과 마찬가지다. 이는 마치 한 편의 영화를 정지된 어느 한 장면만으로 그
영화 전체를 나타내려고 하는 것과 같다. 이 세상에서 어떤 사물이 고유
상태에 있는 것처럼 보일지라도 그것은 잠정적으로 그렇게 보일 뿐 그
상태는 변하게 마련이다. 현상계(유위)는 결코 고정된 상태에 머무를 수
없다. 이것이 연기의 이치다. 모든 사물이 변하게 마련이라는 것은 모든
사물에는 현재의 상태에서 벗어나려는 경향이 있다는 것을 뜻한다. 그
렇다면 사람이 사물에 대해서 정확하게 말하려면 현재 그 사물이 처한
상태와 그 상태에서 벗어나려는 경향까지 알아야 할 것이다. 사물의 상
태와 상태에서 벗어나려는 경향을 동시에 정확히 안다는 것은, 입자의

위치와 속도를 동시에 정확하게 안다는 것과 마찬가지다. 그러나 이것은 불확정성원리와 상보성원리에 어긋난다. 사물을 어느 한 상태로 규정할 수 없는 것을 무자성(無自性)이라 하고 무자성을 공(空)이라고 한다.

사물을 바르게 기술하기 위해서는 최소한 두 가지 개념, '현재의 상태'와 '현재의 상태에서 벗어나려는 경향'을 함께 필요로 하니, 이 두 가지 개념을 하나는 음(陰), 다른 하나를 양(陽)이라고 불러도 좋을 것이다. 현재의 상태가 '음'이라면 이 상태에서 벗어나려는 경향은 이 사물을 '양'의 상태로 이끌 것이다. 이렇게 두 가지 개념을 '음'과 '양'이라고 부른다면 세상은 두 가지 대립되는 개념, '음'과 '양'의 조화에 의해서 운행된다는 것을 뜻한다. 이것이 중도가 말하는 조화의 원리이다. 조화의 원리는 덴마크의 물리학자 보어가 발표한 상보성원리에서 말하는 내용과 정성적으로 똑같다. 조화의 원리가 우주운행의 원리를 정성적으로 설명하는 것이라면 상보성원리는 조화의 원리를 정량적으로 다듬어 물리학적 원리로 만든 것이라고 할 수 있다. 보어가 이 원리에 상보성(相補性, complementarity)이라고 이름을 붙인 것은 원자 이하의 미시세계에서 일어나는 물리현상은 대립되는 두 가지 개념들의 조화에 의해 기술된다고 보았기 때문이다. 실제로 보어는 상보성원리를 음양설의 물리학적 표현이라고 하였다. 상보성원리의 내용을 보면 보어의 말에 동의하지 않을 수 없다. 그러나 음양설의 물리학적 표현이라고 하기보다는 중도의 물리학적 표현이 상보성원리라고 하는 것이 더 나을 것 같다. 왜냐하면 중도의 원리도 상보성원리도 다 같이 조화의 원리뿐만 아니라 불이(不二)의 원리까지도 말하고 있기 때문이다.

중도사상이 말하는 조화의 원리는 우주운행의 이치를 나타내고 있을 뿐만 아니라 사람의 삶과 행동에 대한 지침을 마련해주고 있다. 자동차가 가속기와 브레이크를 조화롭게 사용할 때 원활하게 움직이듯이 사람의 불법 수행에 있어서도 무리한 고행을 피하고 몸과 마음의 조화를 이루면서 정진하라는 것이다. 불법수행뿐만 아니라 사람의 일상적 활동에서도 마찬가지다. 어느 한쪽으로 지나치게 치우치지 말라는 뜻이다. 조화의 원리는 특별히 한국과 같이 한 가지 목표에만 매달려 모든 것을 희생하는 것이 몸에 밴 나라의 사람들이라면 특별히 새겨듣고 따를 만한 하나의 윤리강령을 마련해준다.

한국은 교육열이 높은 나라로 세상에 알려져 있다. 1950년대 세계 최빈국의 하나이던 한국이 21세기에 들어 경제적으로 이만큼 발전한 것은 교육의 힘 때문인 것은 분명하다. 한국의 발전상을 보면 '아는 것이 힘'이라는 말이 실감이 날 것이다. 그러나 그 '열'이 지나쳐 교육을 받는 것이 남보다 앞서기 위한 수단이라고 생각하게 되면 사정이 달라진다. 공부를 잘한다는 것은 시험을 잘 치르는 것을 뜻하게 되고, 아는 것, 바르게 아는 것보다는 시험을 잘 치러 남과의 경쟁에서 이기는 것이 목표가 된다. 그렇게 되면 교육은 그 뜻을 잃게 되고, 마침내 교육망국론(敎育亡國論)이 나오게 된다.

지금 한국의 부모들 중에는 자식이 공부를 잘하면, 모든 것을 눈감아 주고 공중도덕을 지키지 않고 남에게 무례하게 굴어도 신경을 쓰지 않는 사람들이 적지 않다. 이런 분위기 속에서 자란 아이가 교육을 잘 받았다고 할 수 있을까? 자식에게 도덕심을 함양시키고 예의를 가르치는 것은 남을 위해서가 아니다. 내 자식을 위해서다. 도덕적이고 예의 바른 사람이라면 누구에게나 호감을 주고 환영을 받을 것이다. 공부를 열심히 하고 자식에게 교육을 시키는 것이 나쁠 리는 없다. 그러나 자식을 죽롱신동(竹籠神童)[198]과 같은 처지에 빠트리면 그때부터 교육은 자식의 올바

---

198 옛날 중국 송(宋)나라 때 어느 마을에서 어린아이들에게 다른 생각을 말고 과거 시험공부만

른 성장을 막는 독이 되고 그 삶을 망가트리게 된다. 오직 공부만 하고 남과 어울리는 것을 모르는 아이는 자기만 알게 되고 출세를 해도 행복한 삶을 살 수 없게 된다. 남을 이기기 위해 사는 것이 삶의 목표인 사람에게 마음의 평화가 있을 리 없다. 마음의 평화가 없는 사람에게 행복이란 먼 나라의 얘기처럼 들릴 것이다. 사람이 자신이 하는 일에서 성공을 하고 행복하게 살려면 지식의 함양과 함께 협동심을 기르는 것이 필수다.

이 세상 모든 생명체들 중에서 유독 인간이 뛰어나 보이고 찬란한 문명을 건설한 것은 인간의 두뇌가 특별히 뛰어났기 때문이 아니라 서로 협력하였기 때문이라는 과학적 연구 결과가 많이 있다. 진화생물학을 비롯한 뇌과학과 사회과학 등 여러 가지 측면에서 볼 때 협력이야말로 인간으로 하여금 다른 동물보다 뛰어나게 만든 결정적 요소이다.[199] 뿐만 아니라 개인적 성공에서도 협력은 지능보다 더 큰 역할을 한다.[200] 협력을 한다는 것은 단순히 남과 잘 지낸다는 것을 의미하지 않는다. 협력은 남과 자신에 대한 이해력과 통찰력을 길러준다. 자식의 성공과 행복을 위해 필요한 덕목을 골고루 길러주는 것이 중도다. 한국의 부모는 중도의 이치를 깨닫고 실천할 필요가 있다. 자식이 창의적이고 능력 있는 사람이 되기를 원한다면, 이 아이에게 경쟁에서 이기는 방법만 가르칠 것이 아니라, 호기심을 갖도록 이끌어 주고 남과 어울리고 묻고 토론하는 가운데 자신이 하고 싶은 일을 찾고, 그길로 나아가도록 도와주는 것이 필요할 것이다. 한국 사람이라면 누구나 올바른 교육을 위해 중도

하라고 새장에 가두어 놓고 공부만 시켰다고 한다. 이 아이들을 가리켜 죽롱신동이라고 한다.

199 협력의 중요성에 관한 과학적 연구 결과를 말해주는 참고 문헌은 많이 있다. 그중 몇 가지를 제목만 나열하면 다음과 같다.《협력하는 종》,《사피엔스》,《사회적 뇌》,《소셜 애니멀》 등이다.

200 대니얼 골먼 지음, 황태호 옮김,《감성지능》(상·하), 비전코리아, 1996

가 말하는 조화의 원리에 대해 생각해 볼 일이다. 이제 중도사상이 말하는 또 다른 원리, 불이의 원리에 대하여 살펴보자.

(3) 불이의 원리

중도사상이 말하는 상대성원리와 조화의 원리를 이해하는 것은 어렵지 않다. 그러나 중도가 말하는 제3의 원리, 불이의 원리를 이해하는 것은 그렇게 간단하지 않다. 불이의 원리란 사물을 이분법으로 나누어 이것과 이것 아닌 것 중 어느 하나만 옳다고 거기에 매달리지 말라는 것을 뜻한다. 말을 하는 것은 쉽지만 잘 생각해 보면 '불이의 원리'속에 담긴 논리적 구조가 형식논리에 맞지 않는다. 영원한 삶[常住]과 죽으면 그것으로 그만이라는 생각[斷滅], 또 선과 악과 개념에 이르면, 이들 개념은 서로 양립할 수 없는 개념인데 이 둘 중 하나를 택하지 않는다면 무엇을 어떻게 하라는 것인지 혼란스럽기 때문이다.

불이의 원리는 머리로 이해하기보다는 직관적으로 깨쳐야 한다. 이치는 그렇지만 '깨침'이 없는 보통 사람들로서는 불이의 원리를 머리로 이해하려고 노력하는 수밖에 없다. 불이의 원리를 이해하기 위한 준비로서 먼저 중국의 사상가 장자가 하는 애기를 들어보자. 논리학자인 혜시(惠施, BCE 370?~BCE 310?)가 장자에게 말하기를 "당신의 말은 크지만 쓸모가 없다"고 하니 장자는 다음과 같이 말한다.

"쓸모없는 것을 알아야 비로소 쓸모 있는 것을 논할 수 있을 것이다. 당신이 넓은 황야를 걸어간다고 하자. 땅은 더없이 넓고 크지만 당신에게 필요한 것은 발을 딛는 부분일 뿐이다. 나머지 부분은 직접적으로 필요 없는 부분이다. 그렇다고 해서 필요 없는 부분을 파버린다면 까마득한 절벽 위에 발 딛는 부분만 남아 있게 될 것이다. 이래도 쓸모 있는 것과 쓸모없는 것으로 나누어 생각하겠는가? 쓸모 있는 것이 쓸모 있으려면 쓸모없는 것이 있어야 하는 것이다."[201]

혜시의 생각은 본질적으로 그리스의 파르메니데스의 생각과 다를 바가 없다. 파르메니데스는 사물을 이분법적으로 '있는 것'과 '없는 것'으로 나누고, '없는 것'은 없으므로 사유의 대상조차 될 수 없다고 하였는데 혜시도 같은 생각이다. 혜시도 사물을 이분법적으로 나누어 '쓸모 있는 것'과 '쓸모없는 것'으로 나누어 보고 있다. 사물을 이렇게 '쓸모 있는 것'과 '쓸모없는 것'으로 나누어 생각한다는 것은 '쓸모 있는 것'은 다른 것과의 관계를 떠나 항상 '쓸모 있는 것'이고 '쓸모없는 것'은 항상 '쓸모없는 것'으로 규정한다는 것을 뜻한다. 장자는 사물이 그렇게 독립적이고 독자적인 특성을 갖는 것이 아니라 항상 다른 것과의 관계를 통해서만 의미를 갖는다는 말을 하고 있다. 이 생각을 연장하면 사물 자체에 어떤 의미가 있는 것이 아니라 의미가 있는 것은 사물 간의 관계라는 것을 뜻한다. 사물을 관계론적으로 본다는 면에서 장자는 연기법의 울타리 안에 발을 들여놓은 사람이라고 할 수 있다. 장자처럼 사물을 이분법적으로 보지 말고 사물 간의 관계를 살피고 사물 전체를 보아야 한다는 것은 연기법에서 이끌어 낼 수 있는 원리 중 하나이다. 불교에서는 이 원리를 불이의 원리라고 부른다.

불이의 원리를 처음 말한 것은 물론 붓다이다. 붓다가 존재도 비존재도 다 하나의 극단이기 때문에 여래는 존재-비존재의 극단을 떠나 중도를 취한다고 함으로써 바로 중도가 불이의 원리임을 말했다. 경전과

---

[201] 《장자》의 잡편·외물 편에 나오는 내용을 다시 한번 쉽게 풀이한 것이다.

논서는 곳곳에서 불이의 원리를 말한다. 《유마경》에서는 불이법문이라고 하여 31명의 보살이 나와 참과 거짓, 선과 악, 생사와 열반, 지혜와 무명 등 31가지의 대립되는 개념들을 열거하고 깨달음이란 이런 이분법적 사고에서 벗어난 절대 평등의 경지에 이르는 것이라고 하였으며, 제2의 부처라고 하는 용수도 여덟 가지 대립되는 개념들을 둘씩 짝을 지워 팔불중도(八不中道)를 말하면서 사물의 이치가 모두 이 팔불중도에 들어 있다고 주장하였다. 팔불중도란 다음과 같다.

불생역불멸(不生亦不滅): 새롭게 생겨나지도 않고 완전히 소멸하여 없어지지도 않으며
불상역부단(不常亦不斷): 상주불멸도 아니지만 단멸도 아니다.
불일역불이(不一亦不異): 동일하지도 다르지도 않으며
불래역불거(不來亦不去): 오지도 않고 가지도 않는다.

팔불중도는 연기의 이치를 짧게 설명한 것이다. 모든 것은 상호의존적이며 인연조건에 의해 존재하는 것이므로 없던 것이 새롭게 태어나는 것이 아니다. 그래서 '불생역불멸'이라고 하며, 인연이 다하면 존재하는 것으로 보이던 것이 사라지지만 이것은 새로운 인연을 통해 새로운 것이 형성될 뿐 영원히 없어지는 것이 아니다. 그래서 '불상역부단'이라고 한다. 그리고 '정신과 물질' 및 '있음과 없음' 등, 세상사를 이분법적으로 나누어 보면, 이것들은 분명히 다르지만, 이중성과 상보성에서 보듯이 더 깊이 있게 살펴보면 이들은 한 뿌리에서 나온 것으로 다르다고 할 수도 없다. 이것이 불일역불이의 뜻이다. 용수가 불일역불이라고 한 것은 파울리가 조심스럽게 "물리적인 것(physis)과 정신적인 것(psyche)이 동일한 실재의 상보적인 측면이라면 가장 만족스러울 것이

다"[202]라고 한 말을 적극적으로 표현한 것이라고 보아도 좋을 것이다. 불래역불거(不來亦不去)은, 용수의 설명에 의하면, 만물은 자재천이나 기타 불변의 요소에서 온 것이 아니기 때문에 "온 데가 없다"고, 하는 것이고 온 데가 없으니 그리로 가는 것도 아니기 때문에 불거(不去)라고 한다고 하였다. 이것은 제일원인을 부정하는 것으로서 연기의 이치를 달리 표현한 것이다.

팔불중도 하나하나는 연기법이 말하는 실재성의 의미를 부분적으로 설명하고 있지만 전체를 놓고 보면 동일성과 연속성의 문제에 대한 불교의 관점을 명확하게 나타내고 있다. 연기법에 의하면 이 세상 모든 것은 사건과 과정으로 이루어졌다. 따라서 이 세상 어느 것에도 동일성은 없다. 동일성은 없지만 인과적으로 연결된 사건의 흐름 또한 끝날 수가 없다. 이것을 삶과 죽음의 문제와 결부시키면 동일성이 없으니 무아요 사건의 흐름은 끝나지 않으니 이것을 가리켜 윤회라고 부르는 것이다.

지금까지 설명한 바와 같이 사물의 실상은 하나이되 사람의 사물 인식방법에 따라 사물은 여러 가지 모습으로 나타난다는 것이 중도의 이치다. 그래서 사물을 볼 때는 부분을 보지 말고 전체를 보라는 것이 중도의 원리가 강조하는 바다. 이제 '있음'과 '없음'에 대한 중도의 이치를 살펴보자. 있음-없음의 중도는 불이의 원리에 속한다고 할 수 있지만 이를 별도로 특별히 취급하는 것은 우리 눈앞에 전개된 사물들이 너무 생생하게 살아서 움직이는 존재들이기 때문이다. 불교에서 아무리 공과 무아를 강조해도 사람들이 이를 실감하지 못하기 때문에 있음-없음의 문제를 특별히 생각해보는 것이다. 중관학을 세운 용수도 있음과 없음의 문제를 팔불중도에서 말하지 않고 별도의 항목에서 다루었다. 그만

---

202 각주 172번 참조

큼 있음-없음의 문제는 중요한 것이다.

3) 삼제게와 원융삼제

제4장에서 이미 소개한 바이지만 용수의 삼제게(三諦偈)를 다시 써놓고 얘기를 시작하자.

> "나는 인연에 따라 생기는 것을 공이라 하네, 그것은 가명이며 또한 중도이네."

사물에 실체가 없어 '공'이라고 하지만 현상적으로 전개된 세상 사물을 부정할 수는 없다. 그래서 물리학자 휠러는 다음과 같은 말을 하였다.[203]

> "저는 이 세계가 인간이 만들어낸 허구일지도 모른다고 생각하다가도, 외부세계는 우리와 상관없이 존재한다는 생각에 빠지기도 합니다. 그러나 저는 다음과 같은 라이프니츠의 생각에 완전히 동의합니다."

현상적인 측면에서 보아 긍정하는 것이다. 그리고 모든 현상은 실체 없이 임시적으로 존재하고 있어서 '공'과 '가'의 진리를 포용하면서도 초월한다는 것이 '중(中)'이다. 후대의 불교학자인 중국의 천태지의(天台智顗, 538~597)와 신라의 원효(元曉, 617~686)는 결국 공가중(空假中)의 셋

---

[203] 미치오 카쿠 지음, 박병철 옮김, 《평행우주》, 김영사, 2006, p.276.

은 같은 것을 다른 관점에서 보고 보는 관점에 따라 이름을 달리 붙인 것이라고 보았다. 공가중의 각각으로 설명하는 명제를 같은 것의 다른 표현이라고 보는 것을 원융삼제(圓融三諦)라고 한다.

(1) 존재: 가유(假有)

실재성의 문제를 깊이 있게 파고든 것은 용수 이후의 대승불교이지만 부파불교의 장로 나가세나(那先, Nāgasena, BCE 150년경)가 이 문제를 쉽게 설명하고 있다. 《밀린다왕문경》에서 메난드로스왕은 장로 나가세나에게 일체 사물에 실체가 없다는 것에 대해 이렇게 묻는다. "독립적으로 존재하는 개체가 없다면 우리 눈에 보이는 것은 무엇이란 말인가? 그리고 기쁨이나 슬픔 등 여러 가지 감정을 갖고 느끼는 존재인 '나'는 무엇이며 누구인가?" 이 물음에 대해 나가세나는 임금이 타고 온 마차를 예로 들어 설명하면서 이 물음에 답한다.

마차라는 것은 나무막대, 굴대, 바퀴, 못 등 여러 가지 부품들이 적절하게 결합하여 이루어진 것으로서 이들 부품이 해체되면 마차라는 것은 존재하지 않는다. 부품들의 특별한 결합에 대해 마차라는 이름을 붙이고 의미를 부여했기 때문에 마차라는 존재가 생긴 것이다. 마차라고 이름 붙인 그 물건은 본래적인 존재가 아니다. 부품들이 흩어지면 마차라는 존재는 사라진다. 똑같은 부품을 달리 조합하면 그때그때 다른 존재가 생겨나고 사람들은 그 존재에 의미를 부여하고 다른 이름을 붙인다. 마차를 해체하여 나무를 잘라 의자와 책상을 만들고 나머지 재료를 가지고 물레방아를 만들 수 있다. 그러면 이 때 사람들은 거기에 의자와 책상과 물레방아가 존재한다고 말한다. 마차든 의자든 그것이 무엇이든 사람이 거기에 의미를 부여하고 이름을 붙였기 때문에 그런 것이 존재하는 것이다. 의자라는 것은 사람이 앉는다는 의미와 기능을 부여하고 이름을 붙였기 때문에 의자인 것이다. 즉, 의자라는 것은 잠정적으로 그렇게 존재하는 가립(假立)된 존재, 가유(假有)일 뿐이다. 물론 마차를 구성하는 요소들도 본래적인 존재가 아니라 다른 것들의 인연조합에 의해 구성된 일시적인 존재다. 다른 것들과의 관계를 떠나 존재하는 것은 아무것도 없다.

나가세나가 한 말은 제5장을 시작하면서 소개한 물리학자 블래트코 베드럴이 한 말과 내용적으로 똑같다. 베드럴이 한 말을 여기에 옮겨놓고 두 사람이 한 말을 비교해보자.

"전자라는 것도 다른 것과의 상호작용을 통해 어떤 특정한 행동을 기술하는 어떤 명칭이다. … 불교에서 얘기하듯이 우리는 그 물체와 그 물체가 가지는 어떤 성질을 혼돈해서는 안 된다. 우리가 이름을 붙였다고 해서 그것이 실제로 존재한다고 할 수는 없다. 양자 물리학은 그러한 점에서 불교에서 말하는 공(空, emptiness)의 개념과 크게 일치하는 점이 있다."

원융삼제의 이치를 아무리 말로 자세히 설명하더라도 본질적으로 '없음〔空〕'인데, 거기에서 사람이 의미를 부여하고 이름을 붙였기 때문에 '있음〔假〕'의 현상이 나타난다고 하는 것을 받아들이기 힘들 것이다. 그렇다면 뉴턴 역학에서 말하는 힘(force)의 의미를 살펴보면 '가'의 의미를 이해하고 원융삼제의 의미를 이해하는 데 도움이 될 것이다. 《금강경》에 이런 구절이 있다.

"모든 유위법(有爲法)은 꿈과 같고 환(幻)과 같으며 거품과 같고 그림자와 같으며 이슬과 같고 번개와 같나니 마땅히 이와 같이 관할

지니라."

이 구절은 보통 사람이 받아들이거나 이해하기엔 어려울 것이다. 우리 눈에는 모든 사물이 외계에 객관적으로 존재하는 것처럼 보이기 때문이다. 그러나 《금강경》의 가르침이 사실임을 실감 나게 보여주는 것이 있으니 그것은 뉴턴의 고전역학이다. 뉴턴역학의 핵심적인 개념인 '힘(Force)'이 사실은 가유(假有)에 불과하기 때문이다. 나가세나가 말한 것처럼 어떤 것에 의미를 부여하고 이름을 붙였기 때문에 힘이라는 개념이 생긴 것이다. 그런데 이 명칭에 불과하고 단지 하나의 개념에 불과한 '힘'이 우리가 잘 아는 바와 같이 어마어마한 위력을 발휘하게 된다. 어떤 힘을 발휘했는지 살펴보자.

(2) 가유의 위력

뉴턴역학의 핵심적 개념인 '힘'은 운동량의 시간적 변화율로 정의된다. 질량이 일정한 물체라면 운동량의 시간적 변화율을 질량과 가속도의 곱으로 쓸 수 있다. 그래서 보통 힘을 질량과 가속도의 곱으로 정의하기도 한다. 일상경험 세계에서 볼 때 질량과 가속도는 각각 잘 정의된 물리량이다. 따라서 '힘' 역시 잘 정의된 물리량으로서 어떤 물리적 실재가 있어서 '힘'이라는 속성을 갖는 것처럼 보인다. 그러나 자연을 기술하기 위해서 '힘'이라는 개념이 꼭 필요한 것이 아니다. 미시의 세계를 기술하는 양자역학에서는 '힘'이라는 개념을 아예 사용하지 않는다. 불확정성원리에 따라 '힘'을 정의하는 데 필요한 위치와 운동량과 같은 물리량들이 미시의 세계에서는 그 의미가 모호해지기 때문이다. 거시세계를 기술하는 아인슈타인의 일반상대성이론에서도 힘이라는 개념이 존재하지 않는다. 일반상대성이론에서 '힘'을 대신하는 개념은 시공간이 갖는 기하학적 구조이다. '힘'이라는 개념이 필요 없다면 '힘'은 물리적 실재를 반영하는 물리량일 수가 없을 것이다. 관점을 바꾸어 보면 '힘'이라는 개념은 그렇게 의미를 부여했기 때문에 존재하게 된 '가'에 해당한다. 존재하지 않는 유령도 의미를 부여하고 나면 큰 힘을 발휘하듯이 뉴턴역학에서 정의한 힘도 그렇게 정의했기 때문에 고전역학이 탄생한 것이다.

가립된 존재에 불과한 '힘'을 바탕으로 한 뉴턴역학은 자연현상을 너무나 정확하게 설명하여 사람들은 뉴턴의 고전역학을 자연의 질서 그 자체로 여겼다. 그냥 잘 설명하는 것으로 끝나는 것이 아니라 뉴턴역학은 그것을 아는 사람들에게 강력한 힘을 부여하였다. 서구 열강의 국력이 동양을 압도하게 만든 힘의 원천이 된 것이다.

과학이 없던 시절, 17세기까지는 동양이 서양보다 기술력에 있어서 여러모로 앞섰었다. 종이, 나침반, 화약, 인쇄술의 발명은 말할 것도 없고 인구의 수나 경제력에 있어서 동양의 국력이 서양보다 훨씬 컸었다. 당나라 현장(玄奘, 602~664)이 유학하던 시절, 서양에는 대학이라 할 만한 것이 없었으나 인도의 날란다(Nālandā) 대학의 인구는 일만 오천 명 정도였는데, 인도에는 이런 규모의 대학이 네 개나 있었다. 바다를 누비는 항해에서도 명나라 정화(鄭和, 1371~1434)의 선단은 선원의 수, 배의 수와 배의 크기 등 규모 면에서 서양의 항해가 콜럼버스(Christopher Columbus, 1451?~1506)나 바스쿠 다 가마(Vasco da Gama, 1469?~1524)의 함대보다 어림잡아 백 배쯤 컸다. 그런데 동양과 서양의 힘은 뉴턴역학이 나온 지 150년 만에 역전된다. 뉴턴역학을 바탕으로 한 서양의 과학 기술이 발휘하는 힘은 단순한 기술에 불과한 그전의 기술이 가진 힘과는 차원이 달랐던 것이다. 거대한 나라 인도는 이미 18세기에는 완전히 영국의 식민지가 되었고 1860년 북경조약에 이르면 중국도 유럽열강의 식민지나 마찬가지인 신세가 된다.

'힘'을 다른 개념으로 대치하여도 아무 문제가 없다는 것은《금강경》을 이해하는 데 큰 도움을 준다. 눈앞에 전개된 생생한 사물도 다 가립 된 존재인 것이다.

물과 파도가 둘이 아니듯이 사물의 본질적 측면인 공(空)과 현상적 측면인 가(假)가 다르지 않다는 것이 용수가 말하는 중(中)이다. 공가중이 같다는 말은 바로 색이 공이며 공이 색이라는 것과 마찬가지다. 색즉시공 공즉시색이 바로 원융삼제를 뜻한다.

지금까지 살펴본 바와 같이 연기법은 과학이 결코 그것의 울타리를 벗어날 수 없고, 사물의 실재성을 공과 중도로써 설명하는 것은 양자역학의 관점과 조화를 이룬다고 볼 수 있다. 이런 뜻에서 불교는 아인슈타인이 말한 우주적 종교에 무척 가깝다고 할 수 있다. 그러나 그것을 인정한다고 하더라도 중도의 원리가 우리의 삶과 무슨 관계가 있고 우리가 어떻게 중도의 원리에 맞는 삶을 살아갈 수 있는지 그 실천적인 방법을 마련해주지 않는다면 공과 중도는 모두 공리공론에 불과할 것이다.

공사상은 앞서 말한 대로 인간이 영원한 행복을 얻을 수 있는 원리와 근거를 마련해준다는 면에서 영원한 행복을 찾는 사람이라면 꼭 알아야 할 사상이다. 중도 역시 우리에게 큰 지혜를 준다. 상대성의 원리는 우리가 너그러운 마음으로 남을 포용할 것을, 조화의 원리는 우리가 한쪽 극단에 치우치지 말고 균형 잡힌 삶을 살 것을, 불이의 원리는 사물의 부분을 보지 말고 전체를 볼 것을 가르친다. 그리고 붓다는 여기서 한 걸음 더 나아가 평화와 관용과 통찰력을 기르는 중도적 삶을 살려면 어떻게 살아야 하는지 구체적인 방법을 제시한다. 그 가르침이 팔정도의 수행이다. 팔정도의 가르침을 살펴보자.

8

팔정도: 중도의 길

붓다는 곳곳에서 전생의 일을 자주 얘기하는데, 석가모니 붓다는 전생 어느 한때 자신이 마하고빈다(Maha-Govinda)라는 바라문이었다는 사실을 기억하고 있었다. 그때 마하고빈다는 사람들에게 열반으로 이끄는 길을 가르치지 못하고 범천의 세상에 태어나는 법만을 가르쳤고, 마하고빈다 자신도 범천의 세상에 태어났다고 한다. 그때 마하고빈다는 팔정도를 몰랐기 때문에 그럴 수밖에 없었다. 그러나 마하고빈다가 깨달음을 얻어 붓다를 이룬 금생에서 석가모니 붓다는 사람들에게 열반에 이르는 길을 가르치는데, 그 길이 팔정도라고 한다.[204]

붓다는 깨달음에 이르는 여러 가지 방법을 말했는데 이를 정리하여 37도품(道品)이라고 한다.[205] 37도품 중 붓다가 가장 많이 언급한 수행법이 팔정도이다. 초기 경전에는 붓다가 팔정도의 수행을 강조하면서 "중

---

204 《디가니까야》 19 〈마하고빈다경〉

205 37도품은 4념처(四念處, 四念住)·4정근(四正勤, 四正斷)·4신족(四神足, 四如意足)·5근(五根)·5력(五力)·7각지(七覺支, 七覺分)·8정도(八正道)의 37가지 선법(善法) 또는 수행법을 말한다.

도는 팔정도이다"라고 설하는 대목이 많이 나온다. 물론 이 말이 팔정도만이 중도라는 뜻일 수는 없다. "여래는 극단을 버리고 중도를 취한다"는 형식의 표현도 많기 때문이다. 팔정도만이 중도는 아니지만 팔정도가 왜 중도인가 하는 것은 붓다의 설법에서 쉽게 알 수 있다. 그것은 팔정도가 두 가지 극단적인 삶을 피하고 조화로운 삶을 사는 방법을 제시하기 때문이다. 두 가지 극단적인 삶이란 하나는 감각적 쾌락에 탐착하는 것이고, 다른 하나는 스스로 괴롭히는 고행을 하는 것이다. 그러나 중도는 누구에게나 똑같은 것은 아니다. 출가자든 재가자든 궁극적으로는 같은 길을 걸어야 하겠지만, 세속 생활을 영위하는 재가자의 삶이 출가자의 삶과 같을 수는 없다. 예를 들면 물질을 대하는 태도와 같은 것이다. 붓다와 붓다의 제자들은 모두 출가자로서 물질을 멀리했지만 재가자들이 물질을 무조건 멀리하는 것은 중도가 아니다. 재가자는 가족을 부양할 의무가 있기 때문이다. 붓다도 그것을 인정했다. 붓다는 왕에게는 사람이 굶주리면 도를 닦을 마음이 없어지니 백성이 잘 살도록 선정을 베풀라고 권했고, 재가자들에게는 부귀영화를 누릴 방법을 말하고 저축의 중요성을 강조하였다. 붓다의 설법을 직접 들어보자.

> "재가자가 얻어야 할 네 가지 행복이 있다. 소유하는 행복, 재물을 누리는 행복, 빚 없는 행복, 비난받을 일이 없는 행복이다."[206]

> "가난은 세상의 괴로움이다. 가난한 자는 빚을 내어 살아가며 이로 인해 파멸의 길로 들어선다."[207]

---

206 《앙굿따라니까야》 A4:62, 〈빚없음 경(Anaṇaka-sutta)〉
207 《앙굿따라니까야》 A6:45, 〈빚경(Iṇa Sutta)〉

"재가자들은 이런 삶을 바란다. 적법한 수단으로 구한 재물을 쓰며 가족과 스승들과 더불어 편안한 삶을 오래도록 누리리라. 이는 바람직하고 즐겁고 매력적이지만 노력 없이는 이룰 수 없도다. 이것들을 얻기 위해서는 네 가지 조건이 있다. 그것은 믿음, 계행, 베풂, 지혜를 갖추는 것이다"[208]

붓다가 말하는 중도의 길은 재가자의 경우 세속에서 부귀영화를 누리되 거기에 탐착하지 말고, 그 목적을 바르게 실천하고, 자비와 지혜를 실천하는 보살정신으로 살라는 뜻이다. 팔정도는 출가자에게도 중요하지만 세속의 삶을 살면서 구도의 길을 걷는 재가자에게도 꼭 필요한 수행법이다.

팔정도는 불교의 상징과 같은 것이지만, 대승불교에서 강조하는 수행법은 팔정도보다는 육바라밀이다. 우리나라의 불교가 대승불교이고, 대승불교는 올바른 종교라면 마땅히 따라야 할 이상적인 인간상인 보살상을 만든 훌륭한 종교이다. 그리고 육바라밀과 팔정도는 내용적으로 사실상 같은 수행법이다. 그럼에도 불구하고 여기서 중도적 삶을 살기 위한 수행법으로서 육바라밀보다는 팔정도를 얘기하려고 하는데, 그것은 재가자에게는 팔정도가 친숙하기 때문이다. 그리고 또 한 가지 특별한 이유가 있는데 그것은 팔정도에서 정념(sammā-sati)의 중요성을 말하고 있기 때문이다. 영국 출신의 저명한 불교학자 에드워드 콘즈(Edward Conze, 1904~1979) 같은 이가 다음과 같이 말할 정도로 정념은 중요한 개념이다.

"모든 반찬에는 소금이 필요하고 모든 국가 행정에는 수상이 참가

---

208 《앙굿따라니까야》 A4:61, 〈합리적인 행위경(Pattakamma sutta)〉

하듯이, 정념은 어디에나 필요한 것이다. … 불교와 여타의 모든 사고체계를 구별하는 것이 무엇이냐고 질문한다면 그것은 다르마 이론과 정념을 강조하는 데 있다고 말할 것이다. … 때로는 그것이 불교자체와 거의 동일시 된다."[209]

정념 수행 없이는 불교의 선을 말할 수 없을 뿐만 아니라, 정념 수행은 그 수행을 통해 일반 재가자가 일상적인 삶을 사는 가운데서도 큰 도움을 받을 수 있는 수행법이다. 이런 이유로 여기서는 육바라밀 대신 팔정도를 얘기하려고 한다. 팔정도의 의미와 그 수행의 효과에 대해서는 계·정·혜의 세 가지 그룹으로 나누어 설명할 것이다.

1) 혜: 정견·정사유

팔정도를 다음과 같이 계·정·혜로 분류할 수 있다.

계=정어·정업·정명, 정 =정정진·정념·정정, 혜=정견·정사유

계 → 정 → 혜로 이어지는 수행과 그 결과의 순서와 팔정도의 순서가 맞지 않는 것처럼 보인다. 아직 수행이 없는데 어떻게 바른 견해와 바른 생각을 가질 수 있겠는가 하는 의문이 드는 것은 당연한 일이다. 그러나 팔정도의 순서에서 정견과 정사유가 먼저 오는 것은 그래야 할 필요가 있기 때문이다. 그 이유는 믿음 때문이다. 믿음이 없으면 계를 지킬

---

209 에드워드 콘즈 지음, 안성두, 주민황 옮김, 《인도불교사상사》, 민족사, 1988, p.54.

리 없고 계를 지키지 않고서는 올바른 선정에 들 수 없기 때문이다.

붓다의 가르침대로 살려면 붓다의 체험이 진실이고 붓다의 가르침이 옳다는 믿음이 있어야 한다. 붓다와 같은 체험이 없고 지혜가 없는 우리로서 오늘날 우리가 붓다의 설법을 듣고 검증할 수 있는 최선의 방법은 과학의 도움이다. 과학적인 검증을 통해 붓다의 가르침이 옳다는 판단이 서면 우리는 붓다의 견해와 생각을 믿고 깨달음의 길로 나아가야 한다. 가벼운 믿음은 먼저 불교 교리를 접하고서 과학적이고 이성적인 판단을 통해 붓다의 가르침이 옳다는 결론을 얻을 때 온다. 이 믿음에 따라 불교 교리를 보다 깊이 있게 이해하고 실천함으로써 편안함과 즐거움을 얻게 된다. 그러면 믿음이 더욱 깊어지고, 진리를 가르친 분에 대한 존경심이 생긴다. 붓다에 대한 존경심이 커지면 더욱 깊은 수행을 하게 되고 마침내 체험을 통해 붓다가 가르친 바를 검증하게 된다. 이때 흔들리지 않는 믿음이 생기고 수행에 매진하게 될 것이다. 모든 과학이론이 어떤 가정에서 출발하는 것처럼 불교 수행도 붓다의 체험이 진리라는 믿음에서 출발한다. 그래서 팔정도에 혜가 먼저 나오는 것이다. 무엇이 올바른 견해이고 무엇이 바른 생각인지 붓다의 설법을 들어보자.[210]

"괴로움에 대한 지혜, 괴로움의 발생에 대한 지혜, 괴로움의 소멸에 대한 지혜, 괴로움의 소멸로 이끄는 도(道)닦음의 지혜를 알면 이를 올바른 견해라고 한다."

---

210 《쌍윳따니까야》 45:8 〈분별의 경(Vibhaṅga sutta)〉 여기에 팔정도의 각 항목 하나하나에 대한 설명이 있다.

(1) 정견: 사성제와 믿음

무엇이 바른길인지 아는 것이 정견이지만 마지막으로 알아야 할 것은 연기법과 사성제다. 아무리 뛰어난 현자라도 연기법을 모르고 사성제를 모르면 그의 지혜는 아직 완전하다고 할 수 없다는 것이 붓다의 깨달음이요, 가르침이다. 연기법이 사물의 참모습을 이론적으로 설명한 것이라면 사성제란 이론으로서의 연기법을 현실의 삶 속에서 어떻게 받아들이고 바르게 살아갈 것이냐에 대한 실천적 법문이라고 할 수 있다. 이런 뜻에서 사성제를 불교 교리 가운데서 제일 중요하다고 말할 수 있다.

"인생은 괴로움"이라고 선언하는 것을 고성제(苦聖諦), "괴로움의 원인"을 말하는 것을 집성제(集聖諦), "괴로움에서 벗어날 수 있다"고 말하는 것을 멸성제(滅聖諦), "괴로움에서 벗어나는 방법"을 말하는 것을 도성제(道聖諦)라고 한다. 이 중에서 가장 먼저 알아야 할 것이 고성제인데, 보통 사람은 인생이 '고'라는 말에 동의하지 않는다. 삶에는 희로애락이 있기 마련이고 그 가운데서 삶의 의미를 찾고 즐기는 것이지 삶을 괴로움이라고 선언하면 삶을 부정하는 것이 아닌가? 삶을 부정하고서 어쩌자는 것인가? 이런 것이 고성제를 접할 때 보통 사람들이 갖는 생각이다. 그럴 수밖에 없을 것이다. 꿈속에 있는 사람은 자신이 꿈을 꾸고 있다는 사실을 모르는 것처럼 매트릭스(유위)에 갇힌 사람은 자신이 매트릭스에 갇힌 줄 모른다. 아무리 생각해봐도 삶이 괴롭지 않은데 어떻게 고성제를 정견으로 인정하고 붓다의 가르침에 따라 팔정도를 수행하면서 살아가겠는가? 여기서 믿음이 필요한 것이다.

붓다가 고를 말할 때는 보통 무상·고·무아를 함께 말한다. 무아는 대승불교에서 말하는 공을 뜻하지만 무상·고·무아를 함께 말할 때 무아는 보통 '자아가 없음'을 뜻한다. 제1장에서 이미 자아는 하나의 과정일 뿐 거기에 어떤 고정된 실체가 없다는 것을 설명하였는데, 이 사실은 마음을 연구하는 모든 과학자들이 하나같이 말하는 바다. 하버드 대학교의 심리학자이자 언어학자인 스티븐 핑커(Steven Pinker, 1954~) 같은 이는 "통제실에 앉아 모든 장면을 스캔하고 근육의 움직임을 통제하는 '나'라는 것은 환상이다"고 말하고 있으며 물리학적 관점에서 마음을 연구하고 《마음의 미래》라는 책을 쓴 물리학자 미치오 카쿠는 이 책에서 "모든 결정을 연속적으로 내리는 '나'라는 존재감은 잠재의식이 만들어낸 환영이다"라고 말하고 있다.[211] 이들의 생각은 다른 뇌신경 과학자들도 동의하고 있다. 조지프 르두(Joseph LeDoux, 1949~)와 같은 신경과학자는 시냅스가 자아라고 주장하는데,[212] 이 말은 자아라는 실체가 없다는 말과 같은 말이다. 시냅스는 신경세포와 신경세포의 연결부위를 말하는데 시냅스에는 주재자라고 할 만한 것이 없으며 시냅스는 늘 바뀌고 있다. 여기서 우리는 자아라고 할 만한 것이 어디에도 없음을 알 수 있다. 연기법이 옳다면 당연히 그래야 한다. 일체의 사물은 무상하며 실체가 없어야 한다. 현대의 과학은 그것이 물질과학이든 생물학이든 기초학문은 하나의 예외도 없이 연기법과 어긋나지 않는다.

붓다가 설한 연기법과 연기법이 뜻하는 모든 것이 과학적으로 뒷받침된다는 것을 안다면 삶이 괴롭지 않더라도 고성제를 일단 받아들이고 믿는 것이 불교 수행의 첫걸음이다. 일단 믿고 고성제를 다시 생각해 보면 본인은 삶이 괴롭다는 느낌을 가져본 적이 없더라도 붓다가 고성제를 말한 이유를 이해하게 되고 여기서 붓다의 가르침을 따라야겠다는 생각이 강해질 것이다. 그때부터 불법 수행을 시작하게 될 것이다. 붓다

211 미치오 카쿠 지음, 박병철 옮김, 《마음의 미래》, 김영사, 2015, p.61.
212 조지프 르두 지음, 강봉균 옮김, 《시냅스와 자아》, 동녘출판사, 2005

가 무상·고·무아를 설할 때는 거의 대부분 이런 형식을 취한다. "무상한 것은 고이며, 괴로운 것은 내가 아니며 나의 것이 아니다." 이것에 대한 해석은 대체로 이런 식이다. "사람은 원하거나 사랑하는 것을 영원히 갖고 싶으나 일체가 무상하기 때문에 그것은 결국 사라지게 마련이다. 그 때문에 사람은 괴로움을 느낀다." 그러나 붓다의 설법에는 그 이상 깊은 뜻이 있다. 마음의 작동원리를 알면 무상·고·무아를 말하는 붓다의 뜻을 알 수 있다.

사람은 언어로 생각하고 언어를 통해 세상을 본다. 그것은 사람이 사물을 실체로 보는 한 피할 수 없는 일이다. 사물을 실체로 볼 때 사람은 여기서 상(相, nimitta)을 만들어낸다. 그리고 여기에 명칭을 붙인다. 명칭이 곧 상이요, 상이 곧 명칭이다. 어떤 대상에 한 번 명칭을 붙이고 그 대상을 무엇이라고 규정하는 순간 그 대상은 언어가 규정한 불변의 성질을 갖게 된다. 실재는 과정으로서 끊임없이 변화하는데도 불구하고, 편의상 과정의 한 토막에 이름을 붙이면 이 이름은 과정 전체에 따라다닌다. 여기서 모든 것은 불변의 존재가 되고 그것들은 사람을 지배한다. 결국 명칭이 사람의 마음을 조종하고 세상을 지배한다. 이 명칭들의 집합이 바로 유위이다. 유위는 사실 허망한 것이고 무상한 것이다. 유위는 가상현실과 원리적으로 아무런 차이가 없다. 붓다가 말하는 무상한 것은 유위이다. 유위는 우리의 마음이 조작해 낸 것으로서 그것은 실재하는 세계가 아니고 가상현실이다. 그것은 우리의 마음[行]이 만든 매트릭스다.

실재하지 않는 것을 실재인 줄 착각하고 사람이 그 속에서 희로애락을 느끼고 살아가니 그 사실을 깨닫고 매트릭스에서 벗어날 생각을 하라는 것이 고성제의 뜻이다. 《금강경》에서 그런 뜻으로 "모든 유위법은 꿈·허깨비·물거품·그림자·이슬·번개 같으니 이렇게 관할지라"라고 한 것이다. 초기 경전에서 붓다도 《금강경》과 같은 뜻의 설법을 편다.

> "명칭이 모든 것을 이기고 … 명칭이란 하나의 원리가 세상을 지배하네."[213]

> "오온(五蘊)은 행(行)이 지은 것이다."[214]

위에서 행(行, saṃskāra)은 유위를 조작해내는 마음의 작용을 뜻한다. 그릇된 관념을 만들어내고 관념이 조작해 낸 '상'에서 벗어나 자유로운 마음으로 살라는 것이 고성제라고 해석하고 이해하면 고성제를 가슴으로 느낄 수는 없을지라도 머리로 이해할 수는 있다. 고성제를 믿고 받아들이면 사성제의 나머지를 이해하고 받아들이는 것은 어렵지 않을 것이다. '고'란 불변의 실체가 아니라 여러 가지 인연 조건이 모여서 생겨난 잠정적인 것이라고 말해주는 것이 집성제(集聖諦)다. 집성제에서 집(集)은 '함께 모여서 일어난다'는 뜻이다. 멸성제는 고통의 소멸에 관한 진리를 말하고, 도성제는 고를 멸하는 길이 있다는 것을 말한다. 고는 여러 인연 조건이 모여서 생겨난 것이니 이 조건 중 하나를 없애버리면 '고'는 사라질 것이다. 고를 멸하는 방법이 여럿 있지만 붓다가 가장 자주 강조한 것이 바로 팔정도에 따라 불법을 수행하는 것이다. 이런 사실을 이해하고 붓다의 가르침이 옳다고 인정하면 그다음 순서는 가르침을 실천하는 것이다. 이것이 정견과 정사유가 팔정도의 맨 앞에 나온 이유다.

---

213 《쌍윳따니까야》 1:61

214 《잡아함경》 권10 〈260경(멸경)〉

(2) 정사유

사람은 생각에 따라 행동을 하고, 행동에 의해 삶의 형태와 질이 결정되는 것이니 사람의 행불행은 사람의 생각에 달려 있다고 할 수 있다. 올바른 생각이 무엇인지 붓다의 설법을 들어보자.

"그릇된 욕망을 벗어난 사유를 하고, 분노를 여읜 사유를 하고, 폭력을 여읜 사유를 하면 이것을 올바른 사유라고 한다."

정사유가 무엇인지 이해하는 것은 정견을 이해하는 것처럼 어렵지 않을 것이다. 그릇된 욕망이란 감각적 쾌락을 찾는 마음을 말한다. 감각적 쾌락에서 벗어난 생각을 하고, 분노와 폭력을 여읜 사유, 이것이 바른 생각이다. 이렇게 해석하고 이해하기는 쉽지만 실제로 바른 생각을 하기는 쉽지 않을 것이다. 마음에 떠오르는 생각이라는 것이 마음먹은 대로 되는 것이 아니기 때문이다. 오죽하면 복잡계를 설명하는 물리학책의 첫머리에 이런 말이 있겠는가.

"색욕이 일면 이성은 창문 밖으로 나가 버린다."[215]

마음이 그만큼 복잡하다는 뜻이다. 붓다도 깨달음을 얻은 후 감각적 쾌락에 탐닉하는 인간들은 자신이 깨달은 진리를 이해하지 못할 것이기 때문에 세상에 가르침을 베푸는 것을 망설였다. 마음이란 것이 참으로 복잡 미묘해서 옳다고 해서 따르게 되는 것도 아니고 그르다고 해서 그

---

215 하인즈 R. 페이겔스 지음, 구형모, 이해심, 이호연 옮김, 《이성의 꿈》, 범양사출판부, 1991, p.23.

만두게 되는 것도 아니다. 그렇기 때문에 훈련이 필요하다. 이 훈련이 바로 팔정도의 수행이다.

그릇된 욕망만큼 무서운 것이 분노고 폭력이다. 분노가 일면 사람은 그 마음을 제어할 수 없게 되고 이성은 멀리 달아나버린다. 폭력도 마찬가지다. 폭력을 행사하는 것만이 문제가 아니라 폭력이 마음속에서 사라지지 않으면 남과 나를 차별하는 생각이 마음을 지배하게 된다. 이렇게 되면 마음속에서 평화가 사라지고, 탐진치가 증장하게 된다. 그래서 모든 종교의 성인들이 사람들에게 가르치는 것은 마음속에서 증오를 없애고 용서를 하라는 것이다. 사랑과 자비와 관용과 용서는 모든 성인들이 하나같이 강조하는 바다. 마음속에 증오심을 품고 있어봤자 해를 입고 있는 것은 상대방이 아니라 증오심을 품고 있는 사람 자신이다. 증오심을 품고 있으면 그에 상응하는 신경전달물질과 호르몬이 나와 더욱 짜증이 나게 하고 자신을 병들게 한다. 예를 들면 사람이 마음속에 분노와 증오심을 품고 있으면 노르에피네프린(norepinephrine)²¹⁶이라는 신경전달물질이 나오는데 이 물질은 활성산소를 발생시켜 몸에 염증이 생기게 하고 면역성을 떨어뜨린다. 자리이타라는 말이 있지만 남을 사랑하고 평등하게 대하는 것은 결국 자기 자신을 위한 것이다. 정사유도 결국 자기 자신을 위해서 하는 것이다. 행동을 하지 않더라도 생각하는 것만으로도 우리의 성격과 행동은 크게 바뀐다. 아주 사소한 생각에 의해서도 크게 바뀐다. 이 사실을 보여주는 좋은 실험이 있다.²¹⁷

지금은 예일 대학교에 있는 존 바그(John Bargh, 1955~) 박사가 뉴욕 대학에 있을 때 재미있는 실험을 하였다. 18~22세 정도의 학생들을 두

---

216 노르아드레날린(noradrenaline)이라고도 한다.

217 대니얼 카너먼 지음, 이진원 옮김, 《생각에 관한 생각》, 김영사 2012, 이 책에서 간접인용.

그룹으로 나누어 한쪽에는 Florida, forgetful, bald, gray, wrinkle와 같이 노인과 관련된 단어 5개를, 다른 한쪽에는 일반단어 5개를 주고, 학생들에게 5개의 단어 중 4개를 골라 무슨 문장이든 좋으니 문장을 작성하고, 문장을 작성한 다음에는 아래쪽 건물에 있는 사무실로 가도록 요청을 하였다. 그리고는 학생들 몰래 학생들이 사무실까지 가는 데 걸리는 시간을 재고 학생들의 동작을 몰래카메라로 찍었다. 그 뒤 찍은 사진을 동영상으로 틀어보니 두 그룹의 학생들이 사무실까지 가는 데 걸리는 시간과 가면서 취한 동작은 크게 달랐다. 노인과 관련된 단어로 문장을 작성한 학생들의 동작은 일반 단어로 작업한 학생들과 비교할 때 눈에 띄게 노인과 닮아 있었고 사무실까지 가는 데 걸린 시간도 훨씬 길었다. 본인들은 느끼지 못했지만 노인과 관련된 생각이 노인을 닮게 만든 것이다.

바그 교수는 이어서 high, a, salary, desk, paying이라는 단어를 가지고 위와 비슷한 실험을 하였다. 이 다섯 개의 단어들은 모두 돈이나 승진과 관련이 있는 단어들이다. 학생들이 문장을 만드느라 생각 중일 때 실험자가 연필을 한 묶음 들고 가다 실수를 한 것처럼 학생들 주위에 떨어트렸다. 일반 단어를 가지고 문장을 작성하라고 요청을 받은 학생들은 2/3 이상이 자기 근처에 떨어진 연필을 주어 실험자를 도와주었으나, 돈과 관련이 있는 단어로 작업 중이던 학생들은 실험자의 어려움을 도우려는 행동의 비율이 눈에 띄게 낮았다. 그리고 다시 이 학생들에게 의자 두 개를 주면서 작업을 마친 다음 다른 사람과 얘기를 나누어야 하니 의자를 적당히 배치하라고 요청을 하였다. 일반단어를 가지고 작업을 한 학생들은 대부분 자신과 대화할 자신이 앉을 의자와 상대가 앉을 의자의 거리를 80cm 정도 떨어지게 배치하였으나 돈이나 승진과 관련된 단어로 작업을 한 학생들은 대부분 두 의자의 거리를 120cm 이상 떨어지게 배치하였다. 돈과 관련이 있는 단어를 생각한 학생들은 남과 가까이 지내고 싶지 않은 심정을 드러낸 것이다. 그리고 이 학생들은 남과 협력하여 문제를 해결하거나 남의 도움을 받기보다는 혼자서 문제를 해결하려는 경향을 보였다.

존 바그 교수의 연구는 결국 실험이라 실제상황과는 다르다고 생각하는 사람도 있을 것이다. 그러면 실제 세상에서 사람의 가치관이 인생을 어떻게 만드는지 살펴보자. 이제 예로 들 두 사람은 러시아의 수학자 페렐만(Grigori Yakovlevich Perelman, 1966~)과 미국에서 활동 중인 어느 유명한 수학자 A이다. 수학자의 이름을 A라고 한 것은 이 수학자가 현재도 활동하는 수학자로서 그 사람의 명예와 관련된 얘기를 할 것이기에 실명을 쓸 수 없기 때문이다. 둘 다 천재적인 수학자로 두 사람 모두 필즈 메달[218]을 받았지만 그 삶의 질은 하늘과 땅만큼 차이가 난다. 그 차이를 만든 것은 바로 그들이 가진 생각이다.

그리고리 페렐만은 러시아의 수학자로서 16세인 1982년 국제 수학 올림피아드에 소련 대표로서 출전하여 만점으로 금메달을 받은 후 소련과 미국의 대학에서 박사학위를 받고 수학 연구를 하면서 뛰어난 능력을 보였다. 1995년 스탠퍼드 대학과 프린스턴 대학을 포함한 미국 유수 대학들의 교수 영입 요청을 거절하고, 러시아의 연구소에 낮은 보수를 받는 연구원 자리를 얻어 돌아갔다. 얼마 후 그는 연구원 자리도 그만두고 어머니를 모시고 숲속에서 가난하게 홀로 살면서 수학연구를 하였다. 러시아로 돌아간 지 7년이 지난 2002년 11월 페렐만은 푸앵카레 추측을 다루는 아주 중요한 논문을 발표하였다. 푸앵카레 추측은 1904년 프랑스의 수학자 앙리 푸앵카레에 의해 제기되었는데, 푸앵카레 추측

---

218 필즈 메달은 수학의 노벨상이라고 불리지만 4년마다 뛰어난 업적을 남긴 40세 미만의 수학자에게 주는 상으로 매년 3인에게 주는 노벨상보다 더 권위가 있는 상이라고 할 수 있다.

은 위상기하학에서 가장 유명한 문제로서, 많은 수학자들이 이 문제를 증명하려 노력했지만 페렐만의 논문이 나올 때까지 성공한 사람이 없었다. 이 문제는 미국 클레이 수학연구소에서 상금 100만 달러를 내건 중요한 문제였다. 2010년 3월 20일 미국 클레이 수학연구소는 페렐만이 상금 100만 달러의 수상자로 선정됐다고 발표했으나 페렐만은 수상을 거부하였다. 그리고 2011년에는 러시아 과학아카데미 정회원 추대를 거부하였다. 그전에 페렐만은 2006년 필즈 메달 수상자로 선정되었지만 거부한 일이 있었으니, 상금 100만 달러의 수상을 거부하고 과학아카데미의 정회원이 되기를 거부한 것이 이상할 것은 없다. 페렐만이 필즈 메달과 100만 달라의 상금 및 명예로운 지위를 거절한 것은 제도권에 들어오면 하고 싶지 않은 연구를 억지로 해야 하는 분위기가 싫어서라고 한다.

페렐만의 삶을 얘기할 때 사람들이 꼭 언급하는 또 한 사람의 천재 수학자가 있다. 그 천재 수학자는 미국 최고의 명문대학교 교수인 A이다. A는 학문적으로 큰 업적이 많아 오래전에 필즈 메달을 수상하였고 다른 상도 많이 받은 사람이다. 그는 미국의 유명 신문사에서 수학계의 황제라고 할 만큼 뛰어난 실력자인데 무엇이 부족한지 남의 업적을 가로채려다가 비난을 받을 정도로 지나치게 명성에 집착하는 사람이었다. 페렐만의 논문이 나오자 이번에도 A는 자신의 제자를 시켜 페렐만의 업적을 가로채려다가 크게 망신을 당하였고, 이 일로 인해 페렐만은 뛰어난 수학자의 도덕성 결여에 크게 실망하였다고 한다. 남의 업적을 가로채서 자신의 업적으로 삼는 데 성공하면 그것으로써 만족할 수 있는 것일까? 삶의 태도가 다른 두 천재 수학자 A와 페렐만의 삶을 비교하면 정사유의 의미를 이해하는 데 도움을 줄 것이다. A는 존 바그 교수의 두 번째 실험의 실제 상황이라고 해도 좋을 것이다. 돈과 명성과 권력을 좇는 마음이 그를 그렇게 만든 것이다.

페렐만과 A의 예가 아니더라도, 비록 범부와 붓다의 경지와 같은 차이는 아니지만. 어떤 이는 많은 재물을 가지고 높은 지위에 올랐으면서도 비굴하게 살고, 어떤 이는 간신히 입에 풀칠을 하고 사회적 지위가 보잘것없어도 품위 있고 자유롭게 사는 것을 우리 주위에서도 적지 않게 볼 수 있다. 고상하고 품위 있게 살고자 한다면 팔정도를 실행하는 것 말고 우리의 운명과 인격을 바꿀 길은 따로 없다. 바른 생각을 하고, 바른 말을 하고, 바른 행동을 하고, 바른 생각을 하는 것은 그 하나하나는 작은 것 같지만 그것이 쌓이면 범부를 부처로 만들고 번뇌하는 마음을 깨달음과 열반으로 이끈다.

바른 생각에서 바른말과 바른 행동이 나오는 것이지만 역으로 바른 말과 바른 행동을 함으로써 우리의 생각과 마음이 바뀌고 이것이 선순환함으로써 우리의 인격이 바뀐다. 마음을 훈련시키는 방법이 바로 계를 지키는 것이다.

2) 계: 정어·정업·정명

먼저 왜 계가 필요한지 붓다의 설명을 들어보자.

> "계를 통해서 청정해지는 것이 반야(般若, pañña)이고 반야에 의해 청정해지는 것이 계다. 계가 있는 곳에 반야가 있고 반야가 있는 곳에 계가 있다."[219]

---

219 《디가니까야》 4, 〈소나단다경(Soṇaḍaṇḍa Sutta)〉

"수행승들이여, 태양이 떠오를 때 그 선구이자 전조가 되는 것은 바로 새벽이다. 수행승들이여, 이와 같이 여덟 가지 고귀한 길(팔정도)이 생겨날 때 그 선구이자 전조가 되는 것은 계행을 지키는 것이다."[220]

붓다의 설명과 같이 바른 윤리 도덕의 실천 없이 마음의 평온은 없고 마음의 평온 없이 지혜는 없다. 사물을 바로 보는 지혜는 현세의 행복을 위해서도, 출세간의 행복을 위해서도 꼭 갖춰야 할 덕목이다. 그리고 이 지혜를 갖추기 위해서는 도덕적으로 청정한 삶을 사는 것이 필수다. 붓다는 바른말과 바른 행동 같은 고귀한 덕목들은 자신이 존귀한 존재인 줄 알고 자기를 사랑할 때 실천할 수 있는 것이라고 설한다.

"대왕이여, 어떤 사람이든 나쁜 행위를 하고 나쁜 말을 하며 나쁜 생각을 하면, 그들은 자기 자신을 사랑스러운 사람으로 대하지 않는 것입니다. 만약 그들이 자기가 자신을 사랑스럽게 여긴다 말하더라도 여전히 그들은 자신을 미워하는 사람처럼 대하는 것입니다. 왜냐하면 그들은 미워하는 사람들이 서로에게 행하는 것처럼 자신에게 행하기 때문입니다. 따라서 그들은 자신을 미워하는 사람으로 대하고 있는 것입니다. … 어떤 사람이든 착한 행위를 하고 착한 말을 하며 바른 생각을 하면 그들은 자기 자신을 사랑스러운 사람으로 대하는 것입니다. … 그들은 사랑하는 사람들이 서로에게 행하는 것처럼 자기 자신에게 행하기 때문입니다. 따라서 그들은 자기 자신을 사랑스러운 사람으로 대하는 것입니다."[221]

---

220 《쌍윳따니까야》 45 : 57 〈계행의 경〉
221 《쌍윳따니까야》 3 : 4 〈사랑스런 이의 경〉

뇌신경 과학자들도 붓다와 같은 말을 하고 있다.

"우리는 항상 우리 스스로의 편이 되어야 한다. … 깨달음의 길을
향해 나아간다면 일과 인간관계에서도 더욱 성공적으로 될 것이다.
… 자신의 발전을 위해 노력하는 것은 결코 이기적인 것이 아니다.
이는 우리 주변 사람에게도 도움이 되는 것이다."[222]

자기 자신을 귀한 존재로 여기고 자신을 사랑하며 품위 있게 행동하
는 것은 이기심과는 다른 것이며 자신의 발전을 위해 꼭 필요한 것이다.

(1) 정어

팔정도에서 말하는 바른말이 무엇인지 붓다는 다음과 같이 구체적
으로 설명한다.

"거짓말하지 않고, 이간질하지 않으며, 욕설하지 않고, 꾸며대는 말
을 하지 않으면 이것을 올바른 언어라고 한다."

생명 하나를 탄생시키기 위해서 온 우주가 공을 들였다. 뿐만 아니
라 우리의 몸이라는 것도 '나'라는 존재 하나의 몸이 아니라 약 100조 개
의 세포가 서로 협동하면서 공생하는 하나의 생태계이다. 우리의 몸속
에서 살아가는 이들 미생물의 도움 없이는 우리의 생명은 유지될 수 없
다. 그뿐만 아니다. 지구를 둘러싸고 있는 밴앨런대(Van Allen帶)라는 방

---

222 릭 핸슨, 리처드 멘디우스, 앞의 책, pp.38~39.

사능 차단막이 태양으로부터 나오는 해로운 입자들을 차단하지 않으면 지구상의 생명체들은 안전하게 살아갈 수 없다. 생명의 탄생을 위해서도, 그 생명을 유지하기 위해서도 온 우주가 공을 들이고 있는 셈이다. 그만큼 생명이라는 것은 고귀한 존재다. '나'라는 존재는 우주만큼 고귀한 존재다. 내가 고귀한 만큼 다른 생명체도 고귀한 존재다. 이 사실을 깨닫는다면 우리는 우리 자신을 사랑하지 않을 수 없고, 나를 사랑하는 것만큼 다른 존재를 존중해주지 않을 수 없을 것이다. 이것이 대승불교의 보살정신이다.

자신이 고귀한 존재임을 아는 사람은 자신을 사랑하지 않을 수 없을 것이다. 그리고 자신을 사랑하는 사람이라면 자존심을 갖지 않을 수 없을 것이다. 설령 붓다의 가르침을 모르고, 붓다가 말하는 열반을 모르는 사람일지라도 자존심이 있고, 자기를 사랑하는 사람이라면 거짓말, 이간질, 욕설, 꾸미는 말을 하지 않을 것이다. 이런 말들을 하게 되는 것은 모두 탐심에서 나온 것이며 품위 없는 짓임을 알기 때문이다. 자존심 있는 사람이 구걸을 할 수 없고 도둑질을 할 수 없는 것처럼 자존심 있는 사람이라면 자신의 이익을 위해 거짓말을 할 수 없을 것이다. 꾸미는 말도 마찬가지다. 상대방한테서 바라는 바가 없으면 무엇 때문에 꾸미는 말을 하겠는가? 꾸미는 말도 탐심에서 나온 것이고 자신의 품위를 떨어뜨리는 행위다.

이간질은 사람 간의 화합을 깨트리는 일이고 다른 사람을 해치는 일이다. 이간질을 하는 배후에는 다른 사람의 성공에 대한 질투심과 증오심이 깔려 있다. 증오심과 질투심을 갖고서는 세상을 편하게 살 수 없다. 이간질은 결국 남을 해치는 일이다. 잔인하고 사악한 마음 없이는 못 하는 일이다. 이간질은 자신의 마음과 인격을 저열한 상태로 끌어내리는 행위다. 이간질에 성공하여 상대방이 곤경에 처하고, 자기 뜻이 이루어져서 쾌감을 느낀다고 하더라도 이런 마음을 갖고서 사는 것 자체가 이미 지옥에 빠진 마음이다. 이런 저열한 마음으로는 진리를 찾을 수도 없고 현세에서 평화롭게 살 수도 없다. 붓다는 이간질하지 않는 것으로 그치지 말고 우정을 깊게 하고 화합을 증진시키는 말을 하도록 권장하고 있다.

욕설이나 험한 말은 상대방에게 상처를 준다. 이것은 폭력에 해당한다. 그런데 욕설이나 험한 말은 상대방에게만 상처를 주는 것이 아니다. 남을 향해 뱉은 욕설이나 험한 말에는 분노의 독소가 들어 있어 그 말을 입에 담은 사람의 마음에서 평화를 앗아가고 사랑이라는 고귀한 정신을 파괴시키기 때문에 험한 말을 한 당사자에게 더 해롭다. 말은 말한 것을 실체화시키는 힘이 있다. "짜증 나"하고 말을 하면 우리의 두뇌는 정말 짜증이 나도록 스트레스 물질을 온 몸에 뿌리고, "당신은 아름다워. 사랑해"하고 긍정적인 말을 하면 행복의 물질인 도파민, 세로토닌, 옥시토신과 같은 호르몬이 분비된다. 뇌는 귀로 들어온 말이 거짓이든 진실이든 상관하지 않는다. 뇌는 현실과 언어를 구별하지 못하기 때문에 들은 대로 반응한다. 좋은 말이든 나쁜 말이든 입버릇처럼 하는 말은 우리의 자율신경계에 기록되고, 우리의 뇌는 들은 대로 실현하려고 한다.

우정을 깊게 하고 화합을 증진시키는 말을 하면 말과 마음이 서로 상호작용을 하여 우리의 마음은 더욱 따뜻해지고 따뜻해진 마음은 더욱 다정한 말을 하게 된다. 이런 상호작용이 반복되면 우리의 마음이 근본적으로 바뀌게 되고 인격도 바뀌게 된다. 거짓말과 이간질 하는 말을 반복하면 우리의 마음은 그런 말을 하는 저열한 인간으로 바뀌게 된다. 욕설이나 험한 말을 하면 우리의 인격은 난폭하고 거친 사람으로 바뀌게 마련이다. 저열하고 난폭한 마음으로는 선정에 들 수 없고 선정에 들지 못하면 지혜가 싹틀 수 없다. 그래서 붓다는 고상하고 평온한 마음을 갖도록 바른말을 강조하는 것이다.

(2) 정업

정업(正業)은 바른 행동을 뜻한다. 마음과 말과 행동은 분리할 수 없는 것이다. 거친 말을 하는 사람의 마음은 거칠어질 수밖에 없고 마음이 거친 사람은 그 행동이 거칠게 마련이다. 그런데 거친 마음의 소유자라 할지라도 꾸준히 노력하면 그 마음을 순하고 평화롭게 만들 수 있다. 마음의 바탕이 거친 사람도 반복해서 곱고 부드러운 말을 하고 거친 행동을 삼가면 그 마음이 곱고 부드러운 마음으로 바뀔 수 있다. 그래서 붓다는 불자들에게 다음과 같은 행위를 하지 말고 바른 행위를 하라고 가르쳤다.

"살아 있는 생명을 해치지 않고, 도둑질하지 않고, 삿된 음행을 하지 않으면 이것을 바른 행동이라고 한다."

바른 마음을 가지고 바르게 살겠다고 결심한 사람이라면 생명을 해치고 도둑질을 하며 음행을 하지 않아야 하는 것은 당연한 일이다. 살도음을 행하지 않는 것만으로도 악행을 하지 않았다고 할 수는 있지만 그것만으로써 바른 행동이라고 할 수는 없다. 불살생이라면 단순히 살생을 하지 않는다는 소극적인 자세를 벗어나 생명을 가진 모든 것의 이익과 행복을 위해 노력해야 할 것이다. 도둑질을 하지 않는다는 것과 음행을 하지 않는다는 것도 마찬가지다. 소극적인 자세에서 벗어나 적극적으로 남의 재산과 권리를 존중해주고 곤경에 처한 자와 약자를 돕는 행위라야 바른 행위라고 할 수 있다. 이렇게 적극적인 자세로 바른 행위를 해야 거기에 감응하여 마음도 고귀한 상태에 이를 것이다.

말과 행동과 마음은 연결된 것이다. 행동이 마음에 미치는 영향이 말보다 크다는 차이가 있긴 하지만 행동의 효과도 결국 말의 효과와 같다. 위에서 바른말과 거친 말이 마음에 미치는 효과에 대해 상세히 설명을 하였으므로 여기서는 더 이상 난폭한 행동이 마음에 미치는 영향에 대해서 설명할 필요가 없을 것이다. 대신 거친 행동을 한 사람들과 따스하고 온정 있는 행동을 한 사람의 실례를 들어보겠다.

불교에서는 생명이 있는 모든 것을 유정(有情, sattva)이라고 한다. 유정이란 느낌이 있는 존재란 뜻이다. 불교 수행자들 가운데는 식물과 동물을 가리지 않고 모든 생명체를 똑같이 소중하게 여긴 사람들이 있지만 식물에게도 마음이 있고 느낌이 있는지는 현재로선 과학자들이 확신을 갖고 말할 수 있는 문제가 아니다.[223] 왜냐하면 쌀이나 밀과 같은 곡물을 비롯하여 과일이나 채소처럼 사람이 식용으로 기르는 모든 식물은 자신이 번성하도록 사람을 부려 일을 시키고 그 대가로 자신의 몸을 지불한다. 배추나 상추와 같은 야채가 고통을 느낀다면 자신의 몸을 사람이 먹도록 내버려둘까? 아마 그냥 순순히 먹히지는 않을 것이다. 쉬운 문제는 아니지만 현재로선 대부분의 과학자들이 '느낌'은 신경에서 오는 것이라 본다. 여기서 일단 과학자들의 의견을 받아들이자.

그렇다면 유정의 생물학적 특성은 두뇌 또는 신경계를 가진 생명체라는 것이 된다. 신경을 가진 존재는 고통을 느낀다. 고통이 있는 존재들이기 때문에 이들을 자비로 대해야 한다. 이들을 함부로 대하는 것은 알고 보면 자기 자신의 심성을 망가트리는 결과를 초래한다. 이 사실을 웅변적으로 말해주는 것이 16세기에서 19세기 초까지 성행하던 노예무역

---

223 《매혹하는 식물의 뇌》와 《식물은 똑똑하다》를 비롯하여 많은 책들이 식물에게도 지능이 있다는 과학적 증거를 제시하고 있다. 다이엔 애커먼(Diane Ackerman)과 같은 박물학자는 그녀가 쓴 책 《휴먼에이지》(p.291)에서 "식물은 뇌가 없어도 악마처럼 영리하고 조종에 능숙하고 사악할 수 있다"라고 말할 만치 식물이 똑똑하다는 것은 분명한 것처럼 보인다. 그러나 식물이 고통을 느끼는지는 불확실하다.

에 종사하던 무역선 선원들의 삶이다. 노예무역선의 선원들은 그 수입이 본토에 있는 노동자들 수입의 2~3배가 되었지만 행복한 삶을 산 사람은 거의 없었다고 한다. 거친 말과 행동으로 남과 싸우고 가진 돈을 탕진했다고 하니 이들의 삶이 어땠을는지 짐작할 만할 것이다. 노예들에게 비인간적으로 난폭하고 거칠게 대한 행동이 그대로 독소가 되어 이 사람들에게로 되돌아와 이 사람들의 마음에서 평화와 온유함을 제거했기 때문에 이들의 삶은 거칠 수밖에 없었다. 거친 말과 행동은 거기에 대응하는 신경전달 물질과 호르몬을 뿌리고 두뇌의 신경회로를 거친 마음과 난폭한 마음을 갖는 방향으로 돌려놓는다. 평화가 없는 마음에서 어떻게 행복을 찾겠는가? 고통은 고통을 당하는 자에게만 고통이 되는 것이 아니라 남에게 고통을 준 자에게로 되돌아오는 것이다. 도둑질과 음행도 살생만큼이나 사람의 마음을 파괴한다. 그래서 붓다는 간절히 사람들에게 살도음의 악행을 하지 말라고 당부하는 것이다.

이제 따듯한 마음의 소유자가 한 일과 그 결과를 살펴보자. 미국의 초등학교 교사였던 재닛 캡스얘기다. 재닛 캡스는 한국에서 태어나 미국에 이민을 간 조세핀 김(Josephine M. Kim, 한국명 김명화) 박사의 초등학교 때 교사다. 아랫글은 조세핀 김이 쓴《교실 속 자존감》[224]에 있는 얘기 중 앞부분의 일부를 요약한 것이다.

조세핀 김은 지금 하버드대 교육대학원 교수이자 정신건강 상담사인데, 여덟 살에 부모를 따라 미국으로 이민을 갔고, 버지니아주 린치버그(Lynchburg)에서 살았다. 영어라고는 한마디도 모르는 상태였다. 당연히 학교에서는 꿀 먹은 벙어리였고 동급생들은 낯선 동양 아이를 외계인 취급을 했고 "이상하게 생긴 애, 너 어디서 왔니?"로 물으면서 놀려대

---

224 조세핀 김 지음,《교실 속 자존감》, 비전과 리더십 2014

고 아무도 반겨주지 않았다. 영어를 모르니 미술 시간 말고는 학교에서 뭘 할 수 있는 게 없었다. 첫 학기 성적표는 영어 F, 역사 F, 과학 F, 미술 A⁺…, 한마디로 낙제생이 되었고, 스스로 '나는 아무 희망이 없는 망한 아이'라는 생각을 하기 시작했다고 한다. 그런 그녀에게 인생의 전기가 왔다. 재닛 캡스 선생님을 만난 것이다. 4학년 때였다. 선생님은 시간과 노력, 관심과 에너지를 투자했다. 아이들이 놀이터에서 놀 때 선생님은 영한사전과 온갖 그림들을 가져와서 영어 단어의 뜻을 가르치기 시작했다.

어느 날 영한사전을 찾아가며 조세핀을 도와주던 재닛 캡스 선생님은 조세핀이 어렵사리 낱말 10문제를 풀었을 때 '100, Wonderful'이라 써주었다. 그날 이후로 조세핀은 달라지기 시작하였다. 여섯 달 만에 영어를 익히고 교실에서 활발하게 발표할 수 있게 되었다. 선생님이 조세핀의 인생을, 운명을 바꾼 것이다. 지금 그 조세핀 김은 하버드대 교육대학원 교수이자 정신건강 상담사이다. 그에게 빛이 되어준 재닛 캡스 선생님은 지난 35년 동안 매일 새벽 4시 30분에 일어나 집안 환경이 좋지 않은 아이, 공부를 어려워하는 아이, 부모가 없는 아이를 위해 한 명 한 명 이름을 불러가며 기도를 했다고 한다. 그리고 학생지도 방법을 묻는 제자에게 다음과 같이 일러 주었다.

"교육 시스템이 아무리 엉망이고, 학부모가 엉망이어도 아이를 진심으로 돌봐 주는 단 한 명의 어른만 있으면 그 아이는 변한다. 내 마음을 아프게 하고 자꾸 마음이 가는 아이에게 관심을 기울이는 단 한 명의 어른이 되어주어라."

재닛 캡스 선생님은 교사라는 직업을 가진 평범한 월급쟁이가 아니라 자신이 무엇인지 아는 사람이었고, 자신이 하는 일의 의미를 알고 있는 사람이었던 것이다. 재닛 캡스 선생님은 보살정신을 가지고 있었고 이 정신이 한 아이를 구한 것이다. 재닛 캡스 선생님이 구한 아이가 어찌 조세핀 김 한 명 뿐이겠는가. 셀 수 없이 많은 수의 학생들이 선생님의 보살핌과 지도에 의해 자신이 가야 할 올바른 길을 찾아갈 수 있었을 것이다. 재닛 캡스 선생님은 교사가 얼마나 위대할 수 있는지 보여주었는데 교사만 위대할 리가 없다. 평범한 교사가 얼마든지 있듯이 평범하게 보이는 사람도 삶의 의미를 알고 팔정도를 수행하고 자신을 가꾼다면 누구나 위대해질 수 있다. 한순간 생각을 돌린다면 그렇게 할 수 있다. 이것이 정어와 정업의 힘이고 팔정도 수행의 힘이다.

(3) 정명

정명은 바른 직업을 갖고 바르게 생계를 유지하며 사는 것이다. 붓다의 설법을 들어보자.

> "삿된 방식으로 생계를 꾸려나가지 않고 올바른 방식으로 생계를 유지하는 것이다."

삿된 방식으로 생계를 꾸린다는 것은 도둑질을 하거나 사기를 쳐서 재물을 얻는 것은 물론, 담합이나 독과점으로 폭리를 취하는 등 어떤 부도덕한 조작적인 방법으로 재물을 모으는 것을 포함한다. 즉, 상품이나 서비스를 제공하고 그 대가로 받는 것이 아니라면 삿된 경제적 행위라고 붓다는 말한다. 삿된 방식이 아니라면 물론 올바른 방식으로 생계를 유지하는 것이라고 할 수 있지만 붓다는 이를 다음과 같이 구체적으로 설명한다.

"고귀한 제자는 열정적인 노력으로 얻었고 팔의 힘으로 모았고 땀으로 획득했으며 법답고 법답게 얻은 재물로 자신을 행복하게 하고 만족하게 하고 바르게 행복을 지키도록 한다. 부모를 행복하게 하고…, 아들과 아내와 하인과 일꾼들을 행복하게 하고…, 친구와 친척들을 행복하게 하고…, 그가 합리적이고 알맞게 재물로서 행한 것이다."[225]

재물을 얻는 것이 행복을 위한 것이라면 인성과 도덕심을 잃지 않도록 정당한 방법으로 재물을 모아야 한다. 사람이 부도덕한 방법으로 재물을 모으는 데 성공하면 도덕심이 마비되고, 한 번 인성과 도덕심을 잃고 나면 행복은 더 이상 그와 함께하지 않는다. 도덕심과 함께하지 않는 행복이란 없다. 재물을 모으기 전에는 의협심도 있고, 인정이 있던 사람도 부당한 방법으로 재물을 얻는 데 성공하면, 그는 재물의 노예가 되어 더욱 많은 재물을 모으기 위해 그는 더욱 부도덕한 일을 하게 된다. 그전에 갖고 있던 의협심과 인정도 사라지고 그의 인성과 도덕심은 결국 마비된다. 우리는 그런 사람의 모습을 공주 갑부 김갑순(金甲淳, 1872~1960)에게서 찾아볼 수 있다.

김갑순의 삶은 그 자체로서 정명의 뜻을 잘 말해주고 있으므로 그의 삶을 한 번 살펴보도록 하자. 김갑순에 대한 이야기는 TV 드라마로도 방영된 적이 있고,[226] 입에서 입으로도 전해져 한국 사람이라면 대부분 한 번쯤 들어봤다고 할 정도로 널리 알려졌지만 그에 대한 공식적 기록은 거의 없다. 김갑순에 대하여 구전으로 전해진 얘기를 정리하여 발표

---

225 《앙굿따라니까야》 A4:61,〈합리적인 행위경〉
226 김갑순의 얘기는 MBC에서 1982년 3월 22일~1982년 6월 15일까지 월화드라마로 방영했다.

한 사람들의 글을 참고로[227] 김갑순의 삶을 그려보면 대략 다음과 같다.

김갑순은 몰락한 양반의 후예라는 설도 있고 천민 출신이라는 설도 있는데, 어느 쪽이든지 그가 공주 장터의 주막집 주모의 아들로 태어났다는 것은 사실인 모양이다. 그가 열두 살이 되었을 때 아버지와 형을 잃었고, 어쩔 수 없이 어려서부터 관노로서 공주 감영에서 잡일을 하게 되었는데 무척 부지런하고 성실하게 맡은 일을 처리하였다고 한다. 겨울에 눈이 오면 새벽부터 감영 마당에 쌓인 눈을 깨끗이 쓸었고, 사또의 요강을 청소할 때는 깨끗이 요강을 닦는 것은 물론 겨울에는 사또 궁둥이가 놋쇠 요강에 닿을 때 차갑지 않도록 하기 위해 놋쇠요강을 가슴에 품어 따뜻하게 만들었다가 방에 갖다 두었다고 한다. 그는 성실성과 함께 재치도 갖춘 사람이었던 모양이다. 그러니 사또가 그를 무척 아꼈을 것이다. 이렇게 지내는 그에게 큰 운이 찾아오지 않을 수 없을 것이다.

심부름으로 감영 밖으로 나가게 된 어느 날 그는 어두운 저자거리에서 불량배들이 한 여인을 겁탈하려고 끌고 가는 장면을 목격하게 된다. 의협심이 발동한 그는 있는 힘을 다해 불량배들과 싸워 그들을 물리치고 그 여인을 구해주었다. 이 여인은 그의 사람 됨됨이가 보통이 아님을 보고 그와 의남매를 맺게 되었다. 그 후 얼마 지나지 않아 이 여인이 충청남도 관찰사의 소실로 들어가게 되었는데, 그녀는 김갑순의 노비신분을 벗겨주고 그가 공주 감영의 하급 공무원인 아전이 되도록 도움을 주었다. 김갑순은 성리학도 배우지 못하였고, 소학교조차 다니지 못하였지만, 관료 생활 중 스스로 독서를 하여 한글과 한자를 깨우쳤다. 이렇게 아전으로 일하던 어느 날 그는 해 질 무렵 허름한 행색의 한 선비를 만나

---

227 정운현 지음, 《친일파의 한국 현대사》, 인문서원, 2016; 조용헌 칼럼, 《매경이코노미》 제1667호(12.7.25~7.31)

게 된다. 이 선비는 어릴 적 충청감사와 절친한 친구였지만, 충청감사는 이 선비가 만나봤자 귀찮고 별 볼일 없는 친구라 판단하고 만나주지 않아서 그냥 돌아가는 참이었다.

초라한 몰골의 선비가 딱하여 사연을 물어보니, 선비에게는 딸이 하나 있는데 집안이 몰락하여 그동안 혼사를 미루어 왔었다. 혼사를 너무 미룰 수도 없어 이번에 혼사를 치르려고 하는데 혼숫감을 마련할 능력이 없었다. 그래서 어릴 적부터 친구였던 충청감사에게 재정적 도움을 청하러 왔는데, 만나주지 않아 돌아간다는 이야기였다. 안타까운 사정을 들은 김갑순은 측은한 마음에서 자기 집안에 있던 물건과 돈을 마련하여 나귀에 실고 와서 나중에 집안 형편이 필 때 갚으라고 하면서 선비에게 주었다. 그런데 몇 년 후에 서울에서 김갑순에게 사람이 찾아왔다. 그 가난했던 선비가 탁지부(度支部, 호조의 후신)의 고관이 되어 그날의 은혜를 갚고자 서울서 사람을 보낸 것이다. 이 고관의 후원으로 김갑순에게 출셋길이 열리게 된다. 그가 도왔던 선비의 덕에 그는 관리에 임명되고 왕실의 재산을 관리하는 관청인 내장원(內藏院)의 봉세관(捧稅官)에 발탁되었다가 몇 번의 승진을 한 후 충청남도 봉세관(捧稅官)에 임명되고, 충남 일대의 여러 지역의 군수를 지내게 되었다. 봉세관이란 세금을 걷는 직책인데 김갑순은 이 자리를 이용하여 치부하였고 군수가 되어서도 그 자리를 이용하여 많은 재물을 모았다고 한다.

김갑순은 일제 강점기에는 잠깐 관직에 있었으나 곧 사표를 내고 운수업과 부동산 투자로 재산을 불렸다. 그가 하는 사업은 시작할 때부터 성공이 보장된 것이나 마찬가지였다. 왜냐하면 그가 옛날 관직에 있을 때 맺어놓은 인맥을 적극 활용하고, 친일행각을 벌여 허가권을 특혜로 받거나 개발정보를 입수하여 개발예정인 지역의 토지를 싼 값으로 대량 매입하였기 때문이다. 그 대표적인 예로서 대전 일대의 땅을 집중적으로 매입한 일을 들 수 있다. 대전으로 경부선 철도가 지나간다는 정보를 알아내고서 그는 공한지로 되어있던 대전 일대의 땅을 집중적으로 매입하였다. 전체 대전 땅의 40% 정도를 평당 1~2전에 주고 매입하였는데 대전으로 경부선이 지나가고 공주에 있던 충남도청이 대전으로 이전하면서 이 땅이 하루아침에 1백 원 이상으로 뛰었다고 하니 그의 재산이 1만 배로 불어난 것이다.

전해온 얘기들을 종합해보면 봉세관이 되고 군수가 되기 전까지는, 김갑순은 근면 성실하게 살아왔으며, 영리하고 인정도 있고 의협심도 있는 사람이었다. 그는 칭찬을 받을 만한 사람이었다고 할 수 있다. 그가 팔정도를 수행하거나 아니면 다른 방법으로라도 마음공부를 하고 스승의 지도를 받았더라면, 그는 훌륭한 삶을 살았을지도 모른다. 그런데 그에게는 배움이 없었고 수행이 없었다. 김갑순에게 출세 길이 열리자 그의 인생은 망가지기 시작한다. 그가 권력과 재물의 맛을 보게 되자, 그는 부도덕한 방법으로 재물을 모으고 돈의 노예가 되고 말았다. 이 점을 곰곰이 생각해 보면 앞서 '정사유'의 항목에서 소개한 존 바그 교수의 실험이 생각날 것이다. 김갑순은 "민나 도로보데스", 곧 모두가 도둑놈이라는 말을 입에 달고 다녔다 하니 그가 어떻게 재산을 유지하고 불렸는지 짐작할 수 있을 것이다. 그런 말을 입에 달고 살았으니 그 마음에 평화가 있었을 리 없고 행복을 느낀 적도 없었을 것이다. 도둑놈들 틈에 살면서 어찌 행복을 느낄 수 있었겠는가. 김갑순이 재물을 모은 방식은 정명과는 정말 거리가 멀었다.

김갑순이 당대 한국 최고의 갑부였다고 하나 그 재물로 그가 사회나 다른 사람을 위해서 쓴 것도 아니고, 훌륭한 기업을 경영하여 다른 사람에게 일자리를 제공한 것도 아니다. 그래서 그는 사람들에게서 존경을 받지는 못했다. 오히려 해방 후 악질 친일 분자로 찍혀 반민특위에 끌려가 조사를 받다 나왔으니 남들의 손가락질을 받으면서 살았다고 할 수 있다. 이 점에서 김갑순의 행적은 같은 시대에 살던 남강 이승훈(李昇薰, 1864~1930)의 삶과 너무 차이가 난다. 이승훈 선생은 보부상으로 출발하여 정당하게 땀을 흘려 재물을 모았고, 이 재산으로 오산학교를 세워 학생들에게 민족정신을 고취시키고, 자신은 민족 대표로서 3·1운동을 일으키는 데 주도적인 역할을 하였다. 3·1운동을 일으킨 일로 일제에 체포되어 옥살이를 하다가 33인 중에 가장 늦게 출옥하였다. 출옥 후 이승훈은 고향으로 돌아가 오산학교 교장으로 살면서 민족의식을 고취시키며, 조만식과 함께 물산장려운동에 힘쓰는 한편 농촌 진흥에 노력을 기울이다 1930년에 생을 마감하였다. 이승훈은 그때나 지금이나 앞으로도 한국의 위인으로 계속 존경받을 것이다. 김갑순도 땀 흘려 재산을 모았더라면 그 삶의 질이 크게 달라졌을 것이다. 그랬더라면 그에게도 배우는 기회가 있었을 것이며 수행하며 보람 있는 삶을 살았을 것이다.

재물이 나쁜 것은 아니다. 정당하게 벌고 남과 자신을 위해 쓰면 좋은 일이다. 실제로 붓다는 재가자들에게 그렇게 할 것을 권한다.[228] '평상심이 도'라고 설파한 대주혜해(大珠慧海) 선사는 "사람이 재물을 좇으면 삿된 것이요, 물건이 사람을 따르면 바른 것이다"라고 했는데 이 말이 정명의 뜻을 잘 나타낸다고 할 수 있다. 지혜 있는 자는 재물의 노예가 되지 않고 재물을 부린다. 김갑순이 재물의 노예라고 한다면 이승훈이 재물을 부린 자라고 할 수 있을 것이다. 그리고 사람이 지혜를 구한다면 꼭 바르게 살아야 할 필요가 있다.

---

228 바스나고다 라홀라 스님 지음, 이나경 옮김, 《무소유로는 행복해질 수 없다》, 아이비북스 2010. 이 책은 붓다가 재가자들에게 재물을 소유하고 행복하게 살 것을 권하고 행복하게 사는 방법에 대해 경전에서 설한 내용을 모아놓은 책이다.

3) 정 : 정정진·정념·정정

계·정·혜 삼학에서 말하는 정(定)은 마음의 안정을 뜻한다. 왜 마음의 안정이 그렇게 중요한가? 붓다는 마음을 물에 비유한다. 물이 맑고 잔잔하면 거기에 사람의 얼굴을 비추어 볼 수 있지만 끓는 물에는 얼굴을 비추어 볼 수 없는 것처럼 욕망으로 끓고 있는 마음으로는 사물의 참모습을 볼 수 없다고 한다. 물에 붉고 탁한 물감이 풀어져 있으면 사람의 얼굴을 비출 수 없는 것처럼 악의로 물든 마음은 사물의 참모습을 비출 수 없다고 한다. 그래서 마음을 안정키는 것이 중요하다. 이 점에서 불교적 진리와 과학적 진리는 본질적으로 다를 수밖에 없다. 승려가 된 과학자 마티유 리카르(Matthieu Ricard)가 말했던 것처럼 과학자나 예술가는 사기꾼일 수도 성질이 형편없이 거칠 수도 있다. 그래도 그는 뛰어난 업적을 남길 수 있다. 과학적 진리는 윤리 도덕과는 상관이 없다. 그러나 불교적 진리를 찾는 자가 사기꾼이거나 거친 성질의 소유자라면 그는 그가 찾는 진리를 볼 수 없다. 그는 결코 열반에 들 수 없다. 불교적 진리를 찾는 사람은 무엇보다도 먼저 마음을 안정시켜야 한다. 마음의 안정을 위해 꼭 필요한 수행이 정정진(正精進, sammā vāyāma)과 정념(正念, sammā sati) 및 정정(正定, sammā samādhi)이다. 마음을 안정시키려는 목적으로 불교에서 가장 많이 사용하는 수행법이 선(禪)이다

보통 '선'이라고 하면 불교의 선을 생각하지만 선은 선나(禪那)의 준말로서 '선나'는 마음을 안정시키고 정신을 통일하는 요가의 명상법 'dhyāna'를 음역한 것이다. 진리를 깨닫기 전 고타마 싯다르타로 불리던 시절 붓다는 원래 요가 수행자였다.[229] 선을 명상법의 일종이라고 보

---

[229] 붓다를 석가모니(釋迦牟尼, Śākyamuni)라고 하는 것은 석가족의 성자(聖子, muni)라는 뜻이다.

면 선은 힌두교는 물론이거니와 도가(道家)와 유교(儒敎)를 비롯하여 세계의 거의 모든 종교나 수행단체에 다 있다고 볼 수 있다. 기독교와 이슬람교에도 물론 있다. 많은 종교와 수행단체에서 널리 수행하는 것이 선과 명상이지만, 팔정도에서는 불교의 선을 가리켜 특별히 '바른 선〔正定, sammā-samādhi〕'이라고 하여, 불교의 선을 다른 종교나 수행단체에서 행하는 선과 구별한다. 그것은 불교의 선은 정념 수행을 바탕으로 하기 때문이다. 앞서 얘기한 바가 있지만 정념 수행은 불교에만 있는 독특한 수행법이다.230

싯다르타는 요가 수행을 통해 요가의 최고 경지에 이르러 말할 수 없는 평화와 안정된 마음의 상태에 이르렀으나 삼매에서 나오면 그 상태가 없어지고 다시 불안한 마음으로 되돌아가는 경험을 여러 번 하였다. 그 원인이 무엇인지 살핀 끝에 싯다르타는 번뇌로부터의 해탈은 사물의 참모습을 바로 보지 않고서는 있을 수 없다는 것을 깨달았다. 영원한 행복이란 궁극적 진리를 깨닫는 데서, 즉 사물의 참모습을 있는 그대로 보는 데서 오는 것이라는 사실을 깨달은 것이다. 이 깨달음을 얻은 후 싯다르타는 자신만의 독특한 수행법을 개발하고 그 수행법에 따라 깨달음에 도달하였다. 삼매에 든다는 점에서 요가 수행법이나 붓다의 수행법이 다를 바 없지만 붓다 수행법이 일반 요가의 수행법과 다른 점은 사물의 참모습을 관(vipassanā)하는 데 있다. '관'이란 사물의 본질을 '있는 그대로의 모습'으로 보는 것인데, 그러기 위해서는 반드시 갖추어야 할

모니(muni) 요가 수행에서 최고의 경지에 이른 사람을 가리키는 말이다.

230 참고로 말하자면 기독교 성경에는 "깨어 있으라"(watch 또는 be alert) "깨어서 기도하라"는 등 정신을 바짝 차리고 있으라는 뜻의 말이 가끔 나온다. 예수도 제자들에게 "조심하라. 깨어 있으라"고 일렀는데(마가복음 13:33), 예수가 이 말을 팔정도에 있는 정념과 비슷한 뜻으로 했는지는 알 수 없다. 적어도 현재의 기독교에는 불교의 정념과 같은 수행법이 없다.

마음의 자세가 있다. 마음이 항상 깨어 있어야 한다. 그런데 항상 깨어 있는 마음 상태를 유지한다는 것이 그리 간단한 일이 아니다. 사람의 마음을 항상 깨어 있는 상태로 유지토록 하는 방법이 바로 정념 수행이다.

정념 수행은 불교만이 가진 특별한 수행법이지만 다른 수행이 없이 정념만 수행하는 것은 별다른 의미가 없다. 정정진과 정념 및 정정은 서로 연결되어 있다. 먼저 정정진에 대해서 살펴보겠다.

(1) 정정진

정정진이란 올바른 노력, 올바른 용기를 말한다. 올바른 용기란 옳은 것은 행하고 옳지 않은 것은 하지 않는 굳센 의지와 그것을 뒷받침하는 실천력을 뜻한다. 올바른 노력, 올바른 용기는 올바른 생각, 올바른 말, 올바른 행위 등을 실천하기 위해서 꼭 필요한 덕목이다. 올바른 정진에는 네 가지 노력이 있다. 이 네 가지 노력을 사정근(四正勤)이라고 하는데 네 가지 노력이 무엇인지 붓다의 설법을 들어보자.

> "수행승이 아직 일어나지 않은 악하고 불건전한 것들은 생겨나지 않도록 의욕을 일으켜 정진하고 힘을 내고 마음을 다잡고 애를 쓰고, 이미 일어난 악하고 불건전한 것들은 버리도록 의욕을 일으켜 정진하고 힘을 내고 마음을 다잡고 애를 쓰고, 아직 일어나지 않은 유익한 상태는 그것들이 일어나도록 의욕을 일으켜 정진하고 힘을 내고 마음을 다잡고 애를 쓰고, 이미 일어난 유익하고 건전한 상태는 그것들이 사라지지 않게 하고 증장시키고 충만하게 하고 닦아서 성취하기 위해서 의욕을 일으켜 정진하고 힘을 내고 마음을 다잡고 애를 쓴다면 이것들을 올바른 정진이라고 한다."

나타나지 않은 선이나 악은 무의식 속에 잠재되어 아직 의식의 수면 위로 떠오르지 않은 것이다. 아직 나타나지 않았으나 장차 조건이 되면 나타날 수 있는 선과 악은 유식 불교의 용어로 말하자면 아뢰야식에 저장된 종자들이다. 붓다는 악은 나타나지 않게 하고 선은 나타나게 하라고 한다. 붓다의 가르침대로 하려면 인간의 노력으로 무의식을 다스릴 수 있어야 할 것이다. 붓다는 그것이 가능하다고 설하고 있다. 붓다가 정정진에서 말하는 것은 인간의 적극적인 노력과 의지에 의해 무의식 속에 잠재되어 있는 충동이나 성향마저 제어할 수 있으니 강한 의지력을 발휘하여 그렇게 하라는 것이다.

농부가 밭에 심은 종자를 뽑아내거나 잘 자라도록 돌보듯이 수행자는 아뢰야식에 들어 있는 종자가 싹이 트지 못하게 할 수도 있고, 빨리 싹트게 할 수도 있다. 같은 밭에 같은 종자를 뿌렸어도 농부가 어떻게 농사를 짓느냐에 따라 수확물이 다르듯이, 정정진의 설법에서 붓다는, 같은 업을 가지고 있어도, 인간의 노력에 따라 그 결과가 달라진다고 말하고 있다. 붓다는 인간의 적극적인 노력으로 운명을 바꿀 수 있다고 말하고 있는 것이다. 정진을 하여 번뇌에서 벗어나면 그보다 더 큰 운명의 변화는 없을 것이다.

사실 무의식의 힘은 강하다. 인간이 자신이 자유의지를 갖고 행했다고 생각하는 일도 자세히 살펴보면 무의식 속에 어떤 충동이 있어 그런 일을 한 경우가 대부분이다. 불교의 업설에 입각하여 말하자면 업의 힘이 그만큼 강한 것이다. 업의 힘이 그렇게 강하다면 수행도 의미가 없을 것이라고 생각할 수 있다. 이렇게 생각하면 업설은 숙명론이 된다. 불교인들 중에도 많은 사람들이 불교의 업설을 숙명론으로 이해하고 있다. 그러나 불교의 업설은 숙명론이 아니다. 붓다가 설한 정정진이 불교의 업설이 숙명론과 어떻게 다른지 잘 설명해주고 있다. 수행을 통해 '고'를 멸할 수 있다는 것은 업을 인간의 자유의지로 통제할 수 있다는 말과 마찬가지다. 몇 번씩이나 하는 얘기지만 연기설에 의하면 원인 없는 결과는 없다. 그러나 결과는 결정된 것이 아니다. 수행에 의해 업력을 통제하고 운명을 바꿀 수 있기 때문이다.

붓다는 정정진의 설법에서 나타나지 않은 선과 악에 대해서만 얘기한 것이 아니다. 이미 일어난 악하고 불건전한 것들은 버리도록 의욕을 일으켜 정진하고, 이미 일어난 유익하고 건전한 상태는 그것들이 사라지지 않게 하고 증장시키라고 설하였다. 이 가르침은 붓다의 가르침을 정견으로 받아들여 정사유를 하고 정어와 정업을 실천하고 정명에 따라 바른 삶을 살지라도 그것이 일순간의 일로 그쳐서는 안 된다는 뜻이다. 수행에 뜻을 둔 사람이라면, 출가자이든 수행자이든 한순간이라도 방일하지 말고 끊임없이 자신의 향상을 위해 노력하라는 뜻이다. 사실 한순간이라도 방심하면 인간은 퇴보한다. 방심하지 말라는 것은 항상 긴장하고 있으라는 뜻이 아니다. 긴장은 수행에 방해가 된다. 마음이 안정된 상태에 있으려면 이완이 필요하다. 방심하지 말라는 것은 편안하고 안정된 상태에서 가르침을 잊는 일 없이 꾸준히 수행하라는 뜻이다. 이를테면 많은 사람들이 일주일이나 열흘쯤 산사에 들어가서 출가자처럼 수행을 하다가 집에 돌아와서는 푹 쉬고 그다음부터는 막사는 경우가 있는데, 그것은 수행이 아니다. 하루 철야정진을 하고 그다음 날 모든 걸 놓아버리고 막 지내는 것보다는 매일 10분씩만이라도 꾸준히 좌선이나 염불을 하는 것이 훨씬 훌륭한 수행이다. 삶도 수행도 과정이다. 처음도 중간도 끝도 한결같아야 한다. 그것이 정정진의 참뜻이다.

산사에 들어가서 출가자처럼 지내는 것이나 철야정진이 잘못이라는 얘기가 아니다. 일상생활 속에서 꾸준히 수행해야 한다는 뜻이다. 평상심이 도라는 말은 그래서 나온 것이다. 재가자라면 직장에서 맡은 일을 성실히 하고 가정에서 화목하게 지내야 한다. 그렇게 하는 것이 어렵다면 그렇게 하도록 노력하는 것이 불법 수행의 하나다. 그렇게 평상심을 유지하려면 항상 깨어서 자신을 살피는 훈련이 필요하다. 그런데 항상 깨어 있는 마음 상태를 유지한다는 것이 그리 간단한 일이 아니다.

깨어 있는 상태에서는 사람이 무슨 일을 할지 선택할 수 있고, 또 그 일을 어떻게 할지 계획할 수도 있다. 그러나 사람이 꿈을 꾸고 있을 때는 자신이 하는 일일지라도 무슨 일이든 자신이 원하는 대로 진행되지 않는다. 꿈속에서는 모든 일이 무의식적으로 진행된다. 꿈속에서는 프로그램에 따라 움직이는 로봇처럼 사람은 무의식이 시키는 대로 움직인다. 마치 바그다드의 노예가 살길을 찾아 떠난 곳이 죽음의 길이었던 것처럼 꿈속에서는 사람이 무엇을 선택할 수도 없고, 하고 싶은 일을 마음먹은 대로 하는 것이 불가능하다. 무엇을 어떻게 하겠다고 마음을 먹는 것조차 뜻대로 되지 않는다. 무엇을 선택하거나 하고 싶은 일을 하려면 무의식의 지배[업의 영향]에서 벗어나야 한다. 무의식의 지배에서 벗어나려면 깨어 있어야 한다. 그런데 잠에서 깨어난다고 해서 무의식의 지배를 벗어나는 것이 아니다. 잠에서 깨어나 의식이 활동하더라도 무의식은 계속 우리의 생각과 말과 행동에 영향을 미친다. 뿐만 아니라 잠에서 깨어났다고 해서 사람이 정말 깨어 있는 것이 아니다. 잠에서 깨어난 사람은 자신이 깨어 있다고 생각하지만 사실은 깨어 있는 순간은 극히 짧다. 사람의 마음이 무척 산만하기 때문이다. 사람이 한 가지 일에 마음을 두고 있더라도 마음은 금방 다른 곳으로 향한다. 몸과 마음이 따로 놀고 있다. 몸이 어떤 일을 하더라도 마음은 벌써 다른 곳에 가 있는 경우가 다반사다. 산만하다는 것은 주의집중이 잘 안 된다는 뜻이고 무의식이 활동한다는 뜻이다. 사람은 무엇에 집중하려고 할 때가 아니면 자신이 지금 무슨 마음을 갖고 있고 무슨 생각을 하고 있는지도 모른다. 꿈을 꾸면서 사물의 참모습을 볼 수 없는 것과 같은 이치로 산만한 마음으로는 사물의 참모습을 볼 수가 없다.

사물의 참모습을 보려면 한 가지 대상에 마음을 집중하여야 한다. 그러나 산만한 마음은 순간순간 빠르게 대상을 바꾸고 변하기 때문에 어떤 한 가지 사물에 주의를 집중하기가 쉽지 않다. 사물들이 돌멩이나 깡통처럼 변하지 않는 것이라면 주의가 산만하더라도 산만한 대로 보고 또 보면 사물의 본질을 알아낼 수 있을 것이다. 그러나 세상에는 '어떤 것'이란 없다. 우주에는 물체(object)와 과정(process)이 존재하는 것이 아니다. 빠른 과정과 느린 과정이 있을 뿐이다. 우리의 삶과 우주는 과정들의 역사이다. 사물이라는 것도 사실은 사건의 흐름으로써 하나의 과정이다. 그렇기 때문에 한순간이라도 집중하지 않으면 부지불식간에 사건은 지나가 버리고, 사건이 지나가 버리고 나면 사물의 본질을 볼 수가 없다. 이는 마치 영화의 중요 장면을 놓치고 나면 영화의 줄거리를 알 수 없는 것과 같다. 탐진치에 물든 마음으로서는 집중할 수가 없고 집중하지 못하는 마음으로는 빠르든 느리든 끊임없이 흘러가는 사물의 참모습을 있는 그대로 보지 못한다. 즉, 탐진치에 물든 마음에는 여실지견이 있을 수 없다. 붓다는 부지불식간에 지나가는 현상을 놓치지 않고 주의를 모아 알아차리는 방법을 수행법의 하나로 개발하였다. 이 수행방법이 바로 정념이다.

'나' 자신을 바른길로 이끌기 위해 바른말과 바른 행동을 하는 것은 물론 중요하다. 그리고 이 수행의 결과를 지키고 그 이상의 발전을 위해서는 꼭 정정진이 필요하다. 그러나 그것만으로는 부족하다. 이들을 일상적으로 실천하기 위해서는 깨어 있어야 하고 깨어 있는 상태에서 마음을 잘 다스려야 한다. 깨어 있는 상태에서 마음을 다스리는 법이 정정(正定)과 정념(正念)이다.

(2) 정념

정정진과 정정의 의미에 대해서는 우리나라 학자들 사이에 별다른 이견이 없지만 정념을 우리말로 어떻게 옮기는가 하는 문제에 대해서는 학자들 사이에 의견의 일치를 보지 못하고 있다.

한자어 정념(正念)은 빨리어 사띠(sati)를 번역한 것으로서 대강의 뜻을 말하자면 마음에 둔 대상을 잊지 않고 지켜본다는 뜻이라고 말할 수 있지만, 사띠는 우리말이나 한자어로 한마디로 번역하기는 어려운 개념이다. 물론 영어로 번역하는 것도 쉽지 않지만 영어권에서는 일찍부터 리즈 데이비스(Rhys Davids)부부를[231] 비롯해 불교학자들이 사띠의 뜻에 가장 가까운 단어로서 mindfulness(마음챙김)를 택하였고, 불교학자들이 대체로 이를 받아들이는 편이다. 그리고 심리학자들이 심리치료의 목적을 위해 mindfulness의 의미를 넓게 사용하게 되면서 mindfulness와 함께 awareness(알아차림)라는 말을 사용하고 있다. 'mindful'에 이미 'aware'의 뜻이 있으므로 사띠를 mindfulness로 번역한 이상 mindfulness와 awareness를 뒤섞어 쓰는 것이 문제 될 것은 없다. 아마도 심리학자들은 붓다가 말한 sati의 불교적 의미가 정확히 무엇인지를 아는 것에는 별로 관심이 없는 것 같다. 그들에게는 심리치료라는 실용적 목적을 위해 mindfulness의 뜻을 학술적으로 정립하고 알아차림의 뜻을 강조하는 것이 중요하였을 것이다. 심리학자들이 mindfulness의 의미를 어떻게 사용하던 서양에서는 불교학자들 사이에 mindfulness가 사띠의 정확한 번역인지에 대해 고민하고 논쟁한 흔적이 별로 없다. 그

---

231 Thomas William Rhys Davids(1843~1922)와 Caroline Augusta Rhys Davids (1857~1942)는 부부이며 둘 다 저명한 불교학자로서 영어-빨리어 사전을 편찬하였고, Pali Text Society를 설립하였다.

런데 우리나라에서는 이것이 문제가 된다. 우리나라에서는 아무래도 구체적인 수행방법을 중요시하기 때문일 것이다.

우리나라에서 심리학자들이 mindfulness를 '마음챙김'으로 번역하고 불교학자들이 사띠의 번역어로서 '마음챙김'을 널리 사용하게 되면서 '마음챙김'이 과연 적절한 번역어인가 하는 문제로 2000년경부터 논쟁이 시작되었다. 알아차림의 뜻이 있는 영어 'mindfulness'를 우리나라 심리학자들이 '마음챙김'이라고 번역한 것을 우리나라 불교학자들이 그대로 받아들이는 것이 과연 옳은가 하는 것이 논쟁의 시작인데, 그 논쟁은 지금까지 계속되고 있다.[232] 뿐만 아니라 《니까야》를 우리말로 각기 독립적으로 번역하여 출판한 두 사람, 전재성 박사와 각묵 스님도 사띠를 서로 다르게 번역하였다. 전재성 박사는 기억의 의미를 중요시하여 마음에 새겨둔다는 뜻으로 사띠를 '새김'으로, 각묵 스님은 각성과 수행의 의미를 중요시하여 '마음챙김'으로 번역하였다. 사띠의 대체적인 뜻을 알고 수행을 하면 팔정도를 수행하는 데, 또 불교를 이해하는 데 별다른 문제가 없을 것이다. 그럼에도 불구하고 여기서 학자들의 논쟁을 얘기하고 두 번역자의 주장을 검토하려는 것은 마음의 작용 원리와 사물의 실상에 대해 좀 더 깊이 있는 이해를 하고자 함이다.

전문가들 사이에서 논쟁이 그치지 않고, 권위 있는 번역가 두 사람의 의견이 다르다면 도대체 사띠를 어떻게 이해해야 할까? 학자들의 의견을 여기서 모두 검토할 수는 없고 전재성 박사와 각묵 스님의 번역을 중심으로 정념(sati)의 의미를 알아보고 정념 수행이 재가자에게 어떤 도움을 줄 수 있는지 알아보도록 하자. 당분간 정념이라는 말 대신에 '사

---

232 정준영, 〈사띠(sati)논쟁〉, 《불교평론》62호, 2015 여름, pp.79~100. 단순히 번역상의 문제뿐만 아니라 어떤 문제가 논쟁 중인지 자세하게 설명하고 있다.

띠'라고 쓰겠다. 먼저 사띠의 뜻을 살펴보자.

① 경전에서 본 사띠의 뜻

붓다는 초기 경전 곳곳에서 사띠에 대해서 설하고 있다.[233] 많은 경전이 있으나 지금까지 팔정도의 각 항목에 대해서는 《쌍윳따니까야》의 〈분별의 경(Vibhaṅga sutta)〉을 표준으로 택했으므로 여기서도 붓다가 〈분별의 경〉에서 사띠에 대해 설한 내용을 살펴보겠다.

"무엇이 바른 사띠인가? 비구는 몸에서 몸을 관찰하며 머문다. 세상에 대한 욕심과 싫어하는 마음을 버리면서 근면하게, 분명히 알아차리고 사띠하면서 머문다. 느낌에서…, 마음에서…, 법에서 법을 관찰하며 머문다. 세상에 대한 욕심과 싫어하는 마음을 버리면서 근면하게, 분명히 알아차리고 사띠하면서 머문다."

여기서 말하는 법(法, dharma)은 관념과 사상, 개념 등 일체의 정신적 대상과 일체의 사물을 가리킨다. 사띠의 대상이 몸, 느낌, 마음, 법이라는 것은 몸과 마음에서 일어나는 모든 것과 일체의 사물이 사띠의 대상이라는 뜻이고, 몸과 마음에서 일어나는 모든 것과 일체의 사물을 있는 그대로 보는 것이 사띠의 확립이라는 것이다. 지금 말한 것을 불교의 용어로 정리한다면 '바른 사띠'란 '네 가지 사띠의 확립'으로서 사념처(四念處)를 관하는 것이다. 사념처관이란 몸, 느낌, 마음, 법[身受心法]을 있는

---

233 《대념처경(大念處經, Mahāsatipaṭṭhāna sutta, D22)》, 《염처경(念處經, Satipaṭṭhāna Sutta. M10)》, 《염처경(念處經), 중아함 24권 98》, 《Bojjhaṅga-saṃyutta, S46》, 《Satipaṭṭhāna saṃyutta, S46》를 대표적인 경전으로 꼽을 수 있다.

그대로 보는 것을 뜻한다.[234] 위의 설법에서 우리는 사띠(sati)는 '바른 앎(正知, sampajañña)'과 함께 이해해야 하는 개념이라는 것을 알 수 있고, 또 둘은 별개의 개념이라는 것도 알 수 있다. 그리고 위의 설법에는 나타나지 않으나 경전의 다른 곳에서 말하는 사띠의 뜻을 살펴보면 사띠는 기억과 지켜봄의 뜻을 함께 담고 있음을 알 수 있다. 먼저 기억을 뜻을 말해주는 구절을 살펴보면 다음과 같다.

> "수행승들이여, 이와 같이 수행승이 멀리 떠나 그 가르침을 기억하고 사유하면 그때 사띠의 깨달음 고리가 시작된다. 수행승이 깨달음 고리를 닦으면 그때 수행승의 사띠의 깨달음 고리는 닦임으로 원만해진다."[235]

> "수행승들이여, 사띠의 기능은 무엇인가? … 세상에 고귀한 제자가 최상의 기억과 분별을 갖추어 오래전에 행한 일이나 오래전에 행한 말도 기억하고 상기하며 사띠를 확립한다면 … 이것을 사띠의 기능이라고 한다."[236]

> "바라문이여 내게는 불굴의 정진이 생겼고 사띠가 확립되어 잊어버림이 없었으며, 몸이 가볍고 평안하여 교란하지 않았고 마음이

---

234 사념처관에서 말하는 그대로의 모습이란 우리가 몸을 통해 감각적 쾌락에 탐닉하고 즐거워하나 몸은 결국 죽어서 썩어가는 것으로 부정한 것이라고 관하는 것, 우리가 즐거움이라고 생각하는 음행·재물·자녀 등은 참 낙이 아니고, 모두 고통이라고 관하는 것, 우리의 마음은 항상 그대로 있는 것이 아니라 항상 변하는 무상한 것이라고 관하는 것, 만유에 실체가 없다고 관하는 것을 뜻한다.

235 《쌍윳따니까야》 46:3 〈계행의 경(Silasutta)〉

236 《쌍윳따니까야》 48:9 〈분별의 경①〉

집중되어 일념이 되었습니다. … 전생의 갖가지 삶을 기억했습니다."[237]

"비구는 몸을 관찰하기를 몸과 같이 한다. 관찰하는 모습을 잘 받아들이고 생각한 바를 잘 기억하나니 마치 어떤 사람이 앉아서 누운 사람을 관찰하고 누워서 앉은 사람을 관찰하는 것과 같다."[238]

위의 네 설법 중 첫 번째에서 말하는 '깨달음의 고리'란 37도품 중 깨달음에 접근하는 7단계의 심리상태 또는 깨달음에 이르기 위해 필요한 '7가지 요소'를 말한다. 이 요소들을 칠각지(七覺支)라고 한다.[239] 이 설법에서는 깨달음에 이르기 위해 필요한 7단계의 마음 상태 중 첫 번째가 완전히 깨어서 지켜보는 것으로서 바로 사띠에 해당한다. 두 번째 설법은 37도품 중 '다섯 가지 기능[五根]'을 말한다.[240] 세 번째 설법에서는 사띠가 확립됨으로써 잊어버림이 없다고 한다. 사띠와 기억은 이렇게 밀접하게 연결되어 있다. 그런데 네 번째 설법을 보면 사띠에는 기억과 함께 대상을 조용히 지켜본다는 뜻이 있음을, 그것도 대상을 교란시키

---

237 《맛지마니까야》 4 〈두려움과 공포의 경〉

238 《중아함경》 24권 〈염처경〉

239 칠각지란 다음의 7가지 요소들을 말한다. (1) 염각지(念覺支): 완전히 깨어서 지켜보는 것. 팔정도의 정념에 해당. (2) 택법각지(擇法覺支): 가르침 가운데서 진실 된 것을 선택하고 거짓된 것을 버림. 팔정도의 정견에 해당. (3) 정진각지(精進覺支): 한마음으로 노력함. 팔정도의 정정진에 해당. (4) 희각지(喜覺支): 진실의 가르침을 실행하는 기쁨으로 삶. (5) 경안각지(輕安覺支): 심신이 가볍고 평안함. (6) 정각지(定覺支): 마음을 집중하여 흔들리지 않음. (7) 사각지(捨覺支): 집착을 놓아 대상에 대한 속박에서 벗어남.

240 오근(五根)은 해탈로 이끄는 다음의 다섯 가지 기능을 말한다. (1) 믿음의 기능[信根, saddhā-indrya] (2) 정진의 기능[精進根, viriya-indrya] (3) 사띠의 기능[念根, sati-indrya] (4) 집중의 기능[定根, samādhi-indrya] (5) 지혜의 기능[慧根, paññā-indrya].

지 않고 조용히 지켜본다는 뜻이 있음을 알 수 있다. '앉아서 누운 사람을 관찰하고 누워서 앉은 사람을 관찰한다는 것'은 지켜보되 대상과 일정한 거리를 두고 대상을 교란시키지 않고 지켜본다는 뜻이다.[241] 지켜봄의 뜻을 담고 있는 구절을 하나만 더 살펴보자.

> "여름의 마지막 달에 모든 곡식을 마을에서 거두어들였을 때 소치는 사람들이 소들을 지키면, 그는 나무 아래나 노지에서 노닐면서 '여기 소들이 있다'라고만 할 정도로 사띠를 확립했다. 수행승들이여, 이와 같이 나는 착하고 건전한 것들에 대해서는 '여기 그러한 상태가 있다'라고만 할 정도로 사띠를 확립했다."[242]

이 구절에서 붓다는 사띠는 지켜보되 일어나는 일에 관여하지는 않는다는 뜻을 강조하고 있음을 알 수 있다. 이밖에도 사띠의 뜻을 말해주는 많은 구절들이 있으나 사띠의 뜻을 다음과 같이 정리해 두겠다.

사띠의 뜻: 원하는 대상에 마음이 머물러 그 대상을 잊지 않고 살피되 대상을 교란시키지 않도록 일체의 선택이나 판단을 멈추고 조용히 지켜보는 것이다.

위에서 정리한 사띠의 뜻에는 앎의 뜻이 없는데 그 이유는 사띠와 앎은 별개의 개념이기 때문이다. 사띠와 앎의 관계를 살펴보자.

---

241 조준호, 〈사띠는 왜 수동적 주의집중인가〉, 《인도철학 제16집》, pp.91~128.
242 《맛지마니까야》 19 〈두 갈래 사유의 경〉

② 사띠와 앎

앞의 첫 번째 설법에서 우리는 사띠(sati)는 '바른 앎(正知, sampajañña)'
과 함께 이해해야 하는 개념이라는 것을 알 수 있었고, 또 둘은 별개의
개념이라는 것도 알 수 있었는데. 붓다는 다른 곳에서 다음과 같이 보다
분명하게 사띠와 알아차림을 별개의 개념으로 설한다.

> "비구들이여, 비구는 사띠의 확립(satipaṭṭhāna)과 올바른 알아차림
> (sampajañña)을 실천해야 한다."[243]

지켜봄〔사띠〕에는 반드시 앎이 따르기 마련이다. 그런데 왜 붓다는
지켜봄과 앎을 구별하는 개념으로 설했을까? 사띠와 앎은 둘이 함께 붙
어 다니는 개념이라면, 왜 사띠와 앎을 별개의 수행법으로 나누어서 실
천해야 하는가? 왜 사띠를 영어의 mindfulness나 awareness처럼 앎의
개념이 포함하는 것으로 번역하면 안 되는가?

불교적 세계관에서 보더라도, 또 수행의 측면에서 보더라도 수행자
는 사띠와 앎을 꼭 구별해야 한다. 범부는 있는 것을 없다고 보고 없는
것을 있다고 보기 때문이다. 이를테면 이런 것이다. 뱀을 보고 놀란 사
람은 새끼줄을 보고 뱀이라고 한다. 이 사람의 경우에도 지켜본 것에 앎
이 따르고 있다. 그러나 그 지켜봄은 제대로 지켜본 것이 아니고, 그 앎
도 바른 앎이 아니다. 이 사람이 새끼줄을 보고서 뱀이라고 알지 않고 새
끼줄인 줄 바르게 알려면, 그것이 무엇인지 알아차리기 전에 미리 잘 지
켜보는 수행이 필요하다. 이 지켜보는 수행이 사띠이고 이 수행의 완성

---

243 《사띠경(sati sutta), S47:2》

이 바로 '네 가지 사띠의 확립[四念處]'이다.《대념처경》을 비롯해 초기 경
전의 곳곳에 "고통을 사라지게 하고, … 열반에 이르게 하는 유일한 길
이 있으니 그것은 '네 가지 사띠의 확립'이다"라고 하는 말이 나온다. 참
다운 행복을 위해서는 무상·고·무아가 사물의 실상임을 아는 것이 무엇
보다도 중요하다고 보는 불교적 관점에서 볼 때 '네 가지 사띠의 확립'이
열반에 이르게 하는 유일한 길이라고 하는 것은 당연한 말이다.[244] 사띠
와 바른 알아차림이 별개의 개념이라면 둘의 수행법도 달라야 할 것이
다. 붓다는 사띠 수행으로 '네 가지 사띠의 확립'에 관해 설한 다음 계속
해서 다음과 같이 설한다.

> "비구들이여 비구는 어떻게 알아차리는가? … 나아갈 때도, 물러날
> 때도… 마실 때도 씹을 때도 맛을 볼 때도… 대소변을 볼 때도 분명
> 히 알아차리면서 행한다. 가고 서고 앉고 잠자고 깨고 말하고 침묵
> 할 때도 분명히 알아차리면서 행한다."

바른 앎이 특이한 것은 잠잘 때도 잠을 깰 때도 이를 알아차려야 한
다는 것이다. 잠잘 때도 이를 알아차리는 것은 예삿일이 아니지만 이런
앎을 갖게 되는 것이 바로 사띠의 힘이라고 보면 된다. 이 설법에서 붓
다는 그냥 알아차린다고 하지 않고 분명히 알아차린다고 했는데 '분명
히 알아차리는 것'이 '바른 앎'이다. 그냥 '앎'이라고 하는 것과 '바른 앎'

---

244 사념처 수행 아니고도 열반에 이르는 수행법이 많은데 사념처의 수행만이 열반에 이르는 유
일한 길이라고 하는 것에 대해 잘못된 번역이라고 주장하는 사람도 있다. 니까야 전체를 완
역한 전재성 박사도 그의 번역서에서 '유일한 길'이라고 하지 않고 '하나의 길'이라고 번역하
였다. 그러나 다른 수행법을 택하더라도 열반에 이르기 위해서는 무상·고·무아를 깨닫는 것
이 필수이므로 '네 가지 사띠의 확립[四念處]'을 열반에 이르는 유일한 길이라고 말하는 것은
타당하다고 할 수 있다. 빨리어 원문에도 '유일한 길'이라고 되어 있다.

은 무슨 차이가 있는 것일까? 사띠가 없으면 사람은 감각기관으로 들어
온 대상에 대해 어떤 감정을 결부시킨다. 대상에 대해 싫다거나 좋다거
나 하는 감정이 결부되면 그때부터 사람에게 편견이 생기고 그 대상에
대해 자기식의 판단을 내리고 이 판단에 의해 사물을 본다. 감정이 결부
된 판단은 객관적일 수가 없다. 대상이 자기 마음에 들면 그것은 좋은 것
이거나 옳은 것이고 마음에 들지 않으면 그 대상은 무조건 나쁜 것이거
나 그른 것이 된다. 이 사람은 자기가 만들어낸 '조작된 관념'[245]으로 대
상을 보기 때문에 그 대상을 있는 그대로 보지 못한다. 편견과 선입관으
로 인해 조작해서 갖는 앎은 '바른 앎'일 수가 없다. 이 사실을 경전에서
는 다음과 같이 설명한다.

> "벗들이여, 시각과 형상을 조건으로 해서 시각의식이 생겨나고, 그
> 세 가지를 조건으로 접촉이 생겨나고, 접촉을 조건으로 느낌이 생
> 겨나고, 느낀 것을 지각하고, 지각한 것을 사유하고, 사유한 것을
> 조작하고, 조작한 것을 토대로 과거, 미래, 현재에 걸쳐 시각에 의
> 해서 인식될 수 있는 형상에서 조작되고 오염된 지각과 관념이 일
> 어납니다."[246]

바른 앎을 위해 왜 사띠가 꼭 필요한가? 그것은 사띠가 감정의 개입
없이 일체의 판단을 멈추고 고요히 사물을 그냥 지켜보고만 있는 것으

---

245 여기서 말하는 '조작된 관념'은 불교용어로 희론[산: prapañca, 팔: papañca]을 말하는데, 자기가
　　만든 관념으로 세상을 본다는 뜻에서 여기서는 희론보다는 조작된 관념이라고 하는 것이 더
　　적합할 것이다. 참고로 말하면 전재성 박사는 《맛지마니까야》에서 빨리어 빠빤짜(papañca)를
　　희론이라고 옮겼고, 각묵 스님은 사량분별이라고 번역하였다.

246 《맛지마니까야》 18, 전재성 박사의 번역본에서 희론이라고 한 것을 여기서 '조작'으로 바꾸
　　었다.

로서, 사띠는 대상에 아무런 교란을 가하지 않기 때문이다. 여기서는 지금까지 정념을 그냥 사티(sati)라고 했지만 팔정도에서는 정념을 'sati'에 바르다는 뜻의 sammā를 붙여 '바른 사띠(sammā-sati)'라고 한다. 그 이유는 일체의 감정적 선택이나 판단이 없이 대상에 마음이 머물러 고요히 살피기 때문에 '바른 사띠'라고 하는 것이다. 바른 사띠가 있다면 바르지 않은 사띠도 있는가? 물론 있다. 젊은 연인들이 서로 관심을 두고 상대방을 살피는 것이 좋은 예다. 젊은 연인들은 상대방에 집착하여 상대방을 관찰하고 자세히 살핀다. 본인들은 냉정한 자세로 객관적으로 살핀다고 생각하겠지만 이들의 '살핌'은 '바른 사띠'가 아니다. 사랑이라는 감정에 휩쓸렸기 때문에 상대방을 있는 그대로 보지 못한다. 비록 미세해서 본인은 의식하지 못하고 있을지라도 욕망이나 감정에 휩싸인 상태에서 사물을 지켜보면, 그러한 지켜봄에는 왜곡된 앎이 따라오기 마련이다. 그래서 '바른 사띠'가 필요한 것이고, 또 사띠와 앎을 분리된 개념으로 이해할 필요가 있는 것이다. 경전에서도 아래와 같이 바른 사띠와 그릇된 사띠에 대해 언급하고 있다.

> "바른 사띠를 조건으로 해서 생기는 느낌도 있고, 그릇된 사띠를 조건으로 해서 생기는 느낌도 있다."[247]

'바른 사띠'는 흙탕물을 가라앉히는 것에 비유할 수 있다. 사람의 마음은 흙탕물처럼 온갖 잡생각과 욕망으로 들끓고 있다. 흙탕물을 가라앉히는 데는 가만히 기다리고 지켜보는 것이 최선의 방법이듯이 들끓는 마음을 고요하게 만드는 최선의 방법은 끓는 마음을 가만히 두고 지

---

247 《쌍윳따니까야》 45:11 〈머무름 경〉

팔정도: 중도의 길　　367

켜보는 것이다. 이것 말고 마음을 고요히 하게 만드는 다른 방법은 없다. 흙탕물을 가라앉히려고 노력하면 노력할수록 흙탕물이 더욱 일 듯이 끓는 마음도 가라앉히려고 노력하면 노력할수록 더욱 잡념과 망상으로 마음이 들끓게 된다. 이제 사띠의 뜻에 대해서는 그만 살펴보기로 하고 사띠의 우리말 번역 문제를 생각해보자.

지금까지 설명한 바대로 경전에 의하면 바른 앎을 위해서는 바른 사띠가 필요하고 바른 사띠를 위해서는 대상과 떨어져 지켜보는 것이 필수적이다. 그런데 여기서 우리는 한 가지 의문을 갖지 않을 수 없다. 우리는 제2장에서부터 제6장에 이르기까지 여러 번 《우다나》에 나오는 붓다의 설법을 살펴보았는데, 붓다가 말하는 열반의 경지는 인식주관과 인식대상이 하나로 되는 것으로 해석할 수밖에 없다. 인식주관과 인식대상이 하나로 되었다면 바른 앎이 어떻게 생겨날 것인가? 제5장에서 관찰자의 의미를 설명하면서 우리는 이미 이런 문제를 다루었다. 소립자가 관찰자가 될 수 없는 것은 소립자가 다른 물리적 대상을 만나면 양자적으로 얽혀 중첩상태를 이루기 때문이라고 하였다. 사람이 열반의 경지에서 우주와 '나'가 하나가 되면 이것이 논리적으로 소립자의 양자 얽힘과 무엇이 다르겠는가? 열반의 경지에서 어떻게 앎이 생겨나기에 불교는 사물의 실상을 아는 것이 깨달음이고 번뇌에서 벗어난다고 하는가? 이 문제는 다음 절에서 고찰하고 상세히 설명할 것이다. 이제 사띠의 뜻에 대해서는 그만 살펴보기로 하고 사띠의 우리말 번역 문제를 생각해보자.

③ 마음챙김과 새김

위에서 살펴본 바와 같이 사띠의 우리말 번역어로서 '마음챙김'과 '새김'은 모두 사띠의 뜻을 완벽하게 반영하지는 못한다고 하더라도 큰 무리는 없이 사띠의 뜻을 전한다고 할 수 있다. 마음챙김과 새김의 뜻을 사띠의 뜻과 비교해보자. 이렇게 비교해보는 것은 앞에서 말한 바와 같이 우리 두뇌의 작용과 마음이 작동하는 원리를 이해하고자 함이다.

초기 경전에 나오는 붓다의 설법을 놓고 보면 '사띠'와 '앎'은 다른 개념임이 분명하다. 그리고 사띠는 '마음챙김'의 뜻을 강하게 담고 있다는 것을 알 수 있다. 우리말 '챙기다'는 '보살피거나 건사하다', 또는 '무엇을 빠트리지 않았는지 살피다'라는 뜻이 있다. 살피면 그 결과 '앎'이 따라 오지만 '챙기다'에 '앎'이라는 뜻은 없다. 물론 '챙기다'에는 '자기 몫을 챙기다'라거나 '챙겨 먹는다'는 뜻도 있지만, '마음챙김'이라고 하면 마음이 마음에 떠오르는 대상을 챙긴다는 뜻이 된다. 마음의 작용이란 항상 대상에 대한 작용이기 때문이다. 물론 마음 자체도 마음이 챙기는 대상이 된다. 마음이란 묘해서 그것이 작용할 때 자신이 주체가 되기도 하지만 대상도 될 수 있다. 마음이 마음을 챙길 때는 자기언급에 해당하므로 그때 따르는 앎은 그 내용을 말로 설명하기가 힘들게 마련이다. 지금까지 설명한 바에 따라 챙김의 뜻을 놓고 보면 '마음챙김'의 일차적인 뜻은 '대상을 놓치지 않고 지켜본다거나 살핀다'는 뜻이 된다. 간화선(看話禪)에서도 선사들이 "한순간이라도 화두를 놓치지 않고 잘 챙긴다"는 말을 자주 하는데 이 말이 챙김의 뜻을 잘 나타내고 있다. 그렇다면, '마음챙김'을 영어 'mindfulness'의 번역어로 생각하지 않는다면, 마음챙김은 사띠의 훌륭한 우리말 번역이라고 할 수 있다. '마음챙김'이라는 번역에 문제가 있다면 오히려 챙김에 기억의 뜻이 담겨 있느냐 없느냐 하는 것이라고 볼 수 있다. 사띠에는 기억의 뜻이 담겨 있기 때문이다.

전재성 박사는 사띠가 기억의 뜻을 담고 있다는 뜻에서 사띠를 우리말로 '새김'이라고 번역하였다. '새김'은 돌에 새길 때는 기록의 뜻이 되지만 마음에 새길 때는 기억의 뜻이 된다. 그리고 불교의 개념과 용어를 누구보다도 더 잘 이해했다고 할 수 있는 인도인들이 불경을 산스크리트어로 기록할 때 사띠에 해당하는 개념을 smṛti 라고 하였다. smṛti의 일차적인 뜻은 기억이다. 뿐만 아니라 430년경 인도에서 스리랑카로 건너간 붓다고사(Buddhaghosa)도 그가 쓴 《청정도론》에서 사띠의 일차적인 의미가 기억이라고 해설하였다.[248] 붓다고사는 스리랑카를 방문하였다가 거기서 싱할라어(Sinhala)로 기록된 불경을 보고서 이를 빨리어로 옮긴 뛰어난 불교학자로 누구보다도 빨리어에 정통하였다고 할 수 있는 사람이다. 또 그가 쓴 《청정도론》은 상좌부불교의 이해와, 수행에 대한 최고의 지침서로 평가받고 있다. 그런 그가 빨리어인 사띠를 그렇게 해설하였다면 그의 말을 진지하게 받아들여야 할 것이다. 무엇보다도 사띠에 기억의 뜻이 담겨있다는 주장은 앞에 소개한 경전에서 그 근거를 찾을 수 있다.

37도품의 수행법 중 칠각지와 오근에 사띠 수행이 포함되어 있고 사띠 수행에는 기억이 일정한 기능을 한다고 붓다가 설하고 있다면, 그 단어의 뜻이 어떻든 수행법으로서의 사띠에는 기억의 뜻이 담겨있다고 보아야 한다. 그렇다면 사띠를 '마음챙김'이라고 번역할 때 '챙김'에 기억의 뜻이 담겨 있는지 살펴보아야 할 것이다. '챙김'에 기억의 뜻이 전혀 없다면 '마음챙김'은 사띠의 적절한 번역어라고 할 수 없다. 이 문제에 접근하는 방법은 두 가지가 있다. 하나는 '챙김'이라는 개념과 단어가 '기억'과 연결되어 있는지를 조사하는 것이고, 다른 하나는 기억을 못 하거나 어떤 장애가 있는 사람이 '마음챙김'을 제대로 수행할 수 있는지 검토하는 것이다. 먼저 단어의 뜻을 살펴보자.

---

248 정준영, 박성현, 〈초기불교의 사띠(sati)와 현대심리학의 마음챙김(mindfulness)〉, 《한국심리학회지: 상담 및 심리치료》, 2010, Vol. 22, No. 1, pp.1~32. 이 논문의 p.8에 《청정도론》 내용이 잘 요약 정리되어 있다.

'챙기다'는 '잘 건사하다', '무엇을 빠트리지 않았는지 살피다'라는 뜻을 갖고 있다. 무엇을 건사해야 하는지 기억을 못 하면 건사한다는 것이 의미를 가질 수 없다. '살피는 것'도 마찬가지다. 무엇을 빠뜨렸는지 무엇을 살펴야 하는지 기억을 못 하면 살필 수가 없다. 간화선을 하는 사람들의 경우 화두를 챙긴다는 말을 잘 하는데 화두가 무엇인지 기억을 해야 화두를 지속적으로 챙길 수 있을 것이다. 타성일편(打成一片)이라고 하여 화두가 순숙하여 끊일 사이가 없어져 들지 않아도 저절로 들리어 언제나 화두가 현전하는 경지는 화두만 생각하고 화두만 챙길 때 갖게 되는 경지인데, 이 경지는 화두가 마음속에 깊이 새겨져 있지 않으면 가질 수 없는 경지이다. 이 점은 위빠사나 수행이라고 해서 다를 것이 없다. 챙기는 대상만 다를 뿐 위빠사나 수행에서도 관하는 대상을 잘 챙기고 잘 기억하고 있어야 한다. 지금까지 설명한 바와 같이 '챙김'은 분명히 '기억'과 밀접한 관련이 있다. 이제 기억을 못 하거나, 기억을 하는 데 장애가 있는 사람의 경우를 생각해보자. 이 문제에 대해 좋은 표본이 될 만한 사건이 하나 있다. 헨리 몰래슨(Henry Gustav Molaison, 1926~2008)이라는 사람에게 일어난 일이다.

헨리 몰래슨은 보통 H. M.이라고 줄여서 부르는데, H. M.은 지능도 높았고 상냥한 성격의 남자였다. 그런데 그는 어렸을 적부터 수술로만 치료가 될 수 있는 간질 증세를 보여, 그가 27세가 되던 해인 1953년 캐나다의 신경외과 의사 윌리엄 스코빌(William Beecher Scoville, 1906~1984)의 집도로 간질 발작의 진원지를 제거하는 수술을 받았다. 수술을 통해 제거한 뇌 부위는 측두엽의 안쪽이었고 해마(hippocampus)라는 부위도 포함되어 있었다. 수술의 경과는 좋은 것 같았다. 수술 후에는 간질 발작이 거의 없었다. 그런데 수술 후 이상한 증세가 나타났다. 붙임성 있는 성격과, 유창하게 말을 하는 것에는 변함이 없었지만 자신의 담당

간호원을 볼 때마다 난생처음 보는 사람처럼 정중히 인사를 하였다. 그는 수술 후 새로운 기억을 장기 기억으로 넘길 수 없는 전행성 기억상실증(antegograde amnesia)에 걸리고 말았다. 단기 기억을 장기기억으로 넘기는 역할을 해마가 하는데 당시에는 아무도 이 사실을 몰랐기 때문에 스코빌이 H. M.의 해마를 크게 잘라냈던 것이다.

H. M.과 만나서 한참 동안 대화를 나누고, 나중에 다시 만나면 그는 상대방을 전혀 기억하지 못했다. 수술 후 나타난 그의 특이한 증세 때문에 그의 심리상태를 연구하기 위해 그를 찾아온 브렌다 밀너(Brenda Milner, 1918~) 박사는 거의 50년 정도 그와 함께 지냈는데도 밀너 박사는 H. M.을 만날 때마다 자신을 소개했어야 할 정도였다. 수술 이전 상황에 대한 기억은 모두 정상이고, 약 20초 정도 지속되는 단기 기억도 정상적이었다. 다만 수술 이후 경험하는 새로운 상황들을 기억하지 못할 뿐이었다. 챙김과 기억의 관계는 H. M.의 증세를 통해 분명하게 드러난다. H. M.의 행동에 대한 연구보고서를 보고서 그가 결코 마음을 챙기는 수행을 할 수 없었을 것이라고 추측해내는 것은 어렵지 않다. 그는 분명히 아무것도 잘 챙기거나 건사하지 못했을 것이다. 그는 화두를 챙기지도 못했을 테고, 위빠사나 수행을 위해 무엇을 잘 챙겨 살피는 것도 할 수 없었을 것이다.

지금까지 설명한 이유로 '마음챙김'은 사띠의 훌륭한 번역어라고 할 수 있다. '마음챙김'과 '새김'을 놓고 비교하자면 '마음챙김'이 동적인 개념이라면 새김은 정적인 개념이라고 할 수 있다. 왜냐하면 챙긴다는 것은 진행 중인 사건을 지켜보고 있다는 것을 뜻하고, 새김은 지나간 사건의 기록을 뜻하기 때문이다. 인간의 기억은 컴퓨터가 정확하게 무언가를 어떤 장소에 저장해 두는 것처럼 정적인 것이 아니라 현재를 판단하고 미래를 예측하는 데 참여하는 등 동적인 작용을 하고 있다. 그러나 우리말 새김에는 그런 뜻이 없다. 새김은 기록을 뜻할 뿐이다. 새김과 마음챙김 중 어느 한쪽을 택해야 한다면 마음챙김을 택하는 것이 더 사띠의 원 뜻을 더 잘 나타낸다고 할 수 있다. 왜냐하면 세상은 진행 중인 어떤 과정이기 때문이다. 연기법에 비추어 보면 세상에 어떤 것이란 없다. 단지 어떤 과정이 있을 뿐이다. 과정이란 진행 중인 사건의 흐름을 뜻한다. 그런데 우리말 '새김'은 어떤 것을 기록한다는 뜻이 강하다. 그렇다면 과정을 지켜보는 것을 뜻하는 '마음챙김'이 실제 사물의 모습을 지켜보는 것을 기술하는 데 더 적합하다고 할 수 있다. 이런 이유로 이 책에서는 앞으로 사띠의 번역어로서 '마음챙김'을 택할 것이다. 이제 팔정도의 마지막 순서에 위치한 정정의 의미를 알아보자.

(3) 정정

인간의 감각기관이 갖는 한계를 극복하기 위해 과학이 관측기구와 측정 도구를 발명한 것처럼 불교도 감각기관과 인간 이성의 한계와 인식의 한계를 극복하기 위해 여러 가지 방법을 고안하였다. 그중 대표적으로 꼽을 수 있는 것이 선정에 드는 것이다. 망원경과 현미경의 종류가 여러 가지가 있고 배율도 여러 가지가 있는 것처럼 불교의 '선'에도 여러 가지 종류가 있고 등급이 있다. 중국 선종과 우리나라의 간화선에는 화두를 깨트리느냐 아니냐의 두 가지 등급만 있다고 할 수 있지만 붓다가 가르친 '선'에는 선정의 깊이에 따라 여러 가지 등급이 있다. 재가들에게는 아무래도 등급이 많은 쪽이 접근하기가 쉬울 것이다. 초기불교에서는 보통 아홉 단계의 선정을 말하는 데 이를 구차제정(九次第定)이라고 한다. 구차제정이란 열반에 이르는 선정의 단계를 아홉 단계로 나누어 차례로 설명하는 것으로서, 사선(四禪), 사무색정(四無色定), 상수멸정

(想受滅定)의 아홉 종류의 선정을 말한다. 사선은 색계 사선이라고도 하는데 색계의 18천을 정려의 경지에 따라 네 가지로 분류한 것이며, 사무색정은 무색계의 사천(四天)을 선정의 깊이에 따라 네 가지로 분류한 것이다.[249] 구차제정을 요약하면 다음과 같다.

초선정: 감각적 욕망들을 떨쳐버리고, 진리에 대한 통찰로 희열과 행복을 경험하는 단계

이선정: 사유와 숙고를 멈추고 희열과 행복이 유지되는 단계

삼선정: 희열이 사라지고 마음을 챙기고 평온과 행복이 유지되는 단계

사선정: 마음챙김이 있고 즐거움도 괴로움도 없고 마음이 평정하고 청정한 단계

공무변처정: 공간의 무한함을 경험하는 단계

식무변처정: 의식의 무한함을 경험하는 단계

무소유처정: 어떠한 것도 종국에는 존재하지 않음을 경험하는 단계

비상비비상처정: 지각이 있는 것도 아니고 없는 것도 아닌 것을 경험하는 단계

상수멸정: 느낌도 지각도 모두가 사라지고 괴로움이 끝나는 단계.

이제 팔정도에서 말하는 정정(正定, sammā-samādhi)의 뜻을 알아보자. '정정'은 올바른 삼매(三昧, samādhi)를 뜻한다. 삼매는 선정이라고도 할

---

249 불교에서는 윤회 전생하는 이 세상을 크게 욕계(欲界), 색계(色界), 무색계(無色界)의 셋으로 나눈다. 욕계는 욕망이 지배하는 세상으로 여기에는 육도(六道)가 있다. 육도란 지옥, 축생, 아귀의 삼악도와 수라, 인간, 천상의 삼선도를 말한다. 색계는 욕계의 위에 있는 천계로 욕계의 더러운 욕망을 끊은 깨끗한 세계이지만 아직도 미세한 물질로 이루어진 육체가 남아 있다. 무색계는 모든 욕망을 떠나 물질을 갖지 않고 정신만 있는 세계이다. 욕계에는 6개의 하늘 세계가 있고, 색계에는 18개가 있으며 무색계에는 4개의 세계가 있다고 한다.

수 있는데, 특별히 삼매라고 하는 것은 독서삼매나 염불삼매라는 말에서 알 수 있듯이 사람이 한 가지 일에 집중하여 대상과 자신이 하나가 된 상태를 말한다. 무엇이 바른 삼매인지 붓다의 설명을 들어보자.

"감각적 욕망들을 떨쳐버리고, 악하고 건전치 못한 상태에서 떠나, 사유와 숙고를 갖추고, 멀리 여읨에서 생겨나는 희열과 행복이 있는 첫 번째 선정에 들어 머문다. 사유와 숙고가 멈추어진 뒤, 내적인 평온과 마음의 통일을 이루고, 사유와 숙고를 여의어, 삼매에서 생겨나는 희열과 행복을 갖춘 두 번째 선정에 들고, 희열이 사라진 뒤 평정하고 마음 챙기고 올바로 알아차리며 신체적으로 행복을 느끼며 고귀한 님들이 '평정하고 마음챙김이 있고 행복하다'고 표현하는 세 번째 선정에 들고, 행복과 고통이 버려지고 만족과 불만도 사라진 뒤 괴로움도 없고 즐거움도 없는 평정하고 마음챙김이 있고 청정한 네 번째 선정에 든다면 이것을 올바른 삼매라고 한다."

여기서 붓다가 말하는 네 가지의 선정은 색계 사선을 뜻한다. 수행자가 바른 선정에 든다는 것은 최소한 색계 사선에는 들어야 한다는 뜻이다. 삼매는 원래 요가의 사마디(samādhi)를 음역한 말로서 삼매는 주와 객이 하나로 통합된 상태를 경험하게 되는 요가선정 가운데 최고의 정신집중 상태에 이른 경지를 뜻한다. 삼매에 든 상태에서는 주와 객이 사라졌기 때문에 그 마음이 통일되어 지극히 평온한 상태에 있게 된다. 이원론이 사라진 이 상태는 요가수행자들이 바라는 최고의 경지인데, 이 경지에 이르는 것에 무엇이 부족하여 붓다는 바른 삼매를 얘기하는 것일까? 그것은 마음챙김이 있는 선정이냐 아니냐의 차이에서 온다. 요가수행자들도 기독교나 이슬람교도들도 주와 객이 하나가 된 경지에 이를 수 있다. 힌두교에서는 범아일여를 말하고 다른 종교에서도 신일합일을 말하는데, 문자적 표현만 놓고 보면, 이들이 말하는 경지는 불교의 상수멸과 비슷하다. 바른 삼매를 이해하기 위해 먼저 범아일여나 신일합일의 경지를 불교의 상수멸과 비교해 보자.

① 상수멸과 신인합일

《우다나》의 설법을 다시 놓고 얘기를 시작하자. 수행승들이 온 마음으로 집중하여 귀를 기울일 때 붓다는 열반과 관련하여 다음과 같은 시구를 읊었다.

> "비구들이여 흙도 없고, 물도 없고, 불도 없고 바람도 없는 그런 영역(sphere)이 있다. 그 속에는 이 세간도 없고 출세간도 없고… 그것은 만들어진 것이 아니며… 이것은 괴로움의 끝이다. … 비구들이여 태어나지 않은 것[不生, a not-born], 변하지 않는 것[不變, a not-become], 만들어지지 않은 것[不作, a not-made]이 있고… 그렇지 않다면 태어남, 변화, 지어짐으로부터 벗어남도 없을 것이다."

우리는 지금까지 위의 시구로부터 열반의 경지는 우주와 '나'가 하나로 된 경지를 뜻한다고 해석하였다. 그런데 이 시구에 있는 '괴로움의 끝이다'와 '만들어지지 않은 것'이라는 말 때문에, 이 경지가 무위(無爲)를 나타내고 불교에서 말하는 최고의 깨달음을 뜻하는 것으로 이해할 가능성도 있다. 그러나 반드시 그런 것만은 아니다. 이 경지에 든 수행자는 물론 무위를 체험하고 있다. 일체의 표상작용과 느낌이 사라졌다고 하여 상수멸(想受滅), 또는 모든 번뇌가 다 하였다고 하여 멸진정(滅盡定)

이라고 부르는 이 경지는 사선정보다 훨씬 위 단계의 경지다. 상수멸은 사선정보다 위 단계이지만, 요가수행자들도, 기독교와 이슬람교를 비롯한 다른 종교인들도 자기들이 체험했다고 말하는 경지와 별 차이가 없는 것처럼 보인다. 그러나 불교의 깨달음은 삼매에 들어 이런 체험을 하는 것으로 끝나는 것이 아니다. 불교의 깨달음이란 반드시 사물의 참모습을 보고 연기의 이치를 깨달아야 한다. 사물을 바로 보고 연기의 이치를 깨달을 수 있는 삼매가 바로 '올바른 삼매'이다. 삼매와 올바른 삼매의 차이를 바르게 이해하기 위하여 여기서 다른 종교에서 말하는 신일합일의 경지와 비교해보자.

신경과학자 앤드류 뉴버그(Andrew B. Newberg, 1966~)가 쓴《신은 왜 우리 곁을 떠나지 않는가》라는 제목의 책이 있는데, 이 책에 주와 객이 하나가 된 체험을 한 여러 사람들의 얘기가 나온다. 독일의 기독교 신비주의자 에크하르트(Meister Eckhart, 1260~1327)는 다음과 같은 말을 하였고,

"하느님을 어떻게 사랑할 것인가?
너희는 그를 그로써 사랑해서는 안 된다.
하느님이나 영혼이나 사람이나 이미지로서가 아니라,
완전하고 순수한 하나로서 사랑해야 한다.
이 하나 속으로 우리는 무에서 무로 가라앉았으리니,
하느님이여 우리를 도와주소서."[250]

페르시아 출신의 이슬람의 수피 지도자 만수르(Husain ibn Mansur

---

250 앤드류 뉴버그외 지음, 이충호 옮김, 《신은 왜 우리 곁을 떠나지 않는 가》, 한울림, 2001, p.152.

al-Hallaj, 857~922)도 다음과 같이 신인합일의 경지를 묘사했다.

> "나는 내가 사랑하는 그이고, 그는 내가 사랑하는 나이다.
> 우리는 하나의 육신 속에 머물고 있는 두 개의 영혼이다.
> 너희가 나를 본다면, 너희는 그를 보는 것이고
> 너희가 그를 본다면, 너희는 우리 모두를 보는 것이다."**251**

그리고 미국 토착 인디언 부족의 샤먼인 블랙 엘크(Black Elk, 1863~1950)도 앞의 두 사람과 비슷한 체험을 하고 다음과 같은 말을 하였다.

> "우주와 자신이 하나라는 것을 깨달을 때
> 평화는 사람의 영혼 속으로 찾아온다."

이들은 모두 삼매지경에서 이런 경험을 했다고 보아야 할 것이다. 이들 세 사람은 모두 그 종교가 다르지만 서로의 체험은 비슷하고 모두 절대자와 일체감을 느끼는 것을 궁극적인 목표로 삼고 있었다. 그리고 이 일체감 속에서 절대적인 평화와 사랑을 느꼈다. 이런 점에서 이들이 도달한 경지는 불교의 상수멸과 비슷하다. 그러나 불교에서는 수행자가 이런 경지에 이른다고 해서 그가 '바른 삼매'에 들었다고 말하지 않는다. 범아일여나 신인합일의 경지에서는 주와 객이 완전히 밀착되어 있기 때문에 행복감을 느끼고 희열을 느낄 수는 있어도 사물의 진실한 모습을 볼 수가 없다. 상수멸정에 든 것만으로 불교에서 말하는 최고의 깨달음에 이르렀다고 말할 수는 없다. 사물의 모습을 제대로 보려면 사물과 거

---

251 뉴버그, 위의 책, p.152.

378

리를 두고 보아야 한다. 붓다는 이 사실을 아래의 밑줄 친 부분과 같이 분명하게 밝힌다.[252]

"말루끼야뿟따여, 그대가 보고, 듣고, 지각하고, 아는 것에 관하여 말하자면, 이때 보는 데 있어 단지 바라볼 뿐이며, 듣는 데 있어 단지 들을 뿐이며, 지각하는 데 있어 단지 지각할 뿐이며, 아는 데 있어 단지 알 뿐이다. … 그대가 이와 같이 보는 데 있어 단지 바라보게 되고, 듣는 데 있어 단지 듣게 되고, 지각하는 데 있어 단지 지각하고, 아는 데 있어 단지 알게 될 때, <u>그대는 그것과 함께 있지 않을 것이다. 그리고 그것과 함께 있지 않을 때, 그대는 그것 안에 있지 않을 것이다.</u> 말루끼야뿟따여, 그것 안에 있지 않을 때, 그대는 이것과 이것의 너머, 혹은 그 사이에도 너는 있지 않을 것이다. 이것이 바로 고(苦)의 끝이다."[253]

마음챙김이 있어야 사물과 거리를 두고 그 사물을 지켜볼 수 있는데 마음챙김 수행은 불교에만 있다. 마음챙김이 있는 바른 삼매라야 일체 사물에 실체가 없음을 알고 제일 원인도 없음을 안다. 이것을 안다면 제일원인이나 사물에 집착하지 않고 자신의 길을 걸어간다. 이렇게 자신과 사물의 진실한 모습을 보고 주체적으로 바른길을 걷는 것이 바로 '자등명 법등명(自燈明 法燈明)'이다. 이제 바른 삼매에 대해 보다 자세히 살펴보자.

---

252 김범진, 〈사띠(sati)와 사마디(samādhi)의 중도적 구조에 대한 연구〉, 《인도철학》 제35집 (2012.8), pp.29~72. 밑줄 친 부분을 강조하고 이 문제에 대해 깊이 있게 설명하고 있다.

253 《쌍윳따니까야》 36:95 〈말루끼야뿟따경〉

② 바른 삼매: 사띠와 사마디의 중첩

붓다가 '올바른 삼매'를 설명하는 구절을 앞에서 소개했는데, 그 구절을 보면 마음챙김이 있는 세 번째 선정과 네 번째 선정에 든다는 말이 있다. 붓다가 말한 '올바른 삼매'는 대상과 밀착하여 하나가 되는 삼매와 대상과 거리를 두고 지켜보는 마음챙김의 결합이라는 뜻이다. 그렇다면 바른 삼매는 사띠와 사마디의 중첩(重疊, superposition)이라고 볼 수 있다. 중첩이란 논리적으로 양립할 수 없는 서로 다른 두 가지 이상의 상태가 하나의 사물에 결합되어 있는 것을 뜻한다. 물론 바른 삼매에 대한 이러한 해석에 대해서는 다른 의견도 있다.[254]

신일합일의 경지에 이르러 대상과 밀착된 상태를 경험한 자들은 자신이 보고 들은 것은 모두 절대자가 알려준 것이라고 한다. 따라서 인격신을 믿는 종교에서 말하는 선과 진리는 신의 계시에서 온 것이다. 그럴 수밖에 없을 것이다. 이들은 모두 제일 원인이 있다고 여기고 자아도 실체로 간주하고 있기 때문에 부분인 자아가 그를 낳은 제일 원인에 의존하는 것이 최고의 선이라고 여길 것이다. 그러나 불교는 제일원인 대신 연기법을 말하고 불변의 자아를 부정하기 때문에 삼매에 들더라도 그 삼매가 신일합일의 상태와는 다를 수밖에 없다. 범아일여 사상만 놓고 보면 브라흐만은 인격신이 아니기 때문에 기독교나 기타 인격신을 섬기는 종교에서 말하는 신일합일 사상과는 다른 것 같지만 현실적 신앙에

---

254 김범진, 위의 논문: 이 논문에서 김범진은 "본 논문은 사띠와 사마디가 서로 대립되는 요소를 가지고 있으며, 초기불교의 집중은 이 사띠와 사마디의 대립적 요소를 중도적으로 포괄하고 있는 구조로 되어 있음을 밝히려는 것이 목적이다"라고 말하고 있다. 이것은 참신한 아이디어다. 그러나 중도는 여러 가지 의미를 담고 있다. 반면에 중첩은 중도에 비해 개념적으로 간편하고 명확하다. 이런 이유로 이 책은 바른 삼매를 설명하는 데는 중도보다는 중첩이 개념적으로 더 적합한 용어라고 본다. 중첩도 중도의 원리 가운데 포함된다.

서는 그렇지 않다.[255]

불교에서는 자신이 체험으로 확인한 것만 진리로 여긴다. 체험한 것이 작으면 그는 작은 세계만을, 체험이 깊고 크면 그는 크고 깊은 세계를 인정하고 체험하면서 살게 된다. 이렇게 구체적으로 사물을 체험하고 그 본질을 깨닫게 이끄는 힘은 마음챙김에서 나온다.

붓다의 설법에 의하면 올바른 삼매란 마음챙김을 하면서 첫 번째 선정부터 차례로 네 번째 선정까지 드는 것이다. 초기 경전의 곳곳에서 붓다는 색계 사선에서 출발하여 무색계 사선을 거쳐 상수멸을 설하면서 거기에 "나는 내가 원하는 대로"라는 말을 그 앞에 붙인다. 예를 들면 다음과 같은 식이다.

> "나는 내가 원하는 대로… 첫 번째 선정에 든다. 나는 내가 원하는 대로… 두 번째 선정에 들고, 나는 내가 원하는 대로… 세 번째 선정에 들고, 나는 내가 원하는 대로…네 번째 선정에 든다. … 나는 내가 원하는 대로 상수멸에 들고, … 나는 내가 원하는 대로 여러 가지 초월적 능력을 경험한다. … 깟싸빠도 그가 원하는 대로 그렇게 한다."[256]

그리고 사리뿟따의 성취를 설명할 때는 다음과 같이 더욱 분명하게 마음챙김을 강조한다.

---

[255] 제일 원인인 브라흐만은 인격신이 아니지만 브라흐만에서 탄생한 힌두교의 신은 모두 인격신이다. 따라서 현실적 신앙에서는 힌두교도들도 다른 인격신을 섬기는 종교처럼 전적으로 모든 것을 신에 의존하고 복종하는 것을 최고의 선으로 여긴다. 우파니샤드의 사상도 결국 실체론이기 때문에 인격신이 탄생하는 것은 피할 수 없는 일일 것이다. 인격신이 이 우주를 창조하지 않았다면 우주와 물질이 스스로 존재하는 제일 원인이라고 해야 할 것이다. 이것은 유물론이다. 유물론을 피하려면 인격신을 상정하는 것은 필연일 것이다.

[256] 《쌍윳따니까야》 16:9 〈선정과 곧바로 앎의 경〉

"사리뿟따는 자신이 원하는 대로 공무변처를 뛰어넘어 상수멸에 이르러 지각과 느낌의 소멸을 성취했다. 그는 지혜로써 번뇌를 부수었다. … 그는 마음챙김을 가지고 성취에서 일어났다. 그러한 상태에서 마음챙김을 가지고 일어나서 이제는 소멸하고 변화해버린 과거의 상태를 이와 같이 '과연 이러한 상태들은 존재하지 않았지만 생겨났고, 존재했지만 사라졌다'라고 관찰했다. … 그는 자유로운 마음으로 지냈다."257

사리뿟따는 '마음챙김'을 가지고 더 이상 성취한 곳에 머무르지 않는다. 그는 거기서 일어나서 자신의 판단으로 사물을 판단하고 무상·고·무아의 이치를 안다. 아무것도 실체가 없어 더 이상 매달릴 것이 없고 또 자신이 어느 것에도 매이지 않았음을 체득했기 때문에 그는 주체적으로 살아간다. 그는 허망한 것에 집착하지 않기 때문에 더 이상 윤회하지 않는다.

올바른 삼매에 들어 지혜를 얻어 사물의 참모습을 보고, 절대 자유를 얻었기 때문에 붓다는 다음과 같이 말할 수 있었다.

"나는 모든 것을 이겼고 모든 것을 알았노라!
일체의 번뇌에서 벗어나고 일체의 죄업에서 벗어났노라.
일체의 욕망에서 벗어나 완전한 자유를 얻었고[해탈]
바른 깨달음을 성취하여 위 없는 지혜[반야] 이루었으니
나는 스승이 없고 천상에도 지상에도 나와 대등한 사람은 없노라."258

---

257 《맛지마니까야》 111 〈차례 차례의 경〉
258 《율장》 〈대품〉, 《법구경》 353게송, 《초전법륜경》

위의 글에서 말하는 것처럼 모든 것을 이겼고 모든 것을 알았노라고 하면 많은 사람들에게 실현 가능성이라고는 전혀 없는 과장된 말처럼 들릴 수 있을 것이다. 그리고 어떤 사람들에게는 그것은 너무 큰 일이라 자기는 결코 도달할 수 없는 경지를 붓다가 말하고 있다는 생각이 들지 모른다. 붓다가 터무니없는 말을 했다면 그는 팔정도에서 정어를 어긴 사람일 것이다. 그가 바른말을 하지 않았다면 경전 전체의 내용을 의심하게 될 것이다. 사실 인간이 듣고 구전되어 오던 것을 몇백 년 뒤에 기록한 것이 불경이니 만치 불경에는 오류가 많이 있을 수 있다. 여기서 믿음이 중요한 역할을 한다. 제3장에서 붓다의 인격에 대해 헤르만 베크나 칼 바르트 같은 사람이 한 말을 소개한 바가 있는데 그들이 말한 바와 같이 붓다가 도덕적으로 흠이 전혀 없는 사람이라고 믿는다면, 붓다가 과장을 하거나 있을 수 없는 일을 얘기했다고 믿기는 어렵다. 붓다의 인격을 믿는다면 그가 가르친 대로 실천하는 것이 현명한 태도일 것이다. 더구나 붓다가 깨달은 연기법은 과학적으로 검토해보거나 경험적으로 살펴보거나 어느 모로 검토해보든지 부정할 수 없는 진리다. 오히려 진리이긴 진리이되 너무 상식적이어서 깊이가 없어 보일 정도이다. 그러나 연기법은 파고들면 파고들수록 그 깊이를 짐작할 수 없을 만치 오묘한 진리를 담고 있다. 사실 많은 사람들이 붓다가 가르친 대로 실천하였더니 붓다가 경전에서 말한 내용을 확인할 수 있었다고 말한다. 다음 장에서는 붓다의 가르침을 따라 수행을 하고 실용적인 측면에서 큰 효과를 본 사람의 얘기를 하고, 우리가 앞으로 어떻게 살아가는 것이 가장 바람직한지 논의해보도록 하자.

9

진정한 미래 종교

이 책의 4장부터 7장까지 설명한 바와 같이 우리는 불교의 연기법 및 공과 중도사상이 양자역학의 물질관과 조화를 이룸을 보았다. 세상에 많은 종교와 윤리 도덕 강령이 있지만 그중에서 과학적 진리와 전혀 충돌하지 않고 조화를 이루는 것이 있다면, 그것은 불교의 연기법이다. 연기법은 붓다가 바른 삼매를 통해 깨달은 보편적 진리로서 그 자체가 과학이라고 할 수 있다. 생물들의 종(種, species)이 어떻게 출현하게 되었는가를 설명하는 진화론이 이제는 생물학의 영역을 넘어서 심리학, 정치, 경제, 사회문제까지 설명하는 데 기여하고 있다. 그런데 그 진화가 일어나는 원리를 설명할 수 있는 것이 연기법이다. 다만 학자들이 연기법이라는 용어를 쓰지 않고 유기체와 환경과의 상호인과라는 뜻의 말을 달리 풀어서 쓸 뿐이다. 그러나 불교적 진리가 과학적 진리와 조화를 이룬다는 것만으로는 불교를 우주적 종교라고 부를 수 없다. 불교를 미래의 종교요, 우주적 종교라고 부를 수 있으려면 불교가 21세기 현시점에서 살아서 활동하는 종교가 되어야 한다. 살아있는 종교란 그 시대 사람이 꼭 필요로 하는 문제에 대해 답을 줌으로써 그 종교의 가르침 중 하나가 그 시대를 대표하는 정신적 활동이 되어야 한다는 뜻이다.

알고 보면 불교의 마음챙김 명상은 실생활 속에 이미 깊이 들어와 있다. 바쁘게 사는 현대인들이 출가자들만큼 본격적인 수행을 하기는 힘들지만, 마음챙김 명상만큼은 뜻만 있으면 일상생활을 살아가는 가운데서도 어렵지 않게 수행할 수 있고, 세속생활을 살아가는 데 큰 도움이 되는 수행법이다. 구글의 창립 초기에 입사하여 모바일 검색창을 개발하는 데 주도적인 역할을 한 차드 멍 탄(Chade-Meng Tan, 1970~)은 마음챙김 명상을 통해 자신의 마음을 안정시키고 감정을 조절하는 데 큰 도움을 받고, 실리콘밸리에 명상법을 널리 퍼트린 사람이다. 차드 멍 탄은 "명상의 시대가 온다"고 말했는데, 실리콘밸리에는 이미 그 시대가 도래했다고 할 수 있다. '명상의 시대가 온다'는 것은 명상이 삶과 비즈니스에 두루 유용하게 쓰임으로서 누구나 행복한 삶과 성공적인 직장생활을 위해 명상을 하는 시대가 온다는 뜻이다.

1) 명상의 시대

지금까지 우리는 "너 자신을 알라"고 하는 말을 수없이 들어왔다. 이 말대로 사람이 자기 자신을 알면 이 세상에서 진정 현명하게 살아갈 수 있을 것이다. 그런데 이 말을 듣긴 했지만, 대부분의 사람들은 어떻게 자기 자신을 알 수 있는지 그 방법을 모른다. 이 방법을 구체적으로 말해준 이는 다름 아닌 붓다다, 마음챙김 수행을 바탕으로 사물의 참모습을 관한 끝에 붓다는 자신을 알았고 세계를 알았다. 네 가지 마음챙김의 확립이 바로 나와 세계를 아는 방법이다.

혜민 스님이 쓴《멈추면 비로소 보이는 것들》이란 책이 있는데,[259] 이 책의 제목이 암시하는 것처럼 부산하게 움직이는 마음을 잠시나마 쉬게 하면 건강에도 좋고 평소에는 보이지 않던 것들이 보이게 되어 창의성이 커진다. 마음을 쉬게 하는 손쉬운 방법이 바로 마음챙김 명상을 하는 것이다. 미국 의학계는 일찍부터 마음챙김 명상의 의학적 효과에 주목하고 연구를 해왔는데 심리치료가의 40% 이상이 마음챙김 명상수련법을 사용하고 있고, 매년 1,200편 이상의 명상관련 논문이 심리학이나 의학 학술지에 발표되고 있다고 한다.[260] 그런데 명상법의 활용은 의학계에서만 관심을 가진 것이 아니다. 기업들도 명상의 효과에 대해 의학계에 못지않게 일찍부터 주목해왔다. 마사츄세츠 의과대학에 '마음챙김에 근거한 스트레스 완화(MBSR)' 클리닉을 세운 존 카밧진 (Jon Kabat-zinn, 1944~) 교수에 의하면 의학뿐만 아니라 포천지 선정 100대 기업과 500대 기업에서도 마음챙김 명상을 활용하고 있다고 한다. 그 목적은 최적화하고 구체적으로 실현하는 리더쉽, 감성 지능(Emotional Intelligence), 쇄신, 창조성, 그리고 효과적 의사소통을 촉진하기 위한 것이다. 그리고 미국 군대에서도 병사의 스트레스 회복, 탄력성 증진과 대게릴라 작전의 분별력과 자제력 증강 훈련을 위해서 마음챙김 명상법을 활용하고 있다고 카밧진 교수는 말한다.[261] 그만큼 마음챙김 명상은 이미 실생활 속에 깊이 들어와 있다. 이 정도면 적어도 미국은 곧 명상의 시대에 돌입하게 된다고 말할 수 있다. 유럽의 기업들도 미국 기업들에 못지않게 기업발전을 위해 명상을 활용하고 있다. 아마도 얼마 후면 전

259 혜민 지음, 이영철 그림, 《멈추면 비로소 보이는 것들》, 쌤앤파커스, 2012

260 장현갑 지음, 《명상에 답이 있다》, 담앤북스, 2013, p.13.

261 존 카밧진 지음, 안희영 옮김, 《처음 만나는 마음챙김 명상》, 불광출판사, 2012, p.180.

세계가 명상의 시대로 들어설 것으로 보아도 좋을 것이다. 참고로 말하자면 한국도 이미 삼성이나 LG 같은 대기업에서는 명상을 직원들에게 장려하고 있다.

(1) 첨단기업과 명상문화

실리콘밸리는 세계에서 혁신과 스피드와 이윤을 가장 중요시하는 첨단 산업을 이끄는 기업체들이 모여 있는 단지이다. 이런 곳에서 근무하는 사람들에게는 스트레스가 따르기 마련이다. 실리콘밸리에 있는 첨단 기업 중 하나가 주식회사 구글(Google Inc.)이다. 구글은 1998년에 'BackRub'이라는 이름으로 설립한 회사인데, 이 회사는 회사 설립 후 10년 정도 되는 해부터 미국 전체 인터넷 검색의 2/3, 전 세계의 70%를 장악하고 있다. 구글은 검색과 관련된 광고로서 수익을 내는 회사로 이 회사 수익의 96%가 광고 수익이라고 한다.

차드 멍 탄은 1999년 구글의 107번째 사원으로 입사하여 모바일 검색 창을 개발하는 데 주도적인 역할을 한 천재적인 엔지니어이다. 그는 오늘날의 구글이 있게 하는 데 큰 역할을 했다고 해도 과언이 아닐 정도로 젊은 나이에 큰 성공을 거두었으나 그의 내면은 항상 불안하고 초조했다. 그러던 어느 날 그는 우연히 티베트 스님을 만나게 됐고, 스님으로부터 지도를 받아 명상을 시작했는데, 명상을 통해 그는 우울감에서 벗어나 자신감을 얻게 됐고, 평정심을 되찾게 되었다. 그는 구글의 초기 멤버로 평생을 먹고 살 만큼 돈은 많았지만 그는 다른 사람에게도 도움을 주고 싶어 일상생활 속에서 쉽게 명상을 하도록 돕는 프로그램을 개발하였다. 이 프로그램을 개발하는 데 선승들과 명상에 관해 오랫동안 연구를 하고 수행을 해온 심리학자 및 뇌 과학자들의 도움을 받았으나, 쉬운 말로 명상을 설명하고 수련에 도움이 되도록 현대적인 용어로 설명한 것은 차드 멩 탄 자신의 능력이었다. 이 명상 프로그램을 '내면검색(Search Inside Yourself, SIY)'고 부르는데, '너의 내면을 검색하라'는 것은 '너 자신을 알라'는 말과 같은 뜻이다. 이 프로그램은 같은 이름의 책으로도 출판되었고 우리나라 말로도 번역되었다.[262] 이 프로그램은 고작 7주 20시간의 교육을 실시하는데, 이 짧은 시간 동안에 이 프로그램을 이수한 사람들은 거의 모두 차드 멩 탄 자신이 명상을 통해 효과를 본 것처럼 자신감이 생겼다고 한다. 무엇보다도 감성 지능이 높아져 감정조절이 쉬워지고 인간관계가 좋아지고 있다는 것을 느꼈다고 한다. 한마디로 말해 대부분의 사람들이 프로그램을 이수하기 전보다 훨씬 행복해진 것이다.

2007년부터 시작한 '내면검색(SIY) 프로그램'은 이제는 구글의 사내 무료 교육 프로그램 중 가장 인기 있는 강좌로서 대기자가 많을 때는 6개월까지 기다려야 한다고 한다. SIY 프로그램이 시작된 2007년 이후 구글에서는 2,500명이 넘는 엔지니어들과 관리자들이 교육을 받았고, 이 프로그램을 이수한 직원들이 자발적으로 더 많은 동료들과 친목을 도모하고 명상을 생활화하자는 취지에서 지포즈(gPause)라는 그룹을 만들어 활동하고 있다. 'Pause'는 하던 일을 잠시 멈춘다는 뜻인데 마음챙김 명상 동아리의 이름으로 아주 적절하다고 하겠다.

SIY는 구글을 넘어 실리콘밸리 전체로 퍼져 실리콘밸리 내에서 가장 유명한 명상 프로그램이 되었고, 마음챙김 명상이 실리콘밸리의 문화로 자리 잡는 데 큰 기여를 하였다. SIY가 유명한 명상 프로그램으로 꼽히긴 하지만 실리콘밸리 내에 있는 회사는 구글만 있는 것도 아니고 명상프로그램도 SIY만 있는 것도 아니다. SIY가 출현하기 전에도 애플,

---

262 각주 81번 참조

인텔, IBM 등 거의 모든 기업들이 다 회사 자체에서 개발한 명상프로그램을 갖고 있었다. 특히 애플은 창업자 스티브 잡스가 명상 덕분에 창의적인 아이디어를 갖게 되었다고 생각했기 때문에 일찍부터 사내 명상프로그램을 개발하였고 명상실도 마련하여 직원들에게 무료로 이를 이용할 수 있게 하였다. 이들 쟁쟁한 기업들의 명상프로그램을 제치다시피하고 SIY가 실리콘밸리 명상문화의 상징처럼 된 데는 그만한 이유가 있다. 차드 멍 탄 자신의 분석에 의하면, SIY교육과정은 과학적인 근거가 확실하고 매우 실용적이며 누구나 이해할 수 있는 쉬운 언어로 표현되어 있다는 것이다. 이 말은 붓다의 가르침을 과학적이고 쉬운 언어로 표현하면 사람들에게 유용한 점이 무궁무진하다고 말하는 것과 마찬가지다. 불교 수행법 중 가장 초보적이라고 할 수 있는 마음챙김 명상이 이 정도의 위력을 발휘한다면 다른 중요한 수행법의 유용성과 위력은 말할 필요도 없을 것이다.

이제 명상은 실리콘밸리의 문화가 되었다. 마음챙김 명상이 실리콘밸리의 문화로 자리 잡았다는 사실은 우리로 하여금 중도의 의미를 다른 각도에서 보고 깨닫도록 해준다. 첨단기업들이 직원들에게 명상을 하도록 장려하고 있고, 직원들도 여기에 적극 호응하고 있다고 하는데, 생각해보면 참 흥미로운 일이다. 마음챙김 명상은 마음이 쉬는 일이다. 반면에 첨단기업은 혁신과 경쟁을 위해 쉬지 않고 달려야 하는 운명을 갖고 있는 곳이다. 그보다 더욱 이상한 것은 기업이 하는 일은 인간의 욕망을 채워주고 돈을 버는 일이라는 사실이다. 기업은 태생적으로 인간이 평소에는 의식하지 못 하는 잠재적 욕망까지 일깨워 부추기면서 새로운 수요를 창출하고 이윤을 극대화시키려고 노력한다. 그와는 반대로 마음챙김 명상은 인간의 욕망이 조용히 가라앉도록 마음을 지켜봄으로써 마음이 쉬도록 하는 것이다. 그런데 첨단기업들은 무슨 이유로 그들의 기업문화와 상충되는 것처럼 보이는 마음챙김 명상을 그들의 기업문화에 접목시키려는 것일까? 그것은 이익 때문이다. 실리콘밸리에 자리 잡은 첨단산업을 이끄는 기업들은 이익창출이 가장 중요하다. 그들의 기업문화는 이익을 내는 데 최적화하도록 그들이 만든 것이다. 그들은 직원들이 스트레스에서 벗어나 행복감과 안정감을 느껴야 회사가 잘 돌아간다는 것을 알았다. 그리고 직원들이 스트레스에서 벗어나 활력을 느끼고 자기가 하는 일에 창의력을 발휘하도록 돕는 데는 마음챙김 명상을 수련하는 것이 최선임을 깨달았다. 대립되는 것의 조화, 이것이 바로 중도다. 중도의 길을 걸어야 기업도 살고 직원도 사는 것이다. 실리콘밸리의 명상문화는 실리콘밸리에서만 꽃을 피우는 것이 아니고 머지않아 전 세계로 퍼져나가고 세계는 명상의 시대로 접어든다고 예측할 수 있다. 그것은 세상 모든 국가의 정부가 하는 일과 원하는 것이 실리콘밸리의 기업과 다를 바가 없기 때문이다.

파키스탄의 물리학자 살람(Abdus Salam, 1926~1996)은 1979년 노벨 물리학상 수상식 연설에서 이런 말을 하였다. "18세기까지는 동양의 국력이 서양보다 월등하게 앞섰었는데 뉴턴역학의 출현으로 인해 서양에 과학을 기반으로 한 기술이 탄생함으로써 불과 150년 만에 동양과 서양의 국력이 역전되었다. 따라서 기초과학의 육성이 무엇보다 중요하다." 살람이 한 말은 부분적으로 옳긴 하지만 그가 미처 생각하지 못하고 빠트린 것이 하나 있다. 기초과학도 인간이 하는 것이고, 인간이 하는 일은 모두 마음에 달렸고 국가의 발전은 국민들의 도덕 수준에 달린 것이라는 것을 빠트린 것이다. 실리콘밸리에서 일어나는 일에서 본 것처럼 정말 국가가 발전하려면 마음을 훈련시키는 일이 과학 기술의 발전과 병행해야 한다. 실리콘밸리의 과학자들처럼 기초과학 연구에 종사하는 과학자들도 명상을 하면 당연히 더 좋은 연구를 할 수 있고 스트레스에서 벗어나 행복감과 자신감을 갖게 될 것이다. 국가의 발전도 마찬가지다. 경제정책을 세우고 과학 기술의 발전을 위해 노력하고 국민교육에 힘을 써야겠지만 도덕심의 함양과 감성 지능의 증진이 교육정책의 근본 바탕이 되어야 한다. 도덕심을 함양시키기고 감성 지능을 높이기 위해서는 마음챙김 명상을 교육 프로그램으로 도입하여야 한다. "너 자신을 알라"는 말대로 자신을 알아야 도덕심을 기르고 자신이 하고 싶은 일을 찾아 노력을 할 터인데 자신을 아는 데는 마음챙김 명상이 큰 도움을 주기 때문이다. 이런 사실을 이해하기 위해 관광산업의 발전을 생각해보자.

사람들은 대개 관광산업이 발전하기 위해서는 좋은 관광 자원이 있어야 된다고 생각한다. 볼거리가 있어야 하고, 역사적 유물을 잘 보존해야 하고, 경치가 좋은 산이나 바다를 깨끗하게 유지하는 것이 무엇보다도 중요하다고 생각한다. 이런 일은 물론 중요하다. 그러나 꼽을 만한 관광 자원이 없더라도 사람들이 정직하고 친절하면 그것만으로도 좋은 관광 자원이 된다. 좋은 물건을 제값에 살 수 있고, 사람들이 친절하고 정직하고, 도덕과 전통이 살아 있으면 그 자체가 무형의 관광 자원이 된다. 유형의 관광 자원이 없더라도, 품질이 좋은 물건을 합리적인 값으로 살 수 있고, 본받을 만한 윤리 도덕이 있고, 사람이 친절하고 따뜻하면 남들이 제 발로 찾아와서 무형의 관광 상품을 사게 마련이다. 이 세계는 눈에 보이는 물리적 공간만으로 이루어진 것이 아니다. 눈에 보이지 않는 공간이 얼마든지 있다. 근면 성실, 정직, 친절도 그런 보이지 않는 공간 중의 하나이다. 영토를 넓히려면 남과 피를 흘리면서 싸워야 하고, 시장을 넓히려면 남과 치열하게 경쟁하고 스트레스를 받아야 하지만, 정신의 공간을 넓히는 일은 자기 혼자만의 노력으로 충분히 가능하다. 스티브 잡스가 말한 대로 정신의 공간을 넓히는 데는 명상만 한 것이 없다. 다른 산업의 발전과 과학 기술의 발전도 관광산업의 발전과 다를 바 없다. 국가의 목표를 도덕과 문화의 중심국가가 되는 것에 둔다면 과학과 기술도 발전하고 관광산업도 발전하게 마련이다. 국가의 발전을 위해 무엇보다도 중요한 것은 윤리 도덕의 확립이다. 사람들은 반드시 언젠가는 이 사실을 깨닫게 될 것이고 그때 명상 문화가 꽃을 피울 것이다. 그전에라도 불교인은 마음챙김 명상을 생활화해야 붓다의 가르침이 진정 그 사람에게 도움이 될 것이다.

(2) 생활 속의 명상

불교에서 말하는 수행법 중 '계'에 해당하는 바른말, 바른 행동, 바른 생업은 일상생활 속에서도 실천할 수 있고 또 불자라면 반드시 실천해야 하지만 다른 수행법은 뜻이 있어도 일상생활 속에서 실천하기가 쉽지 않다. 그러나 마음챙김 명상만큼은 뜻만 있으면 일상생활을 살아가는 가운데서도 어렵지 않게 수행할 수 있고, 세속생활을 살아가는 데 큰 도움이 되는 수행법이다. 여러 가지 유혹에 노출되고 스트레스를 많이 받을 수밖에 없는 세속생활에서 마음챙김 명상을 하면 나쁜 생각이나 그릇된 욕망이 침투하지 못한다. 또 유혹에 넘어갔다고 하더라도 마음챙김 명상은 거기서 빠져나올 힘을 준다. 억지로 애를 써서 빠져나오는 것이 아니라 자연스럽게 바른길에 들어서도록 이끌어준다.

모든 성인들이 다 그릇된 욕망을 따르지 말고 바르게 살라고 하지만, 세속에 몸을 담고 있는 사람이라면 이성과 감성의 틈바구니에 끼어서 이러지도 못하고 저러지도 못할 때가 가끔 있게 마련이다. 이럴 때 수행이 부족한 재가자는 한동안 괴로워하다가 그릇된 것인 줄 알면서도 감성을 따르게 마련이다. 그른 일인 줄 알면서도 그른 일을 하게 될 때 많은 사람들이 자신에 대해 실망하고 괴로워하지만 그럴 필요가 없다.

이성으로 감성을 이길 수 없을 때는 감성을 따르는 수밖에 없다. 그러나 감성을 따르되 감성을 따르는 자신에게 저항하지 말고 그저 담담한 마음으로 자신의 모습을 지켜보면 얼마 후 그릇된 길에서 자연스럽게 벗어나게 된다. 자신의 모습을 지켜볼 때 주의할 점은 결코 감성을 따르는 자신을 나무라거나 자신에게 실망하지 않는 것이다. 사람의 마음이란 묘해서 꼭 흙탕물같이 행동한다. 감성을 따르는 자신에게 실망하거나 자책을 하면, 그릇된 욕망은 더 일게 된다. 그 예로서 제3장에서 화가 날 때나 담배를 피울 때, 자신의 모습을 조용히 지켜보고 있으면, 몇 번 반복되지 않아서 곧 고치고 싶은 버릇이 고쳐진다는 말을 하였는데, 이렇게 자신의 모습을 지켜보는 것이 바로 생활 속에서 수행하는 마음챙김 명상이다. 억지로 화를 참거나 담배를 끊으면, 성질은 더 나빠지고 담배를 끊은 것에 대한 금단증상이 심하게 일어난다. 보다 나은 삶을 위해 우리가 일상생활을 살아가는 가운데 마음챙김 수행을 통해 얻을 수 있는 것은 이것뿐만이 아니다. 가장 자주 또 쉽게 활용할 수 있는 것이 마음챙김을 통한 스트레스의 대처법이다. 카밧진 교수가 MBSR 클리닉을 설립한 것도 만성통증이나 만성질병으로 고통받는 환자들의 스트레스 감소를 위해 마음챙김 명상법을 활용하기 위한 것이다.

　스트레스의 원인은 여러 가지가 있겠지만 스트레스를 겪으면서 고통을 받고 있는 사람들이 갖고 있는 공통점 중 하나는 마음을 내려놓지 못하고 있는 것이다. 마음을 내려놓는다는 것은 스트레스를 준 원인에 대해 더 이상 생각하지 않고 거기에 매달리지 않는다는 뜻이다. 스트레스의 원인을 없앨 수는 없다. 그러나 정말 큰 고통은 외부에서 온 스트레스의 원인이 아니다. 스트레스의 원인에 매달려 그것과 계속적으로 감정적 교류를 하는 '나' 자신이다. 이 점을 지적한 사람은 붓다이다. 붓다의 설법을 들어보자.

"범부들은 외부에서 자극을 받아 느낌이 생겨 고통이 들이닥치고 목숨을 잃을 지경이 되면, 근심하고 슬퍼하며, 눈물을 흘리고, 울부짖으며 반쯤 미치게 되느니라. … 이것은 몸에 두 개의 화살을 맞는 것과 같으니 첫 번째 화살이 외부에서 쏘아 몸에 맞은 것이라면 두 번째 화살은 자신의 마음이 만들어 마음에 쏜 화살과 같으니 두 번째 화살이 훨씬 고통스러우니라. 나의 가르침을 배운 제자는 첫 번째 화살을 맞아도 두 번째 화살은 맞지 않고 … 마침내 느낌으로부터 자유롭게 되고 … 일체의 고통에서 벗어나느니라."[263]

스트레스를 주는 일이 있을 때 감정에 휘말리지 않고 마음챙김 명상을 통해 괴로움에 젖어있는 자신의 마음을 조용히 관(觀)하면 괴로워하는 마음은 곧 사그라진다. 마음챙김 명상의 첫 단계는 호흡이다. 심호흡이 좋지만 심호흡이라고 해서 억지로 숨을 길게 들여 마시고 내쉬는 것이 아니라 자연스럽게 호흡을 하는 것이 중요하다. 자연스럽게 하는 심호흡이 아니라면 의식적으로 호흡을 통제할 필요는 전혀 없다. 자신이 호흡하는 모습을 지켜보면 그만이다. 호흡을 지켜보면 자연스럽게 심호흡을 하게 된다. 눈을 감고 천천히 심호흡을 하면 부교감신경이 활성화되어 그 자체만으로도 스트레스가 완화된다. 물론 심호흡만으로도 스트레스가 완화되는 것은 사실이지만 그것만으로도 스트레스에서 벗어날 수는 없다. 마음의 훈련이 필요하다. 그 훈련 중 붓다가 발견한 최선의 방법이 바로 마음챙김 명상이다. 마음챙김 명상은 스트레스를 받는 자신의 마음을 똑바로 직시하고 바라보는 것이다.

'나'에게 스트레스를 준 외부로부터의 자극은 순간적으로 '나'에게 짜

---

263 《잡아함경》 권17 〈470(전경)〉

증 나거나 괴로운 느낌을 불러일으키지만 거기에 더 이상 반응을 하지 않으면 호수의 잔물결이 생겼다가 바로 사라지듯이 괴로운 느낌은 더 이상 지속되지 않는다. 경전에서 반복적으로 말하는 바와 같이 느낌은 내가 아니고 나의 것이 아니기 때문에 조용히 바라보고 있으면 괴로운 느낌은 사라진다. 빅터 프랭클은 자신의 고통을 객관적인 사물을 대하듯 직시하는 방법을 터득해 아우슈비츠에서 고통을 이겨냈다고 한다. 그러나 자신에게 스트레스를 준 대상을 상대로 하여 또는 자신의 마음에 대하여 "큰일 났어", "너무 속상해", "아, 짜증 나"하고 소리치거나 마음속으로 괘씸하다는 생각을 불러일으켜 분한 마음을 곱씹고 있으면 우리의 두뇌는 스트레스 물질을 온몸에 뿌린다. 그러면 진짜 짜증 나고 성이 나며 분한 마음이 든다. 이 과정을 반복하면 분한 감정이나 짜증 나는 마음이 증폭되어 괴로운 마음이 확고한 실체를 가진 것처럼 '나'를 지배하게 된다.

　　보통 사람이 일상생활 속에서 마음챙김 명상을 하는 것이 쉽지 않은 것처럼 보인다. 그러나 그렇지 않다. 괴로움을 느끼거나 분하거나 짜증이 날 때마다 그것을 억누르려고 하지 않고 자신이 그러한 감정에 휩싸여 있다는 사실을 알고만 있으면 스트레스는 조금씩 물러나게 되고 이러한 훈련이 쌓이면 마침내 스트레스에서 해방된다. 그리고 수행이 깊어지면 나에게 스트레스를 준 것은 1차 화살이 아니라 나의 그릇된 욕망에서 비롯된 것임을 깨닫게 된다. 《화엄경》에서는 인간을 그릇된 길로 이끄는 욕망을 다섯 가지 꼽는데, 그것들은 물욕, 색욕, 식욕, 명예욕, 수면욕이다. 사실 사람이 이 다섯 가지 욕망으로부터 자유롭다면 스트레스를 받는 일은 드물 것이다. 사람이 대상과 밀착되어 있으면 그 대상의 참모습을 볼 수 없고, 모든 것이 소중하게 여겨진다. 그러나 한발 물러서서 보면 내가 소중하다고 여기고 꼭 지키려고 한 것이 한낱 쓰레기 같은 것일지도 모른다는 생각이 든다. 자존심이 상해 몇 날 동안 누군가를 미워하고 괴로워했지만 그 자존심이라는 것도 꼭 그렇게 지켰어야 할 만큼 가치 있는 것이 아닐지도 모른다. 이런 것은 대상에 집착하는 이상 결코 깨달을 수 없지만 대상에서 한발 물러나서 조용히 살피면 깨달을 수 있는 것들이다.

물건을 잃거나 거래에서 손해를 본 것이 아까워 속이 쓰리고 괴로워했지만 과연 그 물건이나 손해 본 것이 그렇게 중요한 것은 아니고 나 자신의 집착에서 비롯된 것임을 깨닫는 순간 괴로움은 사라진다. 나의 자존심에 상처를 내고 떠나간 자를 내가 미워하고 저주해도 상대방은 그 사실을 모른다. 그는 나로부터 아무런 상처를 받지 않는다. 내가 미워하고 저주하는 것 때문에 손해를 보는 자는 나 자신이다. 설령 그가 저주받아 마땅한 사람이라고 하더라도 내가 그를 저주하고 증오하는 이상 마음의 평화를 잃고 괴로워하는 자는 나 자신이다. 내가 마음을 놓아버리고 그를 용서하는 것은 사실 나 자신을 용서하는 것이 된다. 마음챙김 명상은 이런 사실을 깨닫게 해준다.

마음챙김 명상을 실생활 속에서 수행하는 것은 그다지 힘든 것도 아니고 시간이 걸리는 것도 아니다. 카밧진 교수와 데이비슨(Richard Davidson, 1951~) 교수의 공동연구에 의하면, 스트레스가 심한 회사직원들에게 일주일에 세 시간씩 두 달간 마음챙김 명상법을 수행하게 하였더니 이들의 스트레스가 크게 완화되었을 뿐만 아니라 어떤 사람들은 긍정적인 방향으로 바뀌었다고 한다. 이밖에도 마음챙김 명상의 긍정적인 효과에 대한 많은 연구결과가 있으나 그것들을 여기서 더 설명하는 것은 큰 의미가 없을 것이다. 연구결과를 소개하는 것보다는 마음챙김 명상이 어떻게 실리콘밸리와 같은 곳에서 하나의 문화로 자리 잡게 될 정도로 수행자들에게 큰 효과가 있었는지 그 이유를 찾아보는 것이 더 흥미 있을 것이다. 그것은 호흡과 마음챙김 명상 둘 다 의식과 무의식을 연결하는 관문의 역할을 하기 때문이다.

(3) 호흡: 의식과 무의식의 관문

여기서 잠깐 제1장에서 말한 칼 메닝거의 바그다드의 노예를 다시 생각해보자. 노예는 삶의 본능에 의해 사가랴로 도망치지만 이 행동이 그대로 죽음의 신한테로 가는 길이 된다. '삶의 본능'이 그를 죽음으로 이끈 것이니 '삶의 본능'이 곧 '죽음의 본능'인 셈이다. 사실 인간의 행동과 마음의 작용을 관찰해보면 '삶의 본능'과 '죽음의 본능'은 하나의 뿌리에서 나온 것이라고 보아야 할 것이다. 심리학에서는 삶의 본능을 에로스(Eros), 죽음의 본능을 타나토스(Thanatos)라고 부르는데 이 둘은 하나의 마음이 갖는 두 가지 상반된 면인 것처럼 보인다.

우리가 중요한 문제로 면접을 하거나 발표를 할 때 잘하고자 하는 마음에 긴장을 하게 된다. 잘 하고자 하는 마음은 에로스가 작용한 것이다. 그런데 그로 인해 긴장이 지나치면 발표와 면접은 엉망이 된다. 에로스가 타나토스로 나타난 것이다. 그렇다면 심리학자들이 이중성이라는 용어를 쓰지 않지만 에로스-타나토스는 이중성을 이룬다고 보아야 할 것이다.

입자-파동의 이중성에서 관찰자는 그의 선택에 따라 입자를 선택해서 볼 수도 있고, 파동성을 선택해서 파동을 볼 수도 있다. 그런데 우리의 경험에서 알 수 있듯이 에로스-타나토스의 이중성에서는 둘 중 하나를 마음대로 고를 수 없다. 에로스를 고른다고 해서 타나토스가 없어지는 것은 아니다. 에로스가 타나토스이기도 하기 때문이다. 사람이 행복하게 살기 위해서는 둘의 조화가 필요하다. 보아는 입자와 파동의 성질을 상보성이라고 불렀는데 사람이 무슨 일에 성공하려면 에로스와 타나토스가 상보적으로 작용해야 할 것이다. 그런데 이것이 뜻대로 되지 않아 성공하려는 마음이 사람을 긴장 상태로 몰아넣고 스트레스를 받게 만들어 성공해도 행복을 모르게 된다. 그 이유는 에로스-타나토스는 무의식 가운데서 작용하기 때문이다. 의식하에서 일어나는 일은 우리 마음대로 선택할 수 있지만 무의식적으로 처리되는 일은 우리가 원하는 대로 되는 것이 아니다. 운동을 해서 근육을 단련시키듯이 우리는 우리의 무의식을 훈련시킬 필요가 있다. 그렇다면 의식이 무의식에 영향을 주어야 할 것이다. 마음에 무슨 영역 같은 것이 있는 것은 아니지만 의식과 무의식의 역할이 다르니 편의상 영역이라는 말을 사용하기로 하자. 우리의 의식이 무의식의 깊숙한 영역까지 들어갈 수 있다면 우리는 우리의 마음을 마음대로 쓸 수 있을 것이다. 그것을 가능하게 하는 것이 호흡과 마음챙김 명상이다.

불교의 선은 시대와 종파에 따라 그 방법이 달라지지만 한 가지 공통적인 것은 남방불교의 위빠사나 명상이든 선불교의 간화선이든 또 요가나 국선도 수행이든 모두 수행의 기초가 호흡이다. 불교에서는 자연스러운 호흡을 권하고[264] 요가나 국선도에서는 호흡을 통제하지만 여기서는 구체적인 호흡법에 대해서는 신경을 쓰지 않겠다. 중요한 것은 마음 수행의 기초가 호흡이라는 사실이다.

호흡의 기초는 수식관이다. 수식관이란 호흡을 하면서 처음에는 들숨과 날숨을 하나둘 하고 헤아리다가 어느 정도 숙달이 되면 호흡을 '관' 하는 것인데, 마음을 안정시키고 정신을 다스리는 법으로 호흡에 주목

---

264 《맛지마니까야》 118 〈아나빠나사띠경(ānāpānasati sutta)〉. 여기에 자연스러운 호흡법인 아나빠나사띠에 대한 설명이 있다. "그는 알아차리면서 숨을 들이쉬고 알아차리면서 숨을 내쉰다. ① 들이쉬는 숨이 길면 '길게 들이쉰다'고 알아차리고, 내 쉬는 숨이 길면 '길게 내 쉰다'고 알아차린다. ② 들이쉬는 숨이 짧으면 '짧게 들이쉰다'고 알아차리고, 내 쉬는 숨이 짧으면 '짧게 내 쉰다'고 알아차린다. ③ '숨의 전 과정을 알면서 들이쉬리라'며 공부 짓고 '숨의 전 과정을 알면서 내 쉬리라'며 공부 짓는다. ④ '숨을 고요히 하면서 들이쉬리라'며 공부 짓고 '숨을 고요히 하면서 내 쉬리라'며 공부 짓는다."

하는 것은 놀라운 통찰력이라고 할 수 있다. 이유는 인간의 무의식적 작용을 통제할 수 있는 유일한 방법이 호흡을 조절하는 것이기 때문이다. 사람의 신경에는 체성 신경계와 자율 신경계가 있는데, 체성 신경계는 인간의 의지대로 활동할 수 있는 데 반해 자율 신경계는 인간의 의지와 관계없이 생명을 유지하는 데 필요한 방식으로 자동적으로 움직임이 조절되고 있다. 체성 신경계는 인간의 의식에 의해 통제되나 자율 신경계는 인간의 무의식에 의해 조절된다고 볼 수도 있다. 체성 신경계의 통제를 받는 근육을 수의근, 자율 신경계의 통제를 받는 근육을 불수의근이라고 하는데, 내장은 모두 불수의근으로 이루어져 있어 심장의 박동과 같은 내장의 운동은 모두 인간의 의지와는 상관없이 작용하는 자율 신경의 조절을 받고 있다. 인간의 근육 중 호흡기를 움직이는 근육만은 불수의근과 수의근으로 이루어져 있어 의식의 지배를 받기도 하고 무의식이 지배하기도 한다. 따라서 호흡의 통제를 통해서 의식의 세계로부터 차츰 무의식의 세계로 의식을 넓혀가는 것이 가능한 것이다. 호흡은 의식의 세계에서 무의식의 세계로 들어가는 관문인 것이다.

불교의 수행이란 인간의 마음을 다스리는 것인데, 인간의 마음을 다스린다는 것은 무의식에서 일어나는 정신 활동을 다스리는 것이라고 볼 수 있다. 무의식적 작용을 다스리지 못한다면 수행이란 아무런 의미가 없기 때문이다. 마음을 다스리는 방법이야 많겠지만 호흡법을 통하여 마음을 다스리는 것이 가장 손쉬운 일일 것이다. 호흡기를 이루는 근육이 체성 신경계와 자율 신경계 양쪽으로부터 통제를 받기 때문이다. 붓다도, 붓다의 상수제자인 사리뿟따도 들숨 날숨을 잘 챙기면 큰 이익이 있다고 설했는데 정말 옳은 얘기다.

"호흡에 대한 마음챙김[入出息念, ānānpānasati]을 닦아라. 호흡에 대한

마음챙김을 자주 닦으면 얻는 바가 많아서 크게 이익이 되리라."²⁶⁵

실리콘밸리에서 명상문화가 싹트고 마침내 자리를 잡게 된 것은 바로 그들이 호흡을 통해서 무의식이 자신들의 삶에 긍정적인 방향으로 작용하도록 무의식을 훈련시켰기 때문이라고 보아도 큰 무리는 아닐 것이다. 호흡에 대한 마음챙김〔아나빠나사띠〕 수행은 그만한 위력을 발휘할 수 있다. 과학 기술의 발달과 더불어 현대사회가 복잡해지면 질수록 현대인은 불교를 필요로 하고 선을 생활 속에서 실천하길 바랄 것이다. 이런 점에서 일반인들은 호흡의 의미를 깊이 새겨두고 실제로 수행을 할 필요가 있다. 그것이 쉽기 때문이다.

2) 덧붙이는 글

이 책의 주된 목적은 머리말에서 말한 것처럼 붓다의 가르침을 현대 과학적 용어로 풀이하고 설명하는 것이었다. 그리고 거기에 덧붙여 불교가 아인슈타인이 말한 우주적 종교에 부합하는지를 검토하는 것이 이 책의 또 다른 중요한 목적 중 하나였다. 첫 번째 목적은 달성한 셈 치자. 그러면 불교가 과연 우주적 종교인가 하는 것이 여기서 말해야 할 중요한 문제이다. 이미 여러 번 언급한 바와 같이 불교 교리는 과학과 조화를 이루고 있다. 그리고 마음챙김 명상이 실리콘밸리를 비롯하여 세계적인 첨단기업들에서 하나의 문화로 자리 잡았고 미국과 유럽의 의학계에서 명상을 심리치료에 응용하고 그 효과에 대해 지속적으로 연구를 하

---

265 《앙굿따라니까야》 10:7 〈사리뿟따경〉 : 《맛지마니까야》 M 118 〈들숨 날숨에 대한 마음챙김경〉

고 있다면, 불교는 우주적 종교가 될 가능성이 큰 종교라고 할 수 있다. 우주적 종교라고 하지 않고 그럴 가능성이 있다고 한 것은 종교를 따르는 신도도 고려해야 되기 때문이다. 교리가 과학적이고 훌륭한 수행법을 말해주는 종교라고 하더라도 그 종교의 신도가 가르침을 잘 따르지 않고 수행을 게을리한다면 그 종교를 우주적 종교라고 할 수 없다. 이런 뜻에서 불교는 우주적 종교의 강력한 후보라고는 할 수 있어도 아직 우주적 종교라고는 할 수 없다. 불교인들이 계를 잘 지킬 때, 주요 불교국가들이 세계인들로부터 문화도덕의 중심국가로 인정받게 될 것이다. 바로 그때 사람들은 불교를 우주적 종교라고 부르게 될 것이다. 실리콘밸리의 명상문화는 불교가 우주적 종교로서 발돋움하기 위한 첫걸음이다.

끝으로 이 책의 목적에 대해 이의를 제기하는 사람들에게 대답을 해야 할 것이 하나 있다. 현대 과학이 불교 교리를 뒷받침하는 것처럼 보여도 과학적 진리는 바뀔 수 있기 때문에 과학적 진리가 바뀌면, 그때는 지금까지의 해석을 어떻게 해야 하느냐 하고 묻는 사람들이 있다. 이런 생각은 과학적으로 종교적 진리를 증명하겠다는 태도만큼 잘못된 견해다. 인지의 발달에 따라 과학적 진리는 언제인가 또 바뀔 수 있다. 아니 바뀌게 마련이다. 현대의 과학적 진리와 불교 교리가 조화를 이룬다고 해서 불교인들이 좋아할 일도 아니고 과학적 진리가 다시 바뀐다고 해서 실망할 일도 아니다. 불교가 진리를 말한다면 과학적 진리가 바뀌더라도 항상 당대의 주도적 지식으로 해설을 하면 그뿐이다. 현대과학이 탄생하기 전에는 고전물리학이 한동안 주도적 지식이었다. 고전물리학이 절대적 진리라고 사람들이 생각할 때는 고전물리학적 지식을 바탕으로 사람들에게 불교 교리를 설명하여야 할 것이다. 예를 들면, 인과응보의 법칙을 고전물리학의 결정론적 인과율을 바탕으로 해석하면 업감연기(業感緣起)가 될 것이다. 인과응보의 법칙은 고전물리학적 법칙과 조화를 이룰 수 있기 때문에 업감연기를 고전 물리학의 개념을 빌려 설명할 수는 있지만, 19세기의 서양 사람들에게 무아(無我)나 공(空)의 개념을 고전 물리학적 개념으로 설명할 수는 없었을 것이다. 그래서 서양인들은 한때 무아나 공을 말하는 불교를 염세적이고 허무주의적이라고 오해했다. 무아나 '공'의 개념을 과학적으로 설명하려면 현대과학의 개념과 관찰결과가 필요하다.

미래에 새로운 과학이 탄생한다면 그때는 또 그때대로 새롭게 불교 교리를 해석하는 것이 불교를 과학적으로 해석하는 사람이 가져야 할 바른 태도다. 지구의 땅 모양은 바뀌지 않더라도 지형탐사를 상세하게 하면 더 정밀한 지도를 그릴 수 있는 것과 마찬가지 이치다. 불교적 진리가 참으로 옳다면 과학이 발달하면 이 진리를 전보다 더 알기 쉽게 설명하게 될 것이다. 이것이 방편시설의 참뜻이다. 불교 교리의 근본은 바뀌지 않지만 교리를 이해하는 깊이가 사람의 지적 수준에 따라 달라지기 때문에 불교적 진리에 대한 해설이 바뀔 뿐이다. 과학의 발달에 따라 진리에 대한 해석은 진화하게 마련이다. 새로운 과학이론과 실험방법이 나와서 과학자들이 그 진리를 검증할 수 없다는 이유로 불교를 외면하는 날이 오더라도 불교학자는 붓다가 가르침을 베풀던 기본정신, 즉 방편시설의 정신에 입각하여 붓다의 가르침을 과학적으로 조명하고 당대의 언어와 개념으로 해설하여야 한다. 그래야 과학적 지식으로 세상을 보는 21세기의 현대인과 또 미래의 인간이 불교를 이해하고 그 가르침을 실생활에 활용할 수 있을 것이다.

참고자료

1 경전류 및 논서

《쌍윳따니까야》
《앙굿따라니까야》
《맛지마니까야》
《디가니까야》

《금강경》
《반야심경》
《유마경》
《법화경》
《화엄경》
《잡아함경》
《중아함경》
《장아함경》
《밀린다왕문경》
《사분율》
《법구경》
《숫따니빠따》
《장자》

《중론》
《청정도론》

2 단행본

1) 데미엔 키언 지음, 고길환 옮김, 《불교란 무엇인가》, 동문선, 1998
2) 칼 세이건 지음, 이상헌 옮김, 《악령이 출몰하는 세상》, 김영사, 2001
3) 리 스몰린 지음, 김낙우 옮김, 《양자 중력의 세 가지 길》, 사이언스 북스 2007

4) 소광섭 지음, 《물리학과 대승기신론》, 서울대학교출판부, 1999

5) 장세근 지음, 《윤회와 반윤회》, 도서출판개신, 2008

6) T. 페넬름 지음, 이순성 옮김, 《사후세계의 철학적 분석》, 서광사, 1991

7) 한자경 지음, 《불교의 무아론》, 이화여자대학교출판부, 2006

8) 호진 지음, 《무아·윤회 문제의 연구》, 불광출판사, 2015

9) 한스 크리스천 폰 베이어 지음, 전대호 옮김, 《과학의 새로운 언어, 정보》, 승산, 2007

10) 이안 스티븐슨 지음, 송준식 옮김, 《전생을 기억하는 아이들》, 송산출판사, 1985

11) 릭 핸슨, 리처드 멘디우스 지음, 장현갑, 장주영 옮김, 《붓다브레인》, 불광출판사, 2010

12) 패터 슈퍼르크 지음, 유영미 옮김, 《우리는 유전자를 어떻게 조종할 수 있을까》, 갈매나무, 2013

13) 이중표 지음, 《아함의 중도체계》, 불광출판사, 2012

14) Culadasa, Matthew Immergut, Jeremy Graves 지음, 김용환 옮김, 《비추는 마음 비추인 마음》, 학지사, 2017

15) 빅터 프랭클 지음, 이시형 옮김, 《죽음의 수용소》, 청아출판사, 2012

16) 헤르만 베크 지음, 장경룡 역, 《佛敎》, 범조사, 1982

17) 삐야닷시 스님 지음, 정원 김재성 옮김, 《부처님, 그분》, 고요한소리, 2008

18) 도로시 헌트 엮음, 문학숙 옮김, 《마더 테레사 일일묵상집》, 민음사, 1997

19) 장 프랑수아 르벨·마티유 리카르 공저, 이용철 옮김, 《승려와 철학자》, 창작시대, 1999

20) 데이비드 클라크, 스티븐 클라크 지음, 이면우 옮김, 《독재자 뉴턴》, 몸과마음, 2002

21) 차드 멍 탄 지음, 권오열 옮김, 이시형 감수, 《너의 내면을 검색하라》, 알키, 2012

22) 월터 아이작슨 지음, 안진환 옮김, 《스티브 잡스》, 민음사, 2011

23) 유발 하라리 지음, 김명주 옮김, 《호모 데우스》, 김영사, 2017

24) 우종민 지음, 《뒤집는 힘》, 리더스북, 2010

25) 김성구, 조용길 지음, 《현대물리학으로 풀어본 반야심경》, 불광출판사, 2006

26) 앨러나 콜렌 지음, 조은영 옮김, 《10% 인간》, 시공사, 2016

27) 캐슬린 매콜리프 지음, 김성훈 옮김, 《숙주인간》, 이와우, 2017

28) 닐 타이슨, 도널드 골드스미스 지음, 곽영직 옮김, 《오리진》, 지호출판사, 2005

29) 박창범 지음, 《인간과 우주》, 도서출판가람기획, 1995

30) 존 R. 설 지음, 정승현 옮김, 《마인드》, 까치, 2007

31) 라이오넬 타이거, 마이클 맥과이어 지음, 김상우 옮김, 《신의 뇌》, 와이즈북, 2012

32) 숀 캐럴 지음, 김영태 옮김, 《현대물리학, 시간과 우주의 비밀에 답하다》, 다른세상, 2012

33) 블래트코 베드럴 지음, 손원민 옮김, 《물리법칙의 발견》, 모티브북, 2011
34) 폴 데이비스 지음, 류시화 옮김, 《현대물리학이 발견한 창조주》, 정신세계사, 2005
35) 브루스 로젠블룸, 프레드 커트너 지음, 전대호 옮김, 《양자 불가사의》,
    도서출판지양사, 2012
36) 카를로 로벨리 지음, 이중원 옮김, 《시간은 흐르지 않는다》, 쌤앤파커스, 2019
37) 로저 펜로즈 지음, 노태복 옮김, 《유행, 신조 그리고 공상》, 승산, 2018
38) 루이자 길더 지음, 노태복 옮김, 《얽힘의 시대》, 부키, 2013
39) 프리만 다이슨 지음, 김학영 옮김, 《과학은 반역이다》, 반니, 2015
40) 앨런 월리스 지음, 홍동선 옮김, 《과학과 불교의 실재》, 범양사출판부, 1991
41) 한스 요아임 슈퇴리히 지음, 박민수 옮김, 《세계철학사》, 이룸, 2008
42) 에드워드 윌슨 지음, 이한음 옮김, 《지구의 정복자》, 사이언스북스, 2014
43) 마르자 드스지엘스카 지음, 이미애 옮김, 《히파티아》, 우물이있는집, 2002
44) 새뮤얼 보울스, 허버트 긴티스 지음, 최정규, 전용범, 김영용 옮김, 《협력하는 종》,
    한국경제신문사, 2016
45) 유발 하라리 지음, 조현욱 옮김, 《사피엔스》, 김영사, 2015
46) 매튜 D. 리버먼 지음, 최호영 옮김, 《사회적 뇌》, 시공사, 2015
47) 데이비드 브룩스 지음, 이경식 옮김, 《소셜 애니멀》, 흐름출판, 2016
48) 대니얼 골먼 지음, 황태호 옮김, 《감성지능》(상·하), 비전코리아, 1996
49) 에드워드 콘즈 지음, 안성두, 주민황 옮김, 《인도불교사상사》, 민족사, 1988
50) 미치오 카쿠 지음, 박병철 옮김, 《마음의 미래》, 김영사, 2015
51) 조지프 르두 지음, 강봉균 옮김, 《시냅스와 자아》, 동녘출판사, 2005
52) 하인즈 R. 페이겔스 지음, 구형모, 이해심, 이호연 옮김, 《이성의 꿈》, 범양사출판부,
    1991
53) 대니얼 카너먼 지음, 이진원 옮김, 《생각에 관한 생각》, 김영사, 2012
54) 스테파노 만쿠소, 알레산드라 비올라 지음, 양병찬 옮김, 《매혹하는 식물의 뇌》,
    행성B, 2016
55) 폴커 아르츠트 지음, 이광일 옮김, 《식물은 똑똑하다》, 들녘, 2013
56) 다이앤 애커먼 지음, 김명남 옮김, 《휴먼에이지》, 문학동네, 2017
57) 조세핀 김 지음, 《교실 속 자존감》, 비전과리더십, 2014
58) 정운현 지음, 《친일파의 한국 현대사》, 인문서원, 2016
59) 바스나고다 라훌라 스님 지음, 이나경 옮김, 《무소유로는 행복해질 수 없다》,
    아이비북스, 2010
60) 앤드류 뉴버그 외 지음, 이충호 옮김, 《신은 왜 우리 곁을 떠나지 않는가》, 한울림, 2001

61) 혜민 지음, 이영철 그림,《멈추면 비로소 보이는 것들》, 쌤앤파커스, 2012
62) 장현갑 지음,《명상에 답이 있다》, 담앤북스, 2013
63) 존 카밧진 지음, 안희영 옮김,《처음 만나는 마음챙김 명상》, 불광출판사, 2012
64) Karl Menninger, *Man against Himself*, Harvest Books, 1938
65) Geddes MacGregor, *Reincarnation in Christianity,* Quest Books, 1978
66) Max Jammer, *Einstein and Religion,* Prinston University Press, 1999
67) Donald M. MacKay, *The Clockwork Image,* Christian Classics, 1997
68) Albert E. 1845~1933 Winship, Jukes-Edwards : a study in education and heredity
    -Primary Source Edition.
69) W. Heisenberg, *Physics and Philosophy,* Haper, New York, 1958
70) N. Bohr, *Atomic Physics and Human Knowledge,* Wiley, New York, 1958
71) C. G. Jung, W. pauli, *The interpretation of nature and psyche,* phantheon, 1955

3 논문류

1) 이중표,〈六入處와 六根은 동일한가〉,《범한철학》 17, pp.291~311.
2) 정준영,〈사띠(sati) 논쟁〉,《불교평론》 62호 2015 여름, pp.79~100.
3) 정준영, 박성현,〈초기불교의 사띠(sati)와 현대 심리학의 마음챙김(mindfulness)〉,
   《한국심리학회지: 상담 및 심리치료》, 2010, Vol. 22, No. 1, pp.1~32.
4) 조준호,〈사띠는 왜 수동적 주의집중인가〉,《인도철학》 제16집, pp.91~128.
5) 김범진,〈사띠(sati)와 사마디(samādhi)의 중도적 구조에 대한 연구〉,《인도철학》
   제35집(2012.8), pp.29~72.
6) 박경준,〈초기불교의 연기상의설 재검토〉,《한국불교학》 14권0호, 한국불교학회,
   1989년 12월
7) Einstein, A ; B Podolsky ; N Rosen, "Can Quantum-Mechanical Description of
   Physical Reality be Considered Complete?". *Physical Review* 47 (10)
8) A. Aspect, J. dalibard, and G. Roger, "Experimental Tests of Bell's Inequality
   Using Time-Varying Analyzers", *Physical Review Letters* 49 (1982)
9) Andrei D. Linde, *Discovery,* June 2002
9) Scully, M. O., B. G. Englert, and H. Walther, "Quantum optical tests of
   complementarity", *Nature* 351 (1991).

찾아보기

아인슈타인의 우주적 종교와 불교
© 김성구, 2018

2018년 4월 2일 초판 1쇄 발행
2024년 2월 23일 초판 7쇄 발행

지은이 김성구
발행인 박상근(至弘) • 편집인 류지호 • 상무이사 김상기 • 편집이사 양동민
편집 김재호, 양민호, 김소영, 최호승, 하다해
디자인 쿠담디자인 • 제작 김명환 • 마케팅 김대현, 이선호 • 관리 윤정안
콘텐츠국 유권준, 정승채, 김희준
펴낸 곳 불광출판사 (03169) 서울시 종로구 사직로10길 17 인왕빌딩 301호
       대표전화 02) 420-3200 편집부 02) 420-3300 팩시밀리 02) 420-3400
       출판등록 제300-2009-130호(1979. 10. 10.)

ISBN 978-89-7479-393-7 (03220)

값 23,000원